21世纪 经济管理新形态教材 国际经济与贸易系列

International Business Negotiation

国际商务谈判

（第2版）

汤秀莲◎主编　　王威◎副主编

清华大学出版社
北京

内 容 简 介

全书分为四篇十一章。第一篇国际商务谈判概论,包括国际商务谈判的发展历史、基础知识、基本程序和内容与人员素质等。第二篇国际商务谈判实务,包括国际商务谈判的准备和过程。第三篇国际商务谈判策略与沟通艺术。第四篇国际商务谈判的礼仪、礼节与习俗。

本书可作为高等院校国际经济与贸易专业的教学用书,还可供广大从事国际商务工作的人士阅读。

图书在版编目(CIP)数据

国际商务谈判/汤秀莲主编. —2 版. —北京: 清华大学出版社,2024.4
21 世纪经济管理新形态教材. 国际经济与贸易系列
ISBN 978-7-302-65470-4

Ⅰ. ①国… Ⅱ. ①汤… Ⅲ. ①国际商务－商务谈判－高等学校－教材 Ⅳ. ①F740.41

中国国家版本馆 CIP 数据核字(2024)第 044642 号

责任编辑: 张 伟
封面设计: 李召霞
责任校对: 王荣静
责任印制: 刘 菲

出版发行: 清华大学出版社
　　　　网　　　址: https://www.tup.com.cn,https://www.wqxuetang.com
　　　　地　　　址: 北京清华大学学研大厦 A 座　　　邮　　编: 100084
　　　　社 总 机: 010-83470000　　　　邮　　购: 010-62786544
　　　　投稿与读者服务: 010-62776969,c-service@tup.tsinghua.edu.cn
　　　　质量反馈: 010-62772015,zhiliang@tup.tsinghua.edu.cn
　　　　课件下载: https://www.tup.com.cn,010-83470332
印 装 者: 北京同文印刷有限责任公司
经　　销: 全国新华书店
开　　本: 185mm×260mm　　　印　张: 19.25　　　字　　数: 439 千字
版　　次: 2009 年 9 月第 1 版　2024 年 4 月第 2 版　　印　次: 2024 年 4 月第 1 次印刷
定　　价: 59.00 元

产品编号: 098423-01

前　言

党的十八大以来,以习近平同志为核心的党中央高度重视教育事业,对教育工作作出了一系列重要部署和重要决策,推动教育事业取得历史性成就。

党的二十大报告指出:"培养什么人、怎样培养人、为谁培养人是教育的根本问题。育人的根本在于立德。全面贯彻党的教育方针,落实立德树人根本任务,培养德智体美劳全面发展的社会主义建设者和接班人。"

国际商务谈判是理论与实践操作并重的科学,它集政策性、知识性、艺术性为一体,把马克思主义立场观点方法的教育与科学精神的培养结合起来,提高学生正确认识问题、分析问题和解决问题的能力。从理论上看,它的综合性强,涉及心理学、行为学、语言学、逻辑学、经济学、市场学、营销学、管理学、会计学、统计学等多学科的内容,汇集运用多学科的基础知识和科研成果。从实践操作看,它是一门注重实践、讲求实用、重在解决实际问题的应用科学。

本书在内容选择、体例安排上,重点突出了四个方面。

第一,树立课程思政理念。充分发挥教材承载的思想政治教育功能,深入社会实践、关注现实问题,培育诚实守信的职业素养。

第二,内容上求新。吸收近年来国际商务谈判领域研究新成果,介绍实践中成功的理论和方法。

第三,强调开放性。在充分吸收中华优秀传统文化和我国市场经济理论研究及实践中取得的新成果、新经验的同时,借鉴国外有价值的国际商务谈判的理论与实践成果。

第四,利用案例素材,分析经典案例。适应案例式教学和启发式教学的需要,在教材中加大案例的比重,更多采用中国本土案例,增强勇于探索的创新精神、善于解决问题的实践能力。

本书在明确课程思政建设目标要求和内容重点的基础上,聚焦课程思政元素遴选课程知识点、构建课程知识框架,阐释国际商务谈判的基本原理、实务操作以及跨文化的谈判艺术技巧、方法,帮助谈判人员领会谈判精髓,掌握国际商务谈判策略,提高谈判能力,实现立德树人根本任务。

本书在修订过程中,纠正了第1版中的一些错误和疏忽;修改调整了相关部分结构,使之更加合理、易于操作;理顺了逻辑关系,增强了实用性。

本书由汤秀莲(南开大学)任主编、王威(天津商业大学)任副主编。全书分为十一章。其中,第一、九、十章由宋京津编写,第二、五、六章由汤秀莲编写,第三、四章由崔增英编写,第七、八章由王威编写,第十一章由王威、宋京津编写。

本书在编写、修订过程中,得到了许多专家教授的指导,得到了清华大学出版社的支持,本书在写作过程中参阅了夏国政教授、樊建廷教授等许多国内外学者的文献,谨于此深表谢意！

　　由于编写、修订时间仓促，水平有限，书中偏颇、疏漏在所难免，敬请广大读者提出宝贵意见，以便进一步修订完善。

编　者

2023 年 7 月 5 日

目　录

第一篇　国际商务谈判概论

第二篇　国际商务谈判实务

第篇

国际商务谈判概论

    国际商务谈判概论作为开篇,阐明国际商务谈判发展历史;国际商务谈判基础知识,包括国际商务谈判的含义、商务谈判的指导思想及其运用、国际商务谈判的特征及特殊性、国际商务谈判的基本原则、国际商务谈判的要素,国际商务谈判的类型;国际商务谈判的基本程序和内容,其中,内容包括货物买卖谈判、技术贸易谈判、劳务合作谈判与租赁业务谈判、"三资"企业谈判与"三来一补"谈判等;国际商务谈判的人员素质,包括个人素质、群体构成、人员管理及群体心理。本篇为以后各篇各章的逐步展开提供必要的理论基础。

第一章 国际商务谈判发展历史[①]

本章学习目标

本章是有关国际商务谈判发展的历史,包括古代、近代和现代的商务谈判。任何一门学科的产生,都有它的历史背景,都是一定社会经济规律发展的产物。国际商务谈判的产生也是如此,它随着世界经济的发展而出现,随着世界经济的发展而发展,同时又推动着世界经济向前迈进。

第一节 古代的国际商务谈判

从古代到现代,随着国际经济关系从简单的物物交换发展成各种要素错综复杂的社会化大生产,国际商务谈判的形式、内容、程序、手段也相继发生了巨大的变化。

一、商、西周、春秋、战国、秦朝两汉时期

商、西周到春秋再到两汉,是一个社会生产力不断发展的时期,商品交换的对象不断增加,经济贸易活动范围不断扩大,谈判的水平也不断提高。

在我国商朝后期,手工业已得到相当的发展,交换开始出现并逐渐扩大。到了西周初年,手工业生产种类更多、分工更细,并形成规模较大的早期市场。例如,周成王五年(公元前 1038 年),越裳氏国曾派使者携带大量物品到中国来开展贸易,这是历史上最原始的国与国之间的贸易。这种贸易不论多么简单,都是双方一次次讨价还价的过程,都会各自提出认为对自己合适的条件,寻求共同的结合点,彼此接受成交。这些行为就构成了最早的国际商务谈判的某种形式。

春秋时期,交换的对象随社会生产力的发展不断增多,经济贸易活动范围更加扩大,谈判的水平也随之提高。例如,公元前 651 年的"葵丘之会"经过齐、鲁、宋、卫、郑、许、曹七国国君的谈判,彼此达成了"不可壅塞水源,不可阻碍各地粮食流通……"的协议。战国时期,商业发展又前进了一步。战国时期被尊为商贾祖师的白圭,提出贸易致富的理论,从而与多个诸侯国家多种层次的人士保持往来,进行商业贸易谈判。当时由于商品货币经济有了进一步的发展,黄金成为通行货币的一种,城市也随之发展起来,有的诸侯国家甚至把发展商业作为重要的政治纲领。经济贸易谈判已把各个诸侯国家紧密地联系起来。

[①] 夏国政.经贸谈判指南[M].北京:世界知识出版社,1999.

当时中国与海外各国的经济贸易也有所发展。据有关书籍记载,春秋战国、秦朝时期,我国北起北海(今渤海)、南至南海(今广州)的沿海交通线路逐渐开辟,与今天的日本、朝鲜、越南等国所在的地区、部族已有海上交往,后又绕过马来半岛,直航古印度和僧伽罗王国(今斯里兰卡)。公元前 425 年至前 375 年,巴比伦人从西亚地区来到我国渤海一带进行贸易,带来了当地的椰枣干、葡萄干、宝石、兽皮,买走了东方的丝绸、陶瓷等物。

西汉时期,张骞前后两次出使西域,通过谈判,开辟了东亚通往中亚和西亚的道路,为大宛、康居、大月氏、安息等国来往中原的商人和使节创造了相对安全与便利的条件,进一步发展了汉朝与中亚、西亚各国之间的外交、经济和文化交流与合作。

此后东汉名将班超在西域经营长达 31 年,不但维护和巩固了连接东亚、中亚、西亚的陆上贸易通道,而且延伸和开创了亚洲通往欧洲的商品流通渠道。东汉末年,封建势力割据并形成魏、蜀、吴三国鼎立的局面,但海外贸易却有了新的发展。据历史记载,曹魏与邪马台女之国(位于今日本九州与近畿一带)常有往来,交换粟金。孙吴与林邑(今越南中部)、扶南(今柬埔寨境内)诸国互市,以当地所产的象牙、翡翠、玳瑁交换中国的土特产品和文物,与大秦商人也有贸易往来。这证明,三国时期与海外的经济贸易谈判已变得相当频繁。这些活动扩大了国际商务的范围,国际商务谈判的内容、对象、形式、地点也因之发生了新的变化。

在世界范围内的这一历史时期,地中海沿岸一些国家间的贸易也开始兴起并活跃起来。公元前 1000 年前后,腓尼基人的航海经商范围已到达今塞浦路斯、西西里岛、撒丁岛、法国、西班牙和北部非洲等地,并建立了泰尔和迦太基两个港口,对外来的商船实施航行安全不受干扰的保证。这中间不仅包含许多国际贸易谈判活动,而且为后来国际贸易惯例的形成播下了最早的种子。公元前 5 世纪上半叶,希腊诸城邦结成以雅典为盟主的同盟,奴隶制经济、政治和文化得到高度发展,国际贸易交易的重要商品主要是奴隶主阶级所需要的奢侈品(如香料、各种织物、装饰品、宝石等)。当时的雅典政府与来自外族和其他城邦的移民为征收"外邦人税"进行过多次谈判交涉。公元前 3 世纪中期到公元前 2 世纪中期,古罗马通过战争,征服了迦太基、西班牙大部分和马其顿、希腊诸地区,广泛使用奴隶劳动,工商业、农业、高利贷获得巨大的发展,各国间的贸易曾兴盛一时。从公元前 2 世纪起,罗马法学逐步建立起来,在公元 1 世纪至 3 世纪达到鼎盛时期,尤里安(Julianus)、盖尤斯(Gaius)、埃米利乌斯·伯比尼安(Aemilius Papinianus)、保罗(Paul)和多米提乌斯·乌尔比安(Domitius Ulpianus)等著名法学家对当时法律问题的解答及其有关学术论著,直到今天仍具有重要的参考价值,在当代国际经济贸易谈判和仲裁、诉讼中还不时被人引用。330 年,罗马帝国皇帝迁都拜占庭,并将其改名为君士坦丁堡。君士坦丁堡逐渐发展成为地中海东部的政治、经济、文化谈判交流中心,它不仅与地中海沿岸各国和中亚地区有着频繁的国际商务交往,而且与东方的中国也开始建立贸易联系。

总之,由于当时商品生产不够发达,各国国内所需物质资料基本依靠自给自足,国际商务谈判一般规模很小、程序简单,谈判大多与藩属国对宗主国进贡献物或采购供统治阶级享乐的奢侈品相关,谈判都是近距离面对面进行,既无国际惯例可循,更无公认的调整此类活动的国际法律准则。

二、两晋、南北朝、隋、唐、宋、元、明时期

两晋南北朝时期,受战乱和政权更迭的影响,商贸总体上发展比较波折。但这一时期各民族之间商业交流不断深化,南北商贸流通频繁,对外贸易比较活跃,谷帛等实物货币流通,使得商品交易市场的规模不断扩大。

581年,隋朝替代了北周。在南北统一的历史条件下,长安、洛阳、广州、扬州的商业贸易开始繁荣起来,国际贸易有了新的发展,中国与西域各国、赤土国(马来半岛南端)、日本国又有了经济贸易交流,同高句丽一方面打了几场战争,另一方面又通过谈判建立起经济贸易联系。

唐朝时期,经过贞观之治和开元之治,经济得到较快的恢复和发展,中国成了东方的经济文化交流中心,国际贸易空前活跃。沿着丝绸之路出现了洛阳、长安、凉州、敦煌、弓月等富庶地区和陆路贸易中心,海上贸易也得到迅速发展,涌现出广州、潮州、扬州等一批对外贸易港口。来自东南亚和东北亚的船舶、商人和商品在广州、潮州、扬州等港口汇集,尤其是广州,最多时每年接待外轮4 000余艘,登陆外商达80万人之多。由海外输入广州的商品有宝石、珊瑚、各色香料、黑白胡椒、象牙、珠贝、犀牛角、琉璃、玳瑁等;从广州运出的有中国的丝绸、瓷器、纸张、茶叶、药材等商品。唐代对外经济贸易的发展对中国古代对外贸易机构的设立和中国海关制度的形成有着深刻的影响,也使国际商务谈判的内容大为增加,中国和外国的经济贸易谈判方式开始互相渗透、彼此贯通。

宋朝时期,随着我国社会经济的发展,科学技术取得了新的成就。宋朝实施鼓励海外贸易的政策,在中国境内出现了广州、泉州、杭州、明州(今宁波)、温州、秀州(今上海市松江区)、江阴、密州(今胶州)八大市舶司,具体负责贸易洽谈、征收税款、处置舶货、办理出港和回航手续、招徕和保护外商,而且大量地增加了进出口商品品种和贸易国别,形成了船舶出港前的申报制度、船舶出海的许可证制度、违禁物品的管理制度等,甚至贸易谈判的组织程序和离港外轮的设宴送行等礼宾活动安排也都建立与完善起来。

元朝在建立横跨欧亚的大帝国之后,陆、海交通都较畅通。以大都和泉州为代表的城市,其商业贸易相当发达,日本、朝鲜、南洋、西亚、东欧、非洲东岸各国,常有使团和商队来访和通商。最有代表性的例子是意大利人马可·波罗(Marco Polo)来到中国后,他本人与中国的客商,或代表中国政府与外国客商有过很多的谈判。这些对后来新航路的发现和欧洲各国经济贸易惯例的形成都产生过巨大的影响。

明朝的前期和中期,中国是世界上最富强的国家之一,商品经济大幅超过前几个朝代的水平,江南、东南沿海和大运河沿线出现了一大批繁华的城市,白银逐渐成为流通货币,广州、宁波、泉州、福州成为相当繁荣的对外贸易港口,前来谈判经商的外国人可谓络绎不绝。1405年,郑和率庞大船队,先后七次下西洋,历经28年,到过30多个国家,它不仅是明朝有目的、有组织地派人出海宣扬大明的声威,而且是有计划、有组织地开展与世界各国经济、贸易和文化的交流,对当时中国与外国经济贸易的惯例和规章制度基础的互相介绍、互相借鉴和互相吸收起到了新的推动作用。

在世界范围内的这一历史时期,地中海成了重要的国际贸易中心。公元6世纪,意大利出现了威尼斯,并逐渐发展成为地中海的贸易中心之一。公元7世纪,地中海东岸的大

马士革成为阿拉伯帝国的文化经济贸易中心。公元7—8世纪,阿拉伯民族成了欧、亚、非三大洲贸易的中间人,他们贩运非洲的象牙黄金、珍禽异兽,中国的瓷器、丝绸、纸张、茶叶,远东其他国家的香料、苏枋、宝石、珊瑚。公元11世纪以后,国际贸易范围进一步扩大到北海和波罗的海沿岸地区。1228年,在法国南部的马赛港出现了自由贸易区,为南欧和北非各国客商敞开了谈判经商的大门。1367年成立的"汉萨同盟",在西起伦敦、东至诺夫哥罗德的北海和波罗的海沿岸各地建立起一系列商站,参加同盟的城市最多时曾有160多个,垄断了波罗的海和北海一带的贸易,而且通过谈判制定了一批保护贸易和经济往来的条约与协议。1547年,意大利宣布建立里窝那(Leghorn)自由港,允许外国货物进入港区,可以不交纳关税。意大利北部的威尼斯、佛罗伦萨、热那亚等城市以及波罗的海和北海沿岸的汉萨同盟诸城市,相继成为欧洲贸易中心,随后的地理大发现和国际分工萌芽的产生,尤其是哥伦布首航美洲大陆而开始的"地理大发现",把殖民掠夺、奴隶贸易推进到一个新的时期,扩大了世界市场,引发了西欧的"价格革命",加速了欧洲的资本原始积累,从而为国际商务谈判创造了许多机遇,丰富了谈判的内容,增加了谈判形式。

第二节　近代、现代的国际商务谈判

一、近代的国际商务谈判

1840年鸦片战争前,由于清政府长期实施的是重农抑商政策,因此对外贸易量较少。第一次鸦片战争后,对外贸易出现快速增长。近代与中国商人最早开展贸易谈判及交易的外国商人主要是英国商人。英国是当时世界上最发达的工业国家,英国商人将英国制造的工业制品输往中国市场,而中国商人出口的商品主要是茶叶、生丝等产品。

从1640年以后的世界近代史看,真正意义上的全球贸易网络,已经使世界各国的经贸关系越来越紧密。

在世界范围内的这一历史时期,世界市场的发展与形成,在时间、空间、数量、效率等方面又给国际商务谈判带来了空前的机遇。17世纪40年代至18世纪50年代,世界贸易的商品繁多,其中亚洲主要出口香料、瓷器、茶叶、纺织品等,美洲主要出口咖啡、蔗糖、烟草等,非洲则被欧洲殖民者贩卖了大量奴隶。18世纪60年代到19世纪70年代发生的产业革命,首先迫使大机器工业的拥有者——产业资本家们跳出本国市场的狭小范围,到境外寻找新的商品销售市场,开辟新的原料供应基地,建立新的输出输入渠道,从而使国际商务谈判的次数急剧增多;其次,随着世界人口的流动,世界劳务市场扩大,形成了许多大工业中心和商业中心,从而带动了铁路、海运、通信事业的发展,使国际商务谈判的场所相对集中,空间距离大大缩短;最后,出现了充当国际商品交换一般等价物的世界货币,形成了以金本位制为基础的国际货币制度,使商品的世界价格的形成变为可操作的事实,因而也为国际商务谈判提供了许多方便条件。从19世纪80年代开始到20世纪初结束的第二次科技革命,使国际分工进一步扩大和深化,形成了统一的、无所不包的世界市场,构建起多边贸易和多边支付体系,组成了大型固定的商品交易所、国际拍卖市场;世界性的航运、保险、银行和各种专业机构,开辟了比较固定的航线、港口、码头;工商资本,尤其是金融资本的国际活动范围和规模得到迅速扩展,国际商务谈判的频率和效率大幅度地增加与提高,这特别表现在大规模、高层次、新形式的谈判上。以签订国际公约的谈判为例,在传统的国际贸易关系得到空前发展、争夺殖民地的战争极为频繁的情况下,各国政府都注意到,国际货物运输和通信经常受到威胁阻滞,要保证进出口货物交接迅速、准确、安全,彼此必须商定出某种办法、安排、措施、原则以减少各自的损失,因此签订国际公约极为重要而迫切。1874 年谈判签署的《万国邮政公约》,1883 年谈判签署的《保护工业产权巴黎公约》(简称《巴黎公约》),1910 年谈判签订的《海上救助国际公约》等,都是为解决这些矛盾和风险服务的。又例如缔结国际垄断协议的谈判。19 世纪末,某些大垄断企业为了垄断某种商品的产销和获取高额利润,就国外销售市场的划分、商品产量额度的分配和价格高低的确定等进行谈判,组成国际卡特尔(Cartel,如 1896 年美国和瑞士组成的国际铝卡特尔),或国际辛迪加(Syndicat),或国际托拉斯(Trust)。此外,还有对外投资的谈判。资本主义发展到垄断阶段后,国际间接投资便迅速发展起来,并且在整个国际资本流动中占据了主要地位。对外直接投资在 19 世纪下半叶和 20 世纪初也得到相当程度的发展。如 1865 年德国著名的药厂拜耳公司购进纽约州爱尔班的苯胺工厂股份之后,先后又在俄国、法国和比利时设立多家染料工厂。与此同时,英国的帝国化学集团,德国的法本康采恩,英荷壳牌石油公司,美国的福特汽车公司、美孚石油公司、杜邦公司等也先后通过谈判,在国外设立起自己的工厂、分公司或子公司,成为世界上最早的一批跨国公司。

二、现代的国际商务谈判

第一次世界大战爆发至第二次世界大战结束这一期间,即 1914—1945 年,全球生产和贸易经历了衰退和萧条。国际商务谈判商品结构的重要变化表现为初级产品贸易谈判中,石油和矿产品占比上升;制成品贸易谈判中,机械产品和武器占比快速提高。

第二次世界大战结束以来,世界经济格局和政治格局都发生并持续发生重大的变化。在经济上,以原子能、电子计算机和空间技术为标志的第三次工业革命,激发出巨大的生产力,改变着现代生产、流通和消费的面貌,推动着社会生产力向国际化、产品向差异化、市场向多元化、贸易向多样化、投资合作向多极化的方向发展。在政治上,出现了一批新兴的社会主义国家,它们与苏联一起在一段时期形成了一个社会主义世界体系。20 世纪90 年代初,苏联及东欧社会主义国家的政治剧变和计划经济体制的解体,使此前数十年业已形成的国际政治经济格局发生了较大幅度的重新调整组合,从而在国际上提出了一系列新的应予谈判磋商解决的问题。随着国际联系进一步扩大和加深,不同性质的各国相互建立起多种形式的协调与合作关系,在互助合作过程中也出现过一些矛盾和摩擦。与此同时,国际资本流动量的急剧增加,使全球的对外直接投资迅猛发展,跨国经营加速朝科研、开发、供销、生产、财会、人力资源开发等多功能的组织方向扩张,在国际一体化生产体系中发挥着越来越大的作用。但各种新的投资措施(包括鼓励措施和管制措施)在不同的国家有着不同的看法,需要谈判解决。例如,关税及贸易总协定乌拉圭回合谈判的结束和世界贸易组织的成立,为采取有效的组织措施和经济措施,矫正国际贸易中的保护主义痼疾和推动全球经济一体化健康发展,提供了有利的组织条件和法律依据,但在实际操作过程中,世界各国的管理办法和法律解释方面又存在诸多差异,新的关税壁垒和新形势下的保护主义措施不断涌现。区域经济一体化浪潮一次接一次兴起,在各个区域集团内部虽能充分发挥成员之间的经济互补作用,推动对外贸易长足发展,提高其经济的国际竞争能力等优势,但对区域外的国家和地区来说,它们又具有明显的封闭性和排斥性。另外,以建设"信息高速公路"为主要内容的信息技术革命的发生,给世界经济的各个方面带来不可估量的影响,极大地改变人们的生活面貌和生活方式,必将向国际经济贸易谈判提出许多新的课题。总之,世界经济和政治格局的变化,进一步扩大了世界经济合作的范围,对国际经济贸易谈判与合作提出了新的要求。一方面,其提升了国际经济贸易谈判与合作的协调度;另一方面,其又提升了国际经济贸易谈判与合作的复杂性。

本章小结

本章介绍了国际商务谈判发展的历史,包括古代、近代和现代的商务谈判。本章学习中学生应该掌握,从古代到现代,交换关系从简单的物物交换发展成各种要素的错综复杂的社会化大生产,以及国际商务谈判从形式、内容到程序、手段发生的巨大变化。

重要概念

贸易致富 互市 地理大发现 商品交易所 国际拍卖市场

本章思考题

是什么规律促使商务谈判学科的产生?

即测即练

第二章 国际商务谈判基础知识

本章学习目标

本章的学习应主要了解什么是国际商务谈判、谈判的动因,理解国际商务谈判的特点和种类,掌握商务谈判的含义、内容、原则、程序和方式,对商务谈判有一个全面的、准确的理解。

国际商务谈判是国际商务活动的重要组成部分,在国际商务活动中占据相当大的比重。从基础知识入手了解谈判,是学习和研究国际商务谈判的起点。

第一节 国际商务谈判的含义

在由多个国家、多个地区或多个组织就某个重大问题举行的会议中陈述本方的观点,这些都可以归入谈判(negotiation)的范畴。谈判的外延也是十分广泛的,大至国家或国际组织之间就经济、政治、军事等方面的谈判,如联合国大会就某个问题进行的磋商;中至企业之间就某项业务与对方进行的讨价还价;小到现实生活中人们在工作、学习、生活等方面的谈判。因此,谈判不仅是政治家、外交家、贸易谈判家和法律专家的事,也是我们每一个人都必须面对的事。由此可见,谈判是人与人交往的一种常见的形式。在现实生活中,人们每天都面临着谈判,每天都在与人谈判。因此,为了事业的成功,为了营造一个美好的生活氛围,我们每一个人都有必要学习和掌握谈判的原理及其技巧。谈判是一门学问,它像其他学科一样有着它自身的规律、特点和法则。

谈判有广义和狭义之分。广义的谈判,包括在各种场合和各种形式下进行的交涉、洽谈和协商。狭义的谈判,一般仅指正式的场合下专门安排和进行的谈判。作为研究谈判实践内在规律的谈判理论,是以狭义的谈判为研究对象。

一、国际商务谈判的定义

谈判像其他学科一样有着它自身的理论定义,我们从谈判的一般定义出发来了解国际商务谈判。

(一)谈判的定义

什么是谈判,恐怕至今还没有一个大家一致认同的定义。出现在各类文献中关于谈判的定义,见仁见智。比较有代表性的观点有如下几种。

美国谈判协会会长、著名律师杰勒德·I.尼尔伦伯格(Gerard I. Nierenberg)在《谈判的艺术》(*The Art of Negotiating*)一书中指出，"谈判的定义最为简单，而涉及的范围却最为广泛，每一个要求满足的愿望和每一次要求满足的需要，至少都是诱发人们展开谈判过程的潜因。""谈判通常是在个人之间进行的，他们或是为了自己，或者是代表着有组织的团体。因此，可以把谈判看作人类行为的一个组成部分，人类谈判与人类的文明同样长久。"他还指出，"谈判不是一场棋赛，不要求决出胜负，也不是一场战争，要将对方置于死地。相反，谈判是一项互惠的合作事业"。

美国哈佛大学法学院教授罗杰·费希尔(Roger Fisher)和谈判专家威廉·尤瑞(William Ury)把谈判定义为，谈判是从别人那里得到你所需要的东西的一种基本手段。当你和谈判对方有共同利害关系时，为达成协议，双方需要一来一往地交换意见。

美国谈判专家 C. 威恩·巴罗(C. Wayne Barlow)和格莱恩·P. 艾森(Glenn P. Eisen)认为，谈判是一种在双方都致力于说服对方接受其要求时所运用的交换意见的技能，其最终目的就是要达成一项对双方都有利的协议。

哈佛商学院(Harvard Business School)的专家在其教材中也曾提出，所谓谈判，就是具有利害关系的双方或多方为谋求一致而进行协商洽谈的沟通协调活动。

英国谈判学家 P. D. V. 马什(P. D. V. Marsh)认为，所谓谈判是指有关各方为了自身的目的，在一项涉及各方利益的事务中进行磋商，并通过调整各自提出的条件，最终达成一项各方较为满意的协议这样一个不断协调的过程。

英国谈判专家比尔·斯科特(Bill Scott)认为，贸易谈判是双方面对面地会谈的一种形式。它所涉及的双方，即为我方和你方。

中国台湾学者刘必荣博士认为，谈判不是打仗，它只是解决冲突、维持关系或建立合作构架的一种方式，是一种技巧，也是一种思考方式。他还认为，谈判是赤裸裸的权力游戏。强者有强者的谈法，弱者有弱者的方式。

中国大陆学者也提出了很多具有代表性的观点。例如：

"所谓谈判，乃指个人、组织或国家之间，就一项涉及双方利益关系的标的物，利用协商手段，反复调整各自目标，在满足己方的前提下取得一致的过程。"[①]

"谈判是使谈判双方(各方)观点互换、情感互动、利益互惠的人际交往活动。"[②]

"谈判是人们为了协调彼此的关系，满足各自的需要，通过协商而争取达到意见一致的行为过程。"[③]

"谈判是人们为了各自的利益动机而进行相互协商并设法达成一致意见的行为过程。"[④]

"谈判是为妥善解决某个问题或分歧，并力争达成协议，而彼此对话的行为过程。"[⑤]

上述专家按照各自的理解就谈判的形式、意义与立场对谈判下了定义，既有共识之处，也有各自的高见，却无一致的定义。

---

① 赵大生，王鲁捷.涉外公共关系与谈判交往技巧[M].北京：科学技术文献出版社，1989：105.

② 田志华，陈坤荣，章宏益.实用谈判学[M].北京：中国青年出版社，1991：10.

③ 张祥.国际商务谈判[M].上海：上海三联书店，1995：2.

④ 许小明.经济谈判[M].上海：复旦大学出版社，1998：4.

⑤ 丁建忠.商务谈判[M].北京：中国人民大学出版社，2003：6.

综合上述的基本观点,谈判从实质上看,其内涵的基本点应包括:其一,谈判总是以某种利益需求的满足为预期目标,它的目的性很强,均表现为谈判双方各自的需求、愿望或利益目标;其二,谈判具有相互性,是处于平等的双边或多边通过对话谋求合作、协调彼此之间的关系的交往活动;其三,谈判具有协商性,各方通过沟通信息、交换观点、相互磋商,达成共识的过程。概括起来,可以把谈判理解为这样一个过程:贸易双方根据双方不同的需求,运用所获得的信息,就共同关心的或感兴趣的问题进行磋商,协调各自的经济利益,谋求妥协,从而使双方感到是在有利的条件下达成协议,促成交易。由于谈判双方的立场不同,所追求的具体目标也不同。因此谈判过程充满了复杂的利害冲突和斗争,正是这种冲突才使谈判成为必要,而如何解决这些冲突和矛盾,正是谈判人员所承担的义务。一项谈判是否成功,就在于参加谈判的双方能否通过各种不同的讨价还价的方式或手段,往返折中,最后取得妥协,得出一个双方都能接受的方案。

因此,谈判是指人们基于一定的需求,彼此进行信息交流,磋商协议,旨在协调相互关系,赢得或维护各自利益的行为过程。

谈判作为协调各方关系的重要手段,广泛用于政治、经济、军事、外交、科技等各个领域。

(二)商务谈判

按照《辞海》的解释,商务应理解为商业活动,即贸易或交易,指货物或商品的买卖行为。英语词典对“commerce”一般解释为“the buying and selling of goods, between different countries”,即主要指在不同国家间采购和销售货物。而对“trade”的解释为“the business of buying, selling or exchanging goods, within a country or between countries”,即在国内或国家间采购、销售或交换货物的交易。英语的定义包含国内与国家间的区域的概念。综合上述分析,商务的概念可定义为:国内及国家间的货物或商品的买卖行为。

商务谈判(business negotiation)主要指在经济领域中,具有法人资格的双方,为了协调、改善彼此的经济关系,满足交易的需求,围绕涉及双方的标的物的交易条件,彼此通过信息交流、磋商协议达到交易目的的行为过程。它是市场经济条件下流通领域最普遍、最大量的活动。商务谈判的定义涉及了所有有形与无形、动产与不动产的商品买卖的谈判。从字面上看,其对合作与投资的活动似乎并不适用,但从本质上看,仍然适用。因为双方仍然追求回报——对价,仍属商业活动范畴,而且两者之间的合同所体现的是附着在标的之上的无形商品——双方商誉及双方的义务,体现的交易不是制成品而是制造手段,只不过标的物更复杂而已,所以商务谈判具体内容包括商品买卖、劳务输出输入、技术贸易、投资、经济合作等。

(三)国际商务谈判

国际商务谈判(international business negotiation or cross-culture business negotiation)是国际商务活动的重要组成部分,是国际商务理论的主要内容和核心,是国内商务谈判的延伸和发展。国际商务谈判是在对外经贸活动中,解决不同国家或地区的商业机构之间不可避免的利害冲突,实现共同利益的一种必不可少的手段。

国际商务谈判是指在国际商务活动中,处于不同国家或不同地区的商务活动当事人为满足某一需要,彼此通过信息交流、磋商协议达到交易目的的行为过程。

国际商务活动与国（地区）内商务活动有明显的不同,国际商务谈判是指国（地区）与国（地区）之间的交易活动,这就带来一系列的差异。这些差异会对谈判产生影响,因此必须对此有所认识。

国际商务活动与国（地区）内商务活动的差异主要表现在以下几个方面。

第一,适用法律和管辖法律。适用法律指签约双方对合同适用的法律的选择权,国际商务适用的法律可以自主选择,国（地区）内商务不能自主选择;并且在管辖法律方面也有所不同。管辖法律指交易履行过程中所受管辖的法律。国际商务交易履行过程中所受管辖的法律可以是多个司法体系,国（地区）内商务则是单一司法体系。

第二,引用惯例。引用惯例指在合同建立中可以借鉴的行业或商业的习惯做法。国际商务可以借鉴国际和国内行业或商业的习惯做法,国（地区）内商务只能借鉴国内行业或商业的习惯做法。

第三,合同支付和合同交易对象。在合同支付方面,国际商务合同支付一般用外汇,但当本国（地区）货币为流通货币时,就不一定用外汇。例如,中国与东南亚一些国家做的边境贸易,用人民币结算即可;在合同交易对象方面,国际商务合同交易对象一般为不同国籍,在对手雇用交易国（地区）人员时,情况有所不同,但最终交易人仍是不同国籍的人。

第四,交易语言。国际商务谈判由双方选择使用的语言,国（地区）内商务谈判则使用本国语言。

另外,国际商务活动和国（地区）内商务活动在履约环节、争议处理等方面也存在不同。因此,必须看到国际商务与国（地区）内商务的不同点,在谈判中弄清它们的特点,加以注意才能取得好的效果,具体如表 2-1 所示。

表 2-1　国际商务与国（地区）内商务的不同点

项　　目	国 际 商 务	国（地区）内商务
交易地域	跨境,出关	境内,关内
合同支付	一般用外汇	本国（地区）货币
适用法律	自主选择	不能自主
管辖法律	多个司法体系	单一司法体系
引用惯例	国际,国（地区）（地区）内	国（地区）内
交易语言	双方选择	本国（地区）语言
争议处理	国际仲裁	国（地区）内仲裁或诉讼

二、商务谈判的基本动因

人类为什么要进行谈判?从本质上说,参与谈判的各方利益需求是谈判的基本动因。

人们的需求是多方面的,从主体看,有个人、组织、国家（地区）的不同需求;从层次看,有生理、安全与保障、爱与归属、获得尊重、自我实现的需求;从内容看,有物质和精神的需求。有的需求可以通过其自身努力来满足,但大多数的需求必须与他人进行交换才能满足,谈判的直接动力就是为了利益需要得到满足。尼尔伦伯格指出:"每一个人需求满足的愿望,每一项寻求不足的需要,至少都是诱发人们展开谈判过程的潜因。"

在双方利益需求的交换中,各方都是为了追求自身利益。一方利益的最大化,必然不能保证对方利益的最大化,对方如果退出,利益交换便不能实现,可见交换中,双方都不能无视对方的需要。因此,谈判双方就不能仅仅以追求本方的需要为出发点,而是通过交换观点达成一致,共同寻找使双方都能接受的方案。这就是进行磋商,而磋商的过程实际上就是信息交流的过程,谁能掌握信息,谁能更全面、准确、清楚地了解对方的利益需要,谁就有可能在磋商中取胜。可见,各方追求并维护自身利益需要,不仅使谈判成为必要,而且是有关各方进行谈判的基本动因。

比如,跨国公司与发展中国家合资办厂,双方都有各自的利益需求,跨国公司的利益需求是想通过合资,越过发展中国家关税壁垒,开拓发展中国家市场,获得高额利润,以技术换市场;而发展中国家的利益需求则是通过合资获得先进的技术和资金,提高本国生产水平,扩大出口,开拓国际市场,发展本国经济,以市场换技术。如果跨国公司不能满足发展中国家对技术与资金的需求,发展中国家就不会与之合作;同样如果发展中国家不能满足跨国公司对市场的需求,拥有先进技术的跨国公司也不会到发展中国家投资。这是谈判双方既矛盾又统一的利益关系。双方就是带着既统一又矛盾的利益关系来参加谈判,通过信息交流、反复磋商,寻找双方都能接受的方案,使矛盾在一定条件下达到统一。

实践证明,在当今充满竞争的条件下,谁能掌握对方的需求信息,谁能更全面、准确、清楚地了解对方的利益需要,谁就有可能在竞争中取胜。

有一个商人叫图德拉,他只是一家玻璃制造公司的老板。他喜欢石油行业,自学成才成为石油工程师,他希望能做石油生意。偶然的一天,他从朋友那里得知阿根廷即将在市场上购买××××万美元的丁烷气体,他立刻决定去那里看看是否能弄到这份合同。当他这个玻璃制造商到达阿根廷时,在石油方面既无老关系,也无经验可言,只能仗着一股勇气硬闯。当时他的竞争对手是非常强大的英国石油公司和壳牌石油公司。在做了一番摸底以后,他发现了一件事,阿根廷牛肉供应过剩,正想不顾一切地卖掉牛肉。单凭知道这一事实,他就已获得了竞争的第一个优势。于是,他告诉阿根廷政府:"如果你们向我买××××万美元的丁烷气体,我一定向你们购买××××万美元的牛肉。"阿根廷政府欣然同意,他以买牛肉为条件,争取到了阿根廷政府的合同。图德拉随即飞往西班牙,发现那里有一家主要的造船厂因缺少订货而濒于关闭。它是西班牙政府所面临的一个政治上棘手而又特别敏感的问题。他告诉西班牙人:"如果你们向我买××××万美元的牛肉,我就在你们造船厂订购一艘造价××××万美元的超级油轮。"西班牙人不胜欣喜,通过他们的大使传话给阿根廷,要将图德拉的××××万美元的牛肉直接运往西班牙。图德拉的最后一站是美国费城的太阳石油公司。他对他们说:"如果你们租用我正在西班牙建造的价值××××万美元的超级油轮,我将向你们购买××××万美元的丁烷气体。"太阳石油公司同意了。就这样,一个玻璃制造商成功地做成了××××万美元的石油交易,他的竞争对手只能自叹不如。这个商人正是凭借掌握对方需求信息,清楚地了解对方的利益需要,击败了比他强大百倍的竞争对手,获得了成功,在竞争中取胜。①

---

① 王超. 谈判分析学[M]. 北京:中国对外贸易出版社,1999:18.

第二节　商务谈判的指导思想及其运用

一、商务谈判的指导思想

现代谈判学认为，谈判是交易双方为最终取得互惠协议而做的努力。一场成功的谈判不是你输我赢、胜者为王、败者为寇，而是双方合作互利的过程，每一方都应是胜者，最终达成的协议必须对每一方都有利，因此，谈判的指导思想应是双赢、多赢。

在现实中，一切谈判的共同利益目标是各方都想满足自己的需要，谈判是从不平衡转变到平衡、从无序到有序的过程，谈判的出发点是"合作""磋商"和"利己"，从合作的目的开始谈判，经过磋商，双方达成一致协议，最终达到利己的目的。如果将谈判看成弈棋，非要决一胜负，那么这场谈判肯定不会成功，也不能圆满结束。但是，在谈判实践中常常有人把谈判看作从对方那里获取自己想要得到的东西的一种手段，总想自己得到的越多越好，从而把自我利益的最大化看成谈判圆满成功的标志。

在这种思想指导下进行的谈判，必然产生两种情况：一种是谈判的双方都坚持强硬的立场，认为一方所得，即另一方所失，谈判具有"零和效应"，给对方所作出的让步就是我方的损失。因此，把谈判看成一场意志力的竞赛，在谈判中总是等待甚至逼迫别人让步，而自己则坚持较高的或不现实的权利要求。这种谈判的结果，往往演变为"马拉松"式的意志力的对抗赛。另一种是一方持态度强硬，以"命令者"的身份出现，步步紧逼，得寸进尺，另一方则被迫让步。强硬的一方，在谈判桌上得到了他们所要得到的东西，成为"赢家"，而"输家"则对谈判结果极为不满，他们可能在谈判以后以种种理由宣布协议无效，或是在执行协议时打折扣。这种"一边倒"式的谈判产生的消极后果，将使谈判变得毫无意义。

以 A 国和 J 国的贸易谈判为例。A 国希望通过两国政府首脑的会晤和谈判，让 J 方进口更多的 A 方产品，以削减对 J 国的巨额贸易逆差。但是 A 方代表在谈判桌上提出一个"数值目标"要求，即要求双方先设定一个进口比例的数字目标作为 J 国进口 A 方商品的参考标准，否则 A 方就可以采取贸易制裁措施。结果激怒了 J 方谈判代表。J 方代表从一开始就认为，A 方的要求有违自由贸易原则而一口拒绝。最后，双方谈判以破裂告终，导致 J 方汇率大幅度上升，影响了 J 方经济的增长，在一段时间内 A 方对 J 方的出口不但没有增加，反而下降不少，双方的关系也因此在一定程度上受到损害。

A 和 E 之间发生的"肉鸡战争"也是一个有名的例子。当时的 A 方掌握了新的饲养技术，肉禽生产得到迅速发展，对 E 方的肉鸡出口在短时间内快速上升，E 方极为不安。为了保护本土的肉鸡生产，E 方对从 A 方进口的肉鸡加征从价税。对此，A 方感到非常气愤。他们一方面进行申诉，主张对 E 方出口的商品征收报复性关税；另一方面对 E 方出口由全鸡改为鸡块，并开始一年四季向 E 方出口火鸡（过去只是在西方的复活节和圣诞节前才出口）。A 和 E 之间在肉鸡市场上的分歧因此越来越深。但是，双方在经济上互有需求，保持分歧或扩大矛盾对双方都没有好处。在此情况下，双方又回到了谈判桌上，在谈判中，经过多轮讨价还价，A 方同意 E 方可以对 A 方的部分产品征收差价税，并以此为条件，换取 E 方对其他 A 方商品的让步。E 方则同意对 A 方的部分产品实行免税,同时停止对可能挤占 A 方在 E 方市场的出口商品给予补贴,以此为条件,换取 A 方将 E 方的一些工业制成品的税率恢复到原来水平。A 和 E 双方从谈判中都得到了好处。

从以上正反面案例可以看出,双方进行谈判彼此都要有利可图才谈得拢,亏本的买卖谁也不会干。如果我们不了解对方,不会打算盘,我们就会吃亏,但是算盘打到尽头,只考虑自己多得一点,对方无利可图,他们也不会干。所以,对每一位谈判人员来说都必须明确,一场圆满成功的谈判要使双方的利益要求都获得一定的满足。或者说,双方各自利益都在谈判桌上求得一定程度的平衡,随之而来的是彼此协作往来关系在这基础上也得到进一步改善与融洽。因此,谈判是双方合作的、互利的过程,一次成功的谈判活动,每一方都应是胜利者。

还有一个小故事。有一位美国人和他 12 岁的儿子在伦敦海德公园玩飞盘。当时,在英国很少有人看过飞盘游戏,因此,他们父子俩的游戏吸引一大群人在旁边围观。最后,有位英国绅士走过来问那位父亲:“对不起,打扰您一下,我在这里已经看着你们玩了半个小时,你们到底谁赢了?”英国人提出这个问题,显得他有点傻乎乎,因为如果飞盘玩得好,父子就都是赢家。谈判也是如此。在今天看来,大多数情况下问一位谈判人员“谁赢了”,就像问一对夫妇“你们谁赢了这场婚姻”一样的滑稽。①

二、商务谈判指导思想的具体运用

从以上分析可以看到,谈判的指导思想并不是“你输我赢”,谈判双方应树立“双赢”的观念。一切谈判的结局应该使谈判双方都有赢的感觉。采取什么样的谈判手段、谈判方法和谈判原则来达到谈判的结局对谈判各方都有利、使其都有赢的感觉,是我们学习谈判和研究谈判所要达到的目的。如何创造“双赢”是我们学习谈判应掌握的具体操作方法,也是对谈判指导思想的具体运用。

（一）双赢谈判的标准

从商务角度来看,谈判应使双方都得到商务发展的机会,也就是双赢。为此,我们运用的谈判原则与技巧要达到双赢,至少应满足以下三个标准。

1. 谈判双方的直接经济利益

明智协议的核心特点应满足谈判各方的合法利益,能够公平地解决谈判各方的利益冲突,而且要考虑到符合公众利益。而争辩式谈判使谈判内容和立场局限在一个方面,双方只重视各自的立场,往往忽视了满足谈判双方的实际潜在的需要。

2. 谈判的方式必须有效率

效率是双方都追求的双赢的内容之一,这是因为效率高的谈判使双方都有更多的精力拓展商业机会,商务谈判实际是经济利益的谈判,必须有效率。而立场争辩式谈判往往局限了双方更多的选择方案,有时简直是无谓地消耗时间,从而给谈判各方带来压力,增加谈判不成功的风险,必然没有效率。

3. 谈判应该改进或不伤害谈判各方的关系

谈判的结果是要取得利益,然而,利益的取得却不能以破坏或伤害谈判各方的关系为

① 王超.谈判分析学[M].北京:中国对外贸易出版社,1999:57.

代价。从发展的眼光看,商务上的合作关系会带来更多的商业机会。然而,立场争辩式谈判却忽视了保持商业关系的重要性,往往使谈判变成各方意愿的较量,看谁在谈判中更执着或更容易让步。这样的谈判往往会使谈判人员在心里产生不良的反应,从而破坏谈判各方关系的续存。

（二）创造双赢的解决方案

如何创造双赢是我们学习谈判应掌握的具体操作方法,也是对谈判原则理论部分的具体运用。一场好的谈判不是拿一个蛋糕一切两半,而应是不仅仅注意切在什么地方,更注意在切分这个蛋糕之前,尽量使这个蛋糕变得更大。这就是我们应该在谈判中注意创造双赢的解决方案。在现实中扩大双方的总体利益是可能的,总体利益虽是客观存在,但发掘这些现实的潜在利益,却需要双方的合作精神和高超的技艺。其实,能把蛋糕做大的地方比比皆是,比如降低风险,增加对方利益,而不减少我方利益;增加我方利益,而不减少对方利益。或是增加部分开支,而使利益的增长幅度超过开支的增长;减少部分开支,而使利益的减少小于开支的减少。这些因素都是谈判人员周到、全面地分析经济、技术、金融、贸易等条件后才能找到的。这些因素的综合平衡,要通过对项目各种条件作出定量分析和系统概括后才能达到。在商务谈判中,如果把主要方面的原则先确定好,然后通过双方的努力把"蛋糕"做得足够大,那么其他方面的利益及其划分就显得相对容易多了。

1. 谈判人员的误区和走出误区的方法

在许多谈判中,谈判的结局往往并不理想。谈判人员更多的是注重追求单一的结果,固守自己的立场,而不考虑对方的实际情况。为什么谈判人员没有创造性地寻找解决方案,没有将谈判双方的利益实现最大化? 这是因为谈判人员陷入误区。

导致谈判人员陷入误区主要有如下四个障碍:其一,过早地对谈判下结论。谈判人员往往在缺乏想象力的同时,看到对方坚持立场,也盲目不愿意放弃自己既有的立场,甚至担心寻求更多的解决方案会泄露自己的信息,减弱讨价还价的力量。其二,只追求单一的结果。谈判人员往往错误地认为,创造并不是谈判中的一部分,谈判只是在双方的立场之间达成一个双方都能接受的点。其三,误认为一方所得,即另一方所失。许多谈判人员错误地认为,谈判具有零和效应,给对方所作出的让步就是我方的损失,所以没有必要再去寻求更多的解决方案。其四,谈判对手的问题始终该由他们自己解决。许多谈判人员认为,谈判就是要满足自己的利益需要,替对方着想的解决方案似乎是违反常规的。

针对上述谈判的误区,我们认为,如何创造性地寻求双方都接受的解决方案就是谈判的关键所在,特别是在双方谈判处于僵局的时候更是如此。双方都是赢家的谈判才能使以后的合作持续下去,双方也会在合作中各自取得自己的利益。

使谈判人员走出误区的谈判思路和方法有以下四个方面:其一,将方案的创造与对方案的判断行为分开。谈判人员应该先创造方案,然后再决策,不要过早地对解决方案下结论。比较有效的方法是采用"头脑风暴"式的小组讨论,即谈判小组成员彼此激发想象,创造出各种想法和主意,而不是考虑这些主意是好还是坏、能否实现。然后再逐步对创造的想法和主意进行评估,最终决定谈判的具体方案。在谈判双方是长期合作伙伴的情况下,双方也可以共同进行这种小组讨论。其二,充分发挥想象力,扩大方案的选择范围。在上述小组讨论中,参加者最容易犯的毛病就是,觉得大家在寻找最佳的方案。而实际上,这是在激发想象阶段,并不是寻找最佳方案的时候,我们要做的就是尽量扩大谈判方案的可选择余地。此阶段,谈判人员应从不同的角度来分析同一个问题。例如,在达成协议方面,如不能达成永久的协议,可以达成临时的协议;不能达成无条件的协议,可以达成有条件的协议等。其三,找出双赢的解决方案。双赢在绝大多数的谈判中都是应该存在的,这就要求谈判双方能够识别共同的利益所在。每个谈判人员都应该牢记:每个谈判都有潜在的共同利益;共同利益就意味着商业机会;强调共同利益可以使谈判更顺利。另外,谈判人员还应注意谈判双方兼容利益的存在,即不同的利益,但彼此的存在并不矛盾或冲突。其四,替对方着想,让对方容易作出决策。让对方觉得你诚心诚意,提出的解决方案既合法又正当,并让对方觉得解决方案对双方都公平。另外,在国际商务谈判中,国外客商比较重视先例,因此,对方的先例也是让对方作出决策的原因之一。

2. 创造双赢方案的"三部曲"

商务谈判中谈判的双方虽然不是敌对的关系,但是也存在利益的冲突和矛盾。在谈判实践中,经常看到谈判人员陷入难以自拔的境地,要么谈判陷入僵局,要么双方在达成协议后总觉得双方的目标都没有达到或者谈判一方总有失掉了一场对局的感觉。究其原因,两方的谈判人员没有能够在有限的谈判时间内充分掌握谈判的原则与技巧,使双方的利益最大化,同时,双方也没有意识到,谈判的成功要求谈判人员除了熟练掌握商务谈判的专业内容之外,还遵循一定的科学方法与步骤来控制谈判的进程。

因此,在这里介绍一个国外许多成功的谈判人员都遵循的谈判的步骤与原则,即"商务谈判三部曲"。"商务谈判三部曲"包括申明价值(claiming value)、创造价值(creating value)和克服障碍(overcoming barriers)。"商务谈判三部曲"给每一位商务谈判人员提供一个有效掌握谈判进程的框架。许多著名商学院都是遵循这样的"三部曲"训练学生的谈判技巧与能力,见表 2-2。

表 2-2 "商务谈判三部曲"

"三部曲"	阶 段	内 容	方 法
申明价值	初级	谈判双方充分沟通各自的利益要求。申明能够满足对方需要的方法与优势所在,此阶段的关键是弄清楚对方的真正需求	多向对方提出问题,探询对方的实际需要;与此同时也要根据情况申明我方的利益所在。因为你越了解对方的真正实际需求,就越能够知道如何才能满足对方的要求,同时对方知道了你的利益所在,才能满足你的需求
创造价值	中级	双方彼此沟通,申明了各自的利益所在,了解对方的实际需要。但是此协议不一定对双方都是利益最大化。其可能并不是最佳方案	谈判中双方需要想方设法去寻求更佳的方案,为谈判各方找到最大的利益,创造价值
克服障碍	攻坚	谈判的障碍来自两个方面:第一是谈判双方彼此利益存在冲突;第二是谈判人员自身在决策程序上存在障碍	第一种障碍需要双方按照公平合理的客观原则来协调利益;第二种障碍需要谈判无障碍的一方主动去帮助另一方,使其能够顺利决策

（1）申明价值。申明价值是谈判的初级阶段，此阶段的关键步骤是弄清对方的真正需求，因此其主要的技巧就是多向对方提出问题，探询对方的实际需要；与此同时也要根据情况申明我方的利益所在。因为越了解对方的真正实际需求，越能够知道如何才能满足对方的要求；同时对方知道了你的利益所在，才能满足你的要求。在申明价值的阶段，应该注意，不能像有些人所谓的"商务谈判技巧"，总是诱导谈判人员在谈判过程中迷惑对方，不让对方知道其底细、真正需要和利益所在，有的人甚至想方设法误导对方，生怕对方知道其底细，会向其漫天要价。我们认为，这并不是谈判的一般原则，如果你总是误导对方，那么可能最终吃亏的是你自己。

（2）创造价值。创造价值是谈判的中级阶段，此阶段双方通过沟通，了解了各自的利益所在和对方的实际需要。但是，达成的协议并不一定对双方都是利益最大化。也就是，利益在此往往并不能有效地达到平衡。即使达到了平衡，此协议也可能并不是最佳方案。因此，谈判中双方需要想方设法去寻求更佳的方案，为谈判各方找到最大的利益，这一步骤就是创造价值。创造价值的阶段，往往是商务谈判最容易忽略的阶段。一般的商务谈判很少有谈判人员能从全局的角度出发去充分创造、比较与衡量最佳的解决方案。因此，谈判人员总觉得谈判结果不理想，没有能够达到"赢"的感觉，或者总有一点遗憾。由此看来，采取什么样的方法使谈判双方达到利益最大化，寻求最佳方案就显得非常重要。

（3）克服障碍。克服障碍是谈判的攻坚阶段。谈判的障碍一般来自两个方面：一个是谈判双方彼此利益存在冲突，另一个是谈判人员自身在决策程序上存在障碍。前一种障碍需要双方按照公平合理的客观原则来协调利益；后一种障碍需要谈判无障碍的一方主动去帮助另一方，使其能够顺利决策。克服障碍阶段，双方应弄清症结所在，化解矛盾达成协议。

以上我们谈到的"商务谈判三部曲"是谈判人员在任何商务谈判中都适用的原则。"商务谈判三部曲"为我们掌握商务谈判进程提供了可以遵循的基本框架。申明价值可以使我们了解谈判双方的各自需求；创造价值可以使我们达到双赢的目的；克服障碍可以使我们顺利达成协议。只要谈判双方都牢记这一谈判步骤，并有效地遵循适当的方法，就能够使谈判的结果达到双赢，并使双方利益都最大化。

为了理解"商务谈判三部曲"，我们给大家讲一个在谈判界广为流传的经典小故事。有一个妈妈把一个橙子给了邻居的两个孩子。这两个孩子便讨论起来如何分这个橙子。两个人吵来吵去，最终达成了一致意见，由一个孩子负责切橙子，而另一孩子选橙子。结果，这两个孩子按照商定的办法各自取得了一半橙子，高高兴兴地拿回家去了。第一个孩子把半个橙子拿到家，把皮剥掉扔进了垃圾桶，把果肉吃了。另一个孩子回到家一吃是酸的，他不能吃酸的，只好把果肉挖掉扔进了垃圾桶，把橙子皮留下来磨碎了，混在面粉里做烤蛋糕吃。

从上面的情形，我们可以看出，虽然两个孩子各自拿到了看似公平的一半，然而，他们各自得到的东西却未物尽其用。这说明，他们在事先并未做好沟通，也就是两个孩子并没有申明各自利益所在。没有事先申明价值导致了双方盲目追求形式上和立场上的公平，结果，双方各自的利益并未在谈判中达到最大化。

如果我们设想，两个孩子充分交流各自所需，或许会有多个方案和情况出现。可能的一种情况,就是遵循上述情形,两个孩子想办法将皮和果肉分开,一个吃果肉,另一个拿皮去做烤蛋糕。然而,也可能经过沟通后是另外的情况,恰恰有一个孩子既想要皮做蛋糕,又想吃果肉。这时,如何能创造价值就非常重要了。

结果,想要整个橙子的孩子提议可以将其他的问题拿出来一块谈。他说:"如果把这个橙子全给我,你上次欠我的棒棒糖就不用还了。"其实,他的牙齿被蛀得一塌糊涂,父母上星期就不让他吃糖了。

另一个孩子想了一想,很快就答应了。他刚刚从父母那里要了5元钱,准备买糖还债。这次他可以用这5元钱去打游戏,才不在乎这酸溜溜的橙子呢。

两个孩子的谈判思考过程实际上就是不断沟通、创造价值的过程。双方都在寻求对自己最大利益方案的同时,也满足了对方的最大利益的需要。

商务谈判的过程实际上也是一样。好的谈判人员并不是一味固守立场、追求寸步不让,而是要与对方充分交流,从双方的最大利益出发,创造各种解决方案,用相对小的让步来换得最大的利益,而对方也是遵循相同的原则来取得交换条件,尽量先把双方的利益扩大。在满足双方最大利益的基础上,如果还存在达成协议的障碍,那么就不妨站在对方的立场上,替对方着想,帮助扫清达成协议的一切障碍。这样,最终的协议是不难达成的。[①]

在商务谈判中,为了增加双方的总体利益,有时会遇到对传统做法的挑战。当然,对涉及双方的基本原则和立场一般不能作出让步,但对一些传统的规定及做法,是可以通过谈判予以调整的。例如某国曾向我国某一项目提供了一笔数额较大的政府贷款,根据当时有关规定,贷款合同一经生效,该贷款额就全部筹集好并存放在指定银行里,不得挪作他用,借款人则根据需要去提用。为了督促借方按期完成项目的进度,对未提用的部分则需支付承诺费。由于这笔贷款数额很大,而且计划用款时间相当长,前后历经6年,经计算,所需支付的承诺费数额将十分可观。为此,我方认为,有关支付承诺费的计算方法只是一种传统规定而已,不是原则问题,是可以与外方进行谈判的。我们提出,把这笔贷款按年度分成六部分使用,根据工程用款计划,对方按年度将资金先后调拨到位。每一年的额度若没有用完,应按当年未用部分计算承诺费,而以后若干年的贷款额则不计在内。经过谈判,双方认为这样做彼此都有利。因为对中方来说,不仅可避免支付一笔可观的承诺费,而且可使贷款的实际使用额增加;而对外方来说,资金逐年到位更容易些,它也可以将其余资金投入其他方面取得效益,从而帮助贷款国降低了成本。于是外方接受了我们的要求,这样我方就节约了几百万美元。可见蛋糕做大了,双方的立场接近了许多,有利于以后谈判的进行。

还有一个水电工程项目,中方业主争取到一笔数额很大的优惠贷款,业主就水电设备采购选择供货厂商时,为便于统一标准以利于评估,按照国际惯例,同意由各国厂商用信用证支付方式报价,最后T公司中标。当供货合同将要签字时,业主内部就付款方式产生了分歧。通常情况下,利用这类国外贷款我方都是以托收方式付款的,因为采用信用证方式付款,我方没有审单权,风险较大,而且,另外开立信用证要支付较高开证费,因此,提出改用托收方式付款。但是T公司对此表示强烈反对,该公司提出其原来的报价是基于

① 何小聪. 合作原则在商务谈判"让步"环节的应用[J]. 浙江科技学院学报,2021;33(4):318-323.

信用证方式付款计算的,若中方一定要改为托收方式,则合同价格要增加 110 万美元。原来 T 公司若以托收方式收款,其间隔时间比信用证方式收款要长 10 天左右,即 T 公司每次收款从提交收据到实际收到货款都要比原来支付方式长 10 天左右,这就意味着要多占用其资金 10 天左右,即等于它要承担大致相当于向银行借款 10 天所需付利息的资本成本,整个供货合同分 8 次付款,则累计起来中标者差不多要多承担 110 万美元的银行利息。中方业主为此请教银行专家,设法做到了开立信用证的费用与托收方式支付的银行费用相近。同时为了减少风险,中方业主已与供货商谈定,并得到双方开户银行确认,有关信用证方面的条款将确保把真正的支付地点放在中国。在这样的条件下,中方业主内部很快统一了思想,一致同意采用信用证方式向中标厂商付款,由此加快了向外方的付款时间,避免了外方所要承担的额外费用,同时又使我方避免了合同价格提高而带来的损失。[①]

这两个例子仅仅反映了把"蛋糕"做大的某些侧面。在商务谈判中,如果通过双方的努力把"蛋糕"做得足够大,那么其他方面的利益及其划分问题就显得相对容易多了,从而可以达到双赢。

第三节　国际商务谈判的特征及特殊性

国际商务谈判既具有商务谈判的共性,又具有其自身的特殊性。

一、国际商务谈判的共性

国际商务谈判具有一般商务谈判的共性,具体包括以下几个方面。

（一）以获得经济利益为目的

任何谈判都是以追求利益为目标,比如外交谈判涉及的是国家利益;政治谈判追求政党、团体的利益;军事谈判主要涉及敌对双方的安全利益;商务谈判的利益则是指直接的经济利益,谈判当事人的谈判策略与技巧,都围绕实现经济利益展开,离开了经济利益,商务谈判就失去了存在的价值和可能。因此,商务谈判就是以直接经济利益为目的的谈判,谈判人员都比较注意谈判的成本、效率和效益。这是商务谈判的基本特征。

（二）不是无限制地满足自己的利益

如上所述,商务谈判中的经济利益,是谈判各方共同追求的目标,双方都希望能以较少的成本支出,取得最大的谈判成果。但是,任何谈判人员都必须满足对方的最低要求,否则会因对方的退出而导致谈判破裂,会使自己到手的利益丧失殆尽,所以双方应在相互合作中实现利益的最大化。如果将谈判双方在交易中可获得的总体利益用一个完整的圆来表示,那么谈判双方的利益需要可用图 2-1 来说明。

假设 A 方表示买方的最低利益,B 方表示卖方的最低利益,X 表

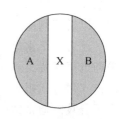

图 2-1　商务谈判利益界限

---

① 张福春,孙庆和.实用商务谈判大全[M].北京:企业管理出版社,2000:8.

示可争夺的利益,如果 A 方或 B 方想独占 X 并且向对方的最低利益延伸,A 方或 B 方就不能得到最低利益,A 方或 B 方会因无法获得本方的最低利益而退出,谈判便会破裂,而某一方的最高利益也不能获得。所以,谈判的当事人不能仅考虑本方的利益,还要站在对方的立场上考虑对方的利益,只有在对方所能接受的临界点之上,谈判才能成功,本方的利益才能实现。

（三）体现了参与谈判的各方"合作"与"冲突"的对立统一关系

通过商务谈判,改变和协调各参与方的关系,达成对各方都有利的协议,是谈判各方相互合作的一面；而各谈判方又希望通过谈判,以较少的让步换取尽可能多的利益,体现了谈判参与方相互对立的一面。

谈判双方的这种对立和统一的关系,直接影响着谈判各方谈判方案的制订,谈判策略、谈判技巧的选择与运用。它使谈判各方经常要在通过退让以求得合作、经过冲突以保持本方利益的两难境地中进行艰难的抉择。

（四）以价格谈判为核心

商务谈判所涉及的因素很多,谈判人员的需求和利益表现在众多的方面,但价格几乎是所有商务谈判的核心内容,占据重要地位。这不仅是因为价格的高低直接反映了谈判双方利益的分配,而且由于谈判双方也会涉及价格以外的因素,且这些因素都与价格有着密切的关系,往往可以折算为一定的价格,并通过价格的升降得到体现。因此,价格总是商务谈判的核心。这就要求商务谈判当事人一方面以价格为核心争取自己的利益,另一方面又不能仅仅局限于价格,善于拓宽思路,设法从其他与价格相联系的因素上争取更多的利益。尤其在双方讨价还价争执不休的情况下,还不如在其他因素上使对方或本方作出一些主动的让步。只有这样灵活运用以价格为核心的特征,才能使谈判获得成功。

（五）各方最终获利大小、多寡,取决于各方的实力

谈判参与方的客观经济实力以及谈判实力影响着谈判的结果。客观经济实力主要受到所谈项目对谈判方的重要性、谈判方所代表的经济组织的实力、谈判时的市场情况及发展趋势、所谈项目自身的特点等因素的影响。而谈判人员的素质及其对待谈判的态度、对谈判策略和谈判技巧的运用能力、谈判班子成员之间、谈判班子与谈判后援队之间的协作能力等,则直接影响到谈判各方的谈判实力。

（六）注重合同条款的严密性与准确性

商务谈判合同体现了双方协商一致的结果。合同条款实质上反映了各方的权利和义务,合同条款的严密性与准确性是保证谈判获得各种利益的重要前提。有些谈判人员虽然在商务谈判中花了很大力气,似乎已经取得了这场谈判的胜利,但在拟订合同条款时,掉以轻心,不注意合同条款的完整、严密、准确、合理、合法,其结果往往是在条款措辞或表述技巧上掉进由谈判对手设置的陷阱,这不仅会使到手的利益丧失殆尽,而且要付出惨重的代价,这样的例子在商务谈判中屡见不鲜。因此,在商务谈判中,谈判人员不仅要重视口头上的承诺,更要重视合同条款的准确和严密。

二、国际商务谈判的特殊性

国际商务谈判的特殊性主要表现在以下几个方面。

（一）具有跨国（地区）性，应按国际惯例办事

跨国（地区）性是国际商务谈判的最大特点，也是其他特点的基础。国际商务谈判的主体是两个或两个以上的国家或地区，谈判人员代表了不同国家或地区的利益。由于国际商务谈判的结果会导致资产的跨国流动，必然在贸易、金融、保险、运输、支付、法律等领域都具有国际性，因此在国际商务谈判中必须按国际惯例或通行做法来操作。谈判人员要特别熟悉各种国际惯例，熟悉对方所在国或地区的法律条款，熟悉国际经济组织的各种规定和国际法规。

国际商务谈判在适用法律方面不能完全以任何一方所在国家或地区的经济法为依据，而必须以国际经济法为准则，按照国际惯例行事。在需要仲裁时，仲裁地点与仲裁所适用的规则直接相关。一般来说，规定在哪一国仲裁，往往就要适用该国的有关仲裁规则和程序。

必须指出的是，各项国际贸易的各种规定、法规、国际惯例并不具备普遍的约束力，只有当谈判的当事人在他们订立的国际货物买卖合同中采用某种国际法规、惯例来明确他们之间的权利义务时，该法规、惯例才适用于该合同并对当事人产生约束力。

（二）具有较强的政策性

国际商务谈判的跨国（地区）性决定了它是政策性较强的谈判。国际商务谈判参与方处于不同国家或地区的政治、经济环境中，谈判常常会牵涉国（地区）与国（地区）之间的政治、外交关系，在谈判中，双方国家或地区政府常常也会干预和影响商务谈判的进程。因此，国际商务谈判必须贯彻执行国家或地区的有关方针政策和外交政策，特别是执行对外贸易的一系列法律和规章制度。这就要求国际商务谈判人员必须熟知本国或地区和对手国家或地区的方针政策、对外经济贸易的法律和规章制度。

（三）具有跨文化性

国际商务谈判参与方处于不同的文化、宗教、伦理环境中，谈判的各方一般具有不同的价值观、道德观、思维方式和行为方式，在语言表达及风俗习惯等方面也各不相同。因此，国际商务谈判的难度要大大高于国内商务谈判。国际商务谈判的各参与方在谈判时，不仅要注意协调好各自的经济关系，而且要努力尊重和协调好各自在文化、宗教和伦理等各方面的差异。例如，日本历史固有的文化传统便随时可以从其商家的谈判风格中看出。日本商家宴请外国客人时，主人不是坐在离主宾最近的地方，而是坐在末席。因为按照日本的文化解释，请人吃饭的主要目的是用美味佳肴款待客人，而不是社交，因此主人理应全心全意款待和服侍客人，而不应与主宾坐在一起接受招待人员的服侍。日本商家常常发出"嗨！""嗨！"的回应声，然而这种回应既不表示赞同或接受，也不表示否定或拒绝，而只是日本谈判文化中的一种特殊现象。此外，日本人在谈判中态度比较严肃，通常不会发出笑声。如果发出笑声，一般也不表达高兴、愉快、幽默或嘲讽，有时可能是沮丧、震惊、惶恐或窘迫的一种表示。因此在谈判桌上，客方听到高兴之处时切不可对日本朋友贸然发出笑声，更不可朗朗大笑。相反，如果日本谈判人员发出了笑声，那么对方应当做的不是随之发笑，而应弄清他发笑的原因，并考虑适当地向其表示歉意。这又与其他国家的习俗大相径庭。珍珠港事件就证明了这一点。1941年12月，日本特使来栖三郎和野村吉三郎与美国国务卿科德尔·赫尔（Cordell Hull）就日美关系问题举行多次会谈，会谈中两位

日本特使始终笑容满面,会谈结束后又微笑着,频频鞠躬告别。美国人员看到日本特使的这种神情,都认为未来美日关系将是乐观的。岂料事隔数日,12月7日,日本不宣而战,偷袭珍珠港,美国损失惨重,从此揭开了太平洋战争的序幕。至今有的学者还认为,如果当时的国务卿了解日本民族的特点,懂得日本人身体语言的特点,就不会轻易上当了,定会做好充分的准备。我们姑且不论这两个日本特使的微笑是不是故意伪装,但是,确实日本人的微笑与其他民族的含义不同。他们并不只有在感到高兴愉快或表示同意、赞许时才微笑,他们把微笑视为一种礼节,即使在感到尴尬,甚至悲哀时仍会向对方微笑。英国出版的《百国旅游手册》中指出:"访问日本的外国人必须懂得,日本人即使受到上级责备时,他仍会向你微笑,这并不说明他们无羞耻感,他们的想法是用微笑来使本来已很不愉快的事稍微变得愉快一些。甚至,当日本人家中有人去世,你向他表示慰问,他也会微笑着向你道谢。"

（四）具有复杂、多变性

复杂、多变性是由跨国（地区）性、政策性、跨文化性等特殊性派生出来的。面对以上特点,从事国际商务谈判的人员面临着国际环境多变复杂的局面,要花费更多的精力来适应。诸如,贸易标的各方面的复杂多变、国际法的掌握、语言沟通的差异、风俗习惯的差异、价值观和思维方式的差异等,这些都提升了谈判的复杂多变性。国际商务谈判涉及不同国家（地区）、不同国家（地区）企业之间的关系,如果出现问题,需要协商的环节很多,解决起来也比较困难。因此,这要求谈判人员事先估计到可能出现的问题和不测事件,加以相应的防范。

（五）国际商务谈判人员应具备更高的素质

国际商务谈判的特殊性和复杂性,要求国际商务谈判人员在知识结构、语言能力、谈判策略及技巧的实际运用能力、防范风险的能力等方面具备更高的水准。谈判人员必须具备广博的知识和高超的谈判技巧,不仅能在谈判桌上因人而异、运用自如,而且要在谈判前注意资料的准备、信息的收集,使谈判按预定的方案顺利进行。

三、关于货物买卖的国际公约和国际贸易惯例

国际贸易中的法律规范是随着国际贸易的复杂化、多样化,以及国家对经济贸易的干预和国家间经济矛盾的加剧而产生、发展起来的。国际贸易中的法律规范来源于长期的国际贸易实践,反映了国际贸易活动的一般规律,体现了人们的合理期待,具备了法律规则的可预见性和科学性,因而能广泛用于指导国际贸易活动。

（一）关于货物买卖的主要国际公约

目前比较有影响的关于货物买卖的国际公约主要有三种,分别是 1964 年《国际货物买卖统一法公约》《国际货物买卖合同成立统一法公约》以及 1980 年《联合国国际货物销售合同公约》（以下简称《公约》）。在这三种国际公约中,《公约》是迄今在国际货物交易过程中影响最大的公约之一。

《公约》,是由联合国国际贸易法委员会起草,并于 1980 年 4 月 11 日在维也纳召开的外交会议上通过的。《公约》除序言外,主要包括适用范围、合同的成立、货物销售、最后条款四个部分,全文共 101 条。《公约》的主要内容是对国际货物买卖合同的订立以及双方

的权利和义务制定了统一的规则,也就是关于国际货物买卖合同和货物买卖的统一法。由于核准或参加这一公约的国家越来越多,它对国际贸易的影响也越来越大。

我国是《公约》最早成员国之一。中国政府曾派代表参加了 1980 年维也纳会议,并于 1986 年 12 月向联合国秘书长递交了关于《公约》的核准书,成为《公约》的缔约国。中国对《公约》给予了较高的评价,认为《公约》是迄今为止一项最全面、最详尽的关于国际货物买卖的统一法律规范,它关于合同成立和买卖双方权利、义务的各项规定,基本上是公平合理的,是可以接受的。它比较成功地协调两大法系的矛盾,考虑到了发展中国家的利益。《公约》对外贸企业与其他缔约国的当事人之间所订立的货物买卖合同同样适用,除非当事人已在合同中排除该公约。应该注意,我国在核准《公约》时,根据我国的具体情况,按照《公约》第 95 条和第 96 条的规定,对《公约》提出了两项重要保留。

1. 关于采用书面形式的保留

按照《公约》第 11 条的规定,国际货物买卖合同不一定要以书面形式订立或以书面来证明,在形式上不受任何其他条件的限制。也就是说,《公约》对买卖合同没有提出任何特定的形式要求,无论是采取口头方式还是采取书面方式订立合同都是有效的。《公约》的这一规定以及其他类似的规定,同当时的《中华人民共和国涉外经济合同法》关于涉外合同(包括国际货物买卖合同在内)必须采用书面形式订立的要求是不一致的。因此,我国在核准《公约》时,对此提出了保留。我国认为,国际货物买卖合同必须采用书面形式,《公约》的上述规定和其他类似规定对中国不适用。可见,这种保留与当时中国相关法律的规定是吻合的。

值得注意的是,根据自 2021 年 1 月 1 日起施行的《中华人民共和国民法典》第四百六十九条,当事人订立合同,可以采用书面形式、口头形式或者其他形式。

2. 关于适用范围的保留

按照《公约》第 1 条 1 款(a)项的规定,如果合同双方当事人的营业地处于不同的国家,而且这些国家都是该《公约》的缔约国,则《公约》亦将适用于这些当事人之间所订立的货物买卖合同,即《公约》适用于营业地处于不同的缔约国的当事人之间订立的货物买卖合同。对于这一点,我国是赞同的,没有任何异议。但是,该款中的(b)项又规定,只要合同双方当事人的营业地处于不同的国家,即使他们的营业地所在国不是《公约》的缔约国,但如果按照国际司法的规则适用某一缔约国的法律,则《公约》亦将适用于这些当事人之间订立的国际货物买卖合同。这项规定的目的是扩大《公约》的适用范围,使之不仅适用于营业地处在缔约国的当事人之间订立的货物买卖合同,而且凭借国际私法的规则还有可能使之适用于非缔约国的当事人之间所订立的货物买卖合同,只要依据国际私法的规则该合同适用某一缔约国的法律即可。对于这一点,我国在核准《公约》时也提出了保留,即我国认为《公约》的适用范围仅限于双方的营业地处于不同的缔约国的当事人之间所订立的货物买卖合同。

(二)国际贸易惯例

国际贸易惯例是国际贸易法的渊源之一,在国际货物买卖中,双方当事人可以在他们的买卖合同中规定某种国际惯例,用以确定他们之间的权利和义务。关于国际货物买卖的国际惯例主要有以下几种。

（1）《国际贸易术语解释通则》（以下简称《通则》）是由国际商会（ICC）为从事国际贸易的当事人提供的一套关于买卖合同中所使用的贸易术语的统一解释而制定的一个正式规则，于1936年制定。

为了推动国际贸易的发展、消除因使用贸易术语而产生的贸易纠纷，国际商会经过多年的努力，将当时较普遍采用的贸易术语予以规范化、标准化，供从事国际贸易的人士选用。所以，《通则》是由国际商会为统一对各种贸易术语的解释而制定的成文化贸易术语规则，人们通常又把它称为incoterms，而实际上incoterms一词源于international commercial terms。后来，国际商会分别于1953年、1967年、1976年、1980年、1990年、2000年、2010年对《通则》进行了修订。在这几次修订中，变化最大的是国际商会在1990年对1980年《通则》的修订，其修订的主要目的，一是适应电子数据交换系统推广使用的需要，二是适应运输技术发展和运输方式变革的需要。

自由贸易区的大量建立，商务交易中电子通信手段的广泛采用以及运输方式的不断变革，对国际贸易术语又提出了新的要求。为了进一步适应现代国际贸易发展的需要，国际商会在听取国际贸易各行业从业者的意见和建议的基础上，推出《2020年国际贸易术语解释通则》，该通则于2020年1月1日实施。

可见，自《通则》创立以来，即便这个全世界无可争辩的标准也不断地更新，且与国际贸易的发展保持着同步。

《通则》是在当前国际贸易中应用最为广泛、对国际货物买卖活动最具指导意义的重要的国际惯例之一。

（2）《华沙—牛津规则》。《华沙—牛津规则》是国际法协会针对CIF（成本加保险费加运费）贸易术语而制定的一个正式规则，于1932年制定，因先后在华沙、牛津等地开会研究讨论，故定名为《华沙—牛津规则》，该规则完全是针对"成本加运费、保险费合同（即CIF合同）"制定的。

国际法协会于1928年在波兰首都华沙举行会议，制定了一套关于CIF合同的统一规则，称为《1928年华沙规则》，该规则共包括22条。其后，国际法协会在国际商会的支持下又分别于1930年在纽约、1931年在巴黎以及1932年在牛津召开了3次会议，将《1928年华沙规则》修订为21条，定名为《华沙-牛津规则》，沿用至今。该规则主要对CIF合同的性质、特点，买卖双方所承担的风险、责任和费用的划分以及所有权转移的方式等问题进行了比较详细的解释，适应了当事人对CIF合同广泛使用的需要。《华沙-牛津规则》在总则中说明，这一规则供交易双方自愿采用，凡明示采用《华沙-牛津规则》者，合同当事人的权利和义务均应援引本规则的规定办理。经双方当事人明示协议，可以对规则的任何一条进行变更、修改或增添。如本规则与合同发生矛盾，应以合同为准。凡合同中没有规定的事项，应按本规则的规定办理。该规则在国际上有较大的影响。

（3）《1941年美国对外贸易定义修正本》。该惯例对美国在对外贸易中经常使用的贸易术语做了解释，具体规定了在各种不同的贸易术语中买卖双方在交货方面的权利和义务。需要注意的是，美国对FOB（离岸价格）这一术语的解释，同国际商会制定的《通则》所做的解释存在较大的差异。

早在1919年，美国九大商业团体就在纽约制定了《美国出口报价及其缩写条例》。

1941 年，在美国第 27 届全国对外贸易会议上对该条例做了修订，并改称《1941 年美国对外贸易定义修正本》。该定义修正本在同年为美国商会、美国进口商协会和美国对外贸易协会所组成的联合委员会所采用，并由全国对外贸易协会出版发行，在北美洲和拉丁美洲国家之间的贸易中被广泛采用。

以上是关于国际货物买卖的国际公约和国际惯例。另外还有很多与国际贸易有关的国际公约和国际惯例，例如，关于货款支付的国际公约与惯例主要有《跟单信用证统一惯例》《托收统一规则》《国际保理公约》《国际保理通则》等；关于货物运输与保险的国际公约与惯例主要有《海牙规则》《维斯比规则》《汉堡规则》《华沙公约》《国际铁路货物运送公约》《国际铁路货物联合运输协定》《联合国国际货物多式联运公约》《约克—安特卫普规则》等。

应该注意，国际贸易惯例并不具有普遍的约束力，采用，或是不采用，完全由当事人决定。只有双方当事人在他们订立的国际货物买卖合同中明示双方采用了某种国际贸易惯例来确定他们之间的权利和义务时，该项惯例才适用于该合同并对双方当事人产生约束力。

第四节　国际商务谈判的基本原则

国际商务谈判的原则是指商务谈判中谈判各方应当遵循的指导思想和基本准则，是商务谈判内在的、客观的、必然的行为规范，是在谈判的实践中不断认识、不断总结的制胜规则。国际商务谈判原则涉及国际通行的原则。虽然世界上至今还没有为国际商务谈判制定出一套专门成文的行为规则，但各国（地区）之间不断重复的类似行为已逐渐形成了一些共同认可的准则。它们给国际商务谈判提供了应予遵守的一般性原则。因此，认识和把握商务谈判的共同原则和国际交往的特殊原则，有助于维护谈判各国、各方的权益和正确选择、运用谈判策略，以提高谈判的成功率。

国际商务谈判的基本原则可以概括为以下几方面。

一、自愿

自愿是国（地区）与国（地区）进行商务谈判的前提。它是指作为谈判主体的当事各方，出于自身利益目标的追求来参加谈判，没有任何外来的压力和他人的驱使。自愿的原则还表明，谈判各方都具有独立的行为能力和决策能力，能够按照自己的意志在谈判中就有关问题作出自己的选择。同时，只有在自愿的前提下，谈判各方才会有合作的要求和诚意，才会互补互惠、互谦互让，平等地竞争，最后使各方都取得满意的谈判结果。谈判如果出现强迫性的行为，自愿原则就会受到破坏，被强迫的一方势必退出谈判，最终导致谈判破裂。

二、平等互利

平等互利是指导国际关系的一项基本原则，也是国际商务谈判的出发点。

平等是商务谈判的基础。它是指商务谈判中无论国家或地区的大小、贫富，无论各方的经济实力强弱、组织规模大小,参加商务谈判的主体地位都是平等的,当事各方对于交易项目及其交易条件都拥有同样的否决权,协议的达成是双方相互协商共同认可的,不能一家说了算或少数服从多数。这种相同的否决权和协商一致的要求,客观上赋予了各方平等的权利和地位。

互利是商务谈判的目标。它是指谈判达成的协议对于各方都是有利的。互利是平等的客观要求和直接结果,只有平等,才能互利。坚持互利,还要重视合作,没有合作,互利就不能实现。谈判各方只有在追求自身利益的同时,也尊重对方的利益追求,立足于互补合作,才能互谅互让。

在国际商务谈判中,谈判各方必须充分认识这种平等互利的原则,自觉贯彻平等互利原则。贯彻平等互利原则,要求谈判各方互相尊重、以礼相待,任何一方都不能仗势欺人、以强凌弱,把自己的意志强加于人。在国际商务活动中不论是进口或出口都不应附带任何不平等条件和不合理要求,不论是引进资金还是输出资金,都要坚持平等互惠、讲求时效、共同发展的原则,富国不能凭借其经济实力对穷国搞弱肉强食。大公司不能凭借其资金技术的优势对小公司搞巧取豪夺。贫国不能因其势微而无限忍让,任富国宰割。小公司不能因其力薄而不坚持自己应得的利益,让大公司盘剥。只有坚持这种平等互利的原则,商务谈判才能在互相尊重的气氛中顺利进行,才能达到互助互惠的谈判目标。

三、求同存异

求同存异是商务谈判成功的关键。求同存异原则,是指谈判中面对各方的利益分歧,各方都应从大局着眼,把共同利益作为出发点。国际经济贸易谈判不是兵战,也不是竞技场,要把谈判对象当作合作伙伴,而不是敌人。根据"两利相权取其重,两弊相衡取其轻"的古老教训,在可能力争时应尽量力争,在不可能奢望时,应考虑作出局部牺牲,让出眼前利益去换取长远利益。因此,贯彻求同存异原则,要求谈判各方善于从大局出发,着眼于自身发展的整体利益和长远利益的大局,着眼于长期合作的大局,同时,善于运用灵活机动的谈判策略,通过妥协寻求协调利益冲突的解决办法,构建和增进共同利益。其实,求同存异还可以通过优势互补、劣势互抵的原理调动双方可以调动的各种因素,创造条件,趋利避害,把双方的利益做大,使双方都成为赢家。可以说,善于求同存异,反映了谈判人员较高的素质,历来是谈判高手智慧的表现。

四、目标

目标是谈判各方最终为寻求好的谈判结果要遵循的原则。目标原则是,谈判各方都要树立双赢的概念,一切好的谈判结局应该使谈判各方都有赢的感觉。目标原则的运用,实际上是在遵循以上我们谈到的原则的基础上,尽量扩大双方的共同利益,而后再讨论与确定各自分享的比例,这就是我们通常所说的"把蛋糕做大"。一切好的谈判不是拿一个蛋糕就急于一切两半,而是不仅仅注意切在什么地方,更应该注意在切分这个蛋糕之前尽量使这个蛋糕变得更大。

在商务谈判中，如果把主要方面的原则先确定好，然后通过双方的努力把"蛋糕"做得足够大，那么其他方面的利益及其划分就显得相对容易多了。这就是我们应该在谈判中注意创造双赢的解决方案，也是谈判各方要运用的目标原则。

五、效益

效益是商务谈判成功的保证。效益原则包括谈判人员自身的效益和社会效益。谈判人员自身的效益是指以最短的时间、最少的人力和资金投入，达到预期的谈判目标。社会效益，是要综合考虑项目对社会宏观的影响，是谈判主体应承担的社会责任。例如，在引进技术时要考虑是否符合本国的国情，在引进设备时要充分考虑本国的消化能力，在与外商合资建厂时要考虑该项目投产是否对环境造成污染等。效益原则要求把实现组织自身微观效益和社会宏观效益统一起来。所以，在谈判中既实现谈判人员自身效益，又实现良好的社会效益才符合效益原则，只有这样才能保证谈判的成功。

六、遵法守约

遵法守约是商务谈判的根本。

遵法是指商务谈判必须遵守本国（地区）的法律、法规、政策，国际商务谈判还应当遵循有关的国际法和对方国家（地区）的有关法规。商务谈判的合法原则具体体现在：一是谈判主体合法，即要审查谈判参与各方组织及其谈判人员的合法资格；二是谈判议题合法，即谈判所要交易的项目必须是法律允许的，对于法律明文规定禁止交易的项目，其谈判显然违法，如买卖国家保护文物、贩卖毒品、贩卖人口、走私货物等；三是谈判手段合法，即应通过公正、公平、公开的手段达到谈判目的，而不能采用某些不正当的手段来达到谈判的目的，如窃听暗杀、暴力威胁、行贿受贿等。

守约，商务谈判的结果是以双方协商一致的协议或合同来体现，协议或合同条款实质上反映了谈判各方的权利和义务，是谈判活动的结晶。它代表着谈判双方或各方在谈判过程中的互相承诺，又根据有关的国际法规和国际惯例的要求制定，因此对谈判各方具有同等的权威性、指导性和约束力，成为一定时期内在某项国际经济活动中谈判各方的行为准则，各方必须遵守。在谈判时，无论是货物买卖、合资经营、技术服务、工程承包、合作生产，还是委托代理、运输、信贷、租赁、保险等，都要依据某一国际法律或某种国际惯例的要求订立有效的契约。如成立一项有效的货物销售合同就要遵守：第一，合同主要条款须经双方协商一致，要以对价为根据，要由有能力的双方共同签署，要根据合同标的物具有合法性等原则起草、修改和签署合同；第二，执行协议时，签约各方应依据约定的内容，履行各自的义务，同时取得各自应得的权利，共同努力实现协议所要求达到的经济目标，避免发生争议或违约行为；第三，一旦发生争议，应共同寻求迅速、公平、合理的解决途径，或者通过友好协商，或者经过第三方调解，或者提交仲裁机构仲裁，或者通过诉讼程序解决。

总之，只有在商务谈判中遵循遵法守约的原则，谈判及其协议才具有法律效力，当事各方的权益才能受到法律的保护。

第五节 国际商务谈判的要素

商务谈判的要素，是指构成谈判活动的必要因素，也是谈判得以进行的基本要素。谈判人员只有从整体上认识谈判的各项要素，才能从全局上把握谈判的主动权，使己方在谈判的进程中做到有的放矢、攻防有度、进退自如，从而达到谈判的预期目的。无论何种谈判，通常有谈判主体(当事人)、谈判客体(谈判的标的)、谈判信息、谈判时间和谈判地点、谈判背景等要素。

一、谈判主体(当事人)

没有谈判主体，就没有谈判。因为交易是事主的生意，谈判是人的交流，谈判的主体是谈判形成的原动力。谈判主体是指谈判活动中有关各方的所有参与者，即谈判的当事人。

作为谈判主体，可以是自然人，也可以是经组合而成的一个团体；可以是双方，也可以是多方，他们可以只代表谈判人员自身的利益，也可以代表一个组织、一个地区或一个国家的利益。国际商务谈判的主体构成是非常广泛的。

谈判是双方或多方利益的较量，参加谈判人员必须对自己的言行负法律责任，否则，已完成的谈判无效。因此，当谈判并不单是为了自身或小团体的利益，而是涉及国家、地区或组织利益时，严格地认定主体的资格就显得十分必要。

(一)关系主体和行为主体

谈判主体可以划分为关系主体和行为主体。

1. 关系主体

谈判的关系主体是指有资格参加谈判，并能承担谈判后果的国家、组织、自然人及能够在谈判或在履约中享有权利、承担义务的各种实体等。

其主要特征为：①关系主体必须是谈判关系的构成者，谈判的代理人不能成为谈判关系的构成者；②关系主体必须具有谈判资格和行为能力；③关系主体必须能够直接承担谈判的后果，谈判的代理人不承担谈判的后果。

2. 行为主体

谈判的行为主体是指通过自己的行为完成谈判任务的人。其特征是：①行为主体以自然人的身份亲自参加谈判，经济组织或法人实体不是自然人，不能成为行为主体。②行为主体必须通过自己的行为来直接完成谈判任务。谈判的关系主体是自然人又亲自参加谈判，才是行为主体，如果谈判的关系主体委托别人谈判，自己不亲自参加谈判就不是谈判的行为主体。谈判的关系主体与行为主体有时是同一个人，有时是分离的。

3. 关系主体与行为主体的关系

关系主体与行为主体既有联系又有区别。

(1)二者的联系表现在以下几个方面：①关系主体的意志和行为必须借助谈判的行为主体来表示或进行，仅有关系主体而无行为主体的谈判无法进行。②当谈判的关系主体是自然人并亲自参加谈判时，二者是完全吻合一致的。③当二者不一致，即谈判的关系主体不在现场，而委托行为主体代表时，行为主体必须正确反映关系主体的意愿，并在关系主体授权的范围行事，由此产生的谈判后果，关系主体才能承担。

（2）二者的区别表现在两个方面：①关系主体可以是自然人，也可以是国家、组织或其他社会实体；而谈判的行为主体则必须是有行为能力的自然人。②关系主体对谈判的后果承担主要责任；而行为主体只出席谈判活动，不承担谈判责任。

从以上分析可以看到，谈判的关系主体和行为主体是有严格区别的，在谈判中地位不同，责任也不同。因此在审定谈判人员资格时，也必须对关系主体和行为主体进行甄别，以避免经济损失。

（二）谈判当事人主体的资格审定

凡是谈判，总有双方的当事人，谈判之前必须审查对方的主体资格。商务谈判涉及双方的经济利益，为了保证谈判的成功，避免失误，必须确认当事人的主体资格。在现实生活中，常常发生谈判快要结束，或是谈判后出了问题才发现对方主体不合格的情况。为了避免这一情况的发生，在一些重要的国家间、经济实体间的谈判中，参加谈判的各方都要首先提交全权证书，经过彼此校阅，确认其正确无误后，才能开始会谈。例如1978年《中日和平友好条约》会谈，两国外长相互校阅了全权证书后才进行谈判，这对谈判前把好主体关是很重要的。主体的资格审定，包括对关系主体和行为主体的审定。

对谈判当事人主体的审定应该注意，谈判当事人主体必须是以自己的名称参加谈判并能够承担谈判责任。比如，是否有法人资格，以及与法人资格相应的签约、履约能力，注册公司的详细情况，公司的诚信程度等行为能力。核准落实谈判当事人主体是否有权参加谈判和完成谈判任务是审定谈判当事人主体资格的必需程序。

审查对方当事人主体资格，可以通过直接或间接的途径了解对方。要求对方提供谈判资格审定的有关资料、证件。例如，自然人的身份证、护照等，资信和代理权方面的证件。在与外方的谈判中，则还需要对方提供各种设备、技术等证明，并对外方的履约能力进行调查。

内地某公司（以下称甲方）与香港某承建有限公司（以下称乙方）就曾经过若干轮谈判，就乙方负责某酒楼的建筑工程，于某年5月18日正式签约。合同规定：该工程总建筑面积114平方米，预算总造价为124.7万元，按甲方建筑工程设计院设计图纸施工，质量规格要符合在8级震区使用的条件。同年9月25日第一期工程完工，甲方验收时，发现已完工部分的质量不合格，甲方就工程质量问题与乙方发生严重争执，甲方被迫向当地法院起诉。法院受理此案后，通过香港某律师行的协助，对乙方的资信做了调查，结果发现：乙方确实系在香港政府注册的有限责任公司，但注册资金仅有2 000元港币。根据法律规定，有限责任公司承担责任的能力仅限于其注册资本。这意味着，即使甲方胜诉，乙方无论对甲方造成多大的损失，其赔偿额的最高限也仅为2 000元港币。甲方得知该详情后，不得不放弃赔偿要求，转而要求解除合同。最后，法院依照甲方的要求，以被告的权利能力和行为能力不足为由，终止了合同，甲方只追回了已付给乙方的全部定金，其他损失只有自己承受。从该案例看到，甲方受损的根本原因在于，谈判前没有查清乙方的关系主体资格，即使合同中对工程造价、质量条款均已作出规定，也不能避免自己的损失。[①]

---

① 万成林，舒平.营销商务谈判技巧[M].天津：天津大学出版社，2003：345.

二、谈判客体（谈判的标的）

谈判客体也是谈判的标的,指谈判涉及的交易或买卖的内容。它是谈判的起因、内容和目的,并决定当事各方参与谈判的人员组成及其策略。在谈判过程中,它是核心。谈判客体对谈判的影响是深刻的。谈判客体的多样性及在交易中的复杂性,使之给谈判带来的冲击也是多层次的,所以是谈判活动的中心。没有谈判客体,谈判显然无从开始和无法进行。

谈判客体不是凭空拟定。构成谈判客体大致需要以下几个方面:首先,它必须对于双方具备共同性,与各方利益需要相关,为各方所共同关心,从而成为谈判内容的提案。谈判标的是当事各方一致性的认识。如果没有这种一致性,谈判也就无从谈起。其次,具备可谈性。对双方来说时机要成熟。在现实生活中,本该坐下来谈的事,一直未能真正去做,这主要就是因为谈判的条件尚未成熟。这样的情形是不少见的,如两伊战争一直打了近 10 年,其间许多国家都呼吁双方不要诉诸武力而应采用和平谈判的方式解决争端,然而,交战双方的代表真正坐到谈判桌上来已经耗费了近 10 个春秋。谈判时机的成熟是谈判各方得以沟通的前提,当然,成熟的时机也是人们经过努力才可以逐步达到的。再次,具备合法性,应符合有关法律规定。各国间的经济贸易一般是在公开、合法,接受有关国家海关监督管理或在有关国家政府批准同意的基础上进行谈判,但是在国际商务谈判中的确存在一些违法走私的经济贸易谈判活动,例如,私人间买卖武器弹药、毒品、国家保护的文物古董等,这些是法律明文规定禁止交易的。所以,谈判的标的必须是法律所允许的,受到诸如法律、政策、道德等内容的制约。

在社会生活中,谈判的标的几乎没有限制,一切涉及利益的问题,都可以成为谈判的标的。谈判标的具有多样性,其谈判的复杂程度也不同。商务谈判是以经济利益为目的,涉及的谈判内容很多,例如,谈判标的多种多样,按照形态属性就分为固态、气态、液态、精神、知识、高技术等;按照交易形式分为买卖、合作、合资、租赁、兼并、BOT(建设-经营-转让)、特许经营、承包、咨询、招投标等。再如,货物买卖谈判标的包括商品的品质、数量、包装、装运、保险、检验、价格及支付、保证条款、索赔等内容。此外,谈判中要注意谈判客体的特征,注意其普遍的共性和特殊的个性。

三、谈判信息

谈判信息的获取和运用是谈判前和谈判进行中不可缺少的环节,离开了全面、准确、及时的信息,决策者便无法制定谈判策略,主谈者便无法找准最佳入题点及谈判表达方式。知己知彼是任何谈判人员所追求的,正确的信息是产生正确的判断和决策的前提,信息的失真则会导致决策的失误。应该把信息的获取、分析及综合视作整个谈判过程中一项十分重要的工作。

20 世纪 90 年代初,韩国首尔一家公司与美国达拉斯一家公司同时参与两项计算机项目的投标。当时两家公司的实力可谓旗鼓相当,但在正式投标前,韩国公司收集到美国公司的价格信息。于是它及时改变了原先较高报价的投标方案,而用比后者略低的价格竞投,结果中标,使美国公司在这场特殊形式的谈判中不得不承认失败。

四、谈判时间和谈判地点

谈判有无时间限制，对参加谈判的人员造成的心理影响是不同的。如果谈判有严格的时间限制，即要求谈判必须在某短时间内完成，这就会对谈判人员造成很大的心理压力，那么他们就要针对紧张的谈判时间限制来安排谈判人员，选择谈判策略。由于谈判双方所承受的时间压力不同，可能一方可供谈判的时间较紧，另一方则时间较宽裕或基本不受时间限制，这样双方选择的谈判策略就会有所不同。谈判中的时间因素还有另一个重要的含义，即谈判人员对时机的选择与把握。时机选得好，有利于在谈判中把握主动权；反之，则会丧失原有的优势，甚至会在一手好牌的情况下最后落得个败局。

例如，从 1986 年 9 月开始的关税及贸易总协定第八轮谈判（乌拉圭回合）原计划到 1990 年底结束，但因发达国家尤其是美国和欧洲共同体（以下简称"欧共体"）在农产品补贴和关税谈判方面矛盾复杂，发展中国家与发达国家之间在保障条款和纺织品谈判方面分歧较大，不少缔约方在双边谈判中涉及具体利害关系时行动互相牵制，结果直到 1993 年秋天仍不见分晓。有些国家的代表对这种不见尽头的马拉松式谈判感到厌烦，另一些国家的代表觉得成功无望，还有一些国家的代表则担心谈判破裂可能导致世界贸易战进一步加剧。在此情况下，上任不久的关税及贸易总协定新一届总干事彼得·萨瑟兰（Peter Sutherland）提出了一个一揽子最终协议方案，宣布乌拉圭回合谈判务必于 1993 年 12 月 15 日结束，同时规定"将于（1993 年 12 月）15 日批准该协定的 117 个国家和地区必须保持微妙的平衡"。萨瑟兰的谈判期限一经宣布，美欧谈判代表一改厌倦拖拉态度，连夜加班加点，互争互让，彼此寻觅，共求突破，在不到一个星期的时间里，便就"清除拖延已久的世界贸易协定的障碍达成一项协议"，给这个世界历史上最全面的贸易协定的谈判打上了句号，"使处于困境中的欧洲经济呼吸到非常需要的新鲜空气，也为世界经济引来了氧气"，旷日持久的僵持局面在短短几天里就被打破了。此案例使用最后限期策略，最后设限的好处在于，可以使谈判双方（或诸方）的代表振作精神，力争在最后时间到来之前提出建设性的解决问题的方案。这一般由实力强者或对谈判握有主动权的一方提出。但是，它也随时冒有因对方不买账而不得不动真格的风险。

谈判总要在某一个具体的地点展开，谈判地点的选择，往往涉及一个谈判的心理环境的问题，它对于谈判的效果具有一定的影响，谈判人员应当很好地加以理解运用。有利的地点、场所能够提升与增强己方的谈判地位和谈判力量。谈判地点的选择与足球比赛的赛场安排比较相似，一般有四种选择方案：主座、客座、主客座轮流、主客场以外的其他地点。

五、谈判背景

谈判背景，是指谈判的当事人与谈判标的均处在某个特定的客观环境之中。任何谈判都不可能孤立地进行，而必然处在一定的客观条件之下并受其制约。因此，谈判背景对谈判的发生、发展、结局均有重要的影响，是谈判不可忽视的要件。客观存在的谈判背景会给当事人与标的刻上谈判的特征标记，揭示谈判的影响因素及评价各方的谈判地位，为谈判决策提供依据。谈判背景主要包括环境背景、组织背景和人员背景三个方面。

（一）环境背景

环境背景一般包括政治背景、经济背景、文化背景等。

1. 政治背景

政治背景在国际谈判中是一个很重要的背景因素，它包括谈判所在国家或地区的社会制度、体制政策、政局动态、政治信仰、国家（地区）关系等。例如，政局动荡，该方谈判人员自然地位脆弱；政府人事更迭，有可能导致现行政策的某些变化等。又如，国家关系友好，谈判一般较为宽松，能彼此坦诚相待，充满互帮互助情谊，出现问题也比较容易解决；相反，国家关系处在对抗与冷战状态，谈判会受到较多的限制，谈判过程的难度也较大，甚至会出现某些制裁、禁运或其他歧视性政策。

2. 经济背景

经济背景是很重要的因素，尤其对商务谈判有直接的影响，它包括谈判所在国家或地区的经济发展水平、经济发展速度、市场状况、财政金融政策等，这些因素既反映交易方履约的能力，又反映交易条件的高低。如经济水平反映了谈判人员背后的经济实力，某方占有市场的垄断地位，他在谈判中就具有绝对的优势。市场供求状况不同，谈判态度及策略也会不同。财政政策与汇率也可能影响谈判结果，既反映了谈判方的宏观经济健康状况，又反映了支持谈判结果的基础的坚挺程度等。

3. 文化背景

文化背景同样不可忽视，它包括所在国家或地区的历史渊源、价值观念、民族宗教、风俗习惯等。在这方面，东西方国家之间、不同种族和不同民族之间，甚至一个国家内的不同区域之间，往往都有很大差异。

（二）组织背景

组织背景包括该组织本身的历史发展、规模实力、经营管理、财务状况、资信状况、市场地位、组织的行为理念等，另外还包括组织的谈判目标、主要利益、谈判时限等。组织背景直接影响谈判客体的确立，也影响着谈判策略的选择和谈判的结果。

（三）人员背景

人员背景主要是团队的整体情况，包括谈判当事人的职级地位、教育程度、个人阅历、工作作风、行为追求、心理素质、谈判风格、人际关系等。由于谈判是在谈判当事人的参与下进行的，因此，人员背景直接影响着谈判的策略运用和谈判的进程。

上述是谈判活动的基本要素。对于任何谈判来说，这几个要素都是不能缺少的。

第六节　国际商务谈判的类型

国际商务谈判，从本质上说是来自不同国家或地区的商务人员协商交易条件的过程。国际商务活动中可交易的项目、品种极为广泛，加之涉及的谈判内容不同，谈判的形式也就不同。根据不同的标准，可以将国际商务谈判划分为不同的类型。划分的目的在于根据各种类型的不同特征和要求来组织谈判，采取有效的谈判策略，提高谈判人员的能力，增强自觉性，降低盲目性，争取谈判的主动权，可以说对谈判类型的把握是谈判成功的起点。国际商务谈判的类型主要有以下几种。

一、按参加谈判的人员规模，分为双边谈判、多边谈判

双边谈判，是指有两个当事方参加的谈判。例如，在两个国家的两个利益主体之间或跨国集团与当事国之间就商品买卖或合资项目进行的谈判等。双边谈判中，一般来说双方利益划分较为简单明确，因而谈判也比较容易把握。国际商务谈判大多数是双边谈判。

多边谈判，是指有 3 个或 3 个以上的当事方参加的谈判。随着经济全球化的发展，各国间的经济、文化、科技交流范围越来越广，多边谈判越来越多。例如，关税及贸易总协定的各种谈判就是在数十个甚至上百个国家和地区之间进行。多边谈判中，一般来说由于参与方多，其谈判条件错综复杂，需要顾及的方面就多，也难以在多方的利益关系中加以协调，从而增加了谈判的难度。比如，在建立中外合资企业的谈判中，如果中方有几家企业，外方也有几家企业，谈判起来就比较困难，因为各方先要协商本方的利益矛盾，寻求一致以后，才能与对方谈判。因此，在多边谈判中，某些特定的问题需要特定的方式解决，常常需要再举行一些双边谈判。

二、按商务交易地位，分为买方谈判、卖方谈判、代理谈判

买方谈判，是指以购买者的身份参加谈判（如购买商品、服务、技术、证券、信息、不动产等）。买方谈判的特征为：①重视情报的收集，"货比三家"。例如对卖方的技术水平、质量与市场价格等情况，通过"货比三家"确定自己的谈判目标，这种"收集情报"的工作，主要反映在谈判的准备阶段，甚至贯穿整个谈判过程。②极力压价。买方总想少花钱多办事，追求更优惠的价格，在交易中总是极力压低对方价格，即便是老商品、老的供货渠道，买方谈判也会如此。若是"初次"交易讨价还价就更艰苦。③审势压人。买方总想买得便宜，总会度量双方的地位强弱，以此来调整自己的谈判态度。国际市场一般是买方市场，"买方是上帝"，"褒贬是买主"，尤其是当市场上有多个供货渠道时，买方更会"评头论足"对卖方施加压力。只有某些短缺或垄断的商品，或买方求购心切时，买方才会听任摆布。买方压卖方降价，可谓买方谈判的鲜明特征。

卖方谈判，是指以供应者的身份参与谈判（如提供商品、证券、服务、不动产等）。卖方谈判的特征为：①主动性强。卖方身系企业，为了迅速把商品转化为资金，交易心切，所以其谈判的主动性较强。②虚实相映。卖方为了卖好价钱，谈判时表现诚恳与强硬并用，介绍情况时真真假假，若明若暗兼而有之，为了拉住对方，介绍些真实情况；想卖高价，又要掺些水分，让人感到说不清实际价值。作为买方应注意识别真假，争取好的成交价。③紧疏相兼。为了克服买方的压力和加强卖方的地位，卖方时而"紧锣密鼓"，似急于求成，时而按兵不动，观察买方动静。采取这种形式，对卖方来讲，可以提升谈判地位，也利于考虑各种方案或结果的细节，争取谈判成功。

代理谈判，是受当事人委托参与某项交易或合作的谈判。代理分为全权代理资格和只有谈判权而无签约权两种情况。代理谈判资格的主要特征为：①权限观念强。代理人必须在当事人授权范围内行事，否则，他也负不起责任。有经验的代理人，总是谨慎地、准确地在委托范围内行事。②积极主动性强。由于代理人地位居中，为了取得委托人的信

任,让委托人对代理谈判人产生信心,并且让谈判对方感到代理谈判人的实力,这在客观上决定代理人的态度应是充满活力、积极进取,从而争取更大谈判余地。③超脱客观。由于代理人不是交易的所有者,因此在谈判中较为超脱、客观,并且有时还采取貌似公正的手段,以迷惑、说服对手,以"第三者身份"来评论买卖两方条件,取得谈判的成功。

三、按谈判双方接触的方式,分为口头谈判、书面谈判、电话谈判

口头谈判,是指买卖双方面对面地直接用口头语言交流信息、协商条件的谈判,一般是企业派出业务员到对方登门谈判或者邀请客户到本企业谈判或到第三地谈判等。口头谈判是运用得最多的一种谈判形式。口头谈判的特征主要表现在:①便于成交。口头谈判双方当面洽谈交易,各方提出的条件和各种不同意见,都可以详细地作出说明,便于双方相互了解,促成交易。②便于利用感情成交。谈判人员面对面口头交流便于双方互相了解,增进感情,而在谈判中有些妥协让步完全出于感情因素。③便于发挥谈判团队整体优势。谈判人员在知识、能力、经验等方面相互补充、协调配合,提高整体谈判的能力。④便于调整策略。面对面的口头谈判使双方都可以觉察对方表情和动作,掌握心理,借以审查对方的为人及交易的诚实可靠性,利于有针对性地调整策略。

书面谈判,指买卖双方利用文字或图表等书面语言交流信息、协商条件的谈判。书面谈判一般通过交换信函、电报、电传、传真、电子信息符号等方式就有关问题进行磋商,求得一致意见。例如国际贸易中通过函电进行询盘、发盘、还盘、接受等就是书面谈判的一种形式。书面谈判方式适应于交易条件比较规范、明确,内容比较简单,谈判双方彼此比较了解的谈判,对一些内容比较复杂、随机多变而双方又缺少必要的了解的谈判是不适用的。书面谈判的特征主要表现在:①利于思考和审慎决策。②表达准确、郑重,利于遵循。③不容易偏离主题。④费用低,利于提高谈判的经济效益等。书面谈判切忌马虎大意,差之分毫则谬之千里,因此,对谈判人员的书面表达能力和工作作风要求较高。

电话谈判,指通过电话就经济贸易中的某项交易进行的口头磋商。这种谈判双方互不见面,又相隔遥远,一般多在彼此了解的客户或合作者之间进行。电话谈判的优点在于,谈判来得迅速,可以避免长途旅行,节省开支。其缺点也比较明显,电话谈判常因对答仓促,难做完整的记录,容易引起误解和产生纠纷。

四、按参加谈判的人数规模,分为小型谈判、中型谈判、大型谈判

小型谈判、中型谈判、大型谈判的划分是相对而言的,没有严格的界限,通常以各方台上的谈判人员的数量为依据。一般各方在 12 人以上的为大型谈判,4～12 人的为中型谈判,4 人以下的为小型谈判。

小型谈判的特点是,参加的人数不多,议题简单,延续的时间较短。例如,在国际贸易中就商品买卖的谈判只需双方接触一两次,就彼此需要了解的事项作出说明和承诺,即可达成交易。

中型谈判的特点是虽然项目规模不大,但是涉及的内容通常比较复杂,或者较大规模的项目,涉及内容的复杂程度不高。

大型谈判的特点是,参加谈判的人数多,涉及的谈判的项目、内容、背景相对复杂,谈判本身意义重大,因而需要充分做好各项工作的准备。如班子的配备、组织,信息的准备,物质的准备,以及制订全面的方案、规划,选择有效的谈判策略等。

五、按政府的参与程度,分为民间谈判、官方谈判、半官半民谈判

民间谈判,是指谈判各方的代表由私营企业、群众团体或组织指派的谈判。这类谈判在西方国家相当普遍。谈判活动是企业本身的业务活动,不涉及政府,交易的内容仅涉及两个或多个私营企业的经济利益。谈判所达成的协议、签订的合同不代表国家,不属于1969 年《维也纳条约法公约》调整范围。民间谈判的特点主要有:①灵活性大。由私人企业独立进行,无须请示政府。老板当家,谈判中的条件可以很快由个人决定,不必经过许多程序。②重视私交。在谈判中,注重企业之间、领导人或谈判人之间的私交。私人关系较深,谈判成功的希望大;反之则难。③计较多。私人企业靠利润生存,民间谈判时双方在唇枪舌剑之中均斤斤计较得失。由于私人企业谈判灵活性大,程序比较简单,在特殊情况下,有的官方谈判也以民间方式出现,如 1952 年 6 月 1 日中国和日本签订的贸易协定就是通过"民间性质"的经贸谈判达成的。

官方谈判,是指谈判各方的代表由有关政府或由有关政府下属的企事业部门委派的谈判,所涉及的内容具有官方的性质。此类谈判可以由政府机构负责,也可以由国家的控股企业承担,甚至可委托私营企业去执行。如关系世界范围的谈判——"关税及贸易总协定的各轮谈判",两国间的谈判——"日美贸易谈判""中美知识产权保护谈判",国家与企业的谈判——"中华人民共和国国家经济贸易委员会主持的与德国西门子公司的合作谈判",企业间的谈判——"中国首都钢铁公司与巴西亚马逊钢铁厂的谈判"等。官方谈判的特点在于:①内容重大。其一般都是关系到谈判各国或地区的政治、国防、外交等国家大事要事,关系到国计民生的经贸问题以及大型项目或政府采购。②谈判人员职级高、实力强。官方谈判,要处理的问题责任重大,参加或主持谈判的人均有一定的级别,就是其普通的谈判助手也多为主管的处长或老练成熟的业务员。③保密性强。由于官方谈判的内容与各方利益攸关,各方对谈判的保密性要求很严,均会在谈判开始前,就明确保密要求及保密的具体条文。④节奏快。参加官方谈判的成员所属的部门级别高,谈判人员素质好,均决定了其谈判速度快,往往是连续作战,一气呵成。⑤信息整理快。在官方谈判中,双方的主谈者和助手,都十分注重将双方的意见边谈边编写,及时整理成文,并译成相应语言供本方研究。⑥用语礼貌。官方代表位居高职,身兼重任,其素质和修养均决定了自控能力很强,为了体现国家的形象,均会很谨慎地参与或引导谈判。国际商务谈判,不能像政治事件的谈判中那样针锋相对、互不相让,言辞犀利,态度冲动。若对对手的条件十分不满,也不会暴跳如雷,抱怨多埋在心里,出言还会很和气。

半官半民谈判,是指谈判人员所负担的谈判任务涉及官方和民间两方面的利益,或者官方人员和民间人士共同参加的谈判,或受官方委托以民间名义组织的谈判等。官方民间活动主要是涉外经济贸易活动。这种谈判既涉及公司企业的利益,又涉及政府部门的活动。例如为突出政府对某项活动的支持,由有影响的政府负责人以官方机构代表的名义,或以私人身份,率领社会团体或私营公司企业的代表团(组)开展对外经济贸易谈判;

或者为了突出非官方形象,政府委托某个公司企业以私营的名义去组织某项谈判活动,而由政府代表跟踪或参与谈判活动。半官半民谈判的特点一般表现为:①制约因素多。谈判需要兼顾官方、民间的意图及利益,处理不好会引起矛盾。②弹性大。半官半民的经贸谈判既可兼顾官方和民间,又可根据情况而突出其中的一个因素,因此解决问题弹性大。

六、按谈判地点,分为客座谈判、主座谈判、客主座轮流谈判、第三地谈判

客座谈判,是指在谈判对手所在地组织有关的谈判。"客座"在国际商务谈判意义上讲是在"国外"。谈判人员身处异国他乡,会有拘束感,若系初次出征或初到该国,许多陌生的事物会造成无形阻碍和各种条件的限制,对谈判造成许多困难。在环境不利的情况下,谈判人员应冷静思考,认真分析谈判对手的情况,并针对谈判对手的情况,果断采取不同的应对策略,审时度势,反应灵活,发挥自己的优势,使自己由被动变为主动,圆满地完成谈判任务。

主座谈判是在自己所在地组织谈判。不离开自己熟悉的生活环境,不离开谈判人所在的机构或企业,在自己做主人的情况下组织谈判。主座谈判给主方带来诸多方便,例如,谈判的时间表比较自如,各种谈判资料容易收集,有新问题请示比较方便,场内外好配合等,从而使主座谈判人充满自信心,谈起来自如,应变力较强,如果能很好地运用谈判策略和技巧就能使谈判朝着有利于自己的方向发展。主座谈判应注意必须礼貌待客,给对方提供各种方便,做好谈判的一切准备工作,当好东道主。

客主座轮流谈判,是指在一项商业交易中,谈判双方交换地点的谈判。客主座轮流谈判情况的出现,一般是交易复杂的不寻常的买卖,而且拖延的时间较长,至少不会是单一小额的商品买卖。它可能是大宗商品的交易,也可能是成套项目的进出口。这种谈判,对交易效果影响也较大。因此,当交易谈判进入客主座轮流谈判的状态时,双方主谈人必然考虑时间表对双方利益的影响。主座、客座更换,一般换座不换帅,但有的情况也可能引起将帅的更换。

第三地谈判,是指谈判在双方以外的地方进行的谈判。这种谈判对任何参加谈判方都没有"主""客"之分,双方享有同等的谈判气氛,但有可能存在第三方介入,使谈判各方的关系发生微妙的变化。

七、按谈判中双方采取的态度和方针,分为让步型谈判 (或称柔性谈判)、立场型谈判(或称硬式谈判)、原则型谈判(或称价值型谈判)

让步型谈判即把对方当作朋友,而不是当成对头,强调的不是占上风,而是互相信任、互作让步建立良好的关系,强调的不是我方压倒你方,而是随时准备为达成协议而让步。谈判的目的是要达成协议而不是胜利,是为将来进一步扩大合作打好基础。在谈判中出现分歧时,常以友善的言语提出建议,或在有利于大局的情况下尽量作出妥协,避免与谈判对手摊牌。让步型谈判的一般做法是信任对方、提出建议、作出让步、保持友好、发展关系。

这种谈判方法的使用应有前提,那就是双方都是以宽大、谦让为怀,谈判才有可能成功,谈判的成本和效率会使双方满意。否则,极容易使一方受到伤害。因而,在实际的商务谈判中,采用让步型谈判的情况是极少的,一般仅限于合作关系很好或为了长远利益的谈判。让步型谈判一般在眼前的"失"是为了长远的"得"的情况下使用才更有意义。

立场型谈判即视对方为劲敌,强调立场的坚定性,强调针锋相对。谈判诸方都以各自的实力,提出自己的条件,各方强调各方的意愿,申明自己的观点和立场不能改变,把谈判看成一种意志力的竞赛,各方都想达成对己方更为有利的协议。在谈判过程中,出现困难和矛盾时,互不让步,或互相要对方改变立场,甚至向对方施加压力,指责批评对方。这种谈判的结果往往是陷入僵局,无法达成协议。即使某方屈服于对方而被迫让步达成协议,其内心的不满也会导致在以后履约中的消极行为,甚至想破坏协议的执行,从而会陷入新一轮的对峙,最后导致相互关系的破裂。

总之,立场型谈判因双方陷入立场型争执的泥潭,不注意尊重对方的需要,很难达成协议。例如在关税及贸易总协定第八轮谈判中,美国与欧共体国家在农产品问题上就经常使用这种谈判方法。这种谈判在对方以势压人、玩弄阴谋、关系到本身特殊利益或竞争性商务谈判的情况下使用是必要的。

原则型谈判即要求双方将对方作为合作伙伴而不是作为敌人。谈判的出发点和落脚点均建立在公正的利益目标上,以友好而高效地取得谈判各方向感满意的结果。原则型谈判吸取让步型谈判和立场型谈判之所长,而避其极端,强调公平、公正的价值原则。它不像让步型谈判那样只强调关系而忽视利益的取得,也不像立场型谈判那样只强调自身利益的取得。原则型谈判要求谈判双方尊重对方的基本需要,寻求双方的共同点,寻找各种使双方各有所获的方案。

这种谈判方法强调以下几个基本要素:①谈判人员要素,将谈判人员与谈判的问题分开,摆脱个人(或己方)感情的左右,而将精力放在要解决的问题上去。②利益要素,谈判双方将注意力集中于双方的利益,而不集中于各自的利益。③选择要素,在作出决策之前应设想各种可能的选择,寻求双方都能接受的方案。④标准要素,坚持将谈判结果建立在客观标准上,使双方都满意。这种谈判应在谈判双方相互尊重、平等协商、坚持公正、共同受益、以诚相待、相互理解、求同存异、互谅互让的情况下运用。

原则型谈判是一种既富有理性又富有人情味的谈判,与当代谈判强调的互惠合作的宗旨相符,受到世界各国谈判研究人员和实际谈判人员的推崇。这种谈判方法最早是由美国哈佛大学谈判研究中心提出,因此又称为哈佛谈判术。

八、按率团(组)者及团(组)中主要成员的政治、经济、社会地位的高低及其所代表的组织或机构的层次,分为高级谈判、一般谈判、低层次谈判

高级谈判指由政界高层人士率团并由部分高级负责人士参加的谈判。在政治、外交谈判中,常常有"政府首脑会议""国家元首会议""高峰会议"等形式;在国际商务谈判中,由于所涉及问题的重要性、复杂性和多面性,往往出现由政府首脑、有关政府部门的首长或其他政治经济社会地位很高的人士亲自率团的情况。

一般谈判指由经贸业务部门负责人或公司的负责人率团（组）进行的经济贸易磋商。这种层次谈判在国际经济贸易活动中相当普遍。

低层次谈判指由双方的公司企业部门或相关的政府部门的一般工作人员组成的经济贸易业务小组进行的磋商。在经济贸易活动中，经常有这类形式的工作小组开展活动。

九、按谈判有否预期性，分为定期谈判、不定期谈判、马拉松式谈判

定期谈判指谈判诸方规定每隔一段时间就某些有关的问题举行会晤以调整利害关系的谈判。例如世界各国的经济、贸易、技术委员会不少是每隔一年或每隔两年举行一次会议，提出要求，谈判条件，修订协定。

不定期谈判指谈判诸方根据形式的需要在经济贸易合作过程中，凡出现重大分歧或发生明显利害冲突而临时组织的调整政策、修订措施或协议条款的谈判。这种谈判，在时间上不做固定，但谈判的方式和讨论议题的基调与定期谈判大致相同。

马拉松式谈判指谈判双方或诸方经过旷日持久的磋商才勉强达成协议（甚至未达成协议）的谈判。这类谈判要么是谈判双方或诸方的观点分歧太大，要么是利害矛盾太深，要么是出于政治、军事、外交或世界市场行情变化等多方面的原因而拖延。从 1993 年夏到 1994 年 9 月底进行的日美贸易谈判断断续续进行好几轮，最终仅达成部分协议，就是有代表性的一例。

 **本章小结**

本章着重介绍了国际商务谈判的基础知识，商务谈判的指导思想及其运用，国际商务谈判的特征及特殊性，国际商务谈判的基本原则，国际商务谈判的要素，国际商务谈判的类型等。从基础知识入手了解国际商务谈判，是学习和研究国际商务谈判的起点。

 **重要概念**

商务谈判　"双赢"谈判　申明价值　创造价值　克服障碍　国际贸易惯例
自愿原则　平等互利　求同存异原则　目标原则　效益原则　遵法守约原则
关系主体和行为主体　谈判信息　双边谈判　多边谈判　买方谈判　卖方谈判
代理谈判　民间谈判　官方谈判　客座谈判　主座谈判　客主座轮流谈判
让步型谈判　立场型谈判　原则型谈判　定期谈判　不定期谈判　马拉松式谈判

 **本章思考题**

1. 什么是谈判？什么是成功的谈判？
2. 国际商务谈判的动因是什么？

3. 国际商务谈判有哪些特征和特殊性？

4. 商务谈判应遵循哪些基本原则以及如何运用这些原则？

5. 谈判的要素包括哪些？

6. 国际商务谈判的主要类型是什么？

7. 寻找、简述、分析一个贸易双赢谈判事例。

 案例分析 1

中国山东 A 公司向日本 B 公司出口自产汽油添加剂 3 000 吨，这是试订单，也是 A 公司第一次出口。日方认为中方产品价格有竞争力，品质也不差，只是添加剂是易燃易爆的液体，储存运输较危险，按运输危险等级系一级危险品。为了考察青岛港的储运情况，日方一行 5 人到 A 公司来谈判。A 公司领导、商务主谈及储运人员共 6 人参加了谈判。

中方产品价格、质量问题不大，双方很快就达成了共识，但就运输问题讨论了很长时间。从工厂到码头间的运输，再到码头储罐，从运输船的船型到输油的管子材料、工具，讨论得很细，甚至环境污染等细节也讨论到了。最后日方认为从安全出发，由其派船为宜，不过要求中方为其装船创造好岸上条件。

此外，日方还要求价格再优惠。对此，中方主谈为了省事，又急于做成第一笔生意，不假思索即表示："可以考虑。"中方领导在一旁听后，马上纠正："不行。"日方主谈随即问道："贵方反悔啦？"中方领导回答道："不是反悔，而是讨论。"于是，日方主谈反过来与中方领导讨论运输条件。中方领导认为，创造装船条件可以，但再降价有困难。日方认为，自己尽的义务大，中方应奖励。结果讨论延续了一个小时，中方主谈在旁静静听着，略显尴尬。

资料来源：丁建忠.商务谈判教学指导［M］.北京：中国人民大学出版社，2003：5.

问题：

1. A 公司与 B 公司进行的是何种谈判？

2. 该谈判的构成要素是什么？

3. 对中方主谈与领导的表现做何评价？

 案例分析 2

欧洲 A 公司代理 B 工程公司到中国与中国 C 公司谈判出口工程设备的交易。中方根据其报价提出了批评，建议对方考虑中国市场的竞争性和该公司第一次进入市场等情况，认真考虑改善价格。该代理人做了一番解释后仍不降价并说其委托人的价格是如何合理。中方对其条件又做了分析，代理人又做解释，一上午下来，毫无结果。中方认为其过于傲慢固执，代理人认为中方毫无购买诚意且没有理解力，双方相互埋怨之后，谈判不欢而散。

资料来源：中国机电贸易网：www.chinamet.com.

问题：

1. 欧洲代理人进行的是哪类谈判？

2. 构成其谈判因素有哪些？

3. 谈判有否可能重回谈判桌？若可能重回谈判桌，欧洲代理人应如何谈判？

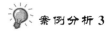 **案例分析 3**

据法力争

如何依据法律谈好合同条款，维护自己的权益；如何利用法律合理解决纠纷，不让对方钻空子搞欺诈；如何全面掌握有关的国际惯例和国际法规，绕避各国法律间存在的差异，提高解决争议的效力，是国际经贸谈判者应当具有的功底和应当掌握的武器。谁会运用这些法律武器，谁就可能在谈判中防范对方，保护自己，赢得胜利。1982年，中国天津制药工业公司与美国S公司的合资谈判就是一个相当生动的事例。

那场谈判涉及500万美元的合资事宜。美国S公司和天津制药工业公司都事先为谈判准备和提供了一份合同文本。然而谈判开始时，美方坚持要以他们的文本为谈判的基础。中方代表团的法律顾问赵律师看过S公司准备的合同文本之后，认为其中很多地方没有体现平等互利原则，只是想为美方谋取超额利润，而且很多条款与中国法律相冲突。是干脆拒绝好呢，还是谈判修改好呢？赵律师把他和助手吕律师、俞律师写的合同审议意见书又读了一遍，然后郑重地写下了最后意见："美方应根据中国法律重拟合同，"并电告美方，"谈判需以我方合同文本为基础，否则不必来津。"

S公司代表到达天津后，会谈在天津友谊宾馆一号会议室进行。

"请问，"会谈一开始，美方代表杰克先生便提出了问题，"为什么要用你们的合同而不用S公司的？"天津制药工业公司的张经理微微一笑，然后向赵律师侧过脸去，示意请法律顾问回答。

赵律师看了看并排放在桌上的两个文本，抬起头来说道："比较一下两个文本就可以看出，S公司的文本有些地方含混不清，而且很多地方与中国法律相冲突。这些问题在我方的文本中是没有的。"

"请您举个例子。"杰克先生显得不以为然地说道。

赵律师吸了一口气，显得端庄稳重却没有一丝笑容。他不慌不忙地说："签订合资合同，必须先明确当事人，也就是我们是和谁合作。在S公司的文本中，有时是S公司，有时又是S.E.制药厂，这种做法是模棱两可的。那么，到底由谁来承担本合同的权利和义务呢？"

"《中华人民共和国中外合资经营企业法》（以下简称《合资法》）的第四条规定，"赵律师继续说道，"合资企业的形式为有限责任公司。有限责任公司是不能发行股票的。而贵方合同却要求发行并且可转让股票，这合适吗？"赵律师心里明白，如果股票转移到某些中国不承认的政府手里，那就成了中国公司与他们的合作，那将严重损害我国的外交立场。不过这些话赵律师没有说出口。

"是这样吗？如果真是这样，那是不合适。"杰克先生打开两个文本核对着。

"还有，贵方要以工业产权进行投资这是可以的。但依照《合资法》第五条规定，它的价格要由各方评议确定。现在S公司的合同稿中却单方面地规定了价格和计价方法，这也是不合适的。而且，如果以工业产权为投资，那么这一过程中的技术指导、技术咨询和检查，都是投资方的固有责任，不能另外计价。"赵律师蛮有把握地放下文本，用强调的语气总结似的说道："类似这样的问题，在贵方文本中有29条之多，所以我们认为，以贵方文本为谈判的基础文本是不合适的。"

说到这里，赵律师看了看对方，等待他的反应。杰克先生却低下头去细看文本，过了片刻他才抬起头来，带着一丝微笑说道："因为没有参加前一段的双方接触，加上对中国法律了解不够，所以拟制的合同草案稿有不够合适的地方，你方的草案确实比我们的好。""那么，"他看了看他的同事麦克休斯又看看张经理，"就以你们的草案为谈判基础文本吧。"

赵律师微微一笑，原来如此！这不轻不重的第一个回合也许是试探我们的力量虚实吧。

"那么，就这样吧，以我们拟定的合同为谈判的文本。"说完，双方休息了片刻，便就商业性问题逐条磋商起来。

经过5天的交锋，双方结束了第一轮谈判。当年11月18日又开始就实质问题进行第二轮谈判。

在铺着白色提花布的长方桌两边，双方代表依次坐定后，担任翻译的唐工程师用流利的英语向麦克休斯问道："Are you ready?（你们准备好了吗？）"

"OK!"麦克休斯答道。

双方代表都翻开文本细看起来。

"关于投资问题，"杰克先生首先说道，"我方要以专利、专有技术和商标等工业产权为合资企业的投资构成。这个符合中国的《合资法》。"

天津制药工业公司的主谈人、公司副经理孙经理想了想，没有立即回答他的问题。因为，如果对方以这些为投资构成的一部分，那么他们将少拿出一大笔钱来，而每年还照样要分红。

"我们的商标在国际上是有信誉的，"麦克休斯也跟着说道，"这有助于推销合资公司的产品。而且这个商标是在中国注册的，必须受到保护，使用必须付费。"

听到这里，中方代表全沉默了，如果这样，那中方的损失就太大了。

孙经理看了看赵律师："这个涉及法律问题，是不是请赵律师直接回答？"

赵律师凝思片刻，沉着地说道："美方商标已经在中国依法注册，当然应当受到保护，非经议妥代价，任何人无权使用。""但是，"他顿了一下，看看麦克休斯先生，"可这和本合同无关。双方经理已经商定，合资企业产品的45%由美方负责出口外销，55%由中方负责内销，内销产品不用美方商标。至于外销部分用什么商标，那是美方的事，反正产品是美方负责销售。如果美方为了自己销售方便，外销部分采用自己的商标，这怎么能要合资企业付费呢？"

此时麦克休斯先生端坐不动，杰克先生也是全无表情。赵律师把对方的表情扫视了一番，然后继续说道："关于专利问题，你们的大部分专利都已经过期了；至于专有技术的补偿，我们可以在技术合作合同中进行研究。"

麦克休斯先生先是仔细地瞧着赵律师，似乎在研究赵是怎样的一个人。然后，他点了点头，勉强露出了一丝微笑，没有再说什么。

"还有一个问题，"杰克先生突然插话问道，"合同要求美方保证合资企业技术的先进性。这个美方无法保证。因为能使企业达到国际标准的因素是多方面的,美方无法单方面控制。这个条款是不是可以定为:美方努力确保技术的先进性和达到国际标准?"

如果是那样,赵律师想,这就成了不可靠的弹性条款了——假定对方不提供先进技术,使企业达不到标准,他们还会说责任在中方,是中方没建设好,那问题就大了。

"杰克先生,您的意见很有启发,"赵律师说,"但技术的先进性还是要确保的。是不是可以分成两个问题:第一,美方应保证其提供的设计和技术的先进性。根据《合资法》,这是合作的前提。第二,双方尽最大努力来保证企业最后达到国际标准,您说呢?"

杰克迟疑了一下:"可以的。"

"我还有一个问题,"赵律师说,"关于仲裁问题,我们原定的是斯德哥尔摩商会,为什么改成了国际商会?请杰克先生解释。"

"国际商会是世界上很著名的仲裁机构,"杰克侃侃而谈,"在德国,在法国,在很多地方都设有分支机构。我们选择它来仲裁是合适的。"

国际商会确实是世界上著名的仲裁机构。但当时中国还未与它建立关系,由它仲裁对中国是很不合适的。

"杰克先生,我们原已认定在斯德哥尔摩商会仲裁。"

"但据我所知,斯德哥尔摩商会只仲裁其国内经济纠纷。"

"不对吧?"赵律师胸有成竹地说。

"确实是。"

"请你看看这个。"赵律师的助手拿出一本英文版的《瑞典的仲裁》递过去,"这是斯德哥尔摩商会编的。他们也仲裁国际商业、经济企业的经济纠纷。"

杰克接过书去,草草地看了看,不得不点点头,一本正经地说道:"对不起,我没有国际仲裁的经验,只在美国国内处理过一起资产的仲裁。"但他停了停,又补充说道:"那么,可以接受你方所提的仲裁机构。不过我们回国后还要确认一下。"

"我们欣赏你这种认真的态度。"赵律师微微一笑。又一个回合结束了。不过他知道,这一切还只是初步交锋。这次谈判将会是漫长而艰苦的。

3月,杰克先生一个人来到天津。在谈判桌上,他突然在一系列重大问题上推翻了原先已经达成的协议,全面后退,并提出了新的要求。谈判面临危机。

但是,赵律师对此已有准备。他事先已请助手与制药公司联系,根据推算,按原先的条件,美方可以在合资企业中取得合理的利润。据此他断定,只要我方能坚守住原有协议,美方就会自动退回。

因此,在此后数日的谈判中,他与对手逐条、逐句、逐字地辩论,争夺非常激烈。好像守卫防线,这里退回来,那里突过去;也像防守城池,兵来将挡,水来土掩。经过持久的苦战,反复的辩论较量,终于使协议基本保持了原状。而这时,赵律师却又从容说道:"关于销售净额一条应补充几个字。销售净额指的是扣除税款后的数额。"

杰克先生一听就叫起来:"为什么要扣除税款?为什么你不早提出来?这样我们专有技术的提成要少很多。"

对于"销售净额"的定义问题,赵律师事先特别请教了专家谭勉励,因此他胸有成竹地说道:"销售净额的定义,在贵国就是如此,我只是使它更为明确罢了。而且这一条款是你们草拟的，我一直在等你们自己去纠正这一疏漏，所以拖到现在才提出来。"

"这个，我回去要确认一下。"杰克先生狠狠地皱了皱眉头。

仅此一项，赵律师就使制药公司在合同期间能够避免30多万元的不合理负担。

到了下一年2月27日，双方经过旷日持久的协商、较量和激烈的讨价还价，最后互相让步，达成了协议，先合资建一个500万美元的制药公司，再尽快合资续建一个原料工厂。双方合作到21世纪。

到了下一年4月7日，双方终于走完了漫长而艰难的谈判路程，在天津举行了隆重的签字仪式。

资料来源：夏国政.经济贸易谈判指南[M].北京：世界知识出版社，1999.

问题：

1. 这几轮成功的合资谈判给人们的启示是什么？
2. 了解和善用有关的国际惯例与国际法规对谈判有着哪些重要的意义？

 课堂讨论

背景材料

1. 某外国公司与我国某贸易公司合资建立一个大型超市，需要在近郊购买500亩（1亩≈666.67平方米）土地，这块土地的使用权属于胜利村。合资公司出价100万元，而胜利村坚持要200万元，谈判从这里开始，双方开价相差甚远。胜利村人强调，土地是农民的生活之本，失去了这片耕地的使用权之后，农民的生活没有出路，农民的收入减少，利益得不到保证，只得多要一些钱来维持生活或用这笔钱来另谋生路。合资公司的想法是，购买地皮时少用一些资金，可以省下钱来扩大经营规模。

问题：运用双赢原理，给出双赢方案。

2. 上海有一家制衣厂与日本A株式会社做了一笔生意。日本A株式会社对国内消费市场预测错误，当上海的货物按合同日期发到日本后已错过了营销旺季，导致了货物大量积压。日方试图退货，双方为此而进行了一场谈判。由于日方是进货，而不是代销，按理买卖成交后所有权与风险责任都已转移。如果不是质量问题，中方就没有必要接受日方的退货。

问题：中方如何做才能赢得长远利益？

 即测即练

第三章　国际商务谈判的基本程序和内容

本章学习目标

国际商务谈判一般是按照国际贸易交易洽商的基本程序进行。通过本章的学习,要全面、系统地掌握这些基本程序。此外,本章还详细介绍了货物买卖谈判、技术贸易谈判、"三资"企业谈判等专项国际商务谈判的内容。

第一节　国际商务谈判的基本程序

国际商务谈判一般要按照国际贸易交易洽商的步骤进行,具体包括询盘、发盘、还盘、接受和签订合同,其中每一道程序都是整个谈判中的重要阶段。从法律的角度来看,每道程序之间有着本质的区别,询盘和还盘不是必须经过的程序,买卖双方完全可以依据实际情况,不经询盘直接发盘,或不经过还盘而直接接受。但发盘和接受则是谈判成功与签订合同必不可少的两道程序。国际商务谈判人员要想在谈判过程中控制全局,发挥自如,就必须精通各个环节。所以,熟练把握每道程序中的关键点,精通国际惯例及相关法律是国际商务谈判的重中之重。

一、询盘

询盘又称询价,是指交易的一方为购买或出售某种商品,向对方口头或书面发出的探询交易条件的过程。其内容可繁可简,可只询问价格,也可询问其他有关的交易条件。询盘对买卖双方均无约束力,接受询盘的一方可给予答复,亦可不做回答。但作为交易磋商的起点,在商业习惯上,收到询盘的一方应迅速作出答复。

（一）买方询盘

买方询盘是买方主动发出的、向国外厂商征询是否购买所需货物的函电。在实际业务中,询盘一般多由买方向卖方发出。买方询盘如"请电告灰鸭绒最低价""请发盘 50 公吨特浅琥珀蜂蜜"等。

买方询盘过程中应注意的问题包括：①对多数大路货商品,应同时向不同地区、国家和厂商分别询盘,以了解国际市场行情,争取最佳贸易条件。②对规格复杂或项目繁多的商品,不仅要询问价格,而且要求对方告之详细规格、数量等,以免往返磋商、浪费时间。③询盘对发出人虽无法律约束力,但要尽量避免询盘而无购买诚意的做法,否则容易丧失信誉。④对垄断性较强的商品,应提出较多品种,要求对方一一报价,以防对方趁机抬价。

（二）卖方询盘

卖方询盘是卖方向买方发出的征询其购买意见的函电。如"可供中国东北大豆，请递盘"。

卖方对国外客户发出询盘大多是在市场处于动荡变化及供求关系反常的情况下，探听市场虚实，选择成交时机，主动寻找有利的交易条件。

（三）询盘的意义

询盘虽然不是国际商务谈判中必须经过的程序，但在谈判中所起的作用非常大。通过询盘，可以了解对方产品的详细信息，这样有利于在谈判中取得主动地位，从而影响谈判局势的发展。

二、发盘

发盘也称报盘、发价、报价，法律上称之为"要约"。发盘可以是应对方询盘的要求发出，也可以是在没有询盘的情况下，直接向对方发出。发盘一般是由卖方发出的，但也可以由买方发出，在实务中称其为"递盘"。

（一）发盘的定义及具备的条件

根据《公约》的规定，"向一个或一个以上特定的人提出的订立合同的建议，如果十分确定并且表明发价人在得到接受时承受约束的意旨，即构成发价。一个建议如果写明货物并且明示或暗示地规定数量和价格或规定如何确定数量和价格，即为十分确定"。从这个宣言可以看出，一个发盘必须具备下列四个条件。

（1）向一个或一个以上的特定的人提出。发盘必须指定可以表示接受的受盘人。受盘人可以是一个，也可以是多个。不指定受盘人的发盘，仅应视为发盘的邀请，或称邀请作出发盘。

（2）表明订立合同的意思。发盘必须表明严肃的订约意思，即发盘应该表明发盘人在得到接受时，将按发盘条件承担与受盘人订立合同的法律责任。这种意思可以用"发盘""递盘"等术语加以表明，也可不使用上述或类似上述的术语和语句，而按照当时谈判情形，或当事人之间以往的业务交往情况或双方已经确立的习惯做法来确定。

（3）发盘内容必须十分确定。发盘内容的确定性体现为发盘中列明的条件是否是完整的、明确的和终局的。

（4）送达受盘人。发盘于送达受盘人时生效。

上述四个条件，是《公约》对发盘的基本要求，也可称为发盘的四个要素。

（二）发盘的撤回和撤销

《公约》第15条对发盘生效时间做了明确规定："发价于送达被发价人时生效。"那么，发盘在未被送达受盘人之前，如发盘人改变主意，或情况发生变化，这在法律上就必然产生发盘的撤回和撤销的问题，"撤回"和"撤销"属于两个不同的概念。撤回是指在发盘尚未生效时，发盘人采取行动，阻止它的生效。而撤销是指发盘已生效后，发盘人以一定方式解除发盘的效力。《公约》第15条第2款规定："一项发价，即使是不可撤销的，得予撤回，如果撤回通知于发价送达被发价人之前或同时送达被发价人。"

根据《公约》的规定，发盘可以撤销，其条件是发盘人撤销的通知必须在受盘人发出接受通知之前传达到受盘人。但是,在下列情况下,发盘不能撤销:第一种是发盘人规定了有效期,即在有效期内不能撤销。如果没有规定有效期,但以其他方式表示发盘不可撤销,如在发盘中使用了"不可撤销"字样,那么在合理时间内也不能撤销。第二种是受盘人有理由信赖该发盘是不可撤销的,并采取了一定的行动。关于发盘失效问题,《公约》第17条规定:"一项发价,即使是不可撤销的,于拒绝通知送达发价人时终止。"这就是说,当受盘人不接受发盘的内容,并将拒绝的通知送到发盘人手中时,原发盘就失去效力,发盘人不再受其约束。

此外,在贸易实务中还有以下三种情况造成发盘的失效:①发盘人在受盘人接受之前撤销该发盘;②发盘中规定的有效期届满;③其他方面的问题造成发盘失效。这包括政府发布禁令或限制措施造成发盘失效,另外还包括发盘人死亡、法人破产等特殊情况。

三、还盘

还盘是指受盘人不同意或不完全同意发盘人在发盘中提出的条件,对发盘提出修改或变更的表示。还盘可以用口头方式或者书面方式表达出来,一般与发盘采用的方式相符。还盘不仅可以就商品价格的高低提出意见,也可以就交易的其他条件提出意见。一方发盘,另一方如果不同意或不完全同意,可以进行还盘;同样地,一方还盘,另一方如果对其内容不同意,也可以再进行还盘。一笔交易有时要经过还盘和再还盘,才能达成,而有时不经过还盘也可以达成。还盘是对原发盘的拒绝,还盘一旦作出,原发盘即失去效力,发盘人不再受其约束;同时还盘是受盘人以发盘人的地位所提出的新的发盘,还盘作出后,还盘的一方与原发盘人在地位上发生了变化,除非得到原发盘人同意,受盘人不得在还盘后反悔,再接受原发盘。进行还盘或再还盘时,可用"还盘"术语,但一般仅以不同条件的内容通知对方,就意味着还盘。

四、接受

所谓接受,就是交易的一方在接到对方的发盘或还盘后,以声明或行为向对方表示同意。法律上将接受称作"承诺"。接受和发盘一样,既属于商业行为,也属于法律行为。对有关接受问题,《公约》也做了较明确的规定。根据《公约》的解释,构成有效的接受要具备以下四个条件。

(1)接受必须是由受盘人作出,其他人对发盘表示同意,不能构成接受。这一条件与发盘的第一个条件是相呼应的。发盘必须向特定的人发出,即表示发盘人愿意按发盘的条件与受盘人订立合同,但并不表示他愿意按这些条件与任何人订立合同。因此,接受也只能由受盘人作出,才具有效力。

(2)受盘人表示接受,要采取声明的方式即以口头或书面的声明向发盘人明确表示出来。另外,还可以用行为表示接受。

(3)接受的内容要与发盘的内容相符,就是说,接受应是无条件的。但在实务中,常有这种情况,受盘人在答复中使用了接受的字眼,但对发盘的内容做了增加、限制或修改,这在法律上称为有条件的接受,不能称为有效的接受,而属于还盘。

（4）接受的通知要在发盘的有效期内送达发盘人才能生效,发盘中通常都规定有效期。这一期限有双重意义:一方面,它约束发盘人,使发盘人承担义务,在有效期内不能任意撤销或修改发盘的内容,过期则不再受其约束;另一方面,发盘人规定有效期,也是约束受盘人,只有在有效期内作出接受,才有法律效力。

在国际贸易中,由于各种原因,受盘的接受通知有时晚于发盘人规定的有效期送达,这在法律上称为"迟到的接受"。对于这种迟到的接受,发盘人不受其约束,不具法律效力,但也有例外的情况。《公约》第 21 条规定,过期的接受在下列两种情况下仍具有效力:一是发盘人毫不迟延地用口头或书面的形式将此种意思通知受盘人;二是载有逾期接受的信件或其他书面文件表明,它在传递正常的情况下是能够及时送达发盘人的,那么这项逾期接受仍具有接受的效力,除非发盘人毫不迟延地用口头或书面方式通知受盘人,他认为发盘已经失效。

五、签订合同

按照一般的法律规则,合同的成立取决于一方的发盘和另一方对发盘的接受的程序。签订书面合同不是合同有效成立的必备条件。《公约》第 11 条规定:"销售合同无须书面订立或书面证明,在形式方面也不受任何其他条件的限制。销售合同可以用包括人证在内的任何方法证明。"但是在国际贸易实践中,在当事人双方经过磋商一致,达成交易之后,一般均须另行签订书面合同。

第二节　国际商务谈判的内容

一、货物买卖谈判

（一）货物买卖谈判的特点

所谓货物买卖谈判,就是对有形商品的交易进行的谈判。相对于其他国际商务谈判来讲,货物买卖谈判最突出的特点是简单。

首先,大多数货物均有通行的国际技术标准。有了这样一个统一的标准,就避免了谈判过程中各国货物的具体差异所导致的谈判分歧。其次,大多数货物贸易均属重复性交易。另外,货物买卖谈判的条款比较全面。谈判包括货物部分谈判、商务部分谈判和法律部分谈判。这些条款是谈判的传统条款,其内容也往往作为其他商务谈判参照的基础。

（二）货物买卖谈判的内容

1. 货物部分

（1）商品的标的。标的即谈判涉及的交易对象或交易内容。在商品买卖合同中,标的即指被交易的具体货物,应使用规范的商品名称。在国际贸易中往往由于地区不同、同一种商品叫法不同而失去商机或发生误会,因此,要注意收集欲交易的商品在国际上的通称和在各地的别称。按照国际惯例,标的应为规范化的商品名称。

（2）商品的品质。品质是货物的外观形态和内在质量的综合。货物的外观形态是通过人们的感觉器官可以直接获得的货物的外形特征。货物的内在质量则是指货物的物理性能、化学成分、生物特征、技术指标和要求等,一般需借助各种仪器、设备分析测试才能获得。在国际货物交换中,许多国家(地区)的有关法律规定,如果卖方所交货物的品质不符合合同规定,即可视为违约,买方有权要求赔偿。因此在谈判中,必须对货物品质作出准确、全面的规定。在规定商品品质时,可用规格、等级、标准、产地、牌名和商标、产品说明书与图样等方式来表述,也可以用一方向另一方提供商品实物样品的方法表明己方对交易商品的品质要求。在表述品质标准时应注意避免使用引起误解的概念。为此,要注意收集国际上对准备交易的商品在有关品质的表示方法上的通用做法和特殊做法;收集世界各地对准备交易的商品的品质标准的最新规定,以便在合同中能明确规定准备交易的商品的品质标准以哪个国家(地区)何时颁布的何版本中的规定为依据。这样就可以避免日后发生误解或造成不必要的损失。

(3) 商品的数量。数量是指以一定的度量衡单位表示的货物的重量、个数、长度、面积、体积、容积等的量。谈判中的数量条款是双方交接货物的数量依据。在国际货物交换中按照法律规定,卖方所交货的数量如果与合同不符,买方有权部分拒收或全部拒收。在谈判中要明确规定交易的数量及其计量单位。对于按重量计算的商品,在明确数量的同时,还要注明是按毛重计算还是按净重计算。对于一些由于商品本身的特殊性,实际交货的数量不易符合原定的交货数量的,买卖双方应协商订立"溢短装条款",这样可以避免因实际交货量与原订货量有差异而发生争议。在表述商品数量时,必须明确采用什么样的计量单位,世界各地的度量衡制度五花八门,同一计量单位所表示的数量各不相同,要注意收集世界各地有关度量衡制度方面的资料和有关做法,以免日后发生纠纷。例如:"吨"有长吨(2 240 磅,1 磅≈0.453 6 千克)、短吨(2 000 磅)、公吨(2 205 磅);"加仑"有英国加仑(4.564 升),美国加仑(3.785 3 升);"担"有英国担(112 磅)、美国担(100 磅)、中国担(110.2 磅)。

(4) 货物的包装。货物的包装是为了有效地保护货物的品质完好和数量完整,根据货物的特性,使用适当的材料或容器,将货物加以包封,并加以适当装潢和标志的一种措施。包装是实现商品的价值和使用价值的必备条件,是进出口合同得以顺利完成的重要保证。所以,谈判时要对包装进行明确。在货物买卖中大部分货物都需要包装,买卖双方主要就包装方式、包装材料、包装费用、运输标志等问题进行洽谈。在包装方面,谈判人员应注意了解各国、各地区对有关包装装潢的规定和偏好。比如,对商品包装装潢的特殊要求,伊斯兰国家禁用猪和类似动物做图案;加拿大规定,凡进口到加拿大的食品,商品的名称必须用英文和法文标明,并在包装显眼的地方标明商品的重量、用法和外国生产者或加拿大进口商的名称与地址,否则不准进口;美国、日本、加拿大等国对进口货物严格禁用稻草、木丝、报纸做包装垫衬物等。又如,对商品装潢色彩等方面的特殊要求,非洲大多数国家忌讳红色(因红色在宗教生活中代表巫术、魔鬼乃至死亡);埃塞俄比亚忌讳黄色(因为该国对死者哀悼时都穿淡黄色衣服)等。另外还要注意收集世界各国同类商品在包装种类、性质、材料、规格方面的变化趋势,以便我方及时改进包装或要求对方给予新型包装,随时收集可能影响包装费用增减的各种因素的动态等。这样才能适应客商的需要,以防包装条款不明确造成商品损失或责任不清发生索赔纠纷。

（5）商品的运输。商品运输条件是指谈判双方就运输方式、运输费用、交货时间、装卸货物口岸以及方法等进行的磋商。货物运输的方式包括铁路运输、公路运输、水路运输、航空运输、管道运输、邮政运输及联合运输等。在具体业务中，要根据商品的特点、货运量大小、运输线路的自然条件、装卸地点等具体情况，选择运输方式，计算运费。商品运费的计算标准，有按照货物的重量、体积、价值计算等多种。除了这种基本运费外，还有一些运输中的特殊原因引起的附加费用。为此商贸人员应尽量了解世界各主要国家或地区，交易商品所使用的运费计算标准以及各种运输方式的最新运费率及其折扣率和运费支付方式。同时在谈判中应明确划清双方费用的界限并确定装运时间和交货时间。为避免日后发生纠纷，买卖双方在合同中都应力求把装运时间和交货时间订得明确具体。如果没有按合同时间装运和交货，买方有权撤销合同，并要求卖方承担由此而造成的损失。为此买卖双方还要收集世界各地及国际组织对运输方面的习惯用语的不同解释，比如，对装运期限中的"立即装运""即期装运""尽早装运"等就有不同解释，国际商会在 1933 年曾规定上述用语的含义是从卖方收到信用证日起 30 天内装运。但至今还有些地方分别解释为在 14 天或 21 天内装运。为此买卖双方都要收集世界各主要港口（包括车站、码头、机场）的应允情况和各条运输线路运输状况，及其对交接货手续、导航费、装卸费、驳运费等的有关规定。

（6）商品的保险。为了保障在货物受损时得到经济上的补偿，一般国际货物的运输需要对大宗、远距离或长时间储运的商品进行保险。对货物保险涉及买卖双方风险划分，双方应明确由谁向保险公司投保、投保何种险别、保险金额如何确定、依据何种保险条款办理保险等事宜，这些应由双方协商确定，并将统一意见写进合同，以免日后发生纠纷。为此，要了解国际上同类商品在保险的险别、投保方式、投保金额等方面的通用做法，了解世界各国主要保险公司的投保手续与方式、承保范围、保险单证的种类、保险费率等，还要注意收集世界各大保险公司对海损理算方面的资料和世界各地对保险业务用语在叫法上的差异与对有些概念的不同解释。

（7）商品的检验。商品的检验，是指在国际贸易中，由国家（地区）设立的检验机构，或由政府注册的、独立的，有第三者身份的鉴定机构，对进出口商品的质量、规格、数量、重量、包装等方面的检验，同时还包括根据一国法律或政府法令的规定进行的卫生、安全、检疫、环境保护和劳动保护等条件的检验以及对装运条件和装运技术等进行的鉴定与监督管理工作。为了保障双方利益和避免合同履行中的矛盾，双方洽谈商检条件时，应该注意以下内容。规定商品检验的内容和检验的方法：检验的内容即货物的数量、品质、包装等是否合乎合同的要求；检验的方法是指根据商品的性能采用各种仪器检验或物理、生化、抽样、总体检验等多种方法。此外确定商品检验的时间和地点，买卖双方应根据商品的性质和港口等情况来合理确定商品检验的时间和地点。商品检验的时间和地点通常有：以离岸品质和数量为准，以到岸品质和数量为准，以装运港的检验证明为依据。货物到达目的地，买方拥有复检权利，复检结果是最终依据，可以依此索赔。明确商品检验机构和检验证明。商品检验机构是商品检验执行者，具有检验资格。商品检验机构出具的商品检验鉴定文件，称为检验证明。检验机构类型很多，在我国，国际货物的买卖由海关总署主要负责进出口货物检验。

2. 商务部分

(1) 商品的价格。价格是货物价值的货币表现,是货物与货币的交换比率。在国际商务谈判中,商品的价格是指商品单价,它是买卖双方谈判时的一项极其重要的内容。

① 计价方式。货物买卖中计价方式有两种,即固定价格和非固定价格。固定价格,是货物买卖中经常使用的方式,即在双方订立的合同中明确规定交易价格,并在合同期内不做调整;非固定价格,即只规定作价原则和暂行价。谈判双方具体使用一种计价方式,应经过磋商达成一致意见后写进合同。

② 价格术语。价格术语是国际贸易中习惯采用的,用以概括价格构成,并说明交易各方权利与义务的专门用语。如:FOB、CIF、C&F(成本加运费)。国际商会制定的《2020 年国际贸易术语解释通则》介绍并解释了 11 种贸易术语,这 11 种贸易术语清楚地表达了买卖双方各自应当承担的风险、手续责任和相关的费用,是国际货物买卖中使用最广泛的有关贸易术语的国际惯例。往往在订立合同时须根据交易需要确定以哪种贸易术语成交。为此,要注意尽可能收集同类商品(特别是竞争品)的成交价格及其价格的构成因素和作价方法。收集交易商品的国际市场价格的情况以便订出最终的价格策略,进行有效的讨价还价;收集世界各国有关价格的政策、法令、作价原则。收集各国及国际组织对价格术语的不同解释或规定,以免日后发生误解和纠纷。

(2) 商品的交货。卖方应按照合同的规定及时将货物完整地交给买方,这是卖方的责任和义务,也是货物买卖谈判的重要内容。谈判应主要集中在货物装运时间、装运方式、装运地和装运目的地等方面。

(3) 货币的支付。支付也称国际货款的结算,是专指从事国际货物买卖活动的有关当事人,通过使用某种支付工具和某种支付方式来完成国际债权债务关系的结算行为。它主要涉及国际货款如何计价、结算,在什么时间、地点采用什么方式收付。它是整个国际货物买卖活动中最后的、最为关键的一个环节,也是整个商事行为的最终的归宿。谈判双方在进行谈判时应根据情况慎重选择,争取对自身有利的支付条件。为此应该注意以下问题。

① 货款结算的方式。货款结算的方式分为现金结算和转账结算,国际贸易大多数采取转账结算方式。买卖双方在合同中应就采用的票据(汇票、本票、支票)作出明确规定。

② 支付方式。就支付方式而言,在国际货物买卖中使用的支付方式主要有汇付、托收、信用证三种。每一种方式又有多种具体形式。支付方式不同,给买卖双方带来的收益和风险也不同,谈判中应结合双方实际情况和国际贸易惯例选择合适的支付方式。

③ 货币的选择。在国际贸易中选择哪一种货币计价和支付是很重要的问题。一般应该选择兑换比较方便、币值相对稳定的货币作为计价和支付货币。一般认为,在浮动汇率制度下,出口谈判中应该选择汇率呈上浮趋势的"硬货币",进口谈判中选择汇率呈下浮趋势的"软货币"则为有利。

④ 支付时间。买卖双方支付时间影响交易双方的实际收益和风险分担,应根据自身资金的周转情况选择合理的支付时间,对分期付款,应明确付款时间、次数以及每次的金额;对延期支付,应具体说明付款的时间和进度。

3. 法律部分

（1）不可抗力。不可抗力是指自然力量（如火灾、水灾、地震等）或社会力量（战争、罢工、政府禁令）引起的突发事件，要了解世界各地在这方面的不同做法。我国法律认为，不可抗力是指不能预见、不能避免并不能克服的客观情况。按《公约》的解释，不可抗力是指非当事人所能控制，而且没有理由预期其在订立合同时所能考虑到或能避免或克服它或它的后果而使其不能履行合同义务的障碍。据此，不可抗力是指在合同成立以后所发生的，不是当事人一方的故意或过失所造成的，对其发生以及造成的后果是当事人不能预见、不能控制、不能避免并不能克服的。在国际商务谈判中，双方应详细确定不可抗力条款中的规定范围和处理方式。

（2）索赔。一方未能全部履行合同规定，对另一方造成了损失，另一方有权提出索赔。国际商务谈判针对货物买卖所涉及的索赔，根据环节或责任的不同，可以分为三种类型：运输过程中承运人的责任造成的损失，向运输承运人提出的运输索赔；贸易合同当事人任何一方的违约行为造成的损失，向责任人提出的贸易索赔；属于保险公司承保责任范围内的货物损失，向保险公司提出的保险索赔。谈判中关于索赔双方应该就以下几方面达成共识：索赔的依据、索赔损失的计算方法、索赔的有效期、索赔的程序、索赔的范围等。索赔条款是否明确，直接关系到谈判当事人的经济利益。当发生纠纷、需要进行索赔时，必须依照合同规定，在索赔时效期内，按程序进行。在国际贸易中，索赔的方式主要有赔款、罚款、罚款收货、退货还款、拒付货款、补充货物、修复、替换等。索赔的途径主要有协商、调节、仲裁或司法解决等。

（3）仲裁。仲裁又称公断，是指买卖双方在争议发生之前或发生之后，签订书面协议，自愿将有关争议提交双方所同意的第三者予以裁决，以解决争议的方式。由于仲裁是依照法律所允许的仲裁程序裁定争端，因而仲裁裁决具有法律约束力，当事人双方必须遵照执行。双方进行谈判时，应签订好仲裁协议。国际商务谈判中的仲裁条款应协商的内容主要有仲裁的机构、仲裁的地点、仲裁的程序、仲裁的费用等。合同中的仲裁条款是十分重要的。它是仲裁庭受理合同双方纠纷的依据，是双方处理纠纷的民事协议。仲裁的特点表现在两方面：一是仲裁申请必须双方一致同意，自愿将有关争议提交给双方所同意的第三方进行裁决。二是裁决的结果对双方都有约束力，双方必须执行，任何一方都不能再向法院起诉。另外，使用仲裁的方式解决争议，有利于双方保持贸易关系，且手续简便、节约时间、费用低。国际贸易的仲裁机构有三种选择：一是我方的国家（地区）仲裁机构；二是对方的国家（地区）仲裁机构；三是第三国（地区）的仲裁机构。

二、技术贸易谈判

随着科技日新月异地创新和发展，生产力水平也不断要求进步。国与国之间的贸易不再局限于单纯的货物买卖，技术贸易应运而生，因此，也就伴随着产生了技术贸易谈判。技术贸易谈判，是指以技术为交易对象进行的谈判活动。参与谈判的买方又称为"受让方""引进方"或"技术引进"，卖方又称为"转让方""许可方"或"技术转让"。

（一）技术贸易的特点

技术贸易主要包括两种形式：一是硬件技术，如成套的机器设备交易；二是软件技术,如商标使用权、专利技术等的买卖。通常情况下,硬件技术贸易可归入货物买卖贸易,而软件技术贸易则是指使用许可的转让。因此,技术贸易的基本形式是软件技术贸易,亦称许可贸易。

软件技术贸易作为无形的商品贸易,具有以下特点。

1. 价格具有不确定性

相对于一般商品来讲,技术的价格无法以价值为基准,即无法由社会必要劳动时间来确定其价值量,原因在于其生产具有非同步性和排他性。另外,其价格不能反映成本,因为它主要取决于其使用后所获得的经济效益。给引进方带来的经济效益越高的技术,其价值也越高。

2. 交易关系的连带性

传统贸易交易钱货两清,交易关系随之结束。而技术贸易的交易发生后,随着技术资料的转让,转让方还应负责相关设备的安装和调试,负责引进方技术咨询和员工培训,从而导致技术贸易的交易关系要持续较长一段时期。因此,技术贸易的谈判人员在这方面应有所针对。

3. 易受转让方政府干预

一般的国际货物买卖中,各国政府为增强本国货物在国际市场的竞争力,经常通过各种政策,积极鼓励本国出口。但在技术贸易中,技术作为一个国家(地区)经济发展的根本,是国际经济竞争的武器,有些技术甚至关系到国家(地区)安全。因此,出于国家(地区)经济战略发展的需要,技术贸易往往受到政府的管理和控制。

4. 实质是使用权的转让

由于软件技术的实质是无形的知识和经验,因此引进方虽然支付价款购买并获得了某项技术,但对于转让方来说,只是将使用权让渡给了对方,而并没有失去这一技术。

(二)技术贸易谈判的内容

与货物买卖谈判相似,技术贸易谈判的主要内容也分三个部分,即技术部分、商务部分和法律部分。

1. 技术部分

(1)标的。标的是技术贸易的对象、内容或范围等。谈判时应注意其关键词,应作出明确的定义。

(2)技术性能。技术性能指技术的特性和水平,应全面、如实地反映该项技术。对于转让方来说,技术性能是其承担义务和责任的主要依据;对于引进方来说,达到规定的技术性能是实现技术贸易目标的基本保证。

在技术贸易中,技术性能的规定相当于技术商品的质量要求,它可通过提供一系列的技术参数、指标反映技术在工艺加工生产中的水平和特点。有关技术性能的谈判是技术贸易谈判中最为重要的内容,在谈判中对于技术性能,要用能够全面反映该技术水平与特征的指标明确地加以规定。

(3)技术资料。技术资料是技术的载体,其交付相当于货物买卖中的交货。技术资料用于表达并说明所转让技术的实际价值,向受让方表明技术运用的方法。供给方应保证其完整、可靠,及时送达受让方,它是技术贸易的关键环节。

技术资料还有一个文本语言的问题,这也是在谈判中首先要确定的。文本语言是指资料使用何种文字,这会直接影响引进方消化、吸收技术资料的效率。谈判中双方还要约定:供给方提供技术资料的交付时间、交付的方式(如文字资料、图纸、光盘等)、技术资料的文字表达方式、技术资料交接过程中的风险责任等。当供给方提供的技术涉及专利问题时,受让方应当要求对方提供专利清单、专利内容,说明专利登记地点及机构、专利保护期限、地域范围等,以确定专利使用费。当供给方的介绍与其所提供的书面资料相矛盾时,应立即要求对方解释。另外,为保证资料完好无缺转给受让方,谈判合同中应明确规定资料的包装方式及标记,以免资料交付过程中出现损坏。

(4)技术咨询。技术咨询是指转让方根据引进方的要求,派遣技术专家到引进方给予技术服务和技术指导。对技术咨询的谈判,要确定以下两个方面:①人员。人员是指转让方所派技术专家的专业、职级和人数等,以保证能够承担此项工作。②待遇。待遇是指引进方为工作人员提供的工作条件和生活条件,如办公设施、膳食、住宿、工资等。总之,在谈判中,双方应对技术咨询中各自的责任和义务加以具体规定。

(5)人员培训。人员培训是技术供给方为保证所转让的技术被受让方所掌握而必须承担的义务和责任。在谈判中双方应对人员培训中双方的义务和责任作出具体明确的规定。人员培训通常包括两种方式:一是引进方派人员到转让方学习;二是转让方派专家到引进方对其人员进行培训。无论采取哪种方式,在双方谈判时,应将培训目的、内容、时间、地点、人数、培训费用等加以全面的、明确的规定,以防培训时由于对上述问题的意见不统一而产生争端。

(6)技术考核与验收。一项技术转让,表明转让方已经完成其责任的重要指标,是技术考核全部合格,通过验收。因此,技术考核与验收是技术谈判的重要内容。在谈判中,双方要对考核方式及其验收标准的具体指标给予具体确定,如验收的时间、地点、方式、权威部门等。

(7)技术的改进和交换。因为科学技术的不断发展,在技术贸易有效期内,合同双方都有可能改进此项技术。双方在谈判中,应对改进的受益和所有权给予明确的规定。

2. 商务部分

(1)价格。技术的价格,实际上是技术的引进方为获得技术使用权所愿支付的并为转让方接受的技术使用费的货币表现。

从引进方的角度看,影响技术价格的因素有以下两个:①使用价值,即技术对提高产品质量、提升生产效率、改善劳动条件、节约能量等所起到的作用。作用越大,说明技术带来的效益越大,则引进方愿意为此支付的费用也就可能越高。因此,使用价值是技术价格的决定性因素。②供需状况。若一项技术应用于生产后,其产品在竞争中有较大的优势,则该技术市场需求较大,此项技术费用就会较高,若为独家垄断技术,往往需要以更高的价格引进。

从转让方的角度看,影响技术价格的因素有以下几个:①技术开发费,即一项技术从设计、试验到制造所消耗人力、物力的成本。②技术转让费,指为转让技术而直接发生的费用,包括技术资料费、人员培训费、咨询服务费等。③利润损失补偿费,即由于技术转让,转让方失去了利用该技术获取市场利润的机会和引进方使用该技术增加了转让方的竞争压力并缩小了转让方的商品市场而产生的利益损失的补偿。这部分是价格的主体，且最不易确定，往往成为双方谈判的焦点。

另外，除以上影响价格的因素外，双方的谈判实力、谈判策略和谈判技巧等因素也制约着最终价格的确定。

（2）支付。技术贸易的支付不同于货物买卖贸易，主要有以下三种方式：①提成，即合同签订时并不确定费用总额，而是引进方使用该技术进行生产后，从取得的利润中陆续提取一定比例作为技术转让的费用。采用此方式的支付，在谈判时应注意对提成基数、提成率、最高提成、最低提成和提成期限作出明确规定。因为提成是一种变动计价法，其优点是风险共担，所以此支付方法使用广泛。②一次总算，即合同签订时将费用全部算清。具体支付，可以一次付清，也可以按比例分期偿付。一次总算是一种固定计价法，对转让方可以"旱涝保收"，但对引进方来说则有一定风险。③入门费加提成。这是以上两种支付方式的结合，即合同签订时先支付一定款额，称之为"入门费"，以后再按合同规定支付提成。一般来说，入门费占总额的 $10\%\sim15\%$，随着提成方式的广泛使用，入门费的比重逐渐减小。

（3）索赔。索赔的作用在于加强转让方的责任，防止转让方以假乱真、以次充好，维护引进方的利益。索赔的主要方式是罚款，目的主要是对违约损失的赔偿。当转让方在技术的先进性和实用性、技术资料的完整性、技术咨询和员工培训等方面出现问题，并对引进方造成了不必要的损失时，索赔便发挥作用。因此在谈判时，双方应根据可能发生的各种情况，协商制定出切实可行的规定。

（4）技术的使用范围。技术贸易的实质是技术使用权的转让，其使用范围包括技术的使用权、制造权和销售权。使用权是要确定技术使用的组织范围，通常情况下大型公司可能有若干分公司、子公司，引进方使用某技术的组织范围越大，可能获得的收益就越大，转让方要求的价格就越高。制造权是确定技术使用的产品范围。引进方使用的技术所制造出的产品范围越大，获得的收益就越大，转让方开出的价格就越高。销售权是确定使用该技术生产的产品的销售地区范围。销售的区域越大，对转让方构成的市场竞争压力也越大，转让方的要价也就越高。

3. 法律部分

法律方面的谈判内容主要涉及侵权和保密条款、解决争议条款、不可抗力条款、仲裁、合同生效条款及其相关内容。

技术贸易谈判所涉及的法律部分中的不可抗力、仲裁与法律适用等项与货物买卖的相应部分大致相同，但保密问题和侵权技术则是其特殊内容。保密问题是针对专有技术的许可而言，侵权技术是针对专利技术的许可而言。

专有技术不受法律保护，因此拥有者只能通过保密手段维持对该专有技术的独占权。在专有技术的贸易中，引进方要承担保密的义务，以防在合同规定的使用范围外使用和扩散这一技术。双方在针对保密问题进行谈判时应就保密的范围和保密的期限的问题达成一致。

专利技术受法律保护，所以内容可以公开，但是不经专利人的许可，任何人不得使用该技术。专利的保护受到时间和空间的限制，即在一定时期和一定地区内，专利的所有人对该专利才拥有所有权。因此,为了防止第三方在法律保护地区外获得此项专利技术,双方在谈判中应当规定:转让方必须保证是所提供的专利技术的合法所有者并有转让权,同时保证在合同期内若发生第三方指控侵权,转让方承担全部法律责任,引进方不承担任何责任。

三、劳务合作谈判与租赁业务谈判

（一）劳务合作谈判

国际劳务合作谈判主要有两种形式:国际工程承包谈判和国际劳务输出谈判。

1. 国际工程承包谈判

国际工程承包谈判以招投标方式进行。它是指承包人通过国际通行的投标或接受委托等方式,与发包人签订合同或协议,以提供技术、劳务、设备、材料等,承担合同所规定的工程设计、建造和机器设备安装等任务,并按合同规定的价格和支付条款,向发包人收取费用及应得的利润。国际工程承包是一种综合性的交易,它是带动建筑材料、机电产品等货物买卖和技术、劳务等贸易的重要方式,在国际商务活动中占有重要地位。其谈判内容主要包括:材料,设备的品种与规格,数量与价格,技术,劳务价格,工程条件,工期,工程质量与验收等。

国际工程承包谈判与一般的商务谈判方式不同,具有以下特点。

（1）国际工程承包涉及面广,程序复杂。从经济、技术和法律等方面的要求来看,它比一般商品贸易和一般经济合作项目复杂得多,并且要考虑国际惯例。在经济上,它包括商品贸易、资金信贷、技术转让,以及招标与投标、项目管理等;在技术上,往往包括勘探、设计、建筑、施工、设备制造和安装、操作使用等;在法律上,要熟悉东道国法律、法规;此外,还必须了解东道国的风俗习惯等。否则,就很难签订一个平等互利并能顺利进行的合同。

（2）国际工程承包交易金额大,营建时间长,具有较大的风险。一个承包工程项目,从投标或接受委托到工程完成,一般要经过几年时间,最小的项目金额也有数十万美元,一般是几百万美元、几千万美元,大项目在 10 亿美元以上。由于国际政治、经济风云多变,承包人承担的风险很大,因此,承包人必须量力而行,认真研究,谨慎行事。

（3）国际工程承包市场的竞争十分激烈。由于承包工程是一项综合性的输出,它能带动商品、技术和劳务等贸易活动,许多国家（地区）都积极投入这一经济活动中,并采取措施,使本国的承包公司逐步壮大起来。有些国家（地区）的承包公司还采取与外国（地区）承包公司联合的方式,把各自的优势结合在一起,以提升竞争地位,因此,竞争十分激烈。

2. 国际劳务输出谈判

国际劳务输出是一国或地区向另一国或地区输出劳务的方法和途径。

（1）国际劳务输出主要有如下几种。

① 通过国际工程承包输出劳务。

② 通过业主或第三国承包商开展工程劳务承包。

③ 承建制劳务合作。

④ 政府和有关机构聘请高级劳务。

⑤ 雇主招聘劳工。

（2）在国际劳务输出谈判中应着重围绕以下几个方面进行磋商洽谈以达成协议。

① 劳务人员的派遣问题。谈判双方对所需劳务人员的类别、技术条件、年龄、数量、工作期限等内容进行详细的磋商；要明确规定合同签订后，输入方要求变更派遣日期或取消派遣，要做什么处理。

② 劳务输出、输入双方责任问题。

③ 劳务人员的待遇问题。谈判双方对劳务人员的工资标准、工资计价货币种类、保值方法、增长率、计发工资期限、支付办法等加以明确。

④ 劳务人员服务期限及节假日的规定问题。谈判双方应对劳务人员每日、每月的工作时间、休假日及休假日期间的待遇、加班及加班费用等加以协商并具体规定。

⑤ 劳务人员的食宿与交通安排问题。

⑥ 劳务人员医疗卫生及劳保福利待遇问题。

⑦ 其他费用的支付问题（动员费、国际旅费、税收等费用的确定）。

⑧ 争议解决办法的规定。

（二）租赁业务谈判

租赁业务，是指出租人（租赁公司）按照契约规定，将他的财产在一定时期内租给承租人（用户）使用，承租人则按规定付给出租人一定的租金。在租赁期间，出租人对出租的设备拥有所有权，承租人享有使用权和受益权；租赁期满后，租赁设备则退还出租人或按合同规定处理。租赁谈判是指我国的企业从国外租用机器和设备而进行的谈判。它涉及机器设备的选定、交货、维修保养、到期后的处理、租金的计算及支付，在租期内租赁公司与承租企业双方的责任、权利、义务关系等问题。目前，租赁普遍以融资性租赁、服务性租赁、综合性租赁等类型存在。

租赁业务，从其性质上来讲，它是典型的贸易与信贷、投资与筹资、融资与融物相结合的综合性交易，它既有别于传统的商品买卖，又不同于传统的企业筹资与信贷。租赁业务的最大特点是具有鲜明的融资性质。租赁业务是一种以租物形式达到融资目的，将贸易与金融结合在一起的信贷方式。承租人所需的机械设备，由出租人提供或垫款购买。承租人不需付款购买，即可取得机械设备的使用权，等于出租人向承租人提供了信贷便利；承租人在设备正式投产后，以租金的形式支付租赁设备费用，这样企业可以在资金不足的情况下，提早使用设备，使生产早日上马，早获经济效益。租赁业务往往是三边交易，即租赁双方和供货人。租赁公司介于供货人和用户之间，租赁业务由销售合同和租赁合同共同完成。

租赁谈判主要涉及机器设备及机器设备的选定、交货、维修保养、租赁期终的处理、租金的计算与支付等，但是租赁与贷款购买有相似之处，因此，在商务谈判前需仔细比较租赁和购买的优缺点，确定租赁的可行性。

四、"三资"企业谈判与"三来一补"谈判

（一）"三资"企业谈判

"三资"企业的谈判形式主要包括外商独资企业的谈判、中外合资经营企业的谈判和

中外合作经营企业的谈判。

1. 外商独资企业的谈判

举办外商独资企业的谈判，实际是外商根据中国政府的有关法律、法令、政策、规章制度以及对中国投资经营环境的分析研究和确立独资项目、产品内外销比例、劳动力雇用、经营期限、纳税等方面内容的过程。

外商独资企业的设立程序主要有：①委托代报项目建议书；②向主管部门提交有关文件，如设立外商独资企业申请书，开设外商独资企业项目的可行性报告，企业章程，同中方单位草签的各项有关协议，董事会及高级管理人员名单，外国投资者给受托单位的委托书，行业主管部门对设立该企业的意见书等；③办理工商注册登记手续，主管部门在收到上述文件后，一个月内决定是否批准，若批准则发批准证书，外商投资者在收到批准证书一个月之内，凭批准证书向市场监督管理部门办理注册登记手续；④领取营业执照，营业执照签发日即为外商企业合法成立的日期。

2. 中外合资经营企业的谈判

中外合资经营企业的谈判是国际经济技术合作的常见方式之一，也是国际投资的重要形式。合资经营，即为两个或两个以上的组织或个人，按照特定的资金比例共同投资经营某种经济活动。它以合资入股、共同经营、风险共担、利益共享为主要特点。中外合资经营企业是股权式企业，其主要特点有：以货币计算各自投资的股权和比例，分担盈亏和风险；必须建立具有法人地位的合资实体，合资企业组织形式为有限责任公司。合资各方实行共同投资、共同经营、共负盈亏、共担风险。

与合作伙伴谈判的主要内容涉及：投资总额和注册资本；投资比例和董事会席位分配；组织管理机构与职责权限；出资方式和资产评估；产品销售与外汇平衡；企业的劳资管理；合资经营年限和清算；另外还有税务、保险、不可抗力以及争议的解决办法等。

中外合资经营企业的设立程序为：①向主管部门提交项目建议书和可行性分析报告；②项目建议书的审批；③向主管部门提交企业可行性研究报告，合作双方商定的合同与章程及有关公证文件；④主管部门审批及核发批准证书；⑤办理工商注册登记手续；⑥领取营业执照。

由于以建立长期的合作关系而非完成偶然性交易为目的，因此合资谈判对各方要求严格，与其他商务谈判相比复杂度也大大提高。

合资谈判中，谈判各方都极为关心的涉及双方利益的核心条款是双方的投资比例。此外注册资本量和投资比例、投资方式及资产的价值评估、机构组织的设立及权责利的限制、董事会席位的设置、劳动管理、中外合资中的外汇管理、合资期限及最终清算等也是双方谈判涉及的问题。

3. 中外合作经营企业的谈判

合作经营，是由两个或两个以上的国家或地区的公司、企业、经济组织或个人，通过双方协商同意，按照双方签订的协议和合同所规定的投资方式，共同兴办的契约式企业的生产经营。经济生活中常见的合作有生产合作、经营合作、开发合作。

与合资有明显区别，合作的双方或多方权责完全由合同规定，独立经营，独立承担盈亏，优势互补。合作经营的主要特点为：①有关各方应以法人身份共同签订经营企业合同,它可以是具有独立法人资格的企业,也可以是不具有独立法人资格的合营实体;②合作各方提供的合作条件,一般不以货币折算为投资股金,不以合作各方的投资额计股分配利润,合作各方对收益分配或风险、债务的分担,企业经营管理方式以及合作期满的清算办法,均应在合作经营企业合同中规定;③合作经营企业,可以加速折旧还本或以其他方式提供收回投资,投资收回后,在未满的合营期限内,仍应按原投资额对合作经营企业的债务承担责任;④合作经营企业的注册资本,可采用三种选择:仅以外国合作者无息提供的资金、设备(当己方合作者无现金投入时)为注册资本,以外国合作者无息提供的资金、设备,加上己方少量投入的现金为注册资本,将双方提供的合作条件均折算为投资本金,作为注册资本,其中以第三种选择最为普遍。

举办中外合作经营企业谈判的内容根据双方的合作意向而定。中外合作经营企业的设立程序与中外合资经营企业的设立程序基本相同。

(二)"三来一补"谈判

在经济全球化的浪潮中,"三来一补"的合作方式占有重要地位。"三来一补"中的"三来"指来料加工、来样加工、来件装配;"一补"指补偿贸易。"三来"是进口和出口紧密结合的交易形式,其谈判的内容与货物贸易谈判内容有相似之处。

在"三来"的商务谈判中,各方重点关注的有:质量,包括来料、来件的质量,产成品的质量;合理的损耗,涉及原材料、机器设备;加工费及支付方式,这一点是谈判的重点,此外保证与索赔的相关内容也不容忽视。

补偿贸易又称产品返销,指合作一方提供技术、设备、器材等兴建企业或改造老企业,待项目竣工投产后,合作的另一方以该项目的产品或双方商定的其他产品来偿还的合作方式。补偿贸易谈判的内容一般包括:选择合适的供货商;技术设备的定价;补偿,该内容作为谈判的核心涉及补偿产品、补偿方式、补偿产品的作价原则、补偿期限及分期补偿时的补偿数额;违约责任及争议处理办法等。

本章小结

国际贸易中交易洽商分为询盘、发盘、还盘、接受和签订合同等程序,国际商务谈判便贯穿其中。要想在各种类型的国际商务谈判中都能达到预定的目标,首先要熟悉这些程序,而且要留意各环节的注意事项。除此之外,本章还介绍了货物买卖谈判,技术贸易谈判,劳务合作谈判与租赁业务谈判,"三资"企业谈判与"三来一补"谈判等专项谈判,它们既有共同之处,也有各自的特点,我们应分别理解掌握,注意在实践中的应用。

重要概念

询盘　发盘　还盘　接受　货物买卖谈判　技术贸易谈判　国际工程承包谈判
租赁业务谈判　外商独资企业的谈判　中外合资经营企业的谈判　中外合作经营企业的
谈判　"三来一补"谈判

 本章思考题

1. 在国际贸易中交易洽商的步骤有哪些？

2. 在国际贸易的交易洽商中有效接受的条件有哪些？

3. 货物买卖谈判的特点是什么？

4. 简述货物买卖谈判的主要内容及要注意的问题。

5. 货物买卖谈判中的价格条款、支付条款主要有哪些内容以及应注意哪些问题？

6. 技术贸易谈判的特点是什么？

7. 技术贸易谈判的主要内容是什么？

8. 在技术贸易谈判中有哪些支付方式？

9. 简述合资谈判涉及的主要内容。

10. 简述"三来"谈判和补偿贸易谈判涉及的主要内容。

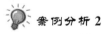 案例分析 1

引进高压硅堆生产线的谈判

中国南通某工厂与日本京都某工厂就引进日方高压硅堆生产线进行谈判。该生产线生产能力为年产 3 000 万支合格品（两班制）。日方报价：设备费 12.5 亿日元，含备件；技术费为 2.4 亿日元；技术服务费 0.09 亿日元。在中方的要求下，日方作出明细报价，设备费：清洗工序，1.9 亿日元；烧结工序，3.5 亿日元；切割分选工序，3.7 亿日元；封装工序，2.1 亿日元；打印包装工序，0.8 亿日元；备件，0.5 亿日元。技术服务费：培训费12 人/月，共 250 万日元；技术指导费 10 人/月，共 650 万日元。之后，中方与日方就上述报价进行磋商，寻求成交方案。

资料来源：丁建忠.商务谈判教学指引[M].北京：中国人民大学出版社,2003.

问题：

用所学理论分析引进高压硅堆生产线的谈判中如何与对方谈判技术费和技术服务费。

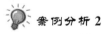 案例分析 2

"纯达普"远嫁中国

天津市从德国慕尼黑买进一家著名摩托车厂的故事，非常有启发性。

9 月底，正在德国考察的天津代表团偶然得知，慕尼黑市有一家工厂，生产名牌纯达普（ZUNDPP）摩托车，现已债台高筑，突然宣告破产，正急于出卖整个工厂。

这个消息，对于想引进德国摩托车生产技术的天津市太重要了。为了能买下这家工厂，天津市有关部门在不到半个月的时间内就完成了具体考察、论证等工作。

10 月 12 日，一个电传通过国际线路将购买决定通知了德方。

10月17日,市政府领导决定,以最快的速度组建一个15人的专家团,赴德国进行全面技术考察,商谈购买事宜。组团出国的各种手续和准备工作压缩在15天内办完,11月2日启程出国。

然而,遥远的欧洲那边传来电波,事有突变,情况紧急。

10月19日,联系人从联邦德国发来告急电传:伊朗的商人抢先一步签署了购买纯达普厂的合同!

事情发生令人猝不及防,但在这突然变化的情况中,是否还有回旋的余地?我方即刻回电:请摸清情况详告,以作对策。

20日,联系人又发来电传:伊朗商人所签的合同上,规定的付款期限为24日。

21日晚,我方得到更为明确的信息:24日下午3时前,伊朗方面若付款未到,所签合同即告失效。

在紧迫而又严峻的形势之中,天津市领导冷静地分析研究了整个情况,认为虽然伊朗方面签订合同占先,但能否付款尚属悬案,如果逾期款额未到,那么我们仍有争取主动的机会。于是,10月22日上午10点作出决策:迅速通知已确定的15名出国人员,想尽一切办法立刻办好出国手续,赶往首都机场,乘当晚国际航班飞赴联邦德国,以便见机行事!市政府受权专家团:有权签署购买合同,可简化手续,开放绿灯。这意味着从作出决定到登机时刻,只剩下11个小时了。11个小时要办完原定15天的出国准备工作。出国审批手续、出国护照、使馆签证、提取经费、买机票、赶路程等,困难就不用说了。但是,10月23日当地时间上午11点半,中国专家代表团竟奇迹般地到达慕尼黑市。旅途共经历17小时航程。之后,他们默不作声地住进当地一家设在市区边上、价格便宜而又不引人注意的小旅馆,等待着可能会出现的偶然性。

24日下午3时,时机终于来了,伊朗方面未按时付款,合同失效,等待着的人们大为振奋。按照预定计划,谈判组的人员立即出动,跳上汽车,向纯达普厂方向急驰飞奔。

"中国人突然到来,要求商谈购买纯达普厂设备!"消息传开,德方人员甚感吃惊,这些中国人躲在哪里?竟如此准时地冒了出来!

慕尼黑市债权委员会主管倒闭企业事务的米勒先生,马上在厂里会见了中国谈判小组。

在联邦德国,凡宣告破产的企业,均由政府机构组成的债权委员会接收处理,出售或拍卖企业的全部财产,以便清理企业所欠的债务。米勒这位慕尼黑市的前任市长,现在正是主管处理纯达普厂财产的负责人。

"你们要购买纯达普厂吗?很好,很好,非常欢迎!"米勒先生面带着友善的笑容,与中国谈判小组的人一一握手,态度热情,彬彬有礼。他从未与中国人做过交易。

当进入实质性谈判,米勒先生就变得极为精明,利益问题上分寸极严。

经过中方代表紧张而又"得体"的周旋,双方迅速达成合作的意向。

10月25日早晨7点,纯达普厂的大门口就闪现出15位中国人的身影,接着他们便出现在生产车间。发动机、电气、机械、工艺管理等方面的中国专家各负其责,对全厂的设备状况、机械性能、工艺流程进行了全面考察。时间已到中午,专家们经过考察得出了最终结论:买下全部设备非常合算。

25日下午2时整,中国专家团进行全面技术考察后,中德双方举行合同谈判。

25日深夜,中德双方签署了合同。三天,创造了中国谈判史上的奇迹。

资料来源:张庆和,张福春.商务谈判大全[M].北京:企业管理出版社,2000.

问题:

结合商务谈判的内容,谈谈此案例给了你哪些启示。

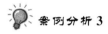 **案例分析3**

合作谈判中的平衡艺术

中国上海工业仪表公司(SIIC)和美国福克斯波罗公司之间进行合作谈判,双方在北京签订了为期20年的合资协议。上海-福克斯波罗有限公司(SFCL)作为这一谈判的成功结晶,成为美国和中国最早成立的技术转让合资企业之一,而且更值得一提的是,它是首家涉及高技术转让的美中合资企业。

应该说,这场谈判从一开始,双方实力与地位的差距是悬殊的。美国福克斯波罗公司创建于1908年,到谈判年份它已成为在各种型号和不同复杂程度的气动和电子操纵仪器以及计算机控制系统方面领先的全球供应商。谈判的前一年福克斯波罗公司销售额超过5亿美元,业务范围涉及全球100多个国家,是一家规模巨大的跨国公司,在世界生产过程-控制设备市场拥有最大份额。而20世纪80年代初期的中国,刚刚走上改革开放的道路,市场机制还很不健全,高新技术机械产品领域尚处在落后状态。而且,由于这一谈判涉及极为敏感的高新技术转让,美国出口管理部门严格限制福克斯波罗公司向中国转让的产品和技术的种类。因此,对于中方谈判者来说,谈判对手的实力是强大的,谈判中所存在的阻力与障碍又将使谈判的进行困难重重,要想取得谈判的成功是非常不容易的。

为了将谈判一步步向成功的方向引导,中方谈判者在充分了解对手和分析对手需要的基础上,首先向美方抛出了第一个"香饵":中国国家仪表和自动化局与美方进行初步接触并向美方发出邀请,请他们组成代表团到中国进行实地考察。在考察过程中,中国方面巧妙地利用各种方式向美方展示了中国机械和汽车产品领域的光辉前景。中国力求使美方确信,双方如果合作成功,将使福克斯波罗公司顺利占据这一世界上最后一个,同时也是最大一个在电子操纵设备和计算机控制系统等业务方面尚未被开发的市场,而这一点正是福克斯波罗公司所迫切需要的。通过考察,他们已被这一诱人的"香饵"深深吸引。紧接着,中方谈判者又不失时机地抛出了第二个"香饵":为了表示合作的诚意,中方为美方特意选择了一个最佳的合资伙伴——上海仪表工业公司。这使美方既省去了进行选择的成本费用,又深感满意。随着谈判进入实质性磋商阶段,中方谈判者又拿出了第三个"香饵":根据中国法律,合资公司将享受最优惠的税收减免待遇。正是这一系列"香饵"的作用,才使中方逐渐扭转谈判中的被动局面,并把这一历史性的谈判一步步推向成功。付出了"香饵",得到了"大鱼":通过成立合资公司,中方获得了先进的过程-控制仪器生产技术。这将使中国在高技术机械产品方面达到一个新的水平,从而缩短赶超世界先进水平的过程。

如果从谈判对手——福克斯波罗公司的角度出发,再来考察这一谈判,就会发现,美方在谈判中也同样巧妙地采用了这一策略。在双方刚刚接触的时候,福克斯波罗公司也不是没有竞争者。当时的赫尼威尔(Honeywell)、费舍(Fisher)控制公司以及其他同行业的跨国公司也正在虎视眈眈地盯着中国市场,福克斯波罗公司之所以战胜其他竞争对手,究其原因,一方面当然是该公司在技术方面的领先地位和丰富的专业化管理经验;另一方面是该公司向中方抛出了诱人的"香饵":福克斯波罗公司使中方确信,美方将保证使合资企业获得最先进的数字技术(而这恰恰是中方所梦寐以求的),并且美方向合资企业提供的"学习产品"(即最初转让的产品)是投入应用仅九年且仍旧处于更新换代中的先进产品——电子模拟生产线 200 型。正是这些针对中方迫切需要的诱人"香饵",才使福克斯波罗公司最终甩开了其他竞争对手,获得了中国这一富有潜力的巨大市场,为公司的长远发展开辟了道路。

资料来源:樊建廷.商务谈判[M].大连:东北财经大学出版社,2001:159.

问题:

1. 你认为这次合作谈判成功的原因是什么?

2. 为什么双方都向对方提供较大优惠? 这样做是否值得?

3. 中方是如何把握谈判进程,变被动为主动的?

4. 本案例如何体现合作谈判中的平衡艺术?

即测即练

第四章　国际商务谈判的人员素质

本章学习目标

本章分三个方面研究国际商务谈判的人员素质,即谈判人员的个人素质、商务谈判的群体构成和商务谈判的人员管理及群体心理。通过本章的学习,应该深入了解一个谈判人员应具有的基本知识和基本技能,熟悉一个谈判群体的构成和分工,并从心理学角度学习国际商务谈判的个人心理和群体心理。

第一节　谈判人员的个人素质

谈判人员的个人素质,不仅包括谈判人员的知识储备、技术水平和业务能力,也包括其对国际市场的法律知识、各国各民族的风土人情、风俗习惯等的掌握,还包括谈判人员的道德情操、性格特征等方面。

一、基本素质

(一)思想意识方面

谈判人员要有维护国家(地区)、民族和本企业利益以及为此而努力奋斗的强烈信念,特别是对于涉外的谈判人员,更要强调忠于祖国,坚决维护国家(地区)的主权和利益,坚决维护民族尊严。要有严格的纪律性、原则性和高度的责任感。在谈判活动中,要自觉遵守组织纪律,坚持原则,具有强烈的事业心,尽最大努力争取商贸谈判的成功。要有廉洁奉公、不谋私利的高尚品格。

(二)知识结构方面

基础知识是一个人智慧和才能的基石,专业知识则决定知识的深度和从事本职工作的能力。基础知识和专业知识越广博深厚,适应能力、工作能力就越强。作为现代谈判人员,知识面越宽,应变能力就越强,专业知识越深,就越能适应谈判的需求。一个理想的商贸谈判者必须掌握经济学、民俗学、行为科学、地理知识、心理学等丰富的基础知识,同时,具备必要的商贸理论和经济理论知识,掌握商贸谈判的有关理论和技巧,熟悉商品学、市场营销学、经营策略、商品运输、贸易知识、财务经营管理知识等,熟悉并了解本专业范围内的产品性能、维修服务、成本核算等知识,精通各国文化习俗和谈判思维,精通 WTO 规则,能够解决贸易争端,善于组织国际商务谈判。

（三）身体素质方面

谈判是既消耗体力又消耗脑力的人类活动，很多谈判都是时间紧、任务急，没有健康的身体是很难胜任谈判工作的。根据上述要求，选择谈判人员应考虑适当的年龄跨度。应该有充沛的精力，一般在 35～55 岁，这个年龄段正是思路敏捷、精力旺盛阶段，他们已经积累了一定经验，而且事业心、责任心和进取心也较强。

二、基本能力

知识与能力是密切相关的，但两者又有区别。一个人具有某方面的知识，还得将其灵活有效地加以运用，才能转换为能力。因此，谈判人员除了应当具备一定的观念和知识以外，还要注重能力的培养。当然，由于谈判内容、要求不同，年龄结构也可灵活掌握。谈判人员在进行谈判之前，都要做大量的准备工作，为激烈而紧张的谈判做好充足的准备，即使是这样，在谈判过程中也会遇到突发的问题，这就需要谈判人员具备相关的能力。

一名优秀的谈判人员应该具备以下几种基本能力。

（一）沟通力和控制力

谈判人员沟通力的大小直接决定了其谈判能力的大小与水平的高低。沟通力包括信息的表达与传递和信息的接受。沟通的方法包括有声语言和无声语言，应该具备说服力、感染力、吸引力和表现力。综合语言的沟通，则要根据谈判情况的变化，灵活地、巧妙地加以设计和表现。其效果如何，取决于谈判人员的创造性思维与行为，使沟通准确、畅快。

谈判人员的控制力很重要，谈判人员往往心理上承受的压力很大，因为谈判双方大多是在做利益的抗衡。这就要求在承受压力的状况下，谈判人员细心地观察与思考，依据自身的知识和经验，根据已知的前提进行分析和推理，在种种可能与假设的分析过程中识破对方的种种计谋，并使自己的提议与要求得以实现。即使在谈判局势发生激烈变化时，甚至在激烈的辩论争执中都能控制自身的行为以及控制全局，达到谈判的预期目标。

（二）敏锐的洞察力

美国的尼尔伦伯格在他的《谈判的艺术》中认为："老练的谈判家能把坐在谈判桌对面的人一眼望穿，断定他将做什么行动和为什么行动。"一个谈判人员往往需要与各种各样的人打交道，加上谈判环境复杂多变，很多意想不到的事情都有可能在谈判时发生。因此，谈判人员要有较高的洞察力，善于察言观色，透过复杂多变的现象，抓住问题的实质，迅速分析综合作出判断，并相应采取必要措施，果断地提出具体的实施方案，掌握对方动向。

谈判人员在谈判过程中应该注意观察对方的行为，从而发现对方的想法。通过对方表现出来的手势、眼神、面部表情判断他的内心活动，有针对性地展开谈判策略。大到遣词造句、态度立场，小到观察肢体语言的暗示，读懂对方一个手势、一个眼神的潜台词，洞察对方的心理世界，进而随机应变，对谈判对方的真实意图能迅速根据掌握的信息和对方当场的言谈举止加以分析综合，作出合理判断，取得谈判的优势。

（三）语言、文字的表达能力

谈判实质上是人与人之间思想观念、意愿感情的交流过程，是重要的社交活动。谈判人员应该善于与不同人打交道,也要善于应对各种社交场合。这就要求谈判人员有较强的文字表达能力和口语表达能力。简洁、准确的表达能力是谈判人员的基本功。谈判高手往往说话准确、技巧性与说服力强、表达方式富有艺术感染力,并且熟悉专业用语、合同用语和外语;同时要善于言谈、口齿清晰、思维敏捷、措辞周全,善于驾驭语言,有理、有利、有节地表达己方观点。谈判人员还要具备较强的文字表达能力,要精通与谈判相关的各种公文、协议合同、报告书的写作,包括对书面文件的理解能力,以及独立起草协议、合同的能力。一般来说,谈判中,起草出来的协议、合同草案总是对起草的一方有利。文字功夫的奥妙之处就在于使协议、合同表面上看来公平合理,可是一旦出现问题,解释起来就全然不是那么回事了。

(四) 较强的逻辑思维和判断能力

谈判人员要思路开阔敏捷、判断力强、决策果断。对方往往会用许多细枝末节的问题来纠缠你,而把主要的或重要的问题掩盖起来,或故意混淆事物之间的前后、因果关系。作为谈判人员就应具备抓住事物的主要矛盾和主要方面的能力,同时要思路开阔,不要为某一事物或某一方面所局限,而要从多方面去考虑问题。判断准确、决策及时,这些能力对于谈判人员来说格外重要,提高这方面的能力就要善于倾听对方的意见并把握对方的意图。谈判是双方相互交换意见。但有些人思维敏捷,冲动性强,往往对方的话刚说一半,他就自以为领会了对方的意思,迫不及待地发表自己的意见,这也是不可取的,误解对方,反而给对方提供一些可乘之机。

(五) 自信心

国际商务谈判通常是困难和复杂的。在谈判桌上,双方的利益是你进我退的,因此自信心显得特别重要。无论在什么情况下,谈判人员都要显示出对谈判获得成功的强烈预期。谈判顺手时,要乘势前进,步步深入,扩大战果,一气呵成;遇到困难更不能主动放弃,要最大限度地据理力争,从而使本方的利益得到最大化。

三、个人心理

(一) 情绪

从心理学和社会学的角度看,人有喜、怒、哀、乐的体验,这种体验是人对客观事物态度的一种反应,称为情绪。情绪的好坏直接影响人的活动能力,从而反映到谈判效率上。情绪高,谈判效率就比较高;情绪低,谈判效率就比较低。所以,国际商务谈判人员首先要热爱自己的本职工作,要以极大的热情投入谈判,要对自己所谈的业务充满信心,这样在谈判中才能表现出较高的情绪。同时我们又能从对方的情绪中看出对方是否对所谈项目感兴趣。但是,对于有经验的谈判人员来说,能够很好地控制自己的情绪,一方面,防止对手的察言观色;另一方面,调动和控制对方的情绪。

(二) 性格

人的性格,一般是指在长期社会生活中形成的个体心理特征。性格往往决定了人对现实的反应。心理学上通常将性格划分为外倾型和内倾型两类。外倾型一般表现为活跃、比较开朗、善于交际;而内倾型则一般表现为沉静、忧郁、反应缓慢、不善于交际。一名出色的国际商务谈判人员应具有外倾型的热情、积极主动,同时具有内倾型的沉着、稳定、善于思考等风格。所以,谈判人员在日常生活中应注意对自己性格的培养和改善。

（三）态度

心理学认为,态度是指人在心理上对其接触的客观事物对象所持有的看法,并以各种不同的行为方式表露出来。因此,态度不仅包括心理成分,而且包括行为动作。

在国际商务谈判中,谈判的双方对所谈的项目能有一个正确的态度,将有助于谈判的成功;相反,双方态度越不好,就越难达成共识。

态度有三个要素,即认识、情感以及意向。通常人们对事物的态度的三个要素是趋同的,即当认识了某事物后,情感发生变化,导致行动的反应。比如,当投资商对一个地区的投资环境抱有积极的态度时,这就说明他对该地区的认识评价较好,同时情感上很感兴趣,意向上有投资的行为倾向。在国际商务谈判中,要使对方对所谈的交易有一个良好的态度,必须注意一定要使对方充分认识该交易的利益,使之在情感上从不感兴趣逐步转变为感兴趣,在意向上引导对方对该项目有明显的行为倾向,这样,就有更大的把握顺利完成谈判。

第二节　商务谈判的群体构成

国际商务谈判涉及面广,内容多且杂,很多时候一个人的知识、精力、时间无法承担,很难胜任,所以一般采取集体谈判的方式。在国际商务谈判中,谈判人员是一个群体,是一个组织。关于谈判人员群体的构成涉及三方面问题,即谈判组织的构成原则、谈判人员的组织结构和谈判队员的分工及配合。

一、谈判组织的构成原则

国际商务谈判队伍由多方面的人员构成,可以满足谈判中全方位的知识需求,集思广益,形成集体的进取与抵抗力量,但规模过大则由于规模效益递减而不利于谈判的进行;人员过少,则难以应付谈判中需要及时处理的问题,丧失机遇,丢掉市场。因此筹建谈判队伍首先要考虑的问题是确定合理的谈判组织规模。为了给谈判的顺利进行提供好的开始,一般需要考虑以下几个原则。

（一）根据谈判对象确定组织规模

一般来说,谈判队伍人数的多少没有统一的模式确定。根据国内外谈判经验,谈判队伍的人数规模一般在4人左右。普通商品的买卖谈判只需三四人;当谈判涉及项目多、内容杂,可以分为若干项目小组进行谈判,适度增加人员,最好控制在8人以下。但是像大型的国际商务谈判,不仅涉及商品知识、金融知识、运输知识,还必须懂得国际法律知识、外国的风土人情,有时还需要特定方面的问题专家。这种情况下谈判队伍可能超过10人。为了保证整个团队有效地运作,可以采取人员轮换、人数不变的方法,当某几个人完成谈判任务,而谈判内容转换时则可调配其他的谈判人员。同时,聘请专家作为顾问或为谈判班子提供咨询也不失为一种好方法。

（二）谈判人员赋予法人资格

商务谈判以达成协议,签订符合双方利益要求的合同或协议为目的,谈判只是手段。

整个谈判和协议签订过程，都是依据相应的法律程序进行的。所以谈判人员都应具有法人或法人代表的资格，拥有法人所具有的权利能力和行为能力，有权处理经济谈判活动中的各种事务。如有越权行为，责任由本人完全承担。此外，如果委托业务人员或律师代理进行，须事先颁发注明代理人所负经济责任的内容、要求、期限的法人身份证明书——委托书。

（三）谈判队伍层次分明，分工明确

在一个谈判队伍中不仅有掌握全面情况的企业经营者，还要考虑具有各种专业知识的人才，注意层次的划分。此外，明确的分工也是建设强有力的谈判队伍必须具备的。

（四）坚持节约原则

商务谈判整个过程中各种费用的支出都得由企业承担，都对企业造成一种负担。充分考虑到这一点后在谈判队伍的组织过程中要始终坚持节约的原则，按照经济规律办事。

二、谈判人员的组织结构

在日常的商务谈判中需要用到以下四方面的内容：有关工程技术方面的知识；有关价格、支付、风险等商务方面的知识；有关合同制定等法律方面的知识；有关语言翻译方面的知识。

根据对专业知识的需要，一支优秀的谈判队伍应该包括以下几方面的人员。

（1）商务人员，由熟悉贸易、交易惯例、市场行情、价格形势的富有经验的贸易人员或厂长经理担任；可与技术人员配合制定价格；主要负责提供有关价格决策咨询，介入合同条款及价格谈判。

（2）技术人员，由熟悉生产技术、工艺、设备、产品标准和科技发展动态的工程师担任；主要负责谈判中涉及的商品、劳务质量，有关生产技术、产品性能、产品验收、技术服务等问题。

（3）财务人员，由熟悉金融业务和会计业务的人员担任；主要负责提供有关货币及结算方式的咨询，介入谈判中的价格核算、支付条件、支付方式、结算货币等方面的工作；为主谈人提供财务方面的意见或建议；分析条款的变动所带来的收益变动；正式签约前做出财务分析表。

（4）法律人员，由精通国际经济贸易法律、法规、国际惯例条款，以及法律执行事宜的专职律师、法律顾问或本企业熟悉法律的人员担任；主要负责起草合同、协议等文件，对合同、协议等文件的条款进行法律论证和解释，做好合同合法性、完整性、严谨性的把关工作。法律人员除了监督法律文件的准确性、完备性，还要确认对方经济组织的法人地位；组织间谈判的各个程序符合法律要求。

（5）翻译人员，由熟悉业务，精通外语的专职或兼职人员担任，主要负责口头与文字翻译工作，准确传递和表达谈判人员的语意，沟通双方意图，配合谈判语言等策略的运用。国际商务谈判中实际的核心人员是翻译。他们在增进双方合作、缓解谈判气氛、挽救谈判失误方面起重大作用。这就要求在谈判过程中翻译必须精神集中，工作充满热情，翻译内容忠实、准确；如觉谈判人的意见有不妥可提醒主谈，但必须以主谈意见为准，切不可肆意发挥，有时还可以通过翻译更正本方的失误；对于外商的不正确的言论要忠实译告主谈人。

　　除以上几类人员之外,还要配置礼宾人员、心理专家、情报人员和一些其他的辅助人员,但数量应根据谈判规模、内容设置,避免人浮于事。

　　以上人员虽然分工明确,但作为谈判队伍中的每一位成员应当对上述几方面的知识都有了解,而又在某一方面有专长,做"全能型"人才。这样有利于意见的沟通,减少隔阂。

三、谈判队员的分工及配合

　　物尽其用、人尽其责,才能保证事情的顺利进行,商务谈判更是不出其外。这就需要在成员之间作出适当的分工,明确各自的职责。但各成员扮演自己的角色进行发挥时还不能忽略按照谈判的目的和方案与团队里的其他人配合协调,使整个谈判和谐进行。分工和配合两者相互依存,不可分割。

　　(一)谈判人员的分工

　　从谈判组织的角度,谈判主体一般有两类:台上的谈判人员和台下的谈判人员。

　　1. 台上的谈判人员

　　台上的谈判人员,系指参加谈判一线的当事人,包括谈判的负责人、谈判的主谈人和陪谈人员。谈判的负责人与谈判的主谈人有时是两职合一,为一个人,有时是两职分离,为两个人。他们的工作对谈判影响最大。

　　谈判的负责人,即当事一方现场的行政领导,也是上级派到谈判一线的直接责任者,是谈判桌上的组织者、指挥者,起到控制、引导和场上核心的作用,他虽然可能不是谈判桌上的主要发言人,但有发言权,可以对主谈人的阐述进行某些补充甚至必要的更正,在主谈人偏离预案要求时,可以干预谈判,甚至否定主谈人的说法或做法,不过,此时应注意方法。

　　谈判的主谈人,即谈判桌上的主要发言人和组织者。他是谈判场上的主攻手,他的任务是将台下研究的谈判目标和策略在谈判桌上予以实现,亲自或组织参加谈判的助手与对方进行坦率、诚恳的磋商,以说服对方接受自己的方案或与对方共同寻求双方能接受的方案。作为一名合格的主谈人,必须具有丰富的谈判经验、卓越的领导才能、应对局势变化的能力。以领导身份参加谈判的主谈人,其具体职责是:①把握谈判进程并监督;②协调队伍内部的不同意见;③接受专业人员的建议;④处理谈判中的突发事件;⑤代表单位签约;⑥向单位汇报谈判工作。

　　谈判的负责人和谈判的主谈人的配合很重要,两者彼此的关系,首先要突出尊重与信任;其次,如果谈判遇到困难,应共同寻找解决的方法;最后,意见出现分歧时,多倾听对方意见或请示上级,如果遇到对自己不利的结果,不要互相埋怨,应尽快采取补救措施。

　　陪谈人员,系指谈判组的成员,包括谈判中的专业技术人员、记录人员、翻译人员等,其主要职责是在谈判中参与相关部分的谈判或提供某些咨询、记录及翻译工作等。陪谈人员,应正确阐明己方的意愿、条件,弄清对方的意图、条件;明确双方的分歧;就专业细节问题进行磋商;草拟修改谈判文书的条款;就专业问题向主谈提出建议,为最后的决策提供专业论证等。在谈判过程中他们要服从领导的安排。他们的工作既有被动的一面,也有主动的一面。讲被动,要求服从。作为谈判成员,他们必须服从主谈人或组长的工作安排,无论是在谈判桌下还是在谈判桌上均应如此,尤其在谈判桌上更如此,如在谈判中,讲什么、怎么讲、什么时候讲,一定是依安排而行,绝不能随心所欲、无视领导权威。讲主动,系可以发挥创造性。在本专业内、在灵感触发时,某些观点、证据、方法突然被发现,而该发现对谈判有利,是参谈人创造性的一种体现。但应注意,创造性的运用要有一定的程序,不能打乱主谈的整体布置而干扰谈判。

值得一提的是,专业人员分工细致,在谈判时往往会出现内部意见上的不统一,如果出现这种情况,就必须服从谈判领导的安排和意图,只有这样,才能目标一致,达到谈判效果。

2. 台下的谈判人员

台下的谈判人员,指谈判活动的幕后人员。他们包括该项谈判主管单位的领导和谈判工作的辅助人员。他们虽然不出席谈判,但是对整个谈判的发展起着重要的作用。

(1) 主管单位的领导。他们应负的责任是用人与决策。其主要责任是,组织班子,布阵,审定谈判方案,掌握、跟踪谈判进程。

(2) 谈判工作的辅助人员。谈判工作的辅助人员的工作质量对保证谈判顺利进行起着至关重要的作用,其主要职责是为谈判做好资料准备和进行背景分析等。辅助人员要认识到自己也是谈判队伍的一员,是台上人员力量的补充,做好本职工作很重要。另外也要让辅助人员受到尊重并有参与感,从而增强责任感,及时肯定他们的劳动成果,提高辅助人员积极性。

(二) 具体条款谈判的分工

以下是谈判队伍中的基本分工和职责。现实的谈判过程要根据谈判内容的不同具体选择。

1. 技术条款谈判的分工

主谈：技术人员。

辅谈：商务、法律人员及其他。

作为主谈的技术人员除了对各种技术细节准确把握外,还应有全局观,统筹把握。为后面的商务条款、法律条款的谈判提供帮助。除此之外,商务人员、法律人员也要尽职从不同的角度支持主谈人的观点。

2. 商务条款谈判的分工

主谈：商务谈判人员。

辅谈：技术人员、法律人员及其他。

进行合同商务谈判时需要技术人员从专业角度出发的技术支持,不过这不是把技术人员等同于主谈人。

3. 合同法律条款谈判的分工

主谈：法律人员。

辅谈：其他人员。

为了给法律条款谈判提供充分的依据,法律人员对整个谈判过程的法律内容都应给予重视。

（三）谈判人员的配合

在整个谈判过程中，谈判人员之间的语言及动作要相互配合、呼应。

商务谈判中谈判人员的支持可以是口头上的，用语言如"非常正确""的确如此"等；可以是姿态上的，如用眼神注视、点头应和等。谈判人员之间的这种配合对发言人是一种肯定，对发言人话语分量的增加、可信度的提升有巨大帮助。除此之外，谈判组织的领导人在谈判开始时的同事介绍如果处理得当也可以对谈判对手产生相当重要的影响。

谈判班子内部成员的配合也是十分重要的。

1. 主谈人与辅谈人配合

在谈判班子中要确定不同情况下的主谈人和辅谈人的位置、责任与配合关系。主谈人是指在谈判的某一阶段或针对某方面的议题的主要发言人，也称谈判首席代表。除主谈人以外的小组成员处于配合位置，辅谈人也称助手。

主谈人的责任是将己方确定的谈判目标和谈判策略在谈判中实现。辅谈人的责任是配合主谈人起到参谋和支持的作用。主谈人和辅谈人的密切配合是非常重要的，一般主谈人表明了本方的意见、观点，辅谈人必须与之一致，必须支持和配合。例如，在主谈人发言时，辅谈人自始至终都要从口头语气上或身体语言上随之附和，并随时为主谈人的观点提供有力的说明，作为智囊，提供咨询。当谈判对方设局使主谈人陷入困境时，辅谈人应设法使主谈人摆脱困境，以加强主谈人的谈判实力。当主谈人需要修改已表述的观点，而无法开口时，辅谈人可作为过错的承担者，维护主谈人的声誉。辅谈人还可以作为难言之言的代言人，帮助主谈人渡过难关等。另外现代辅谈人概念已超出了人的范畴，如电脑越来越经常地充当谈判的"辅谈人"。

2. 台上、台下人员配合

在比较重要的谈判中，为了提高谈判的效果，可组织台下配合的班子。台下班子不直接参加谈判而是为台上谈判人员出谋划策或准备各种必需的资料和证据。台下人员有时是负责该项谈判业务的主管领导，可以指导和监督台上人员按既定目标与准则行事，以维护本方利益；有时是具有专业水平的各种参谋，例如，各种专家，针对不同的问题提供专业方面的参谋建议。但是人员不宜过多，不能干扰台上人员的工作。台下人员要发挥应有的作用，协助台上人员实现本方目标。

3. 各型性格人员的配合

在配备上述谈判人员时，若条件允许的话，应兼顾各组员性格，相互补充，以充分发挥每个人的特长及整体配合的优势。各种性格的人，思维方式及行为特征是不同的。人们的性格可以分为四大类。

（1）暴躁型。这类人的特征是，头脑灵活，处事果断，胆大、暴躁，争强好胜，给人以敢作敢为、直爽的感觉，但这类人由于暴躁，一旦遇到对方强烈刺激，则难以冷静，考虑问题欠周到，容易在愤怒冲动中失去理智。

（2）忧郁型。这类人责任心强，遇事沉着、冷静，办事心细，严守秘密，办事不容易失误，但过于拘谨，头脑转弯慢，一旦受到冲击，常常自己难以应付和解脱。

（3）活泼型。这类人思维敏捷，亲切随和，在遇到攻击和困境时常常能以巧妙的方式解脱，但缺乏责任心。

（4）黏液型。这类人处于暴躁型与活泼型之间，给人的印象既亲切随和，又坚定倔强；既有较严谨的逻辑思维，又容易受感情的支配；既有敏锐的观察力，又表现出优柔寡断。

这四种类型的人若在一个谈判小组，配备中分别给不同性格的人配以相应的角色将起到意想不到的作用。谈判班子中不同性格的人的配合是很重要的。在配备不同类型的谈判组员时，应充分考虑不同类型性格的人的特点，比如，黏液型性格的人一般做负责人比较合适；活泼型性格的人充当调和者；暴躁型性格的人主要充当"黑脸者"；忧郁型性格的人做记录者比较合适。在配备各种类型的谈判组员时，还要看对方人员的性格，比如，若对方人员中多数属暴躁型性格，我方则应适当增加黏液型性格的人的比例，以收到"以柔克刚"的效果；若对方人员活泼型性格的人较多，我方需增加暴躁型和黏液型性格的人，做到双管齐下；若对方忧郁型性格的人占多数，则需增加暴躁型和活泼型性格的人数，使对方在压力面前自动让步，当然要掌握分寸。

另外，在谈判中，"黑脸者"（暴躁型性格）和"调和者"（活泼型性格）的配合也是很重要的。例如，当谈判中发生问题时，视情况由"黑脸者"出局，甚至采取无理的态度去激怒对方，使对方怒中失态；当有时主谈人不便出面拒绝时，"黑脸者"可挺身而出；当己方主谈陷入困境时，"黑脸者"可披挂上阵，转移对方的视线，使主谈解脱（一般采取上述行动时，乙方负责人应找借口避开）。一般当己方目标达到后，对方通常会感到愤怒或采取报复行动，使谈判陷入低潮。这时"调和者"出场，以"诚恳"的态度、"和解"的语言，以及"合情、合理"的条件来缓和气氛，甚至可以故意"责备"己方"黑脸者"的行动，以促使僵局的转换。

总之，在配备谈判组员时，不仅要顾及个人的专业能力，在有条件的情况下还要考虑己方组员之间性格搭配和与对方人员之间的性格的配合，还要考虑不同时期不同人出场化解难题，使谈判收到好的效果。

第三节　商务谈判的人员管理及群体心理

国际商务谈判通常不是个人的工作，而是团队的工作。因此，对团队人员的管理显得尤为重要。商务谈判的人员管理分为组织管理、人事管理和群体心理。

一、组织管理

（一）调整好领导干部与谈判人员的关系

两者之间的关系最重要的是明确各自职责范围和权利的划分，并建立共同的奋斗目标。在实际谈判中，领导要给予谈判人员高度的信任、支持、理解、谅解，而谈判人员则应通过自己的努力最大限度上完成领导制定的谈判目标。

（二）调整好谈判人员之间的关系

国际商务谈判人员只有相互尊重、信任，才能保持工作效率，达到有效地合作。谈判成员要明确共同的职权和责任，明确相互的利益，整个小组要共同制订出谈判方案，同时也明确谈判成员的具体分工。

二、人事管理

（一）谈判人员的挑选

国际商务谈判胜利的决定性因素在于用人有道。所以，选拔优秀的谈判人员是进行商务谈判的重要环节。根据发达国家的经验并结合我国的具体情况，商务谈判人员的标准大致可分为以下几个方面。

1. 政治素质

坚决拥护中国共产党的各项方针和政策，热爱本职工作，作风正派，忠于职守。

2. 专业知识

熟悉商务谈判的基本理论和技巧，并具有有关商品、技术、市场、金融、法律等方面的专业知识。

3. 个人性格

挑选出的国际商务谈判人员，其性格特点应包括以下几个方面：勇于开拓，追求高的目标；风度优雅；表达能力强，具有较强的综合概括能力；善于听取别人的意见；具有较强的决断能力；思维条理性强，不受个人感情支配以及自信等。

4. 年龄

挑选国际商务谈判人员有一个关于年龄的界限，但这并不绝对，只是一个最佳年龄区。一般来讲，这个最佳年龄区在 35～55 岁。这个年龄跨度的谈判人员，已经积累了一定的经验，事业心、责任心较强，因此选择这个年龄跨度的谈判人员较为理想。当然，如果谈判的内容和要求不同，年龄跨度也可灵活选择。有时经验丰富的老谈判家和思维敏捷的谈判新手参加，也会收到意想不到的效果。

并不是每一个人都可以担当谈判人员的职务，谈判工作涉及公司的很多商业机密，所以在选择谈判人员时要特别注意以下几点。

（1）不能选用遇事相要挟的人。很多企业和公司的领导人，常以某人有客户、有关系为条件而选用商务人员，实际上这是短视和很片面的。这类人员确实能够在短期内给公司带来可观的收入；但这类人却常常居功自大，无限向公司要条件，如果不能如愿，随时可能离开公司，并将其客户带走。

（2）不能选用缺乏集体精神和容易变节的人。由于商务谈判人员对企业的内外部情况了解甚多，工作性质比较特殊，因此，容易产生个人主义。如果商务谈判人员发展到这种程度，对公司造成的损失是很大的。

（3）给谈判人员更多的时间和机会。企业领导不能期望谈判人员能够一夜间成为一流的谈判专家，通常情况下，企业所选择的谈判人员总是很有才干的，但也需要一个成长成熟的过程。领导者应该给他们更多的时间和机会，不断地去充实丰富自己。被选用的商务人员不论有多么丰富的经验，也需要相当长的时间来了解公司的政策和实务，并探寻解决问题的方法。如果领导者期望自己的谈判者成为一流的人才，就要给他以支持、激励和有效的训练，这是最正确的方式。

（二）谈判人员的培养

挑选出的谈判人员要经过各方面的培训，谈判技术才能更加精湛。具体说来，谈判人员的培养主要分为企业培养和自我培养。

1. 企业培养

企业应对一个谈判新人进行有意识的系统培养。这种培养一般包括四个循序渐进的阶段，即打好基础、亲身示范、先交小担、再加重担。

（1）打好基础。作为一个企业，要对新的谈判人员传授本行业的基本知识和基本要求。比如在接受任务之前集中时间，系统授课，或者以师傅带徒弟的方式单独培训。通过这样的方式使新的谈判人员熟悉行业规则。

（2）亲身示范。当谈判新手掌握了谈判的基本知识后，就应当亲身示范从谈判的组织准备、实际谈判到签约的全过程，使其体验并适应复杂的国际商务谈判环境。此环节的形式最好是一边示范给新手看，一边向新手讲析。谈判桌上千变万化，有很多时候预先准备的方案需要推倒重来，这时就要引导谈判新手调整心态，分析利弊，积极预测下一步的局势变化以及相应可能采取的对策。

（3）先交小担。当前两项工作做好后，就可以让谈判新手单独进行实战了。一般来讲，可以先给点谈判内容不太复杂、金额不多的"小担"项目，让新手独立承担，这对谈判人员业务水平的提高有很重要的意义。谈判内容不太复杂，可以让新手有余力去揣摩对手，有利于新手增强自信心；金额不多，用意在不给新手带来太多的压力，而且新手万一谈判失败，损失也不致过大，不太影响企业利益的大局。

（4）再加重担。对于在若干"小担"的任务中取得成功的谈判人员，适当赋予"重担"项目，可以促使其业务变得更加成熟。这样的任务通常具有交易金额大、谈判目标高、交易标的技术复杂、本方竞争对手多等特点。

通过以上循序渐进的步骤促使一个新手尽快成熟，要注意处理好谈判中的失误和成功。新手谈判受挫时，不应不加分析就对新手丧失信心，而是要给予其正确的引导和鼓励，帮助其总结经验教训；新手谈判成功时，要防止其产生自满心态，分析成功中的不足，提出更高的要求。

2. 自我培养

对于一个谈判新手来说，企业的培养为其成长创造了外因，而外因还要靠内因发挥作用，这里的内因指的就是谈判人员的自我培养。一个谈判新手通常通过以下几个方面自我培养。

（1）博览。要广泛涉猎，包括技术、商业、金融、保险、运输、法律，甚至政治、军事、文化领域即外文知识。在博览的基础上，可以急用先学，边学边用，逐步扩展。

（2）勤思。博览只是一个知识的吸收过程，要想在有限的时间内将有限的知识真正运用于谈判实践，就必须有一个自我消化的过程。当接触新事物的时候，要多问几个"为什么"，认真思考各种有益的素材，这样有助于提高自己对问题的理解能力。

（3）实践。纸上得来终觉浅，绝知此事要躬行。任何书本上的谈判知识都要经过实践来检验。而且，只有实践才能获得真本领，谈判理论更是需要通过实践来完善。

（4）总结。要想从实践中获得更大的收获，就一定要进行总结。每一次谈判都是一个宝贵的机会，都值得认真总结经验教训，通过静思、反省、商讨、书写等形式来指导以后的学习和实践。

三、群体心理

心理学指出,单独的个体与群体中的个体有着不同的心理特点。因此,我们不仅要研究谈判中的个体心理,更要研究谈判中的群体心理。这里,我们主要从怎样使一个谈判群体即一个谈判小组的效能达到最大化这个角度来展开研究。

(一)谈判群体的特点

心理学认为,群体是一个介于个人与组织之间的,由若干个人组成,为实现群体目标而相互联系、相互影响和作用,遵守共同规范的人群结合体。

一个谈判小组作为一个群体有以下几个特点。

(1)成员的数量下限多于两人,而其上限虽无确定界限,但也有一定限制,一般人数不多,因而属于小群体。

(2)属于正式的组织,内部有严明的纪律约束。其不是出自成员的共同爱好和私人情感,而是通过企业正式的命令或文件规定建立的。这样,领导和成员都相对固定,而不是自然形成的。

(3)有着明确的任务和目标,群体成员之间也有明确的职责分工。

(4)成员之间,在以工作联系为主时,存在感情上的交流关系,有着直接的个人交往。

(二)谈判群体的效能

谈判群体的效能是指谈判群体的工作效率和工作成果。从群体内部看,有两个方面决定了谈判群体效能的高低——群体内部每个成员的效能和群体内部的关系状态。

谈判小组作为一个群体,它的任务和目标是要通过每个成员的工作去完成的。因此,每个成员的工作直接影响了整个谈判群体的工作。心理学的理论和人们的社会实践表明,群体不是个体的简单集中或相加。因此,谈判群体的效能并不是把谈判群体内的每个成员的效能简单相加。这是因为在谈判群体内部,各成员之间在工作上、感情上是相互作用和相互影响的,这种作用和影响既可以是增力的,也可能是减力的。增力的作用和影响使得成员之间相互密切配合,从而使群体的效能大于群体内部个体效能的简单相加,即放大效应;减力的作用和影响正相反,它使得成员之间相互摩擦、牵制,从而使群体的效能小于群体内部个体效能的简单相加,即内耗效应。因此,群体效能还取决于群体内部成员之间的关系状态。

1. 谈判群体成员的个人素质

谈判群体成员的个人素质是他的知识、经验、能力、性格和品质等因素的有机结合,是在长期的社会实践中形成的。个人素质高的人,他的潜能比较大,在外部环境合适的情况下,他的个人效能比较大。

2. 谈判群体的结构

谈判群体的结构是指谈判成员在知识、经验、能力、专业、年龄、性格,以及观点和信念等方面的构成与配合。群体的结构对群体的效能有很大的影响,往往能产生前面所说的放大效应和内耗效应。

3. 谈判群体的规范

群体的规范是指群体所确立的每个成员都必须遵守的行为标准。在谈判群体中,群体的规范以强化的形式出现的纪律为主。它外在迫使每个成员的行为保持在一定的范围之内，这是谈判群体得以有效地进行工作的保证。而群体的规范会导致群体的压力。具体地说，当群体中某个成员的意见和行为与众不同时，他就会感到一种压力。这种压力具有两面性，既可以遏制不良行为，又会打压创造行为。因此，要正确运用群体的规范。

4. 谈判群体的决策程序

在谈判中遇到问题需要作出决策时，怎样作出决策，也会影响谈判群体的效能。从谈判实践来看，谈判群体内的决策方式主要有个人决策和群体决策。个人决策是指决策由谈判群体的领导人单独作出，事先很少征求或根本不征求群体内其他成员的意见。群体决策是指在进行充分的讨论、广泛征求成员意见的基础上，再由领导人集中大家的意见作出决策。实践表明：个人决策比群体决策速度快，但是准确性较低；群体决策的准确性高，但耗费的时间较长。

通常情况下，群体决策的优点要多于个人决策。因为每个成员都参与了决策，一方面交流了彼此的看法，达成了一致的意见，明确了在整个谈判过程中自己的责任，所以执行时行动迅速、效率较高；另一方面，参与决策对于每个成员来讲都是一种荣誉，也是一种激励，能促使每个成员更加热忱地工作。

5. 谈判群体内的人际关系

谈判群体内的人际关系是和谐还是冲突，处于何种状态，对于谈判群体的效能影响很大。谈判群体中的个人在工作中发生冲突的原因有以下两个方面。

（1）主观条件不同。每个人都有自己的思维方式，人们往往根据自己的知识、经验等作出判断，很可能与别人产生差异，造成冲突。

（2）信息的来源不同。人们只能根据自己所掌握的信息来发表自己的意见，作出自己的判断和决策。信息的来源不同，使得个人掌握的信息量与信息的内容不同，也就容易产生分歧。

本章介绍了谈判人员的知识结构，一个谈判人员应该具有的沟通力和控制力，敏锐的洞察力，语言、文字的表达能力，较强的逻辑思维和判断能力，自信心等基本能力，从个人心理角度研究谈判人员的情绪、性格和态度。介绍了商务谈判的群体构成，包括谈判组织的构成原则、谈判人员的组织结构和谈判队员的分工及配合。详细介绍了谈判人员的组织管理和人事管理，最后从群体心理角度阐述了使群体效能最大化的问题。

主谈人　陪谈人员　谈判群体　沟通力和控制力　组织管理　自我培养　群体心理

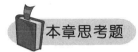本章思考题

1. 谈判人员的知识结构包括哪些方面?
2. 除了课本上列举的以外,你认为一名优秀的谈判人员还应该具有哪些能力?
3. 比较国际商务谈判个人心理与群体心理的异同。
4. 谈判组织的构成原则是什么?
5. 一支优秀的谈判队伍应该包括哪几方面的人员?
6. 谈判新手应该接受哪些方面的培训?
7. 怎样才能使谈判群体效能达到最大化?

案例分析 1

谈判群体的分工——"白脸"和"黑脸"

传奇人物——亿万富翁休斯想购买大批飞机。他计划购买 34 架,而其中的 11 架,更是非到手不可。起先,休斯亲自出马与飞机制造厂商洽谈,但却怎么谈都谈不拢,最后惹得这位大富翁勃然大怒,拂袖而去。不过,休斯仍旧不死心,便找了一位代理人,帮他出面继续谈判。休斯告诉代理人,只要能买到他最中意的那 11 架,他便满意了。而谈判的结果是,这位代理人居然把 34 架飞机全部买到手。休斯十分佩服代理人的本事,便问他是怎么做到的。代理人回答:"很简单,每次谈判一陷入僵局,我便问他们——你们到底是希望和我谈呢,还是希望再请休斯本人出面来谈?经我这么一问,对方只好乖乖地说——算了算了,一切就照你的意思办吧!"

问题:
理解群体分工的重要性。

案例分析 2

程控交换机交易的谈判

卖方:加拿大 N 通信公司香港分公司(以下称"甲方")中国部经理、市场工程师等 3 人。

买方:青海 W 厂(以下称"乙方")总工程师与代理进出口公司业务员等 5 人。

交易标的:程控交换机生产设备与成套组件(SKD)与成套散件(CKD)。

交易过程:乙方询价,甲方报出了生产线设备和散件组件的价。经初步比较,乙方认为甲方的报价比其他供应商报的价便宜,于是乙方决定选择 N 公司作为交易对象,并邀请 N 公司人员到北京其代理进出口公司(以下称丙方)处谈判。为了方便甲方,暂不去青海工厂谈判。

三方人员在丙方办公楼会议室进行了谈判。先花了一天时间彼此介绍标的内容与技术细节,核对了各部分的价格。三方气氛融洽,进展也较快,尤其讨论设备性能与成套组件组成水平,以及成套散件的成套细目购件时间虽较长,但很有效果。三方在小结第一天谈判时,一致认为配合得不错,沟通与理解令人满意。

第二天双方进入商务条件的谈判,丙方虽为商务主谈,但因乙方总工在场,又是最终用户,所以丙方让乙方先提要求。乙方以生产设备的通用性、竞争性为由要求甲方降价15%,SKD和CKD价再降5%。对该要求甲方很惊讶,认为自己报价不含水分,是考察了市场竞争性后报的极具竞争力的价。乙方不松口,要求甲方考虑乙方的要求。一来一往,使本来融洽的谈判气氛变得紧张起来。丙方主谈在一旁静听,不插话,似乎认为谈判仍处在正常状态。

甲方看到乙方和丙方毫无退意,自知不改变条件是过不了关的。于是,甲方提出了一个进退结合的方案:设备价已比市场价便宜,若乙方认为还有便宜的,可以自己去找。若支付条件为第一次发货以信用证支付95%,余款5%验收后付;第二次发货亦以信用证支付95%,余款5%验收后付,那么CKD价可降2%。

乙方与丙方对甲方条件不予接受,经商量(休会时)乙方提出了新的方案:设备价可以考虑甲方条件,但支付条件应改为开证时,到货先支付90%,5%验收后付,5%保证期满再支付,SKD与CKD价仍要求降5%。

这个方案表现了乙方、丙方的极大让步,使甲方很满意。但其他条件甲方仍未表示接受,这又让乙方很不高兴,丙方主谈只做点评,不评价乙方观点,也不批评甲方,但态度明显支持乙方。这一天虽有进展,但双方均不满意,彼此希望对方能考虑自己的意见。

第三天一开始,谁也不先讲具体条件,以闲话开始,尤其对对方的某些理由调侃了一通。这么一说笑,会议室的气氛倒松弛下来了,又回到了第一天的状态。这时甲方主动进入正题。

甲方主谈表示,我方报价已很优惠,这一点贵方是行家,心中一定有数。作为交易,贵方要求我们改善条件,我方理解,不过,我方只能做力所能及的事,尤其贵方这么看重我公司,我们也愿意尽力表现我方同样的诚意。今天我方再给贵方一个优惠,为了减轻贵方外汇压力,贵方可以用SKD和CKD生产出的产品支付货价的10%,不过支付比例按我方条件办。

返销对乙方来说不仅是外汇问题,还有占出口市场的问题,于是三方的兴趣一下子转到返销的具体条件上来。以什么条件返销呢?时间、质量好定,双方就价格进行了激烈的谈判。开始甲方提出每门(线)按80美元回购,可该价离该类程控交换机市场单价低了几十美元!乙方坚决不同意,认为甲方这么做不但不优惠,反而两头赚钱!丙方主谈肯定这种方式,但建议返销价应公道。甲方也觉得有点尴尬,原以为"返销方式"会引起乙方对销价的注意,在表示理解丙方意见后又将价提到100美元。乙方认为:100美元/门(线)仍太低,返销价应与支付金额等值。甲方解释一阵后,提出最后价:120美元/门(线)。乙方提出128美元/门(线)的新条件。双方重新陷于对峙之中,甲方认为乙方要求太过分,乙方认为这是市场价。甲方认为让了多次了,不能没完没了。乙方认为这是甲方造成的。这时,丙方主谈看到条件确已变化很大,成功在即,不能错过机会,于是出面斡旋,先评判了双方的理由,特别表扬了甲方的诚意与苦心,充分肯定了甲方所做的努力,然后提了建议:甲方不改价,但加大返销比例,即15%,120美元/门(线);或改价,即返销10%,128美元/门(线)。两个方案由甲方选择,其他支付条件按甲方要求办。在胶着中,丙方的建议无异于一个"梯子",让甲乙双方均好下台阶。围绕这两个方案进行讨论后,甲方选择了返销 10%、128 美元/门(线)的方案。

价格差距仍未解决,这是最后的分歧了。甲方提出可再送几块调试系统仪器的备用板等,但乙方不同意。这个分歧又把一天的好心情破坏了。丙方主谈眼看一天的谈判时间将尽,于是又插入谈判,先是肯定甲方已做的让步,随后让甲方计算一下,该让步占货价多大比例,甲方计算后讲:赠送的备用板价值 1.28 万美元,占货价的 1.5%。丙方主谈说:乙方要求再降 5%,还差 3.5%,即 2.5 万美元,建议甲方重视乙方的要求,也重视乙方是甲方这种产品在华的第一个客户,尽量想办法满足乙方的要求,希望双方解决最后的分歧。

第四天早上,谈判一开始,甲方就提示解决困难应双方努力,不能单靠一方,并让乙方、丙方认可该原则,丙方和乙方不得不表示认可。甲方马上抓住丙方和乙方的表态,说:双方达成第一个协议!引得会议室里一片笑声。等笑声落下后,甲方主谈严肃地表示:我方听从丙方主谈建议,决定再努把力,希望乙方能同意,具体条件为:再送两种备件(折4 800 美元),同意乙方三名专家去加拿大和香港地区各 7 天考察甲方工厂,费用由甲方承担(3 人 7 天加拿大的考察费用 2 750 美元,3 人 7 天香港地区的考察费用 1 250 美元,共4 000 美元)。

这个方案反映甲方动了脑筋,想办法解决价格分歧。但乙方考虑到组装线的质量保证问题,又是第一次采购甲方装配线,认为这个考察人太少,另外技术培训也没有。于是从解决分歧的方向上同意甲方的思路,但具体量上提出不同意见:考察人数应从 3 人改为 7 人(折 5 500 美元,再提供 6 人 4 周在甲方工厂实习),按甲方报价,该费用折 8 750 美元,若甲方能同意该方案,尚存的 6 000~7 000 美元的差距乙方负责解决。

乙方的回复也有进步,尤其双方达成了解决分歧的努力方向。但甲方认为乙方要求太高,只能同意将 3 人增到 7 人 7 天的考察免费,8 750 美元的培训费不免。

丙方等乙方把不满的理由说完后,接着分析双方的立场:首先,到目前为止,双方均有退让,也就是说均做了努力。其次,仅剩的 8 750 美元分歧对甲乙双方均不是大数,但对于甲方来讲是个服务水平的问题、形象问题。对于上百万美元的生意,这个数不应成为交易的障碍,更不应为此数断送双方的谈判成果。乙方诚心与甲方成交,请甲方再考虑。

甲方人员态度平静,但不马上回应丙方建议,只是表示无权决定,要向大老板请示。丙方见甲方未否定其建议,马上追问:能否理解为贵方无反对意见,但要等大老板确认?若这样我们可以先准备合同文本,待双方的老板都确认今天的最终交易条件后再签约。甲方表示同意。于是双方人员对合同文本进行了讨论并草拟了协议,等双方老板确认后,再正式签合同。

该案例反映了谈判组织中商务主谈与受托人之间在谈判桌上的配合技巧,在主谈人的地位变化、加强谈判力方面颇有创意,值得参考。

问题:

1. 丙方与乙方对内在法律上为受托与委托的关系;对外,是谈判代理与项目主谈人的关系。在案例中应由谁出面对阵,丙方与乙方的负责人如何分工?其如何反映了两人的配合,又适合自己的身份?

2. 作为实质的主谈人（幕后主谈），如何做到自持有度？

3. 在乙方和丙方负责人分工后，若两人发生分歧怎么办？

4. 若甲方并不认可丙方的出场，甚至不尊重丙方人员，更倾向于与乙方对话，则作为代理人的丙方怎么办呢？

资料来源：丁建忠.商务谈判教学案例[M].北京：中国人民大学出版社，2005.

 案例分析3

湖北医药工业研究所研制出一种胃药冲剂，经专家鉴定在当时是具有国际先进水平的。当时，武汉某制药厂提出购买这项专利技术，研究所提出的条件是谁提供一台制剂干燥设备，谁就可以获得此药的生产权。围绕这台价值3万元人民币的设备，双方讨价还价。制药厂谈判人员犹豫不决，企业内部意见也不统一，拿不定主意，最后导致谈判的破裂，失去了这次大好的机会。

相反，珠海市的丽珠制药厂获知此信息后，即派人赶到武汉与研究所展开谈判。当即拍板成交，丽珠制药厂以40万元转让费获得专利技术，取名"丽珠得乐"。20世纪90年代初，"丽珠得乐"这个新药以强劲攻势打入包括武汉在内的全国各地医药二级站，实现年产值1.2亿元，利税3 000万元。经过几年的努力，该制药厂成为有名的上市公司。

问题：

利用该章所学过的知识，结合该案例分析，为什么谈判人员素质不同会导致不同的谈判结果。

 **即测即练**

第 篇

国际商务谈判实务

第五章　国际商务谈判的准备

本章学习目标

了解国际商务谈判的准备工作，包括环境的调查、信息的准备、方案的准备以及其他准备等项任务。

一场谈判的成功，不仅要看谈判桌上的策略、战术和技巧的灵活运用，还有赖于谈判的准备工作，谈判的准备工作是谈判策略、战术和技巧灵活运用的基础。俗话说，不打无准备之仗，知己知彼，百战不殆。准备工作做得好，可以使己方增强自信，从容应对谈判过程中出现的各种问题，掌握主动权，尤其是在缺少经验的情况下，充足的准备，能弥补经验和技巧的不足。谈判的实践也证明，大部分重要的谈判工作都是在准备阶段完成的。

第一节　国际商务谈判环境的调查

谈判所处的环境条件，是影响谈判的重要因素，是谈判思想不可缺少的成分，是谈判的不可忽视的构件。国际商务谈判是在一定的政治、经济、社会、文化制度和某一特定的法律环境中进行的。这些社会环境会对谈判产生直接或间接的影响。

谈判的环境因素包括谈判对方国家（地区）的所有客观因素，谈判人员必须对此进行全面系统的调研与分析评估，才能制定出相应的谈判方针和策略。英国谈判专家马什在其所著的《合同谈判手册》中对谈判环境做了系统的分析和归类，他认为环境因素主要包括政治状况、宗教信仰、法律制度、商业习惯、社会习俗、财政金融状况、基础设施与后勤供应状况、气候状况等。下面主要介绍前五个因素。

一、政治状况

一个国家或地区与谈判有关的政治状况主要有以下几方面。

（一）谈判对方国家（地区）的政治背景

谈判对方对谈判项目有否政治目的？程度如何？哪些领导人较为关注？他们的权力如何？商务谈判一般情况下是纯经济目的的，但是有时候可能会有政府和政党的政治目的的掺杂其中，如果是这样，这场谈判的最终结果，则主要取决于政治因素，而不是商务和技术方面的因素，尤其涉及国家（地区）大局的重要贸易项目或涉及影响两国（地区）外交的敏感性强的贸易项目，都会受到政治因素的影响。一般来说，交易双方所在国（地区）若属友好国家（地区），谈判的后顾之忧就少些，谈判中碰到困难可以借助国家（地区）干预，谈判比较顺利，成交可能性就大，谈判合同可靠性高；若属敌对国家（地区），受到的限制就大，交易双方受到政府的干预，谈判中的障碍就多，签约以后履行的难度也大。

（二）谈判对方国家（地区）的经济体制

如果对方国家（地区）实行的是计划经济体制，企业间的交往要看有没有列入国家（地区）计划，列入国家（地区）计划的交易项目才有计划指标，这样的项目才能谈判。如果对方国家（地区）是市场经济体制，那么企业就有较大的自主权，就可以自主决定交易内容。

（三）谈判对方国家（地区）对企业的管理程度

这主要涉及企业自主权的大小问题。如果国家（地区）对企业管理的程度较高，那么政府就会干预谈判内容及进程。一般关键性问题要由政府部门作出决定。谈判的成效不取决于企业自身，而主要取决于政府有关部门。相反，如果国家（地区）对企业的管理程度较低，企业就有较大的自主权，谈判的成败则取决于企业自身。

（四）谈判对方国家（地区）政局的稳定程度

谈判对方国家（地区）政局的稳定程度对谈判有着重大影响，如果政局发生骚乱，会使正在谈判的项目被迫中止，或者已达成的协议变成废纸，不能履行合同，造成重大损失。因此，必须事先了解清楚对方国家（地区）的政局。诸如，政局是否会发生变动？总统大选是否与所谈项目有关？洽谈对方国家（地区）与邻国（地区）的关系如何？二者是否处于较为紧张的敌对状态？有无战争爆发的可能？这些必须事先弄清楚。

二、宗教信仰

一个国家或地区，与商务谈判有关的宗教信仰因素如下。

（一）该国家或地区占主导地位的宗教信仰

世界上宗教信仰很多，宗教信仰对人们思想行为有着直接的影响。因此，应首先弄清楚该国家或地区占主导地位的宗教信仰是什么，然后还要研究占主导地位的宗教信仰对谈判人的思想行为的约束。

（二）宗教信仰对一国（地区）政治、法律、国别政策等方面的影响

在政治事务方面，应查清该国（地区）政府的施政方针、国（地区）内政治形势、民主权利是否受到该国（地区）宗教信仰的影响；在法律制度方面，对于宗教色彩浓厚的国家或地区，其法律制度的制定必须依据宗教教义，对于人们行为的认可，要看是否符合该国（地区）宗教的精神；在国（地区）别政策方面，由于宗教信仰不同，一些国家（地区）依据本国（地区）的外交政策，在对外经济关系上制定带有歧视性或差别性的国（地区）别政策，对宗教信仰相同的国家（地区）给予优惠政策，对于宗教信仰不同的国家（地区），尤其是有宗教歧视和冲突的国家（地区）及企业施加种种限制；在社会交往的规范、方式与谈判人员个人行为方面，有宗教信仰的国家（地区）与没有宗教信仰的国家（地区）存在很大不同，这些都会对谈判人员的思维模式、价值取向、行为选择产生很大影响；在节假日与工作时间方面，不同宗教信仰的国家（地区）都有自己的节日和活动，在制订谈判计划及日程的安排上不应与该国（地区）的宗教节日相冲突。

三、法律制度

一个国家或地区与商务有关的法律制度因素主要有以下几方面。

（一）该国（地区）的法律制度的状况

该国（地区）的法律是依据何种法律体系制定的，是属于英美法系（判例法）还是大陆法系（成文法），必须调查清楚，英美法与大陆法有严格的不同。

（二）该国（地区）在现实中法律执行的情况

法律执行情况不同将直接影响到谈判成果是否受到保护。在现实中，有的国家（地区）法律制度不健全，会出现无法可依的情况；有的国家（地区）法律较为健全，但执行中不完全依法办事，这些将会使谈判的结果受到侵犯。

（三）该国（地区）法院与司法部门是否独立，司法部门对业务洽谈的影响程度

（四）该国（地区）法院受理案件时间长短

法院受理案件时间长短会直接影响洽谈双方的经济利益。谈判双方在执行合同中往往会发生争议，一旦诉诸法律就要由法院来审理。如果法院受理案件的速度很快，对双方的利益影响不大；如果时间长，对双方来讲都是人力物力的极大耗费。

（五）该国（地区）对执行国（地区）外的法律仲裁判决需要的程序

国际商务谈判活动一旦发生纠纷，并诉诸法律，就自然会涉及不同国家（地区）之间的法律适用问题。因此必须弄清，在某国（地区）的裁决拿到对方国家（地区）是否具有同等法律效力，如果不具备同等法律效力，那么需要什么样的条件和程序才能生效。

四、商业习惯

一个国家或地区与商务谈判有关的商业习惯主要有以下几方面。

（一）企业决策程序

有的国家（地区）企业决策时只要高级主管拍板即可，而有的国家（地区）企业的决策则经上下左右沟通，达成一致意见后再由主管拍板。因此必须弄清谈判对手所在国家（地区）企业的决策程序的差异。

（二）该国（地区）文字的重要性

该国（地区）在谈判中双方的承诺是否必须见诸文字？文字协议的约束力如何？有的国家（地区）很严格，要求必须以文字为准，但有的国家（地区）习惯上以个人的信誉与承诺为准，这是必须了解的。

（三）该国（地区）在洽谈和签约过程中律师的作用

在洽谈和签约过程中，律师是必须出场，全面审核整个合同的合法性，并在审核后签字才能使合同生效，还是仅仅起到一种辅助作用？

（四）在商务往来中是否存在贿赂现象

如果有贿赂，其方式如何？对此己方一定要弄清楚，以便采取对策，防止己方人员陷入圈套，使公司蒙受损失。

（五）在商务往来中，该国（地区）有没有商业间谍活动，以及商业活动的习惯

如果有商业间谍活动，则应研究其防范措施，以防机密被对方窃取。应查清在商务洽谈中，该国（地区）是否允许对一个项目的洽谈同时选择几家公司进行谈判，以便从中选择最优惠的条件达成协议。如果是这样，应研究保证交易成功的关键因素是什么，是否仅是价格问题。在几家公司同时竞争一笔生意时，己方必须紧紧抓住影响谈判的关键性因素，

并围绕关键性因素来展开洽谈工作，以获成功。

（六）该国（地区）商务谈判常用的语种

如果对方谈判使用当地的语言，己方有没有可靠的翻译？合同文件是否用两国（地区）文字表示？两国（地区）语言是否具有同等的法律效力？

五、社会习俗

谈判人员要了解该国家或地区的社会风俗习惯，这些风俗习惯能在一定程度上影响谈判活动。例如，该国家或地区对业务洽谈的时间有没有固定要求？业余时间谈业务对方有没有反感？该国家或地区人们在称呼和衣着方面规范标准是什么？社交场合是否携带妻子？赠送礼物以及赠送方式有哪些习俗？在社会活动中妇女是否与男子具有同等的权利？人们如何看待荣誉、名声等问题？

第二节　信息的准备

信息的准备工作，既需要在商务谈判前开展，也贯穿于整个商务谈判过程中。在国际商务谈判中，全面、准确、及时的信息是谈判的可靠助手；是选择和确定谈判对象的基础和前提；是谈判双方沟通的纽带；是制定谈判战略的依据；是控制谈判过程，掌握主动权和确定报价水准的保证。谈判的信息，是指那些与谈判活动有密切联系的条件、情况及其属性的客观描述，是一种特殊的人工信息。

谈判信息对于谈判活动的影响是极其复杂的，有的信息直接决定谈判的成败，有的信息则间接地影响谈判的成败。准确的信息能帮助己方在谈判中成功，不准确的信息会使己方在谈判中被动失利。

本节拟从信息收集的渠道、信息收集的方法出发，着重介绍谈判信息收集的主要内容以及对谈判信息资料的整理等。

一、信息收集的渠道

为了充分了解谈判对手，可通过多方面的调查研究，收集谈判对手的信息资料，信息收集工作首先要寻找信息资源，才能获得比较准确可靠的信息资料。收集信息资源通常有以下几方面渠道。

（1）活字媒介。活字媒介是指报纸、杂志、内部刊物和专业书籍等。这是资料收集的主要渠道，也是最大的渠道。这些媒介均会不时刊登你所需要的资料，故此作为外向型企业，应尽可能地多订购有关报纸、杂志，由专人保管和收集、整理资料，并及时向有关人员汇报。

（2）互联网。互联网是21世纪获取信息的重要渠道，在网络上可以非常方便快捷地查阅国内外许多公司信息、市场信息、产品信息以及其他信息。

（3）电波媒介。电波媒介就是通过广播电台、电视台播放的有关国际新闻、经济新闻、金融动态、市场动态、各类记者招待会乃至各类广告去收集资料。电波媒介作为重要的收集渠道,比活字媒介要迅速和准确。

(4)统计资料。这主要包括各国及国际组织,各国有关地方政府的各类统计年鉴或月刊,也包括各大银行或国际咨询公司的统计数据和各类报表。上述资料收集方法的好处是,可以将各类资料、数据加以综合分析,了解有关事情的过去、现在和发展趋势。同时,通过数据的综合分析还可以辨别资料的真伪,所以它往往比公布的单项数据可靠。

(5)驻外机构。在我国要了解有关国际商务方面的资料,可通过以下机构:我国驻当地使、领馆,商务代办处;中国银行及国内其他金融机构在国外的分支机构;本行业集团或本行业在国外开设的营业、分支机构;各大企业(或公司)驻外商务机构及其他民间机构和地方贸易团体等。当今世界上许多国家的贸易部门(或商业团体)经常将国内或行业内的工商企业的名称、地址、供求商品的种类或业务范围等资料编成图册,分送到有贸易关系的各国(各地)政府的贸易部门或商业团体,以便各国(各地)工商机构与其取得直接的接触,建立贸易往来。各国使、领馆的商务处也负有沟通贸易的责任,如果需要和某一国家的商业机构建立关系或了解其信息情况,可以通过驻外使馆或中国银行获得协助,也可以通过外贸部门的驻外机构或往来的商业团体获得协助,还可以到国内的各外贸机构、各经贸研究所和各贸易咨询部门等机构中去查找有关资料或进行咨询。

(6)知情人员。通过老朋友、老客户、留学生、华侨、外籍华人、外国友好人士以及出国访问者、参观考察者等知情人士或方便人员去了解需要的资料。这些人是实地了解,其资料就具有更高的可靠性,当然委托的人员要可靠、负责,否则适得其反。

(7)会议。参加各种会议,诸如各类商品交易会、展览会、订货会、博览会等,有关可以进行直接商务活动的会议以及商务报告会、讨论会等。在这类会议上,可以有的放矢地调查商品的生产、流通、消费乃至市场趋势和竞争现状及发展前景等。这类会议是收集资料的最好场所和了解商情的最好渠道,所以有条件的外贸部门和企业要尽可能地举行或参加这类会议。

(8)公共场所。诸如车站、码头、餐馆、商店、集会场地、娱乐场等公共场所。

(9)函电、名片、广告。函电不但是贸易洽谈的主要形式之一,还是日常商品市场调研的工具,通过它可以获取销售信息、生产信息、价格信息等;名片也是收集资料的重要渠道,往往可以通过名片的媒介扩大商务、结交朋友、获取资料;广告中都载明商品的产地、厂家、电话以及产品的性能乃至销售价格,有些广告册还登有商品的照片和简单说明书等,通过对其收集往往能得到一些意想不到的资料。

国际商务信息收集渠道很多,国外特别重视信息资料的收集工作,美国商务部、巴西外交部做得很出色。美国商务部的各个职能机构除积极收集各国的市场情报资料外,还努力帮助各公司打进国际市场。在首都华盛顿设立对外咨询服务机构,在全国主要城市设立商务部外地办事处,各个公司都可以通过私人咨询方式,从咨询机构获得进入国际市场的各种环境资料和情报资料。此外,商务部还针对企业的需求办了许多专业周刊,例如,《美国商业》《海外商业报道》等,都是了解世界贸易近期发展情况、了解国际商务信息资料的重要途径。

二、信息收集的方法

国际市场信息收集的方法多种多样，有传统的调研方式也有现代的经济谍报方式，还有的是两种交叉运用，概括起来主要有以下几个方面。

（一）市场调研形式（调查消费者）

根据不同调查目的和调查对象，市场调研可以分为以下几种方法。

（1）观察法。观察法是指调查者亲临调查现场收集事物情景动态信息，它包括直接观察法、间接观察法、比较观察法。直接观察法即亲自到现场去观察消费者选购商品的反应及购货成交率。间接观察法即调查者围绕要调查的问题，采取各种措施，从侧面进行间接观察。例如，一家美国广告公司，为了了解公司的广告在拉丁美洲各国的收视率，选择了中美洲的两个城市，并在征得有关国家政府和有关家庭的同意后，在数千个家庭的电视机上装上特定的装置，把用户所看的电视节目记录下来，然后再把这些资料进行汇总，以了解广大用户平时喜欢看哪些电台的节目。比较观察法，即调查者要了解消费者最欢迎哪些种类的商品，就把需要比较的商品置于同一商店或同一城市销售，以比较顾客的选择态度。

观察法的优点是，可以得到较为真实可靠的信息，但这种方法有时会受到客观条件的限制，比如受交通条件限制不能亲自去现场直接观察，或是受技术条件限制，不能间接观察，或是受观察者主观意识的影响带有偏见，使信息失真。

（2）访谈法。调查者围绕要调查的问题选择访问对象进行面对面的问答，可以是个别访谈，也可以是召集众多人的座谈会，听取他们就有关国家（地区）对有关商品或合作项目的意见和要求，了解国际市场竞争态势。这种座谈会可以定期举行，也可以根据市场变化临时召集。采用这种方式，在访谈之前，调查者应拟好调查提纲，根据主题有针对性地涉及一些问题，做到有的放矢。

（3）问卷法。问卷法是调查者根据所要调查的内容事先印刷好问卷，发放给相关人士，填好后集中收集上来进行分析，可以出是非题、出选择题、出问答题、出顺位题、出评定题等。这种方法的优点是利于实现调查者的主导意向，可以广泛得到相关信息。其难点是如何把被调查者的积极性充分调动起来，使填写的问卷内容真实可靠。

（4）归纳法。这是一种综合的分析方法，它是通过平时对各种资料（有声的、无声的信息）的收集，进行整理归类、研究、分析，去伪存真，然后推断出自己需要的信息。这种调查方法要求调查人员有较好的综合能力，头脑灵活、应变力强。例如，1959 年 9 月 26 日，中国在黑龙江省松嫩平原打出第一口油井，取名大庆油田，然而，由于当初的国际环境复杂多变，中国并没有向外界公布大庆油田的地理位置和产量。[①] 到了 20 世纪 70 年代随着中日关系的正常化，日本商家极想与中国达成有关石油设备的贸易协议。日本深知中国开发石油需要大量的石油设备，又苦于信息不足，善于收集资料的日本人广泛地收集了中国的有关报纸、杂志，进行一系列的分析研究。他们从刊登在《人民画报》封面上的"大庆创业者王铁人"的照片分析，依据王铁人身穿的大棉袄和漫天大雪的背景，判断大庆油

---

① 天文.最著名的"照片泄密案"[J].保密工作，2013(6)：61-63.

田必定在中国东北地区；又从《王进喜到了马家窑》的报道推断大庆油田所在的大体方位；又从《创业》电影分析出大庆油田附近有铁路且道路泥泞；又根据《人民日报》刊登的一幅钻井机的照片推算出油井直径的大小，再根据中国政府工作报告计算出了油田的大致产量；又将王进喜的照片放大至与本人1∶1的比例，通过王进喜与毛泽东、周恩来等国家领导人的合影，判断其身高，然后对照片中王进喜身后的井架进行分析，推断出井架的高度、井架间的密度，据此进一步推测中国对石油设备的需求量。日本人把这些陆陆续续收集到的资料信息进行综合整理分析之后，勾勒出中国石油开采的发展势头及对设备技术的必然需求，并着手进行各种必要的设计和生产的准备工作，后来果真谈判成功，给日本有关公司创造了丰厚的利润。[①]

（5）适销调查法。顾名思义，它是指通过适销某种商品，收集有关该商品的调查资料的方法。使用此种方法时先要拟定适销方法，选择适销地点、时间，适销范围一般由小到大逐步扩展。采用这种方法时应该注意及时跟踪用户使用情况，认真总结用户的呼声，把反馈的意见及时公布于众，扩大商品的影响。

（二）外销汇报形式（调查外销员）

在国际市场调研中并非所有的商品和项目都能直接向消费者或买方征求意见，还可以通过以下三种形式进行信息的收集。

（1）直接信息收集法。直接信息收集法，即通过召开外销人员或公关人员座谈会，听取他们就有关国家（地区）对有关商品或合作项目的意见和要求，了解国际市场竞争态势。这种座谈会可以定期举行，也可以根据市场变化形势临时召集。

（2）间接信息收集法。间接信息收集法即定期向外销人员递交或邮寄调查表，调查有关商品和项目的推销与竞争现状。

（3）抽样收集法。抽样收集法即根据不同商品、不同项目、不同的外国市场和不同的需求季节，邀请部分有代表性的外销人员书面或口头报告有关国际市场的最新信息，向有关专家提供所要调查课题的背景资料，制发调查表，继而把专家们的意见进行综合、整理、归纳，然后再反馈给专家，进行第二轮征求意见。一般经过两轮调查，专家意见就相当集中了，可以得出必要的结论。

（三）专家会议调查

专家会议调查有多种形式，如讨论汇总法，即开会时讨论各个专家的调查报告，然后再进行汇总，提出参考性意见；征求意见法，即会前先发给专家有关课题资料，开会时，由调查者拿出调查报告，请专家分析评判；头脑风暴法，即会议上大家围绕调查课题，各抒己见，各种想法相互启发，仿佛思想上刮起一阵旋风。

（四）文献及电子媒体收集方法

通过公开的报纸、杂志、书籍和未公开的各种资料、文件、报告收集，应及时把有价值的资料整理好，编好目录，以备今后查找。文献收集方法的特点是信息具有权威性、准确性，但应注意资料的时效性。

通过网络、电子媒体收集，例如电话、计算机、电视、传真、广播等。电子媒体收集的特

[①] 宫柯.大庆油田照片泄密说因何而起？[J].石油知识,2022(1)：28-29.

点是信息传播速度快、范围广,可以在短时间内收集到各国的重要信息。

（五）委托代理收集

委托代理收集可以通过驻外大使馆、领事馆或其他驻外机关就某些市场的变化情况和合作机遇提供专门信息;委托兄弟公司驻外的代表处或子公司将其收集的信息定期转送有关的部分给自己做参考;委托本公司在国（地区）外的代理商作为自己的信息收集人,并按提供的信息数量及质量付给相当的报酬;委托出国访问、开会、留学、服务的人员就近了解信息情报并及时传递给本公司或本部门参考;委托友好国家（地区）的信息情报部门将其所有的信息情报与自己分享,同时以适当的信息情报进行交换。

（六）现代化的经济谍报方式

现代商务信息情报的收集系统和收集手段十分复杂,除一些正常手段以外,有些国家（地区）的政府机构或公司集团甚至采取窃听、贿赂、欺诈、美色、绑架等非法手段进行。这是必须加以防范的。

总之,收集资料的方法是很多的,但不管采用哪种方法,均应做到:①灵活性。收集资料的渠道、方法,不要一成不变,一般来讲,收集同一资料的渠道越多,越能对各条渠道收集起来的资料进行综合分析,资料的可靠性就越高。同样,资料收集的方法如能根据不同的情况灵活运用,就会收集到质量较好的资料。②系统性。了解一个市场或一类商品或某一方面的商情,必须掌握比较系统、比较全面的系列资料,比如要了解一种商品的市场情况,不但要了解它的主要产地的产销情况,也要了解各主要进口地的需求情况,同时还要了解它与其他相关产品的产销情况等。③可比性。收集的资料具有可比性,既可以横向比较,也可以纵向比较,针对要调查的对象的各方面情况、各个时期的情况进行分析,找出事物发展的规律。如调查钢材的价格,可以将钢材在不同时期、不同情况下的价格进行比较,也可以与不同型号钢材的不同时期的价格进行比较。④连续性。资料的收集不能时断时续,要建立完善的信息收集网络,不间断地将各种重要信息随时进行存档,分类登记,不要事到临头才匆匆忙忙进行调查,否则很难保证调查工作的周密和完善。⑤可靠性。收集资料的目的是使用,如果不准确则害处无穷,故此要特别重视资料的可靠性。要将收集起来的资料认真研究分析,去粗存精,去伪存真。

三、信息收集的内容

为了避免信息收集的盲目性,有必要对谈判需要收集的信息进行归纳,谈判信息收集的主要内容包括市场信息、技术信息、金融方面的信息、有关政策法规以及有关谈判对手的资料。

（一）市场信息

1. 市场信息的概念

市场信息是反映市场经济活动特征及其发展变化的各种资料、数据、消息、情报的统称。它是通过语言来表达传递的,有自然语言和人工语言。自然语言包括口头语言、书写文字;人工语言是根据传递信息的特征而由人们创造出来的,如数学上的专用语言、计算机语言等。人工语言的使用,能够弥补自然语言结构容易产生意思不够明确和误解以及不够精练等缺陷。

2. 市场信息的主要内容

市场信息的内容很多，归纳起来主要包括以下几个方面。

（1）国内外市场分布情况。国内外市场分布的情况主要包括：与贸易相关的商品市场的政治经济条件、分布的地理位置、运输条件、市场潜力和容量、市场辐射的范围以及某一市场与其他市场的经济联系等。随着科学技术的进步，国际分工的不断深化，国际贸易中交换的商品品种增多、数量不断扩大，因此，调查摸清产品在国内外市场的分布情况，有助于谈判目标的确立。

（2）市场商品需求信息。市场商品需求信息主要包括：与贸易谈判有关的商品的市场容量；消费者的数量及其构成；消费者家庭收入及购买力；潜在需求量及其消费趋势；消费者对该商品及其服务的特殊要求，以及本企业产品的市场覆盖率、市场占有率及市场竞争形势对本企业销售量的影响等方面。

（3）市场商品销售信息。市场商品销售信息主要包括：与贸易谈判有关的商品的市场销售量；商品的销售价格；该商品的发展趋势及市场寿命周期；拥有该类产品的家庭所占比率；消费者对该类产品的需求状况；购买该类产品的频率；季节性因素；消费者对这一企业新老产品的评价及要求；商品营销的策略等方面。通过对产品销售方面的调查，可以使谈判人员大体掌握市场容量、销售量，有助于确定未来的谈判对手及产品销售（或购买）数量。

（4）市场竞争方面的信息。市场竞争方面的信息主要包括：竞争对手的数目；竞争对手的经济实力；竞争对手的营销能力；竞争对手的产品数量、种类、质量及其知名度、信誉度；消费者偏爱的品牌与价格水平；竞争性产品的性能与设计；各主要竞争对手所能提供的售后服务的方式；各主要竞争者所使用销售组织的形态，是生产者的部门推销，还是中间商负责推销；各主要竞争者所使用销售组织的规模与力量，各主要竞争对手所使用的广告类型与广告支出额等。

对产品竞争情况的调查，使谈判人员掌握己方同类产品竞争者的情况，寻找其弱点，更好地争取己方产品的广阔销路，有利于在谈判桌上击败竞争对手，也能使谈判人员预测己方的竞争力，使自己保持清醒的头脑，在谈判桌上灵活掌握价格弹性。

（二）技术信息

在技术方面，应收集的主要资料有：该产品生命周期的竞争能力以及该产品与其他产品相比在性能、质地、标准、规格等方面的优缺点的资料；同类产品在专利转让或应用方面的资料；该产品生产单位的工人素质、技术力量及其设备状态方面的资料；该产品的配套设备和零部件的生产与供给状况以及售后服务方面的资料；该产品开发前景和开发费用方面的资料；该产品的品质或性能进行鉴定的重要数据或指标及其各种鉴定方法，以及导致该产品发生技术问题的各种潜在因素。

（三）金融方面的信息

在金融方面应收集的主要信息有：各种主要货币的汇兑率及其浮动现状和发展趋势；进出口地主要银行的营运情况，以免银行倒闭而影响收汇；进出口地的主要银行对开证、议付、承兑赎单或托收等方面的有关规定，特别是有关承办手续、费用和银行所承担的义务等方面的资料；商品进出口地政府对进出口外汇管制措施或法令等。

（四）有关政策法规

在谈判开始前，应当详细了解有关的政策、法规，以免在谈判时因不熟悉政策、法规而出现失误。了解此类政策法规主要有以下作用：①了解谈判双方有关谈判内容的法律规定，这是当事人经营合法或不合法的依据。②了解有关国家或地区各种关税（诸如进口税、出口税、差价税、进口附加税、过境税或过境费等）的税率及其关税的税则和征税方法方面的资料，如果我国与交易国订有贸易协定或互惠关税协定，还必须了解其详细情况。③了解有关国家或地区的外汇管制政策，有些国家或地区，为了保证收汇和防止逃税、套汇、黑市买卖外汇，通过颁发进出口许可证等办法来加强对外汇的管制。例如，我国对于各种外汇票据的发行和流通以及外汇、贵金属和外汇票证等的进出国境，都有较详细的规定，对此事先必须加以了解。④了解有关国家或地区的进出口配额与进口许可证制度方面的情况，配额制度是一个国家或地区在一定时期内，对某些商品的进口数量或金额事先规定一个限额，从而起到限制某些商品的进口数量的作用，在这种制度下，凡进口的商品若是在规定的数量或金额的范围内，可以进口，超过限额则不准进口或征收高额关税乃至罚款以后方可进口。进口配额往往与进口许可证联系在一起，一个政府采用了进口配额，就必须发放进口许可证。其做法是，政府规定某些商品的进口配额后，再根据进口商的申请，对于每一批进口商品在其配额限度内发给进口商一定数量的进口许可证，配额用完为止。当然，有些没有配额限定的商品也需要许可证，因此，许可证比配额在范围上用得更广。目前，世界各国绝大多数都在不同程度上采用了进口配额制。对此，必须加以详细了解。

（五）有关谈判对手的资料

在信息收集过程中，对谈判对手的资料收集并进行调研与分析是非常重要的。如果和一个事先毫无了解的对手进行谈判，其困难程度和风险程度是可想而知的。谈判对手的情况是复杂多样的，这里从了解贸易客商的类型入手，着重阐述对谈判对手的合法资格的调查和对谈判对手资信情况的调查，并且对谈判人员自身的实力加以认定，从而判定谈判双方的谈判实力。

1. 贸易客商的类型

贸易客商的类型如表 5-1 所示。

表 5-1 贸易客商的类型

客 商 类 别	特 征	我方应对措施
世界上享有一定声望和信誉的跨国公司	资本雄厚，有财团做后台，机构健全，聘请法律顾问，有自己的信息咨询机构	做好充分准备，己方要有充足的自信心。积极发展合作关系
享有一定知名度的客商	资本比较雄厚，产品在国内外有一定的销售量，靠引进技术，创新发展，在国际上有一定的竞争能力	应当立刻切入主题，切实证明提出的计划如何有利于对方，并突出建议和强调结果，用事实证明论断
没有任何知名度的客商	没有任何知名度但却可提供完备的法人证明，具备竞争条件	确认其身份，了解其情况，是很好的合作伙伴

客 商 类 别	特 征	我 方 应 对 措 施
"皮包商"	俗称中间商,无法人资格,无权签署合同,只是为了收取佣金而为交易双方牵线搭桥	确认其介绍客商的资信情况,谨防打着中介旗号行骗的客商
知名母公司下属的子公司	其资本比较薄弱,无注册资本和法人资格,打着母公司的招牌做生意,在未获授权许可前,无权代表母公司	确认其与母公司的关系,防止"借树乘凉"
利用本人身份开展非其所在公司及非经营贸易业务的客商	在某公司任职的个人,打着公司的招牌,从事个人买卖活动,谋求暴利或巨额佣金	弄清真面目,谨防上当受骗
"骗子"客商	无固定职业,专门靠欺骗从事交易,以拉关系、行贿等手段实施欺骗活动	提高警惕,不要被给予的优惠条件和好处所迷惑,谨防误入圈套

(1) 世界上享有一定声望和信誉的跨国公司。这类公司的特征是:资本比较雄厚,有财团做自己的后台,机构十分健全;有自己的技术咨询机构,并聘请法律顾问,专门从事国际市场行情和金融商情的研究与预测,以及技术咨询论证工作。这类公司在与我们交往时,讲信誉,办事讲原则,工作效率高,对商情掌握较为准确,并要求我方提供的技术数据准确、先进和完整。由于对手各方面的要求都较高,在谈判中提出的问题往往比较尖锐,因此,与这类客商进行业务洽谈时,一定要事先做好充分的准备,要有充足的自信心。

(2) 享有一定知名度的客商。这类客商的特征是:资本较为雄厚,产品在国内外有一定的销售量;企业大多靠引进技术,创新发展起来,其产品在国际市场上具有一定的竞争能力。这类企业在与我们进行业务洽谈时,都比较讲信誉,迫切地希望占领我国市场,技术服务及培训工作比较好,对于我方在技术方面的要求比较易于接受,对于技术转让和合作生产的条件较为优惠,是我们较好的合作伙伴。

(3) 没有任何知名度的客商。这类客商的特征是:虽然没有知名度,但能够提供法人证明来确认其身份,诸如,公证书、法定营业场所、董事会成员的副本及本人名片等,具备一定的竞争条件。与这类客商交往,要确定其身份,了解其资产情况。这类客商比较愿意与中国打交道,并希望在与中国合作中打出知名度,一般谈判的条件不会太苛刻,是我们很好的合作选择对象。

(4) 从事交易中介的中间商,也称"皮包商"。这类客商的特征是:无法人资格,无权签订合同,只是为了收取佣金而为交易双方牵线搭桥。对待这类客商,要确认他们所介绍的客商的资信情况,防止他们打着中介旗号行欺骗手段。

(5) 知名母公司下属的子公司,也称"借树乘凉"的客商。这类客商是知名母公司下属公司,其母公司资本雄厚,往往具有较高的知名度,而其本身则可能刚刚起步,资本比较薄弱,无注册资本和法人资格,这种客商常常打着其母公司的招牌做大生意。对待这类客商不要被其母公司的信誉所迷惑,应当持谨慎的态度,应要求对方出示母公司准予洽谈业务并且承担一切风险的授权书。否则,母公司与子公司完全是两个自负盈亏的经济实体,根本无任何连带责任关系。因此，一定要把好关，不能让这类客商达到"借树乘凉"的目的。

（6）利用本人身份开展非其所在公司及非经营贸易业务的客商。这类客商往往在某公司任职，但他往往是以个人身份进行活动，关键时刻打出其所在公司的招牌，从事个人买卖活动，以谋求暴利或巨额佣金。这类专于"私活"的客商国内外皆有，应当严加提防，否则一旦上当，恐怕追悔莫及。

（7）"骗子"客商。这类客商往往无固定职业，专门靠欺骗从事交易，以拉关系，行贿赂，私刻公章，做假证明、假名片、假地址等手段来从事欺骗活动。对于这类客商，我们应保持冷静的头脑，弄清其本来面目，提高警惕，谨防上当，尤其不要被骗子客商虚假的招牌、优惠的条件、对谈判对手资信情况的审查给予的好处所迷惑，使自己误入圈套。

2. 对谈判对手资信情况的审查

对谈判对手资信情况的审查是谈判前准备工作的重要环节，是我们决定谈判的前提条件。谈判主体资格不合格或不具备合同要求的履约能力，那么所签订的协议就是无效的协议，谈判人员就会蒙受损失。对谈判对手资信情况的审查主要包括：对客商合法资格的调查，对谈判对手资本、信用及履约能力的调查，对谈判对手商业信誉情况的审查。

（1）对客商合法资格的调查。作为参加商务谈判的企业组织必须具有法人资格。在民法上，法人作为权利义务的主体，在许多方面享有与自然人相同或类似的权利。比如，它们有自己的名称、自己的营业场所，有拥有财产的权利，有参与各种经济活动的权利，有起诉他人的权利，也可被他人起诉。法人在以自己的名义从事各种经济活动时，要独立承担法律责任。

从法律上讲，法人必须具备三个要件：一是法人必须有自己的组织机构、名称和固定的营业场所，组织机构是决定和执行法人各项事务的主体；二是法人必须有自己的财产，这是法人参加经济活动的物质基础与保证；三是法人必须具有权利能力和行为能力，权利能力是指法人可以享受权利和承担义务，而行为能力则是指法人可以通过自己的行为享有权利和承担义务。满足以上三方面的条件，并在某国进行注册登记，即成为该国的法人。

对于谈判对手的法人资格的审查，可以要求对方提供有关的文件，譬如，法人成立地注册登记证明、法人所属资格证明、营业执照的经营范围等。在取得这些证明文件后，还应通过一定的手段和途径验证其真伪，在确认其资格合法以后，再查清以下几个方面的问题：一是弄清对方法人的组织性质，是股份有限公司、有限责任公司，还是合伙企业，其组织性质不同，所承担的责任不同；二是弄清谈判对手的法定名称、管理中心地址及其主要的营业场所，有些公司注册地点与实际营业场所完全不同，发生纠纷时可能找不到对方的行踪；三是确认其法人的国籍，即其应受哪一国家的法律管辖，发生纠纷时应适用哪一国的法律来解决，因为不同国家的法律，解决问题的方法和结果往往会有很大的差别。

对谈判对手的法人资格的审查还应包括对前来谈判的客商的代表资格或签约资格进行审查。一般来讲，前来洽谈的客商可能是公司的董事长、总经理，但更多情况下则是公司内部的某一部门的负责人，那么就存在一个代表资格或签约资格的问题。事实上，并非一家公司或企业中的任何人都可以代表该公司或企业对外进行谈判和签约。从法律的角度来讲,只有董事长和总经理才能代表其公司或企业对外签约。公司其他人员代表董事长和总经理签约必须有授权书,必须加以验证,否则企业对其工作人员超越授权范围或根本没有授权而对外所应承担的义务是根本不负任何责任的。在国际上经常有某一公司或企业的职员以其公司或企业的名义,到处招摇撞骗,洽谈业务并签订协议,从中谋利,却很少履行协议,因此,在洽谈签约之前,我们一定要求对方出示法定代表资格的文件,如授权书、委托书等证明材料,以证明其确实是合法的代表人。

(2) 对谈判对手资本、信用及履约能力的调查。对谈判对手资本调查主要是审查对方的注册资本、资金状况、收支状况、销售状况、资产负债等有关事件。对方具备了法律意义上的主体资格,并不一定具备很强的行为能力。因此,应该通过公共会计组织审计的年度报告,银行、资信征询机构出具的证明来核实。谈判对方公司的营运状况,主要是指对方公司的经营好坏。即使是一个注册资本很大的股份有限公司,也会由于经营不善,负债累累,濒临破产或实际已破产。根据大多数国家(地区)的公司法和破产法的规定,公司一旦破产,股东对公司的债务承担仅以其持有股票所代表的金额为限,如果股票总额和公司其他财产不足以偿还债务,债权人只能按清算比例收回债权。因此,如果在谈判前不了解对方公司的营运情况,一旦对方公司破产,很可能收不回全部债权。

(3) 对谈判对手商业信誉情况的审查。商业信誉是指在同行业中,由于企业经营管理处于较为优越的地位,能够获得高于一般利润水平的能力而形成的价值。形成商业信誉的主要原因,是企业长期保持优良的商品质量,良好的信誉和周到的服务,著名的商标及牌号,巩固的垄断权力等。

在了解以上信息之后,还要了解谈判对方的真正需求,例如是什么因素构成了对方谈判的动机,对方谈判要达到的目标是什么,对方可能接受的最低条件,对方可能采用的谈判策略以及谈判的诚意等。还要了解对方参加谈判人员的实力,例如,对方谈判小组的决策者和幕后决策者的个性特征,对方谈判小组成员的知识结构,人际交往及谈判的能力,心理素质、性格特征、个人经历、爱好,对方的谈判作风,以往参加谈判的经验及成败记录等。此外还要了解对方谈判的时限,主要指对方所拥有的谈判时间及其谈判的最后期限。最后还要了解对方掌握的信息情况,包括对方拥有的信息和可能掌握的核心机密,对方对我们的了解程度及信任程度等。

综上所述,我们可以看出,在举行国内外技术、商务业务洽谈之前,必须对客商的资格、信誉、注册资本、法定营业地点和谈判人员本人等情况进行审核,并请客商出示公证书来加以证明,这些都是进行谈判的基础,必须予以审查或取得旁证。如果在许多问题尚未弄清楚之前即开始谈判,其结果势必给工作带来麻烦甚至经济损失。

(六) 对谈判人员自身的了解

在谈判前的准备中,不仅要调查分析谈判对手的情况,还应该正确了解和评估谈判人员自身的情况。谈判人员自身的情况,是指谈判人员所代表的组织及本方谈判人员的相关信息,主要包括以下方面。

1. 本方经济实力的评价

本方经济实力主要包括本方产品及服务的市场定位,财务状况,销售情况,企业有形资产和无形资产的价值,企业经营管理的水平及决策的成败记录等。

2. 贸易谈判项目的可行性分析

进行项目可行性分析需要对项目涉及的资金、原材料、技术、管理、销售前景以及对企业综合实力的影响进行全面的评估。

3. 本方贸易谈判的目标定位及相应的策略定位

谈判的目标定位包括最低目标定位和最高目标定位，即预先设定贸易谈判的界点和争取点。本方的谈判方案及相应策略的谋划也需要进行可行性研究分析。

4. 本方贸易谈判人员的实力评价

实力评价的内容包括本方参加谈判人员的知识结构，人际交往及谈判的能力，心理素质，成员之间的熟悉及配合水平，士气状况，以往参加谈判的经验及成败记录等。

5. 本方所拥有的各种相关资料的准备状况

此项内容包括拥有相关资料的齐全程度，特别是对核心情报的把握程度，以及本方谈判人员对资料的熟悉程度，例如哪些资料可以在谈判中作为背景资料提供给对方，哪些资料将在哪些关键场合发挥独特的作用等。此外，了解本方在谈判中所拥有的时间也是相当重要的。

通过以上对谈判双方情况的综合分析，就可以对双方实力加以判定，制定和策划本方的谈判策略，使谈判朝着有利于本方的方向发展。

四、谈判信息资料的处理

对收集来的资料进行分析整理的目的，一是鉴别资料的真实性与可靠性；二是根据资料的情况排序，以制定出具体的谈判方案与对策。对谈判信息资料的处理主要有两个环节：一是资料的整理与分类；二是信息的交流与传递。

（一）资料的整理与分类

（1）对资料的评价。要对收集的资料进行鉴别和分析，应毫不犹豫地舍弃无关的资料，剔除那些不真实的、不能有足够证据证明的、带有较多主观臆断色彩的信息；保存那些可靠的、有可比性的信息，避免造成错误的判断和决策。对需要保存的资料，也要根据其重要性不同，将其分为可立即利用的资料、将来肯定可用上的资料、将来有可能派上用场的资料。

（2）要在已经证明资料可靠性的基础上对资料进行归纳和筛选。资料的筛选可采取：①查重法。剔除重复资料，但是，只要不是完全相同的重要资料，可以保存一部分。②时序法。按时间顺序排列，在同一时期内，较新的取，较旧的舍。③类比法。将信息资料按市场营销业务或空间、地区、产品层次，分类对比，接近实质的保留，否则舍弃。④评估法。对自己所熟悉的业务范围，凭市场资料的题目决定取舍。这种方法需要信息资料收集人员有比较扎实的市场学专业知识。

（3）在筛选的基础上进行分类、保存，这是极其重要的环节，可以说不做好分类、保存，就不可能充分利用资料。可将原始资料按项目、按时间顺序、按问题性质、按问题反映的程度、按资料之间的联系等进行分门别类的排序，以便查找。然后是对资料的保存。把分类好的资料妥善地保存起来，即使是经常使用的资料也不要随便搁放，要与分类相适应，放到专门的资料架或卡片箱中，以便随时查找该类资料或加放同类资料。

（4）在资料的整理分类的基础上，写出背景调查报告。调查报告是调查工作的最终成果，对谈判有直接的指导作用。调查报告要有充足的事实，准确的数据，还要有对谈判工作起指导作用的初步结论。要写好调查报告，就要对整理好的资料做认真的研究分析，从表面现象探求其内在本质，由此问题逻辑推理到彼问题，由感性认识上升到理性认识，然后提出有重要意义的问题。对提出的问题作出正确的判断和结论，并对谈判决策提出有指导意义的意见，供企业领导和谈判人员参考。

（二）信息的交流与传递

为了在谈判中掌握主动权，谈判人员应选择信息的传递方式和恰当地选择传递的时机，实现信息交流和沟通，保持谈判人员与本方的有效联系，最大限度地实现本方的谈判目标。对谈判信息的传递方式的选择既要考虑自身谈判的目的、自身条件和环境影响，又要注意自身条件、环境的变化和对方的变化情况。谈判人员为了减小特定的谈判信息传递方式对自己的不利影响，必须注意观察、收集、识别对方以不同方式作出的反应，根据反馈的信息，敏锐地作出推断，及时修正、调整、变换谈判信息传递方式。谈判信息的传递形式是指谈判人员或者信息机构之间借助口语、手势、文字、形象等进行的信息传递。

信息的传递可分为直接传递、间接传递、暗示传递以及意会传递等方式。

1. 直接传递

直接传递是指谈判人员以语言、文字的形式，在有关的、恰当的场合，明确地提出谈判的条件、要求，阐明谈判的立场、观点，表明自己的意图、态度和打算。直接传递的方式可以通过拜访、洽谈、电话、信函等渠道，还可以通过社交场合，如双方初次相见的谈判场合、宴会厅、群众性集会场合、官方或团体会议场合、单独会见场合、业务洽谈场合等渠道。直接传递具有针对性强、交流手段丰富、信念反馈既快又真实的特点。

2. 间接传递

间接传递是指通过第三者将信息传给对方。间接传递可以借助第三者与对方直接见面的形式，也可以通过大众媒介、广告等形式。间接传递的优点是渠道较多，具有一定试探性，但间接传递的信息内容易失真，反馈易发生中断。无论是直接的谈判信息传递还是间接的谈判信息传递都分公开的和秘密的两个方面。

3. 暗示传递

暗示传递是指谈判人员在有关的、恰当的场合，用含蓄的、间接的方法向对方表示自己的意图、要求、条件和立场等。暗示一般不明确表示自己的意思，而以隐蔽、含蓄的语言或动作情景使人领悟其含义之所在，给人以启示。运用暗示的方法传递信息，可以充分利用人在心理活动中丰富的联想，使被传递者感悟和接受暗示的信息，也可以用特定的暗号，让同伴配合采取某些策略。暗示具有隐蔽性、借代性、便于把握分寸的特点，但反馈易发生中断。所以在此类传递中，有时需采用多次重复传递或多渠道传递，使对方能明白无误地得到传递的信息。

暗示在谈判中具有重要意义。它可以避免不必要的直接对抗，传递出在明示条件下无法传递的谈判信息。这种信息传递方式，既不失自己的身份，又向对方表达了自己的意愿，所以常常在外交或政治谈判中使用，在贸易谈判中，也能达到较好的效果。

4. 意会传递

意会传递是指谈判信息的发出者与谈判信息的接收者早有沟通,早已对信息交流的背景有所了解,早已就信息传递的渠道达成了某种默契,是既不同于明示又不同于暗示的一种特殊的谈判信息传递方式。它是为了避免直接明示或暗示给各自带来的不利影响,同时避免信息泄露而采取的一种较为谨慎的谈判信息的传递方式。

意会在传递谈判信息方面有着特殊的作用,采用意会方式传递,当谈判各方传出或接收的信息彼此矛盾或尖锐对立时,不会在"面子上"引起相互关系的紧张,采用意会方式传递给对方的信息一般都是明白无误的。所以它不同于明示那样直截了当,也不同于暗示那样,因为过于含蓄而产生理解障碍甚至歧义。

但须注意的是,意会也极有可能成为无效的信息传递方式。这主要取决于人们对信息传递后果的理解、体会、推断及社会生活经验,取决于人们对意会的积极或消极态度。如果谈判信息交流的双方能够意会出彼此传递信息的全部含义,而双方或一方预感到后果对自己不利,就可能采取消极的态度不予意会。

信息的传递和信息的收集一样,不但在谈判前要做,而且在谈判进行的整个过程中都要频繁地去做,从某种意义上说,谈判的过程就是互相传递和接收谈判信息的过程。因此,学会信息传递的各种方法与学会信息收集、分析、研究的方法是同样重要的。

信息工作在谈判实践中越来越显示其特定的作用和价值,谈判的各方比以往任何时候都重视信息工作,信息工作中自我信息的保密意识随之在不断增强,辨别对方信息的真伪等方面工作的难度也在不断提升,这就向从事信息工作的人员和参加谈判的人员提出了更高的要求。

正确的信息能帮助谈判人员取胜,错误的信息会使谈判人员陷入被动的局面,而信息的保密工作是谈判双方必须注意的。

另外,还要非常注意本方谈判小组的保密问题,否则它会给企业带来不可逆转的损失。在漫长而艰巨的商谈过程中,可能要涉及许多的人,掌握一些关键性信息的人也难免多起来。而对方的任务则是侦察本方的信息,并利用探得的信息有效地对付本方,他们一定会这样做。如果不采取必要的保密措施,一次气氛融洽的宴会或一次洋溢着热情的谈话都有可能使请客的人或谈话的另一方得到原本不属于他的好处,这就意味着本方的损失。以下是一个严守机密的案例。事情发生在美国一家生产家用厨房用品的工厂及其采购商之间,合同即将签订,一切都仿佛可以顺利进行了。然而有一天工厂接到了采购负责人打来的电话。"真是很遗憾,事情发生了变化,我的老板改了主意,他要和另一家工厂签订合同,如果你们不能把价钱降低10%的话,我认为就为了5%而毁掉我们双方所付出的努力,真是有些不近情理。"工厂方慌了手脚,经营状况不佳,已使他们面临破产的危险,再失去这个客户就像濒于死亡的人又失去了他的救命稻草。他们不知道在电话线的那一方采购负责人正在等着他们来劝说自己不要放弃这笔生意,工厂的主管无可避免地陷入圈套,他问对方能否暂缓与另一家工厂的谈判,给他们时间进行讨论。采购负责人很"仗义"地应允下来,工厂讨论的结果使采购负责人达到了目的,价格被压低10%。要知道这10%的压价并不像采购负责人在电话里说的那样仅仅是10%,它对工厂着实是个不小的数目。如果我们能看清这场交易背后的内幕,就会发现工厂付出的代价原本是不应该的,那么采购方是如何把这笔金额从工厂那里卷走而只留给他们这项损失的呢？事情还要追溯到合同签订的前一个月,工厂的推销员在一次与采购负责人的交谈中无意地给工厂泄了底。他对精明的采购人说他们的工厂正承受着巨大的压力,销售状况不佳,已使他们面临破产。对于推销员的诚实,作为回报,采购负责人并没有寄予同情,而是趁机压榨了一下,因为他已知道工厂在价格问题上不硬。一次不注意的谈话,使工厂被掠走大量利润。所以,讨价还价者们应时刻提醒自己提高警惕,对涉及本方利害关系的信息三缄其口,在这种情况下,如果再能讨得对方的信息,则是上上策了。[①]

作为讨价还价的负责人,应严格控制其成员严守秘密,需要透露的重要信息只能由负责人送往对方。当涉及人员太多,负责人无法监督其成员是否能贯彻保密制度时,保密工作就更为重要了,利益攸关的关键信息只能由几个关键人物掌握。

第三节　方案的准备

为了有效地组织和控制商务谈判活动,使其既有方向,又能灵活地左右复杂的谈判局势,就必须在谈判的准备阶段制订出一套考虑周全的谈判方案。谈判方案是指在谈判开始以前对谈判目标、议程、谈判策略预先所做的安排;是在对谈判信息进行全面分析、研究的基础上,根据双方的实力对比为本次谈判制定的总体设想和具体实施步骤;是指导谈判人员行动的纲领,在整个谈判中起着非常重要的作用。

一、制订商务谈判方案的要求

谈判方案从形式上看,应该是书面的,文字可长可短,可以是长达几十页的正式文件,也可以是短至一张纸的备忘录,具体见表5-2。

制订商务谈判方案的基本要求是：简明、具体、灵活。

(一)简明

简明是以高度概括的文字加以叙述,要尽量使谈判人员在头脑中对谈判问题留下深刻的印象,容易记住其主要内容与基本原则,在谈判中能随时根据方案要求与对方周旋。

(二)具体

具体是指要以谈判的内容为基础,具有可操作性。谈判总目标应该细化成若干个分目标或子目标,即从高处着眼、从低处着手,形成环环相扣、层层相接、首尾呼应的目标体系和策略体系。运用组合策略的优势在于每一步的推进看似简单,不施花招,整体合成起来,却是玄机妙藏,疏而不漏。

(三)灵活

灵活是指在谈判过程中灵活机动地去掌握谈判方案。谈判过程中会发生很多突然的变化,要求谈判人员在复杂多变的情况下取得比较理想的结果,就必须使谈判方案具有一定的灵活性。谈判人员在不违背谈判原则的情况下,视情况变化,在权限允许的范围内灵

---

① 孙庆和,张福春.商务谈判大全[M].北京：企业管理出版社,2000：399-405.

表 5-2　谈判方案（备忘录）

谈判主题：

谈判总目标：_____

谈判标的：　1._____　2._____
　　　　　　　_____　_____

拟谈判期限：从_____年_____月_____日至_____年_____月_____日

谈判的议程：时间安排　　　　　　　　　确定谈判议题

谈判方：

　　　　甲方：_____　_____

　　　　乙方：_____　_____

以前是否有过接触：　　有/无

　　　　　　　姓名　　职务　　　　　　　姓名　　职务

甲方谈判人员：1._____　2._____

　　　　　　　3._____　4._____

乙方谈判人员：1._____　2._____

　　　　　　　3._____　4._____

拟谈判条件及目标：

谈判条件　　本方目标　　　　　　对方目标　　　　相同/相异

　　　　谈判目标　可接受目标　　谈判目标　可接受目标

1._____　_____　_____　_____　_____
　_____　_____　_____　_____　_____

2._____　_____　_____　_____　_____
　_____　_____　_____　_____　_____

3._____　_____　_____　_____　_____
　_____　_____　_____　_____　_____

4._____　_____　_____　_____　_____
　_____　_____　_____　_____　_____

5._____　_____　_____　_____　_____
　_____　_____　_____　_____　_____

法律问题：拟交换的法律文件　　　拟聘请的法律顾问

　　　　1.　　　　　　　　　　　1.

　　　　2.　　　　　　　　　　　2.

备注：

活处理有关问题。这是因为，谈判方案只是谈判单方的主观设想或各方简单磋商的产物，不可能把影响谈判过程的各种随机因素都估计在内，所以，在制订谈判方案时，对可控因素和常规事宜可安排得细些，对无规律可循的事项可安排得粗些，便于在谈判过程中灵活机动地去掌握。例如，谈判目标可以有几个供选择的目标；谈判指标有上下浮动的余地；如果情况变动比较大，原方案不适应，可以实施另一种备用的方案。

二、商务谈判方案的内容

商务谈判方案内容的准备应围绕谈判标的进行,明确谈判标的的技术性能、成本费用、生产规模、市场分布等情况,另外,还要注意对包装、运输、保险有无特殊要求。谈判人员对所磋商的所有交易条件要心中有数,并根据客观情况分析出哪些交易条件易于达成一致意见,哪些条件不容易达成一致意见,进而制订针对性较强的谈判目标。一套完整的谈判方案应该包括:商务谈判目标、商务谈判策略、商务谈判期限和商务谈判议程等要素。

(一)商务谈判目标

商务谈判的主题是谈判活动的中心。依据不同的谈判主题制订不同的商务谈判目标是谈判顺利进行的关键。

商务谈判目标的确定是指制订方案时,对所要达到的结果的设定,即它是谈判人员本次谈判的期望水平。商务谈判目标是指导贸易谈判的核心。在商务谈判的整个过程中,从策略的选择、策略的准备到策略的实施以及一系列其他工作,都是以谈判目标为依据。

商务谈判目标通常可分为三个层次。

1. 最低目标

最低目标是谈判人员在作出让步后必须保证达到的最基本的目标。最低目标是谈判成功的最低界限,即谈判的界点目标,它是一个点。对本方来说,如果达不到这个目标,宁可谈判破裂也不能降低这一标准。因此,最低目标是一个限度目标,是谈判人员必须坚守的最后一道防线。显然,它也是谈判人员最不理想的目标或最不愿意接受的目标。

2. 可以接受的目标

可以接受的目标是谈判人员根据各种主、客观因素,经过对谈判对手的全面估价,对本方利益的全面考虑、科学论证后确定的目标。如果最低目标用一个点来表示的话,可以接受的目标是一个区间范围,本方可努力争取或作出某些让步,经过讨价还价,争取可以接受的目标的实现。可以接受的目标是谈判人员期望实现的目标。

3. 最高期望目标

最高期望目标是对谈判人员最有利的一种理想目标,实现这个目标,将最大化地满足本方利益。当然本方的最高期望目标可能是对方最不愿接受的条件,因此很难得到实现。因而,它一般是可望而不可即的理想目标,很少有实现的可能性。它也是一个点,如果超过这个点,谈判往往要冒着破裂的危险。但是确立最高期望目标是很有必要的,它激励谈判人员尽最大努力去实现高期望值,也可以很清楚地评价出谈判最终结果与最高期望目标存在多大差距。在谈判开始时,以最高期望目标为报价起点,有利于在讨价还价中使本方处于主动地位。

商务谈判目标的确定是一个非常关键的工作,在订立商务谈判目标时应注意几方面的问题。首先,应具有实用性。实用性要求谈判双方根据自身的实力与条件制定切实可行的谈判目标,离开这一点,任何谈判的协议结果都不能实现。其次,应具有合法性。合法性要求制订谈判目标符合一定的法律准则和道德规范。再次,商务谈判目标要有一定弹性,定出最低目标、可以接受的目标和最高期望目标,根据谈判实际情况随机应变、调整目标。另外,最高期望目标不仅有一个,可能同时有几个,在这种情况下就要将各个目标进行排序,抓住最主要的目标努力实现,而其他次要目标可让步,降低要求。最后,本方最低目标要严格保密,除参加谈判的本方人员之外,绝对不可透露给谈判对手,这是商业机密。一旦疏忽大意透露出本方最低目标,就会使对方主动出击,使本方陷于被动。

（二）商务谈判策略

商务谈判目标明确以后,就要拟定实现这些目标所采取的基本途径和策略。商务谈判策略指谈判人员在谈判过程中,为了达到某个预定的近期或远期目标,人为采取的一些行动和方法。

商务谈判策略不是客观的谈判程序,而是针对预期谈判效果采取的进攻或防卫措施;商务谈判策略也不是谈判人员追求的客观条件,而是为达到其谈判目标单方面采取的行动;商务谈判策略的形态千变万化,追求的不是形式而是结果;商务谈判策略是谈判人员智慧的结晶,是他们丰富经验的总结;谈判人员采用这些方法和行动时追求的不是一时一事的公正,而是整个谈判的公正。

运用商务谈判策略,首先应掌握如何选择策略。从商务谈判的过程的运作来看,商务谈判策略很多,如开局策略、报价策略、磋商策略、成交策略、让步策略、打破僵局策略、进攻策略、防守策略、语言策略等。要根据谈判过程可能出现的情况,事先做好准备,做到心中有数,以在谈判中灵活运用各种策略。

（三）商务谈判期限

商务谈判期限关系到谈判的效率,因此谈判方案的制订应对商务谈判期限做一规定。商务谈判期限一般来说是从确定谈判对手并着手进行各种准备开始,至谈判结束的日期。时间的长短主要依据谈判双方时间的充裕程度和正常进行所实际需要的时间来定。

商务谈判的议题时效性很强,特别是时令性商品和季节性产品,如果超过了规定的期限就要受到损失,因此买卖双方在谈判前对谈判的时间要作出精确的计算和安排。

需要注意的是,千万别将本方实际的时间泄露给对方,否则会造成不必要的被动局面。

（四）商务谈判议程

商务谈判议程的安排对谈判双方都非常重要,商务谈判议程安排的本身就是一种谈判策略,必须高度重视这项工作。商务谈判议程一般要说明谈判时间的安排和谈判议题的确定。商务谈判议程包括通则议程和细则议程。

1. 谈判时间的安排

谈判时间的安排即确定谈判在什么时间举行、举行时间的长短。如果谈判需要分阶段还要确定分为几个阶段、每个阶段所花费的大致时间等。谈判时间的安排是议程中的重要环节。

在谈判准备过程中,有无时间限制,对参加谈判的人员造成的心理影响是不同的,如果谈判有严格的时间限制,即要求谈判必须在某短时间内完成,这就会给谈判人员造成很大的心理压力,那么他们就要针对紧张的谈判时间限制来安排谈判人员,选择谈判策略;如果时间安排得很仓促,准备不充分,仓促上阵,会使本方心浮气躁,乱了方寸,不能沉着、冷静地在谈判中实施各种策略;如果时间安排得充裕,不仅会耗费时间和精力,还会增加谈判成本,而且随着时间的流逝,市场和各种环境因素都会发生变化,会错过一些重要的机遇。

谈判中的时间因素还有另一个重要的含义,即谈判人员对时机的选择与把握。常有人会感叹来得早不如来得巧。时机选得好,有利于在谈判中把握主动权。相反,时机选择不当,则会丧失原有的优势,甚至会在一手好牌的情况下最后落得个败局。

(1)谈判议程中的时间策略。第一,合理安排好本方各谈判人员发言的顺序和时间,尤其是关键人物的重要问题的提出,应选择最佳的时机,使本方掌握主动权。当然也要给对方人员足够的时间表达意向和提出问题。第二,对于谈判中双方容易达成一致的议题,应尽量在较短的时间里达成协议,以避免浪费时间和无谓的争辩。第三,对于主要的议题或争执较大的焦点问题,最好安排在总谈判时间的 3/5 之前提出来,这样双方可以充分协商、交换意见,有利于问题的解决。第四,在时间的安排上,要留有机动余地,以防意外情况发生。当然机动时间也不可太多,否则会使谈判进程节奏过于缓慢,显得没有效率。第五,适当安排一些文艺活动,以活跃气氛。文艺活动既可活跃双方气氛、消除疲劳,又可以增进友谊,加强了解,发展关系。但应注意,文艺活动安排得不宜太多,内容不要重复,不能使文艺活动成为疲劳对方,实现其谈判目标或达到其他目的的手段。

(2)在确定谈判时间时注意的问题。第一,谈判准备的程度。俗话说,不打无准备之仗,如果没有做好充分准备,不宜匆匆忙忙开始谈判。第二,谈判人员的身体和情绪状况。参加谈判的人员身体、精神状态对谈判有极大的影响,谈判人员要注意自己的生理时钟和身体状况,避免在身心处于低潮和身体不适时进行谈判,尤其参加谈判的多为中年以上的人,要考虑他们身体状况能否适应较长时间的谈判,如果身体状况或精神状态不太好,可以将一项长时间谈判分割成几个较短时间的阶段谈判。第三,市场的紧迫程度。市场是瞬息万变的,如果所谈项目是季节产品或是时令产品则应抓紧时间谈判,不允许稳坐钓鱼台式的长时间谈判。第四,谈判议题的需要。谈判的议题有不同的类型,对于多项议题的大型谈判,所需时间相对长,应对谈判中的一切可能出现的问题做好准备。对于单项议题的小型谈判,如准备得充分,应速战速决,力争在较短时间内达成一致。第五,谈判对手的情况。谈判是双方的洽谈,对于对手的情况也应充分考虑,只有这样双方才能合作愉快,达成双方满意的协议。

2. 谈判议题的确定

谈判议题就是谈判双方提出和讨论的各种问题。确定谈判议题首先要明确本方要提出哪些问题,要讨论哪些问题。要把所有问题全盘进行比较和分析,哪些问题是主要议题,列入重点讨论范围;哪些问题是非重点问题,列入其次;哪些问题可以忽略;这些问题之间是什么关系,在逻辑上有什么联系;还要预测对方要提出哪些问题,哪些问题是需要本方必须认真对待、全力以赴去解决的,哪些问题是可以根据情况作出让步,哪些问题是可以不予讨论的。

3. 通则议程与细则议程

(1)通则议程。通则议程是谈判双方共同遵照使用的日程安排,可由一方准备,也可双方协商确定,一般要经过双方协商同意后方能正式生效。它包括双方所谈事项的次序和主要方式。在通则议程中,通常应确定以下一些内容:双方谈判讨论的中心议题,尤其是第一阶段谈判的安排;列入谈判范围的各种问题以及问题讨论的先后顺序;谈判总体时间及各分阶段时间的安排；谈判中各种人员的细节安排；谈判地点及招待事宜等。

（2）细则议程。细则议程是谈判本方根据通则议程拟订的对谈判事项涉及的细节安排，供本方自己使用，是本方谈判方案的具体体现，具有保密性。其内容一般包括以下几个方面：对外谈判中口径的统一，如文件资料说明、发言观点、证明材料、提供的证据等；对谈判过程中可能出现的各种情况的对策安排；本方发言的策略，何时提出问题，提什么问题，向何人提问，谁来提问，谁来补充，谁来回答等；谈判人员更换的预先安排；本方谈判时间的策略安排、谈判时间期限。

除了已提到的谈判目标、谈判策略、谈判期限、谈判议程外，谈判方案还应包括确定谈判的班子、谈判的地点、模拟谈判等，这些在后面将做专门的阐述。

关于引进美国 A 公司矿用汽车的谈判方案

谈判背景：

某年我公司曾购买过 A 公司的矿用汽车，经使用性能良好。为适应我矿山技术改造的需要，准备通过谈判再次引进 A 公司矿用汽车及有关部件的生产技术。A 公司代表于 3 月 23 日应邀来我公司洽谈。

谈判主题：

以适当价格谈成 30 台矿用汽车，及有关部件生产的技术引进。

谈判目标的设定：

1. 技术要求

（1）矿用汽车车架运行 15 000 h（小时）不准开裂。

（2）在气温为 40 ℃条件下，矿用汽车发动机停止运转 8 h 以上，在接入 220 V 电源后，发动机能在 30 min 内启动。

（3）矿用汽车的出动率在 85％以上。

2. 试用期考核指标

（1）一台矿用汽车试用 10 个月（包括一个严寒的冬天）。

（2）出动率在 85％以上。

（3）车辆运行 3 750 h，行程 31 250 km。

（4）车辆运输达 312 500 m^3。

3. 技术转让内容和技术转让深度

（1）以购买 30 台车为筹码，A 公司无偿地转让车架、厢斗、举升缸、转向缸、总装调试等技术。

（2）技术文件包括：图纸、工艺卡片、技术标准、零件目录手册、专用工具、专用工装、维修手册等。

4. 价格

（1）该年购买 A 公司矿用汽车，每台 FOB 单价为 23 万美元；现在如果仍能以每台 23 万美元成交，此价格为下限。

（2）自该年开始连续 5 年，按国际市场价格浮动 10％计算，今年成交的可能性价格为 25 万美元，此价格为上限。

小组成员在心理上要做好充分准备,争取价格下限成交,不急于求成;与此同时,在非常困难的情况下,也要坚持不能超过上限达成协议。

谈判程序:

第一阶段:就车架、厢斗、举升缸、转向缸、总装调试等技术附件展开洽谈。

第二阶段:价格洽谈。

第三阶段:商订合同条文、合同签字。

日程安排(进度):

拟谈判期限从 3 月 24 日到 3 月 27 日。

3 月 24 日上午 9:00—12:00,下午 2:00—6:00 为第一阶段;

3 月 25 日至 3 月 26 日上午 9:00—12:00,下午 2:00—8:00 为第二阶段;

3 月 27 日上午 9:00—12:00,下午 2:00—6:00 为第三阶段。

谈判地点:

第一、二阶段的谈判安排在公司第一洽谈室。

第三阶段的谈判安排在华富宫大饭店二楼会议厅。

谈判人员的分工:

主谈:王钢——为我谈判小组总代表,负责主要的谈判任务。

副主谈:张继——为主谈提供建议或见机而谈。

成员:徐冰——负责谈判中技术方面条款的记录及技术支持。

成员:李文——负责分析对方动向、意图,提供信息支持及财务方面条款的记录。

成员:赵钢——负责分析对方动向、意图,提供信息支持及法律方面条款的记录,完成合同条款的起草和订稿工作。

翻译:韩芳芳——为谈判主谈、副主谈担任翻译,并留心对方的反应情况,协助完成合同条款的翻译工作。

矿用汽车引进谈判小组

××××年 3 月 13 日

资料来源:徐春林.商务谈判[M].2 版.重庆:重庆大学出版社,2007:81.

第四节 其他准备

一、商务谈判地点的选择

谈判总要在某一个具体的地点展开。商务谈判地点的选择往往涉及一个谈判的环境心理因素的问题,它对于谈判效果具有一定的影响,谈判人员应当很好地加以理解运用。有利的地点、场所能够提高与增强本方的谈判地位和谈判力量。

商务谈判的地点选择与足球比赛的赛场安排比较相似,一般有四种选择方案:一是在本方地点谈判(主座);二是在对方地点谈判(客座);三是在双方所在地交叉谈判(主客座轮流);四是在第三地谈判(主客场地以外)。不同地点均有其各自的优点和缺点,需要谈判人员充分利用地点的优势,促使谈判成功。

（一）在本方地点谈判（主座）

谈判最好选择在本方地点进行,因为人类是一种具有"领域感的"动物,其才华的发挥与能量的释放与所处的环境密切相关。

在本方地点谈判,对本方的有利因素表现在:谈判人员在自己领地谈判,地点熟悉,具有安全感,心理态势较好,信心十足;谈判人员不需要耗费精力去适应新的地理环境、社会环境和人文环境,可以把精力集中地用于谈判;在谈判中"台上"人员与"台下"人员的沟通联系比较方便,可以随时向高层领导和有关专家请教,获取所需资料和指示;作为东道主,可以通过安排谈判之余的各种活动来掌握谈判进程,从文化习惯上、心理上对对方产生潜移默化的影响,处理各类谈判事务比较主动;谈判人员免去车马劳顿,可以以饱满的精神和充沛的体力去参加谈判,并可以节省去外地谈判的差旅费用和旅途时间,降低谈判成本,提高经济效益。

在本方地点谈判,对本方的不利因素表现在:在本方谈判,身在公司所在地,不易与公司工作彻底脱钩,公司事务经常会分散谈判人员的注意力;离高层领导近,联系方便,会产生依赖心理,一些问题不能自主决断,而频繁地请示领导也会造成失误和被动;本方作为东道主要负责安排谈判会场以及谈判中的各项事宜,以及对客方人员的接待工作,安排宴请、游览等活动,所以本方负担比较重。

商务谈判活动最好争取安排在本方地点,犹如体育比赛在本方场地举行获胜的可能就大。有经验的谈判人员,都设法把对方请到本方地点,热情款待,使自己得到更多的利益。日本与澳大利亚的煤铁谈判就是很好的例证。日本的钢铁和煤炭资源短缺,渴望购买煤和铁。澳大利亚盛产煤和铁,并且在国际贸易中不愁找不到买主。按理来说,日本人的谈判地位不如澳大利亚。但是,聪明的日本人把澳大利亚的谈判人员请到日本去谈生意。澳大利亚人一般都比较谨慎,讲究礼仪,而不会过分侵犯东道主的权益。澳大利亚人到了日本,日本方面和澳大利亚方面在谈判桌上的相互地位就发生了显著的变化。澳大利亚人过惯了富裕的舒畅生活,他们的谈判代表到了日本之后没几天,就急于想回到故乡别墅的游泳池、海滨和妻儿身旁去,在谈判桌上常常表现出急躁的情绪,作为东道主的日本谈判代表不慌不忙地讨价还价,他们掌握了谈判桌上的主动权,结果日本方面仅仅花费了少量款待做"鱼饵",就钓到了"大鱼",取得了大量谈判桌上难以获得的东西。

（二）在对方地点谈判（客座）

在对方地点谈判,对本方的有利因素表现在:本方谈判人员远离家乡,可以全身心投入谈判,避免主场谈判时来自工作单位和家庭事务等方面的干扰;在高层领导规定的范围,更有利于发挥谈判人员的主观能动性,降低谈判人员的依赖性;可以实地考察对方公司的产品情况,获取直接信息资料;本方省去了作为东道主所必须承担的招待宾客、布置场所、安排活动等项事务性的工作。

在对方地点谈判,对本方的不利因素表现在:与公司本部相距遥远,某些信息的传递、资料的获取比较困难,某些重要问题也不易及时磋商;谈判人员对当地环境、气候、风俗、饮食等方面会出现不适应,再加上旅途劳累、时差不适应等因素,会使谈判人员身体状况受到不利影响;在谈判场所的安排、谈判日程的安排等方面处于被动地位,本方也要防止对方过多安排旅游景点等活动而消磨谈判人员的精力和时间。因此到对方地点去谈判必须做好充分的准备,比如摸清领导的意图和要求,明确谈判目标,准备充足的信息资料,组织好班子等。

(三)在双方所在地交叉谈判(主客座轮流)

有些多轮大型谈判可在双方所在地交叉谈判。这种谈判的好处是对双方都是公平的,也可以各自考察对方实际情况,各自都扮演东道主和客人的角色,对增进双方相互了解、融洽感情是有好处的。它的缺点是时间长、费用大、精力耗费大,如果不是大型的谈判或是必须采用这种方法谈判,应少用。

(四)在第三地谈判(主客场地以外)

在第三地谈判,对双方的有利因素表现在:在双方所在地之外的地点谈判,对双方来讲是平等的,不存在偏向,双方均无东道主优势,也无作客他乡的劣势,策略运用的条件相当。

在第三地谈判,对双方的不利因素表现在:双方首先要为谈判地点的确定而谈判,而且地点的确定要使双方都满意也不是一件容易的事,在这方面要花费不少时间和精力。在第三地谈判通常被相互关系不融洽、信任程度不高的谈判双方所选用。

二、商务谈判场所的选择与布置

商务谈判场所的选择和布置对谈判有很大的影响,好的场所可以提高谈判的效率,特别是谈判场所布置得好坏,可以直接影响谈判人员才智的发挥。应警惕一些不太道德的商人利用场所搞一些阴谋诡计。

(一)商务谈判场所的选择

商务谈判场所的选择应该满足以下几方面要求:

在交通、通信方便,便于有关人员来往,便于满足双方通信要求的地方,便于双方与总部联系;

宽敞、舒适,具有良好的通风和采光条件;

布置得幽雅、舒适,具有较高的文化品位;

相对安静,避免外界干扰;

配备必要的办公设施(如计算机、打字机、投影仪、录像设备等),便于双方人员及时处理文件。

(二)商务谈判场所的布置

商务谈判场所的布置主要包括座位的安排与必要的谈判设备,如计算机、打字机、投影仪、录像设备等的准备。对于特别重要的谈判,还需准备双方国旗和签字用具,以备举行签字仪式时用。场所的布置对大型谈判来说是很重要的,不容忽视。

1. 商务谈判座位安排

谈判场所的布置及座位的安排是检验谈判人员素质的标准之一,谈判场所的布置往往是给客人的第一印象,有些商人会根据谈判场所的布置状况去判断主方对本次谈判的重视程度和诚意,所以谈判场所的布置与座位的安排,有时还可能影响谈判的成败。

商务谈判中,一般宾主双方相对而坐,各自的组织成员坐在主谈者两侧,以便交换意见,加强团结的力量。谈判桌的形状多种多样,长方桌、圆形桌、椭圆桌均有。商务谈判通常用长方形的条桌,其座位安排基本如图 5-1、图 5-2 所示。

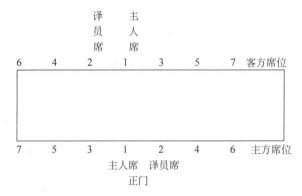

图 5-1　谈判人员座位安排(一)

根据图 5-1,若以正门为准,主人应坐在背门一侧,客人则面向正门而坐,其中主谈人或负责人居中,我国及多数国家习惯把译员安排在主谈人的右侧即第二个席位上,但也有少数国家让译员坐在后面或左侧,遇到这种情况,悉听主人安排,一般靠近主谈的位置为上座。

根据图 5-2,若谈判长桌一端向着正门,则以入门的方向为准,右为客方,左为主方。其座位号的安排也是以主谈者(即首席)的右边为偶数,左边为奇数,即"以右边为大"。

若是没有条桌,也可用圆桌或方桌,其座位安排方法如图 5-3 所示。

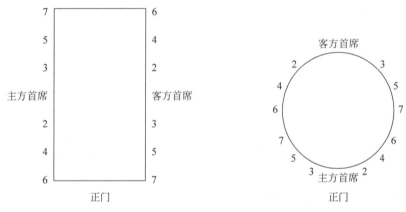

图 5-2　谈判人员座位安排(二)　　　图 5-3　谈判人员座位安排(三)

以上座位安排法,目前在国际上已基本通用,适用于比较正规、严肃的谈判。我们在安排座位时也应该尽可能地遵照这一通例。它的好处是双方相对而坐,中间有桌子相隔,有利于己方信息的保密,一方谈判人员相互接近,便于商谈和交流意见,也可形成心理上的安全感和凝聚力。它的不利之处在于人为地造成双方对立感,容易形成紧张、呆滞的谈判气氛,对融洽双方关系有不利的影响,需要运用语言、表情等手段缓和这种紧张对立气氛。

为了接待工作的方便,客方应将参加谈判人员的名单、职务等告之主方。作为主方,在会场要安排足够的座位,必要时准备好麦克风,事先放置好中外文座位卡等。在作为客方参加谈判时应注意有些不太道德的人员有时会利用座位的安排去影响对方才智的充分发挥,对此,我们也应提高警惕。例如,坐在对着太阳的一侧,让强烈的太阳光直射着,谈判人员不仅不能有效地观察对方的表情,以窥测对方的思路,反而会因强烈的阳光刺激而心情烦躁,从而影响其才智的发挥。如果座席面对没有窗帘的窗户,窗外紧靠街道,繁杂的环境,就会影响谈判人员思路的集中。凡此种种,均会影响到谈判人员水平的充分发挥。所以如果遇到对方故意施行上述行为,应毫不留情地提出,要求其马上采取措施予以补救。

2. 签字仪式的各项准备及程序

一般来讲,签字仪式都是在国家与国家之间就政治、经济、军事、文化等某一领域内的相互关系达成协议时举行的仪式。国与国之间经济业务部门签订专业性协议,一般不举行签字仪式,不过若是有必要的话,也是可以举行签字仪式的。

(1)签字仪式准备工作及程序。第一,准备好签字文本的定稿、翻译、校对、印刷、装订、盖火漆印等项工作,同时准备好双方的国旗、签字用的文具等物品,并布置好签字厅等。第二,双方参加人员进入签字厅,待签字人入座时,其他人员分宾主按身份顺序排列于各自的签字人座位之后入座。双方的助签人分别站在各自签字人的外侧,协助翻揭文本,指明签字处。第三,先由双方签字人在本国保存的文本上签字,由双方助签人负责传递交换相互文本,再由双方签字人在对方保存的文本上签字,然后由双方签字人交换文本,相互握手以表示诚意和祝贺。第四,签字完毕后,通常备有酒精含量低的酒水,由参加签字的全体人员举杯庆贺,祝贺完毕退场。

(2)各国举行的签字仪式的种类。各国举行的签字仪式不尽相同,主要有以下三种。

第一,国际通行的签字仪式,通常是在签字厅内设置一张长桌作为签字桌,桌面上覆盖深绿色台呢,桌后放两把椅子为双方签字人员的座位,客右主左。双方座前摆着各自保存的文本,上端分别放置签字文具,中间设一旗架,悬挂双方的国旗,如图5-4所示。

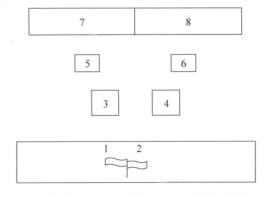

1. 客方国旗； 2. 主方国旗； 3. 客方签字人席位；
4. 主方签字人席位； 5. 客方助签人位置； 6. 主方助签人位置；
7. 客方参加签字仪式的人员席位； 8. 主方参加签字仪式的人员席位

图5-4　签字仪式的布置(一)

第二，有些国家设置两张方桌作为签字桌，双方签字人员各坐一桌，双方的国旗分别用旗架悬挂在各自的签字桌上，参加仪式的人员坐在签字桌的对面，如图 5-5 所示。

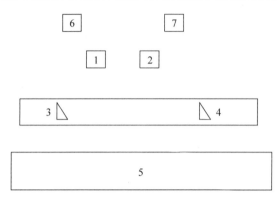

1. 客方签字人席位； 2. 主方签字人席位；
3. 客方国旗； 4. 主方国旗；
5. 双方参加签字人员的席位；
6. 客方助签人位置；
7. 主方助签人位置

图 5-5　签字仪式的布置（二）

第三，有的国家虽也是安排一张长方桌为签字桌，但双方参加仪式的人员坐在签字桌前方两旁，双方国旗悬挂在签字桌的后面，如图 5-6 所示。

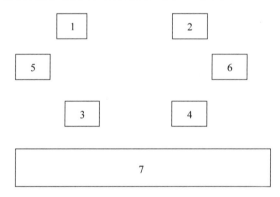

1. 客方国旗； 2. 主方国旗； 3. 客方签字人席位；
4. 主方签字人席位； 5. 客方助签人位置； 6. 主方助签人位置；
7. 双方参加签字仪式的人员席位

图 5-6　签字仪式的布置（三）

（3）在举行签字仪式中，应注意国旗的悬挂方法：第一，以旗本身面向为准，右挂客方国旗，左挂东道国国旗。第二，国旗不能倒挂，同时有些国家由于文字和图案的原因，也不能竖挂或反挂，且国旗均宜以正面（即旗套在旗的右方）面向观众，不能用反面。第三，各国国旗图案、式样、颜色比例均由本国宪法规定，故必须尊重，但是，若并排悬挂不同比例的国旗，可将其中一面略放大或缩小，以使旗的面积大致相同。

总之，谈判场景的选择和布置要服从谈判的需要，要根据谈判的性质、特点，根据双方之间的关系、谈判策略的要求而决定。

三、模拟谈判

在正式谈判开始前,虽然我们尽力收集了与谈判有关的各方面信息资料,在此基础之上拟订了详细的谈判方案,并进行了人员的准备,选择了相关的谈判策略,但这还不够,要保证谈判成功,常常需要采取模拟谈判的方法来改进和完善谈判的准备工作,检查方案可能存在的漏洞,尤其对一些重要的、难度较大的谈判,更显必要。

模拟谈判是贸易谈判准备工作的重要组成部分。所谓模拟谈判,就是将谈判小组成员一分为二,或在谈判小组之外,再建一个实力相当的谈判小组,由一方实施本方的谈判方案,另一方以对手的立场、观点和谈判作风为依据,进行实战操练。谈判人员预先搞"角色扮演"不是一两次,而是多次。利用不同的人扮演对手这个角色,提出各种他所能想象的问题,让这些问题来难为自己,在为难之中,做好一切准备工作。美国著名律师劳埃德·保罗·斯特莱克(Lloyd Paul Stryker)在他的《辩护的艺术》一书中谈过这一方法的好处。他说:"我常常扮作证人,让助手对我反复盘问,要他尽可能驳倒我,这是极好的练习,就在这种排演中,我常常会发现自己准备得还不够理想。于是我们就来研讨出现的失误及其原因。然后,我和助手互相换个角色,由我去盘问他。就这样,新的主意逐渐形成。"

(一)模拟谈判的作用

模拟谈判的作用主要表现在以下几个方面:

谈判人员获得一次临场的操练的实践,经过操练达到磨合队伍,锻炼和提高本方协同作战能力的目的;

在模拟谈判中,相互扮演角色会暴露本方的弱点和一些可能被忽视的问题,使谈判人员及时找到出现失误的环节及原因,使谈判的准备工作更具有针对性;

在找到问题的基础上,及时修改和完善原定的方案,使其更具实用性和有效性;

通过模拟谈判,谈判人员在相互扮演中找到自己充当角色的真实感觉,可以训练和提高谈判人员的应变能力,为临场发挥做好心理准备。

总之,模拟谈判是一种无须担心失败的尝试。模拟谈判可以开阔人们的视野,有可能将预演中的弱点变为真实谈判中的强点。通过总结不但可以完善本方的谈判方案,还可以在无敌意心态的条件下,从对方的角度进行一番思考,从而丰富本方在消除双方分歧方面的建设性思路,有助于寻找到解决双方难题的途径。

(二)模拟谈判的主要任务

模拟谈判的主要任务如下。

(1)检验本方谈判的各项准备工作是否到位,谈判各项安排是否妥当,谈判的计划方案是否合理。

(2)寻找被本方忽略的环节,发现本方的优势和劣势,从而明确如何加强和发挥优势、弥补或掩盖劣势的策略。

(3)准备各种应变对策,在模拟谈判中,须对各种可能发生的变化进行预测,并在此基础上制定各种相应的对策。

(4)在以上工作的基础上,设计出谈判小组合作的最佳组合及其策略等。

另外，模拟谈判还有一些具体的问题也需要确定，例如，确定暗号，贸易谈判是协同作战，需要参与谈判的成员之间密切地配合，随时进行必要的交流。但是，在谈判中，有些话很难当着谈判对手的面直接说，因此，谈判成员之间有必要事先商定一些暗号。模拟谈判可以采取多种形式，如分组辩论式、戏剧式、沙龙式等。

当然，并非每一次谈判前都需要模拟谈判，这要根据谈判议题的复杂程度、谈判人员的经验能力和对对手的了解情况而做灵活适当的准备。

（三）模拟谈判的方法

1. 全景模拟法

全景模拟是指在想象谈判全过程的前提下，企业有关人员扮成不同的角色所进行的实战性的排练。这是最复杂、耗资最大但也往往是最有成效的模拟谈判方法。这种方法一般适用于大型的、复杂的、关系到企业重大利益的谈判。在采用全景模拟法时，应注意以下两点：①合理地想象谈判的全过程。②尽可能地扮演谈判中所有会出现的人物。这一方面是指对谈判中可能会出现的人物都应有所考虑，要指派合适的人员对这些人物的行为和作用加以模仿；另一方面是指主谈人（或其他在谈判中准备起重要作用的人员）应扮演一下谈判中的每一个角色，包括自己、本方的顾问、对手和他的顾问。这种对人物行为、决策、思考方法的模仿，能使我方对谈判中可能会遇到的问题、人物有所预见；同时，处在别人的地位上进行思考，有助于我方制定更加完善的策略。

2. 讨论会模拟法

这种方法类似于"头脑风暴法"，分为两步：①企业组织参加谈判的人员和一些其他相关人员召开讨论会，请他们根据自己的经验，对企业在本次谈判中谋求的利益、对方的基本目标、对方可能采取的策略、我方的对策等问题畅所欲言。②请人针对谈判中种种可能发生的情况、对方可能提出的问题等提出疑问，由谈判小组成员一一加以解答。讨论会模拟法特别欢迎反对意见。这些意见有助于本方重新审核拟订谈判方案，从多角度和多种标准来评价方案的科学性和可行性，不断完善准备的内容，提高成功的概率。

3. 列表模拟法

这是一种最简单的模拟方法，一般适用于小型的、常规性的谈判。其操作过程是：通过对应表格的形式，在表格的一方列出我方经济、科技、人员、策略等方面的缺点和对方的目标及策略。另一方则相应地罗列出我方针对这些问题在谈判中所应采取的措施，这种模拟方法最大的缺陷在于它实际上还是谈判人员的一种主观产物。

（四）模拟谈判时应注意的问题

模拟谈判的效果如何，直接关系到企业在谈判中的实际表现，必须注意以下问题。

1. 科学地作出假设

模拟谈判实际就是提出各种假设情况，然后针对这些假设，制定出一系列对策、采取一定措施的过程。因而，假设是模拟谈判的前提，又是模拟谈判的基础。假设在谈判中包含的内容，有三个方面：一是对客观环境的假设；二是对自身的假设；三是对对方的假设。为了确保假设的科学性，首先，应该让具有丰富谈判经验的人提出假设；其次，假设的情况必须以事实为基础，所依据的事实越多、越全面，假设的精确度也越高；最后，我们应该认识到，再高明的谈判也不是全部假设在谈判中都会出现的，它带有偶然性。

2. 选择好参加模拟谈判的人员

模拟谈判需要三种人员：一是知识型人员。他们是理论与实践相对完美的结合,他们能从科学性的角度去研究谈判中的问题。二是预见型人员。他们能够根据事物的变化发展规律,加上自己的业务经验,准确地推断出事物发展的方向,对谈判中出现的问题相当敏感,往往能对谈判的进程提出独到的见解。三是求实型人员。这种人员有着强烈的脚踏实地的工作作风,考虑问题客观、周密,不凭主观印象代替客观事实,一切以事实为出发点;对模拟谈判中的各种假设条件都小心求证、力求准确。另外,参加模拟谈判的人员还应有较强的角色扮演能力。

3. 模拟谈判结束后要及时进行总结

模拟谈判的目的是发现问题、弥补不足、完善方案。所以,在模拟谈判告一段落后,必须及时、认真地总结经验,以便为真正的谈判奠定良好的基础。

本章小结

本章着重介绍了国际商务谈判各方面的准备,包括国际商务谈判环境的调查、信息的准备、方案的准备、地点的选择、场所的选择与布置、模拟谈判等。谈判准备工作的充分与否将直接影响谈判的效果,为了成功地进行商务谈判,必须充分做好谈判前的各项准备工作。商务谈判的准备工作,是保证谈判具有效果的基础。

重要概念

商业习惯　社会习俗　市场信息　贸易客商的类型　皮包商　商务谈判策略
模拟谈判　全景模拟法　讨论会模拟法　列表模拟法

本章思考题

1. 商务谈判的准备工作包括哪些方面?

2. 谈判信息在商务谈判中的作用有哪些?

3. 在商务谈判中如何收集、整理和评价谈判信息?

4. 如何确定谈判的目标? 商务谈判目标分为哪几个层次?

5. 谈判人员面对各类客商应注意哪些问题?

6. 什么样的客商具备合法谈判资格? 请写出基本条件。

7. 谈判人员的个人素质包括哪几个方面?

8. 谈判小组的人员构成应遵循哪些原则? 谈判小组负责人应具备哪些条件?

9. 谈判通则议程与细则议程有何异同点?

10. 选择谈判的时间和地点应考虑哪些问题?

11. 模拟谈判的关键是什么？如何开展模拟谈判？

12. 请你设计一份商务谈判方案。

13. 如果现有五人组成谈判班子，请你安排人员及各自职责。

14. 完成以下模拟谈判"丁苯橡胶交易的谈判"：

买方背景：韩国晓星公司是韩国名列前茅的大型综合企业集团，化工产品是其经营的项目之一。丁苯橡胶是其经营产品中的一项，而且不是自用，主要利用其资金优势买进后再卖给韩国轮胎公司，作为其生产轮胎用的原料之一。该公司来中国较早，对中国市场比较熟悉。

卖方背景：中国山东齐鲁石化工程有限公司是中国大型石化公司，通过技术引进，装备了先进、高效的石油加工设备。该企业受到政府的关注与支持。由于是一个新型的石化公司，其各方面均具有活力，在国内、国际市场十分引人瞩目。丁苯橡胶仅是其众多产品系列中的一个品种，由于该产品市场广阔，其对韩国市场也十分关注。

标　　的：买方采购2 000吨丁苯橡胶（生产轮胎用）。丁苯橡胶系轮胎、胶鞋等橡胶制品的增塑剂。

客户关系：买方与卖家关系不错，彼此都具有信誉。买方已买过卖家中方公司的产品，用的效果很好并根据中方材料调整轮胎生产工艺。买方已通过电传、电话与中方交流价格条件，中方对980美元/吨成交价已有意成交，才邀请中方代表来汉城（今首尔）谈判，以便再压卖方降价。

　　　　　卖方去年曾出口韩国晓星公司，成交价C&F、托盘包装、釜山港、1 250美元/吨。中方生产量较大，希望在韩国扩大市场。中方已与买方在电传、电话上进行了初步谈判，对C&F 980美元/吨的成交价表示可以接受，感到有希望成交，就接受了买方邀请，派人去汉城谈判签约。

市场背景：对买方而言，买价相比南非、哥伦比亚、比利时等国的价是优惠的。去年买价为C&F釜山港、托盘包装1 250美元/吨。今年市场价平均在1 000美元/吨。韩国晓星公司的最终用户生产轮胎用量不小，因此丁苯橡胶用量大幅增加。过去从欧洲、南美等地采购较多，计划开辟第二供货商。中国山东齐鲁石化系生产该类产品的公司，从第一批供货看产品质量不错，价格也便宜，考虑可作为新的供货商。

　　　　　对卖方而言，今年市场价在下跌，平均价在C&F 1 000美元/吨左右。在韩国市场的主要竞争对手有南非、哥伦比亚、比利时等国，但其价均比中方价格高。

谈判阶段：技术交流已完成，双方达成一致。价格解释与评论已做，进入讨价还价阶段。

谈判目标：买方争取以尽可能比市场价低的价成交，在980美元/吨成交价的基础上能压低再压低，但不能丢掉合同。

　　　　　卖方在电传、电话上达成的意向，以不低于C&F 980美元/吨的价格成交。

谈判地点/时间：韩国汉城买方公司，9月。

要求模拟：围绕谈判组织（人员配置与角色分工）、谈判方案的准备、信息的准备、谈判主持等展开。

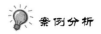 案例分析

一次成功的公司内部谈判

曼梯是一家生产成套办公设备的中型企业,在主管产品设计的副总经理琼斯主持下,研制出新型的"500系列"成套办公设备。它的最大转速为1 300转/时,为将其输出能力提高1倍,琼斯的设计班子继而探寻转速达2 600转/时的新设计方案。

然而,公司的总经理却不愿等待下去,断然决定迅速将"500系列"推向市场行销。琼斯不同意这种做法,但又无可奈何,于是在执行指令时向总经理提出了先决条件——面市的"500系列"必须明确规定"最高转速不得超过1 300转/时"。

其实,琼斯公开提出先决条件,骨子里是担心索·帕克的为人,想防患于未然。而索·帕克自当上副总经理后更想出人头地,必欲使销售部门的成交最大化,根本不考虑由此而给其他部门带来的麻烦。果然,这次他接手"500系列"销售,所做的第一件事情就是对"先决条件"阳奉阴违,规定手下推销员不要对用户说明新产品的限速,声称"充分发挥新产品的潜能,是赢得市场竞争的最佳策略"。

索·帕克得逞了,新产品销售一路看好,但用户根本不知道产品的额定工作能力,便让它超速运转,导致故障频频发生。

琼斯在指导维修时知道了内情,掌握了索·帕克要弄的手法,恼恨索·帕克的伎俩既会断送"500系列",又会损害设计部门的声誉和自己的研发事业。于是一场激烈的唇枪舌剑之战不可避免地爆发了。

总经理郑重地约见了琼斯和索·帕克,但只对两人意味深长地说了一句话:"对于'500系列'销售中出现的问题,我请求你们两位自行解决。"两人当场约定一星期后举行谈判。

一星期"场外准备",两人表现截然不同。情绪型的索·帕克大肆收集"赢牌"——客户对"500系列"超速运转性能良好的表扬信,选择最佳时机在谈判桌上毫不客气地亮出来,一举击败琼斯。

理智型的琼斯却一开始就不愿意大张旗鼓地收集对方的短处,而是先冷静地回顾技术与销售两个部门以往的关系、有过的龃龉以及自己应负的责任。接着他又对自己的行为和情感做了反省。此番省悟使琼斯最终选定了维护自尊的办法:与索·帕克达成一项不只对一个部门有利的协议,并使总经理相信这项协议兼顾了公司短期效益和长期增值的需要。为顺利地与索·帕克达成谈判协议,琼斯随即做了缜密的准备。

他立刻找来自己的副手哈利,指示他全面了解销售情况和用户使用产品的反馈,并让哈利调查索·帕克与用户的往来关系,统计报修率等。当哈利完成这些工作,琼斯就将本部门的骨干召集起来,一起研究哈利搞来的那些资料,他们对这个问题进行"即兴讨论",虽说有些建议不着边际,但琼斯已渐渐构想起一套计划来。他写出计划草稿,由哈利作为帕克的替身,由哈利提出他们认为帕克可能会作出的各种反应,由他们一一作出应答。会后,琼斯继续为这次改判做了扎实的准备,他冷静思考了有关的各种假设——他自己的假设和对帕克经理的假设。经过一番推敲,他发现其中至少有三个假设是成问题的。他假设,销售部帕克经理感兴趣的只是向手下的人员灌输最能蛊惑人心的销售神话。可是这

符合事实吗？他又发现,他对谈判的准备都建立在这样一个假设之下,"500系列"以更高的速度运转是不可靠的。的确,以这样的速度运转(机器)设备有时会出毛病,但没有得到进一步的情况汇报,他不能如此轻率地作出此种假设。

把自己的假设仔细梳理一番后,琼斯还要预料帕克可能据以行动的各项假设。据他看来,帕克可能认为技术部门对本公司的销售业务的来龙去脉和存在的问题毫不关心,一无所知,帕克还可能认为,注重理论的设计人员对目前"500系列"的实际应用情况不甚了解,而他负责的那个部门是处于"第一线"的。他们掌握着更确凿的情况;帕克可能还认为,琼斯经理就想迫使推销人员强调设备的能力极限,而且他将会全力对这一要求进行辩驳。

对各种情况做了全盘考虑,这时琼斯经理就筹措了针对这些情况的应对措施。

接着琼斯经理又考虑到了帕克的一些心理活动:首先,他想保住自己的职位而且他想往公司上层发展,和大部分干销售的人一样,帕克很爱合群,他很想讨人喜欢。琼斯必须承认帕克几次主动向他们发出午餐和其他活动的邀请是为了增进同琼斯及其下属的友好关系,帕克的言行是一致的。其次,帕克对自己的职位和能力颇感自豪,他的办公室里挂着各种不同的证书和奖状,只要有人注意到这些,他就会扬扬自得、喜不自胜。这就是帕克的全部需要吗？经过一番思考,琼斯认为还不止这些,帕克是个很实际的人,颇想得人赏识,他内心有着一股冲劲,要把销售部门的工作干得出类拔萃,人们都说他是一个主动进取的人。这次谈判的任何决策,都必须考虑到帕克的自尊感。

帕克不仅力求与琼斯及其助手们交往,而且力求了解他们的成绩或可能使他在别的公司角逐中占上风的事,他尊重知识,尊重不同意见,懂得如何正确提问,也懂得如何听对方回答。总之,要把所能收集到的"赢牌"全都握在手中,以求不间断地把握态势。做完这些工作之后,琼斯便制定谈判对策。他把制胜策略集中在暗度陈仓的基点上——以规定最高转速的备忘录为栈道,在是否遵守"限速"上发起佯攻,引诱索·帕克倾力争夺,一旦他深入明修的栈道中,就暗度陈仓,隐蔽地实现谈判目标。

一星期后,琼斯、索·帕克率领各自的班子,在谈判桌前相向而坐。琼斯抢先拍马叫阵:"帕克,我翻阅了'500系列'投放市场前彼此交换的备忘录。我们技术部门一清二楚地申明:此种产品的最高转速不得超过1 300转/时,你们销售部门当时并无异议。然而这些写在备忘录上的约定没有被遵守,是不是？"琼斯不露声色地放出了诱饵。

索·帕克笑了笑:"那些备忘录的内容我是知道的。你们技术部门不是一直在改进'500系列'吗？据我所知,琼斯,你不是表示用不了多久,它的额定工作能力就可以大幅度提高吗？"

琼斯见帕克迎着自己提出的问题接谈,不由得心中一喜,趁势把他往栈道的深处引:"帕克,你说的不假。但我们并没有讲定在什么时候可以提高产品的额定工作能力。现在的事实是,我们不能保证'500系列'在超时速下正常运转,可你的人员却怂恿用户做超时速运转……"

帕克急忙打断说:"我们销售部门没有去怂恿主顾做超时速使用,我的人员建议客户们使用'500系列'的最佳转速是1 300转/时。"琼斯见帕克咬紧诱饵,就不紧不慢地收线了。他说:"规定是规定,建议是建议,如果对'500系列'的转速不做严格控制,再说别的什么,不过是装装样子而已。"

"装装样子? 你是说我的人员没有如实向客户介绍公司产品? 琼斯,你最好拿出证据来!"帕克不知中计,反倒迫使对手亮出手中的牌。

琼斯见谈判已陷进自己明修的栈道上交锋,便从容不迫地按预定计划控制"温度",不使交锋白热化。他故意将手中握着的确凿证据深藏不露,让引兵来守的帕克再忙乱一阵。琼斯于是笑了笑说:"嗯,证据并不很重要,但销售一种很可能在运转中发生故障的设备,帕克,难道你不觉得有危险吗? 难道你不担心销路和公司的声誉吗?"

索·帕克顺手推过一个胀鼓鼓的文件夹,胸有成竹地说:"琼斯,里面都是客户的来信,他们证明'500 系列'高速运转根本没有岔子,你最好仔细看看。"

琼斯不屑一顾地说:"这些表示赞扬的信,都是客户主动写来的吗?"

"你说的'主动'是什么意思? 当然,我曾派人去客户那里检查设备的使用情况。但是,我们没有硬要客户做什么。"索·帕克一字一板地说。

"没有?"琼斯狡黠地一笑,俯身低声说,"要是我告诉你,有些客户向我们抱怨'500 系列'不能以更高的速度运转,你又怎样解释呢?"

"你背着销售部门收集材料,破坏我们与客户的良好关系,如果我的话没有说错,你搜集了客户的不满意见,你收到了这样的信,是吗?"索·帕克失去反击的气势,开始退守了。

琼斯摇摇头说:"可是,你得承认,技术部门有可能收到客户不满的信。如果考虑到这一点,那么这些文件夹中的东西还有什么意义呢? 不过证明你收集了一包专讲好话的纸片而已。"

索·帕克笑了笑,表示和解地说:"好吧,我同意放弃这些捧场的信,不过,你得看其中有意义的东西,比如销售统计和推销计划。要知道,琼斯,你不可能中断我们的顺利推销,总经理不会允许。"

索·帕克亮出了最后一张赢牌。

琼斯知道这是帕克使自己立于不败之地的一张王牌,现在把它打出来,正说明帕克在后继的谈判中只有招架之功没有还手之力,这正是暗度陈仓的最好时机,他说:"我并不想中断你们顺利进行的推销计划,何况你的人并非只是急功近利。我的部门开发产品,你的部门销售产品,假如能够携手合作,双方的工作都会干得更出色。"琼斯向预定目标悄悄行进了一小步。

"如果与你们合作意味着我们的推销必须束手脚,那双方又怎么能合作呢?"索·帕克很是谨慎地反问道。

"完全不是这个意思。首先,我不再坚持限制客户的转速,不强调'500 系列'的额定工作能力。我建议,你不妨告诉客户,1 300 转/时是'500 系列'绝对保证的工作质量,但它的转速是大有潜力可挖的。这样做不会使你的推销自缚手脚吧?"琼斯用设身处地为索·帕克着想的口吻说道。

索·帕克注意到琼斯提出了"绝对保证的工作质量"的新说法,一时弄不清他的言外之意。

琼斯继续说:"我希望把一切都告诉客户,并对客户说明若与曼梯合作,曼梯将提供价格优惠,比如高速使用'500 系列',而且把运转情况告诉曼梯,将得回扣。为了支持你们这样做,我保证,凡是与曼梯合作的客户都能迅速更换损坏的部件,使他们避免机器故障而影响工作,这不是无形中改善了你们跟客户的关系吗？最后,也是最重要的,你在产品的改进上发挥了作用,这样,你在曼梯、在本行业的声望能不提高吗?"琼斯说罢看着索·帕克。

索·帕克沉吟一刻便说:"我承认会得到你说的好处。可是,你别想隐瞒你自己想得到的好处！首先,你没有让步；其次,我的推销员把发现的情况反馈给你,使你们部门研制新产品有了主动权；还有,你能迅速掌握来自第一线的实情。"

琼斯不露声色地坐着,静静地听索·帕克说。

索·帕克最后说:"好吧,我同意合作。"

资料来源：王超.谈判分析学[M].北京：中国对外经济贸易出版社,1999.

问题：

1. 琼斯经理的成功之处在哪儿？

2. 由此案例论述谈判前准备工作的重要性。

3. 琼斯为什么在谈判中能够应付自如,始终把握谈判的主动权？

4. 琼斯经理是如何举行模拟谈判的？举行模拟谈判的目的是什么？

即测即练

第六章　国际商务谈判的过程

本章学习目标

在谈判的双方做好充分准备以后,谈判的行为主体就可以按双方约定的时间、地点进行正式谈判,正式谈判是能否达成双方协议的重要阶段。

由于谈判人员的心理素质、性格、观念等特点,以及谈判涉及的方方面面的可控因素和不可控因素的影响,谈判过程中都会出现许多令人意想不到的情况。在这种变幻莫测、干扰纷呈的情况下,要想维持谈判的正常进行,就必须随时根据谈判的议程,从一开始就厘清头绪、纠正偏差,注意把握谈判的正确方向,按照谈判的正常程序,一步一步地谈下去。

国际商务谈判从正式开局到达成协议,其过程虽然错综复杂、变化不定,但大体上,也有一定的谈判程序,商务谈判的过程可以划分为开局、磋商和成交三个阶段。本章主要的学习目标是了解各阶段的任务。

第一节　国际商务谈判的开局阶段

所谓开局,就是指一场谈判开始时,谈判各方间的寒暄和表态。

俗话说"万事开头难","良好的开端,是成功的一半"。在国际商务谈判中,由于谈判开局是双方刚开始接触的阶段,是谈判的开端,谈判人员彼此不了解,对谈判尚无实际的感性认识,各项工作又千头万绪,往往拿不准该谈些什么,容易出现停顿和冷场,双方都感到有点紧张。这时最好通过双方的寒暄来缓解紧张的气氛。对整场谈判而言,开局是至关重要的,谈判开局气氛对整个谈判过程起着相当重要的制约作用。它不仅决定着双方在谈判中的力量对比,决定着双方在谈判中采取的态度和方式,同时也决定着双方对谈判局面的控制,进而决定着谈判的结果,所以应该研究谈判的开局,把握、控制谈判的局势。

开局阶段的具体目标是在建立轻松、诚挚气氛的基础上,力求继续巩固和发展已经建立起来的和谐气氛,并在进入实质性谈判前,双方就谈判程序及态度、意图等取得一致或交换一下意见。此外还要摸清对方的真正需要,尽快掌握对方有关谈判的经验、技巧、谈判作风方面的信息,以及使用的谈判谋略等,特别应注意摸清对方对要成交买卖的期望值的大致轮廓,做到心中有数。在开局阶段,主要有三项基本任务:营造良好的谈判气氛、交换意见、开场陈述。

一、营造良好的谈判气氛

国际商务谈判开局气氛是由参与谈判的所有谈判人员的情绪、态度与行为共同创造的，任何谈判个体的情绪、态度与行为都可以影响或改变谈判开局气氛；与此同时，任何谈判个体的情绪、思维都会受到谈判开局气氛的影响，呈现出不同的状态。可以说，哪一方如果控制了谈判开局气氛，那么，在某种程度上就等于控制住了谈判对手。

（一）营造谈判气氛的作用

国际商务谈判一般都是互惠式谈判，成熟的谈判人员都会努力寻求互利互惠的最佳结果。良好的气氛具有众多的良好效应，具体有以下五点。

（1）为即将开始的谈判奠定良好的基础。

（2）传达友好合作的信息。

（3）减少对方的防范情绪。

（4）有利于协调双方的思想和行动。

（5）显示谈判人员的文化修养和谈判诚意等。

以上要点说明谈判之初建立一种和谐、融洽、合作的谈判气氛无疑是非常重要的。如果谈判一开始形成了良好的气氛，双方就容易沟通、便于协商，所以谈判人员都愿意在一个良好的气氛中进行谈判。如果谈判一开始双方就怒气冲天，见面时拒绝握手，甚至拒绝坐在一张谈判桌上，则整个谈判过程无疑会蒙上一层阴影。

例如，1954年在日内瓦谈判越南问题时，曾经发生过美国国务卿杜勒斯不准美国代表团成员与周总理率领的中国代表团成员握手的事情。尼克松为挽回面子，在1972年第一次访问中国下飞机时，要警卫人员把守机舱门，不让其他人下来，以便突出他一下飞机就主动地伸出手来和周总理握手的场面。握手的动作持续的时间不过几秒钟，却给这次谈判创造了一个良好的开端。

相反，两伊战争后举行的两伊外长谈判，双方就拒绝握手，开始时甚至拒绝面对面地谈判，有关的谈判内容都由联合国秘书长来回转达，这样的谈判气氛，能谈出什么样的结果是可想而知的。

（二）影响谈判开局气氛的因素

万事开头难，谈判开局气氛的形成影响着谈判全过程。良好的谈判气氛一般在谈判开始的瞬间就形成了。影响谈判开局气氛的主要因素有以下两个。

1. 谈判双方的关系和实力

（1）谈判双方的关系，主要有以下几种情况。

第一，双方过去有过业务往来，且关系很好。这种情况下，开局的基调就应该突出热烈、友好与真诚，开局时双方可以畅谈双方友好的合作关系，谈判的气氛应比较放松、亲切。在寒暄后，可以马上切入实质性谈判。在话语表述上应比较轻松，可以这样表述，"我相信通过这次交易，我们的合作会更稳固、更愉快"。

第二，双方过去有过业务往来，且关系一般。开局就要争取创造一个比较和谐、友好的气氛，应轻松、随和、有节制。在寒暄后，可以切入实质性谈判，但话语要缓和，比如可以说，"我们希望通过这次交易把我们双方的关系推进到一个新的高度"。

第三,双方过去有过业务往来,但曾有印象不佳的交往。开局时则应采取严肃、凝重的气氛,语言在讲礼貌的同时宜突出严谨甚至冷峻,姿态上注意与对方保持距离。在寒暄后,切入实质性谈判时,可以这样表述,"过去我们的合作有遗憾,那次让我们共同努力,争取好的结果"。

第四,双方过去没有任何往来,是第一次接触。这种情况下,在开局时就应力争营造友好、真诚的气氛,淡化和消除双方的陌生感以及防备心理。在礼貌友好的同时又不失身份,不卑不亢,自信不傲。在寒暄后,切入实质性谈判时,可以这样表述,"希望我们的第一次合作通过双方的努力,创造圆满的结果"。

(2)谈判双方的实力对比,有以下几种情况。

第一,双方谈判实力相当。在这种情况下,为了防止一开始就强化对手的戒备心理或激起对方的对立情绪,仍然要力求创造一种友好、轻松、和谐的气氛。本方谈判人员在语言和姿态上要做到轻松又不失严谨、礼貌又不失自信、热情又不失沉稳。

第二,本方谈判实力明显强于对方。在开局阶段,在语言和姿态上,既要充分显示出本方的自信和气势,又要表现得礼貌友好,不至于将对方吓跑。

第三,本方谈判实力弱于对方。在开局阶段,在语言和姿态上,既要表示出友好、积极合作,也要充满自信,举止沉稳,谈吐大方,使对方不能轻视我们。

总之,要正确估计自己的实力,运用正确的方法达到自己的目标。

2. 行为和语言

行为和语言对开局良好气氛的形成起着重要的作用,可以概括为无声因素和有声因素。

(1)无声因素。无声因素主要是指国际商务谈判人员的仪表、仪态和各种无声语言表达出的风度和气质。

第一,服饰。服饰因素指不同的谈判场合由于谈判人员穿着的服饰不同,表现出的结果是否与整个环境匹配,从而影响到谈判的气氛。这正如意大利明星索菲亚·罗兰(Sophia Loren)所说:"你的衣服往往表明你是哪一类的人,它们代表着你的个性,一个和你会面的人往往自觉不自觉地根据你的衣着来判断你的为人。"这也可以说明为什么很多正式场所都明文规定"衣冠不整者,谢绝入内",在服饰仪表上,要求谈判人员塑造符合自己身份的形象,与正规谈判场合不协调的衣着服饰不仅会破坏严肃的谈判气氛,还会使谈判人员受到轻视,因此,谈判人员的服饰应该做到美观、大方、整洁。但由于经济状况和文化习俗的差异,各国、各地区、各民族的衡量标准不尽相同,也应视具体情况而定。

第二,目光。一个人对谈判气氛的形成所产生的影响并非一定表现为明显的言和行。一个眼神,一束目光,一个微小的动作,都可能反映出本质的东西。古语说的"眉目传情,暗送秋波",就不是很大的动作。"眼睛是心灵的窗户",就是说人的心理变化会通过目光表示出来,那么通过对目光变化的捕捉,就可窥探其心理状况。如果谈判人员进入会场时径直、大方,并以开诚布公、善意友好的姿态出现在对方面前,特别是他的目光非常可信、可亲和自信,那么就会向谈判对手传递出诚挚、合作、轻松、认真的信号,消除与对手之间无形的隔阂,建立一种融洽的气氛。西方心理学家认为谈判双方第一次目光对接交流意义最大,对手是活泼还是凝重、是诚实还是狡猾,一眼就可以看出来。谈判人员由此所获取的信息必然对谈判气氛产生深刻影响。

第三，动作和手势。谈判是人们一种人际交往、相互交流、沟通的形式，是谈判双方相互传递某种信息的过程。谈判开始，双方走进洽谈室，礼节、仪表、座位、手势、坐姿等，都在传递着某种特定信息，从而使谈判人员产生某种预感：可能成功、可能失败、可能很棘手。这种预感是人受到外界信号的刺激而由潜意识接受下来并进行"翻译"的。这种"翻译"的结果可能是正确的，也可能是错误的。因此，谈判人员应对传递不同信号的身体语言事先有所研究，掌握它们究竟会对谈判气氛有何影响，而不能轻举妄动。

(2) 有声因素。有声因素是指谈判双方见面时相互介绍、寒暄、交谈一些题外话时向对方所传递的信息，这也是影响谈判气氛的一个重要方面。

有经验的双方谈判人员在见面之初，通常就要抓住时机，通过双方相互介绍、彼此寒暄、交流感情，建立良好的气氛。语言传递的效果是不一样的，为什么同一句话出自不同人的口效果不一样，给人留下不同的感觉？原因就在于言谈中的语气、语调。一般来讲，去声让人感到生硬、不快；平声使人感到和蔼亲切。因此，若双方要建立一个良好、和谐的气氛，就要注意语声、语调。通过语言的交流使对方感到亲切、自然、确有诚意，这样有助于缩短双方的距离，创造融洽的谈判氛围。

谈判双方在彼此介绍、寒暄之后，一般也不是马上进入谈判正题。经验丰富的谈判人员总是选择一些与正题不相干的中性话题，如讨论当天的天气情况、最近的体育新闻、文娱消息或者谈及当今的世界大事和社会新闻，也有人谈论个人爱好，或双方共有的经历，但注意不要涉及个人的隐私，应努力寻找共同语言，为下一步切入谈判主题做好充分的准备。

由于谈判结果的不可预测性、谈判过程的错综复杂，谈判双方在开始就怀着谨慎的心理，从各个角度观察对手，从见面一开始，就注意对对手发出的信息在心里做分析、评价、判断，这样做的目的是很明确的，就是试图通过沟通感情，创造融洽、和谐的谈判气氛。如果双方感情尚未沟通、气氛未有融洽就贸然进入正题，必然使对方感到过于严肃，防范心理油然而生，气氛势必紧张起来。结果往往是针锋相对、互不相让，开始时的友好气氛也会化为乌有。因此，谈判人员一开始在这些方面就要花费一些时间，利用有声、无声信息的传递来影响谈判气氛，促使谈判气氛朝着有利于本方的方向发展。

例如，东南亚 A 企业与日本 B 企业谈判代理商协议。经过几轮洽谈，双方都没有成交。在最后的磋商中，A 企业代表发现 B 企业代表沏茶、闻茶、饮茶、赏茶等有比较强的仪式感，于是他问道："从贵方代表的品茶礼仪看，您对茶道知识十分精通，可以为我们介绍一下吗？"这个话题恰巧激发了客户的兴趣所在，引起了对方的共鸣。结果，双方后续的谈判进展就比较顺利，A 企业成功取得了 B 企业的地区代理权。这个案例说明，如果谈判人员选择恰当的话题作为突破口，使双方谈判能够在积极、融洽的氛围下顺利进行，那么一些难题就会不攻自破，比较圆满地达成协议。

(三) 国际商务谈判开局气氛的营造

营造谈判气氛十分重要，高明的谈判人员通常都将创造良好的开局气氛列为首要任务。在谈判过程中，气氛会有所发展，但谈判开局是关键的。人是谈判的主体，每个谈判人员都应该在创造气氛的过程中发挥自己的主观能动作用，积极主动地去创造和谐气氛。如果出现不利于谈判的气氛，应该想一定对策将之扭转，向好的方面转化，使之有利于协调双方的思想和行动。经验证明,在非实质性谈判阶段所创造的气氛会对谈判的全过程产生重要影响。因此,谈判人员要在谈判开始前建立一种合作的气氛,有一个顺利的开端,为双方融洽的工作奠定良好的基础。在国际商务谈判的实践中,每一次谈判都因谈判内容、形式、地点的不同,而有其独特的气氛。谈判气氛主要有以下几种类型。

1. 积极友好、和谐融洽的谈判气氛

这种气氛使谈判双方都能采取积极主动的态度,有利于双方朝着友好合作的方向发展。谈判人员在这种气氛下,心情较为轻松愉快,谈判态度真诚,语气热情,彼此都能谅解对方的需要,有种立场相近的感觉,对达成协议充满信心,并常伴有活跃、幽默的语句来调节。因此,这种气氛能够促进谈判合同的早日签订,多数谈判人员喜欢在这种气氛下进行谈判,这种气氛可用于本方处于劣势的情形。

2. 平淡、自然的谈判气氛

这种谈判气氛既不热烈,也不紧张,谈判人员情绪都比较平静、自然。谈判各方都未刻意去营造某种气氛,多数的谈判都是从这种气氛中开始的。在这种气氛下所传递的有声、无声信息一般都比较准确、真实,因此,有利于了解对手的情况。它适用于对谈判对手知之甚少且双方势均力敌的情形。建立这种谈判气氛要注意提出问题应自然、得体,不可过早与对手因某一问题发生争执。

3. 消极、冷淡、紧张的谈判气氛

这种谈判气氛会对谈判对手造成强大的心理压力,迫使对方作出妥协让步。谈判人员运用正面对抗或冲突的方式,采用强硬的手段给对手施加压力,以实现本方的谈判目标。在这种气氛下,谈判人员的表情、语气、语调、姿势、动作都表现出对立,整个谈判局面呈现一触即发的状态,这种气氛有时可用于我方处于优势的谈判情形,但如何运用,必须深思熟虑。

总之,每一场谈判都有它特殊的气氛,并非一成不变,甚至可随着谈判进行过程的需要改变谈判气氛。关键在于,谈判人员应根据本方的需要来建立一种有利于本方的谈判气氛。某种谈判气氛可以在不知不觉中使谈判朝某个方向推进。谈判气氛会影响谈判人员的心理、情绪和感觉,谈判人员应很好地研究、分析谈判每一种类型的特点,掌握其运用方法,并结合本方的谈判目标灵活运用。

为了创造和谐的气氛,应该做到以下几点。

1. 开场白的节奏适当

应该清楚,开场白阶段实际上是过渡阶段,有人将这个阶段称为"破冰"阶段。"破冰"阶段是良好谈判气氛形成的重要环节,如果掌握得好,谈判全过程就会进行得比较顺利。至于"破冰"阶段谈什么内容,应是有利于谈判顺利进行的话题。

由于本阶段正式谈判即将举行,双方都会感到紧张,随便闲聊,可以调整双方关系,营造融洽和谐的气氛。开场白阶段不要冷场或停顿,从而减缓随之而来的谈判速度。同时,开场白不宜讲得太快、慌慌张张,或是滔滔不绝,否则同样都是不妙的开端。谈判需要的是既轻松而又高效率的谈判气氛。

2. 动作自然得体,讲究表情语言

由于各国、各地区、各民族文化习俗的不同,对各种动作的反应或见仁见智,或大相径庭。比如,初次见面握手时稍微用力,有的外宾认为这是友好的表示,会产生一种亲近感;而有的外宾则会觉得对方是在故弄玄虚、有意谄媚,因此,厌恶之感会油然而起。谈判人员应事先了解对方的背景与性格特点,区别不同的情况,采取不同的做法。谈判人员是信心十足还是满腹狐疑,是轻松愉快还是紧张呆滞,这都可以通过表情流露出来;是诚实还是狡猾,是活泼还是凝重,也都可以通过眼神表示出来。谈判人员应该时刻注意自己的表情,通过表情和眼神表示出友好、合作的愿望。

3. 破题引人入胜

如果说开局是形成谈判气氛的关键阶段,那么,破题可以算作关键中的关键因素。开局阶段的任务并不仅仅是为以后的会谈创造良好的气氛,还应该通过对对方的观察,了解对方的性格、态度、意向、风格、经验等。了解对方的目的在于制定相应的策略,为进一步谈判创造有利条件。例如,一位谈判人员,在开局之初他或是瞻前顾后、优柔寡断,或是锋芒毕露、赤膊上阵,我们就可以断定,这是一个初出茅庐者;相反,如果对方在开局期间从容自若、侃侃而谈,设法调动我方的谈判兴趣,消除我方疑虑,或是旁敲侧击,想方设法探测我方实力、意向,那么,我们由此就可以断定,这是一位行家里手。双方都要通过破题来表明自己的观点和立场,也都要通过破题来了解对方。由于谈判即将开始,心情难免有些紧张,因此出现张口结舌、言不由衷或盲目迎合对方的现象,这对下面的正式交谈是十分不利的。为了避免这种现象发生,应该事先做好充分准备,有备而来,才能做到从容不迫、游刃有余。

每一场谈判都有它特殊的气氛,同时会随着谈判进程的推进而发生变化,良好的气氛不一定是热烈的、积极的、友好的,它主要服务于本方的谈判方针、策略,服务于本方的目标。对于谈判人员来说,关键问题是应根据本方的谈判目标去营造对本方有利的谈判气氛。例如,通过称赞对方来削弱对方的心理防线,从而焕发出对方的谈判热情,调动对方的情绪,营造积极、和谐和融洽的气氛,或者是诱发对方产生消极情感,致使一种低沉、严肃的气氛笼罩在谈判开始阶段。

总之,谈判开局气氛是出现于谈判开局阶段的气象或情势,如果谈判情势比较热烈,谈判双方情绪积极、态度主动,和谐因素主导谈判开局气氛,那么,谈判对手往往只注意到他自己的有利方面,而且对谈判前景的看法也倾向于乐观,这种积极气氛就可以促进协议的达成。

二、交换意见

在建立了良好的谈判气氛之后,双方谈判人员就会进入正题,在进入实质性谈判之前,谈判双方应通过各种方式充分交换意见,达成一致。交换意见主要是双方谈判通则的协商。

谈判通则在谈判前双方就已经交流过,双方定好了的,但在谈判开始前,仍有必要确认,以求取得双方的一致认识。所谓谈判通则是指谈判的计划、议程,对谈判进程的控制、准备工作以及双方的预备会议和整个谈判的进度等问题。英国谈判专家斯科特把它总结为"4P":目标(purpose)、计划(plan)、进度(pace)、个人(personalities)。

目标是说明为了什么问题要坐在一起谈判。为了探寻对方的需要和利益所在,以及发现共同获利的可能性,因此提出一些依据或阐明一些问题,目的是达成具体的或原则协议,认可已谈成的协议,检查计划的进度,解决有争议的问题。

计划是指谈判的议程安排表,其内容包括需要讨论的议题,以及双方必须遵守的有关规程、原则和纪律等。

进度是指双方谈判的进度,或是谈判前预计的谈判进度。

个人是指每个谈判小组的单个成员的情况,包括姓名、业务头衔及其在谈判中的地位和作用。

双方关于"4P"最为理想的交流方式,是以轻松、愉快的语气,先讨论双方容易达成一致意见的话题。只要把对方肯定会同意的事情用"贵方是否同意"来发问即可。如:"我们是否就程序取得了一致意见""是的,我同意"等。这些话从表面上看,好像无足轻重、分量不大,但这些要求往往最容易引起对方肯定的答复,因此比较容易创造一种"一致"的感觉。如果对方急于求成,一开局就喋喋不休地大谈实质性问题,我方应巧妙地避开对方肯定的答复,把对方引到谈判目的、议程上来。例如:对方一开始就说:"来,咱们雷厉风行,先谈价格条款。"我方可以接口应道:"好,马上谈,不过咱们先把会谈的程序和进度统一下来,这样谈起来效率会更高。"这也是防止谈判因彼此追求的目标相去甚远而在开局之初就陷入僵局的有效策略。

三、开场陈述

在进入实质性的谈判之前,根据情况可以主动向对方表明本方意图,也可以在对方表明意图之后,我方作出反应。

开场陈述是指在开始阶段双方就本次洽谈的内容,陈述各自的观点、立场及建议。它的任务是让双方能把本次谈判所要涉及的内容全部提示出来;同时,使双方了解彼此对本次谈判内容所持有的立场与观点,并在此基础上,就一些原则性分歧分别发表建设性意见或倡议。

（一）开场陈述的内容

开场陈述时,由于在开局阶段,故而内容不可过于繁杂,而应简明扼要,避免让对方知道我方底细。若是口头表达,语气应真诚友好,语句应清楚明了,以利于对方粗略地了解我方此行谈判的目的要领,避免以后的谈判过程中在枝节上浪费太多的时间。

开场陈述通常包括以下内容。

（1）本方对这次谈判的看法,申明本方认为通过这次谈判主要应解决的问题。

（2）申明通过这次贸易谈判,本方希望获得的利益。

（3）申明本方的首要利益,即这次谈判中哪些条款对本方来讲是至关重要、难以变更的,比如商品质量、款式、规格、价格、数量或是运输方式、付款方式等。

（4）本方通过对各种资料的分析、考察,作出考虑,在此基础上,本方可以运用哪些方式,为双方共同达到目标、实现利益分享做出努力。

（5）申明本方在此次谈判中的立场、坚持的原则、本方的商业信誉度,并对双方合作可能出现的良好前景或可能发生的障碍作出推测。

例如,我国某出口公司的一位经理在同东南亚某国商人洽谈大米出口交易时开场陈述做得很好。开局是这样表达的："诸位先生，首先让我向几位介绍一下我方对这笔大米交易的看法。我们对这笔出口买卖很感兴趣，我们希望贵方能够现汇支付。不瞒贵方说，我方已收到了某国其他几位买方的递盘。因此，现在的问题只是时间，我们希望贵方能认真考虑我方的要求，尽快决定这笔买卖的取舍。当然我们双方是老朋友了，彼此有着很愉快的合作经历，希望这次洽谈会进一步加深双方的友谊。这就是我方的基本想法。我把话讲清楚了吗？"

短短的一段话，就将本方的立场、观点、双方的利益所在、面临的问题、合作的前景都阐述得一清二楚、层次分明，使对方一下子就可以明了本方此行谈判的意图。

（二）开场陈述的表达方式

开场陈述应慎重、字斟句酌，根据具体场合、情况，采用不同的方式表达。具体来讲其可归结为以下几种。

从表达方式所产生的效果看，其可以分为明示和暗示两种。

明示指我方以明确的方式表明本方在贸易谈判中的立场、观点、原则和利益要求等，在国际商务谈判中，这些通常都是通过明示的方式表达出来的。

暗示是指我方采取比较含蓄、间接的方式来表明我方在国际商务谈判中有关问题的立场、观点及利益要求等。这主要是针对谈判对手在某些问题上态度不明朗，为了给双方更大的空间而采取的方式。例如，"关于我方价格的优惠程度，那就要看贵方订购的数量多少和交货期了"。

从表达形式看，其可以分为：书面形式；书面表达，并做口头补充；单纯以口头方式表达。

（1）书面形式。以书面形式完整地表明本方意图，不做口头补充。这通常说明本方的意图是明确的、终局的、不容讨价还价的，对方除了接受或拒绝之外没有进行迂回的余地。这种表达方式主要是由于国家宏观政策、法律、法规等因素的约束，而必须遵守的结果。例如，国家公共设施的工程招标文件，有关工程的质量、材料、结构、完工期限等都不容许磋商。

（2）书面表达，并做口头补充。这种方式有利于本方对文字表述中一些重要的问题做更详细的说明，也有利于帮助对方对条文中一些难懂的问题做更清楚的解释。由于这种表明本方意图的方式仍然侧重于书面，因此，它比较适用于双方争夺的利益不大的情形。在国际商务谈判实务中，这种方式应用得较广泛。

（3）单纯以口头方式表达。这种方式主要应用在开局阶段，没有任何书面文件，只在口头上表明我方谈判意图。可以进一步通过磋商、接触，逐步摸清对方的意图，再作出相应的允诺、承担义务。面对面的口头陈述，实际上也是双方交流感情的过程，谈判人员可利用这种感情因素来陈述与强调本方的谈判条件和要求，有时会使对方不好意思提出异议。在聆听对方陈述时，通过察言观色，可以更多地了解对方的真实意图与所抱态度，为本方在谈判的磋商中提供有用信息。这种方式的优点是双方协商的空间较大，因而也就比较灵活，而且可以利用语气、语调中的情感因素来影响对方。不过，采取这种方式，要注意避免口头陈述时，在表情、动作、神态等方面暴露了我方的商谈机密，同时也要注意避免语言、语气使用不当引起误解。

开场陈述的方式可以用图 6-1 来说明。

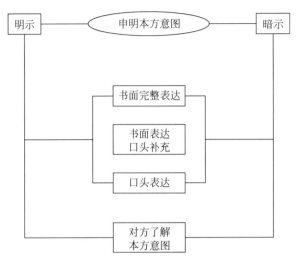

图 6-1 开场陈述的方式

（三）开场陈述应注意的问题

在开场陈述中，必须把本方对本次谈判涉及的内容所持有的观点、立场和建议向对方作出一个基本的陈述。因此，所采用的陈述方法往往是"横向铺开"，而不是"纵向深入"地就某个问题深谈下去。在陈述中要给对方充分弄清我方意图的机会，然后听取对方的全面陈述并弄清对方的意图，还应注意以下六点：

不要让谈判漫无边际地东拉西扯，而应明确所有要谈的内容，把握要点；

不要把精力只集中在一个问题上，而应把每一个问题都讲清楚，使双方都能明确各自的立场；

不要忙于承担义务，而应为谈判留有充分的余地；

不要只注意眼前利益，要注意到目前的合同与其他合同的内容联系；

无论心里如何考虑，都要表现得镇定自若；

要随时注意纠正对方的某些概念性错误，不要只对本方不利时才去纠正。

（四）了解对方意图

在开场陈述阶段，还必须了解对方意图，也可以说是探测对方底细。通过我们与对方的接触、面对面的交锋，可以更准确、深入地了解对手的性格、态度、意愿、风格及生活阅历和谈判经验等，以便影响谈判进程，掌握和运用谈判谋略和策略。

1. 了解对方意图的方法

了解对方意图可以通过察言观色的方式来完成。察言观色，是对一个人行为动作、言谈举止、外表特征进行观察、了解，并进行分析、综合、判断的过程。我们为什么说了解一个人要察其言、观其行呢？因为人的言和行，往往反映了一个人的本质特征。人有的行为可以伪装，甚至可以巧言令色，但一些本质的东西是不能伪装的，也是掩盖不了的。一个经验丰富的谈判家，会通过对对手进行一系列的察言观色，作出分析、判断，从而了解对手经验的多寡、风格如何及更深层的东西。

2. 了解对方意图的主要内容

（1）了解谈判对手对谈判议题的看法。国际商务谈判双方所处的地位、立场、利益需要都会存在差异，那么，对同一个问题必然有自己的观点。例如，在西方，市场对火鸡的巨大需求主要是在圣诞节期间，因此大宗火鸡如果错过了圣诞节之前的交货期，销量必然受到影响；在不把圣诞节作为传统节日的国家（地区），如果迟延交货，影响就不会那么大。

（2）了解对手谈判的诚意。国际商务谈判中，谈判对手千差万别，不能排除有些资信较差的外商进行恶意磋商，他们的目的可能只是通过谈判刺探我方的商业情报，而没有签约的意图，或者想通过接触了解我方是否能够给他们带来最大利益，而在签约时退却，在谈判过程中我方所付出的缔约成本就不会获得回报。

（3）了解对手的利益目标。为了了解对手的谈判意图、掌握对手的利益目标，要通过开局，分析对手的假象和伪装，捕捉和观察出对方的内心世界，了解对方通过谈判急于要解决什么问题，或是对方实力上的虚弱点。例如，对方真正关心的是运输包装还是销售包装。因此，谈判人员必须认真分析、辨别，以免落入圈套。

双方建立良好的气氛、申明本方的意图、了解对方的意图之后，就进入谈判磋商阶段。

第二节　国际商务谈判的磋商阶段

谈判的磋商阶段，即实质性谈判阶段，是指谈判开局以后到谈判终局之前，谈判双方就实质性事项进行磋商的全过程，这是谈判的中心环节。

谈判的磋商阶段也就是谈判的实践阶段，这不仅是谈判主体间的实力、智力和技术的具体较量阶段，而且是谈判主体间求同存异、合作、谅解、让步、妥协的阶段。在谈判的磋商阶段，双方开始真正根据对方在谈判中的行为，调整本方的谈判策略，修改谈判目标，从而逐步确立谈判协议的基本框架。

在谈判的磋商阶段，谈判各方都有其从谈判中获利的目标，而达到目标就要依靠谈判人员正确、灵活、有效地运用智慧、策略、技巧和手段来获得谈判的成功，最重要的是能够创造一种有利于谈判合作与竞争的良好气氛。有了轻松良好的气氛，就给谈判的顺利进行创造了积极和谐的条件。国际商务谈判磋商阶段在程序上包括：明示与报价，讨价，还价，交锋与评估，妥协。

一、明示与报价

（一）明示

1. 明示的内容

明示的内容也就是摆出问题，谈判双方的需求和利益不同，必然产生一些不同的意见和看法。明智的谈判人员应当尽早把问题提出来，以求早日和彻底解决。

一般而言，谈判双方包含四类主要问题：本方需求、对方需求、双方互相的需求以及表面上看不出来的内蕴需求。谈判人员既要追求自己的需求与目标,又要适当考虑对方的需求与目标,这是谈判的关键所在。因此,双方应当心平气和地对这些问题进行探讨。当然,这样做要注意两点:一是清楚对方的真正需求,二是双方有合作的诚意。

例如,有一家日本公司想要在中国投资加工乌龙茶,然后返销日本。日本公司与我国福建省一家公司进行了接触,双方互派代表就投资问题进行了谈判。谈判一开始,日方代表就问道:"贵公司的实力到底如何我们还不十分了解,能否请您向我们介绍一下,以增加我方进行合作的信心。"中方代表回答道:"不知贵方所指的实力包括哪几方面,但有一点我可以明确地告诉您,造飞机我们肯定不行,但是制茶我们是内行,我们的制茶技术是世界一流的。福建有着丰富的茶叶资源,我公司可以说是'近水楼台'。贵公司如果与我们合作的话,肯定会比与其他公司合作更满意。"

这里采用的策略没有违反商务谈判的道德原则,即以诚信为本。向对方传递的信息可以是模糊信息,但不能是虚假信息。否则,会让自己陷入非常难堪的局面之中。

2. 明示信息的传播途径

在明示阶段,双方之间会出现众多的信息传递方式。信息传递得当,会增强本方的谈判力量;而传递不当,就会无形中削减本方实力。而且,用不同的媒介来传递同样的信息,传播效果也是各不相同的。所以,谈判人员在明示阶段要根据需要,选择最适宜的传播媒介或沟通渠道。在国际商务谈判中经常使用的传播媒介有以下四类。

(1)印刷品,如统计报表、调查报告、文书文件等。

(2)视听媒介,如录音、录像、照片、表演等。

(3)实物模型,如产品、样本等。

(4)双方的谈话,包括面对面谈话与非面对面的电报、电话、传真等。

(二)报价

在明示阶段,双方都已经明白对方的需求和期望以及双方心理预期的差距,主要问题也都展示在谈判桌上,那么接下来的程序便是报价。

1. 报价的含义

国际商务谈判中的"报价"一词是广义的,是对各种谈判要求的统称,不仅是指产品在价格方面的要价,而且也泛指谈判的一方向对方提出的所有要求,包括:商品的质量、数量、包装、装运、支付、保险、商检、索赔、仲裁等,工程项目的承包条件、工期、材料、质量等。其他如委托代理谈判、企业兼并谈判、合作合资谈判、咨询顾问谈判等,尽管其谈判内容各不相同,但谈判双方都会向对方提出各种要求,这种要求即为报价。

2. 报价的形式

一般而言,报价有书面报价和口头报价两种形式。

(1)书面报价。书面报价通常是一方事先为谈判提供较为详尽的文字材料、数据和图表等,将本方愿意承担的义务表述清楚,使对方有时间针对报价做充分的准备,从而使谈判进程更为紧凑。正确的书面报价对实力强大的谈判人员是有利的,或者双方实力相当时使用书面报价,对于实力较弱者不宜采用书面报价形式,而应尽量安排一些非正规的谈判。

（2）口头报价。口头报价具有很大的灵活性和表现力。谈判人员可以根据谈判的形势来调整、变更自己的谈判战术，先磋商，后承担义务。它不像书面报价那样有义务约束感。但是，谈判人员如果没有娴熟的沟通技巧和经验的话，容易失去议题的主旨而转向细节问题，也容易因没有真正理解而产生误会，受到对方的反击。另外，口头报价对一些复杂的问题，如统计数字、计划图表等难以表述清楚，因此，为了克服口头报价的不足，在谈判前，可以准备一份有关本方的交易要点、某些特殊要求以及印有各种具体数据的简目表。

3. 报价分析

在进行讨价还价之前，要弄清楚对方的真实期望，对方为何如此报价，准确判断谈判形势，分析讨价还价的实力。在弄清对方期望的基础上，分析如何在满足本方需要的同时，兼顾对方的利益；研究对方报价中哪些事项是必须得到的，哪些是可以磋商的，哪些是比较次要的，而这恰是我方让步的筹码。

对方报价后，对谈判形势要进行分析，要弄清楚双方的真正分歧，什么是对方的谈判重点；哪些是对方可以接受的，哪些是对方急于要讨论的；在价格和其他主要交易条件上对方讨价还价的实力；可能成交的范围等，假如双方分歧很大，本方可以拒绝对方的报价，要求对方重新报价。

二、讨价

讨价，指评价方在对报价方的价格解释进行评论后向其提出的技术及商务要求的行为。讨价可以分为全面讨价和具体讨价。另外在讨价时还应注意讨价次数、讨价方法和讨价时的态度。

1. 全面讨价

全面讨价，即对总体价格和条件的各个方面要求重新报价。它常常用于评论之后的第一次要价，或者较复杂的交易的第一次要价。正式磋商阶段开始，双方一般从总体的角度去压价，笼统地提要求，不暴露己方掌握的准确材料。例如："请就我方刚才提出的意见报出贵方的改善价格"；"贵方已听到我们的意见，若不能重新报出具有成交诚意的价格，我们的交易将难以成功"；"我方的评论意见说到此，待贵方作出新的报价后再说"。这三种说法均是全面讨价的方式，只是态度一个比一个强硬，这要视对方的态度和报价的虚实程度而定，但目的是要求对方重新报价。

2. 具体讨价

具体讨价，即对分项价格和具体的报价内容要求重新报价。它常常用于对方第一次改善价格之后，或不易采用全面讨价方式的讨价。如对虚头较少、内容简单的报价，在评论完毕后即可进入有针对性、要求明确的讨价。在第一次改善价格后的讨价中"具体"的要求在于准确性与针对性，而不在于"全部"将自己材料都暴露出来。在实际操作中是将具体的讨价内容分成几类，可以按内容分，如商务谈判中的购买设备，可分为设备备件、技术；也可以按报价的虚头多少，分成大、中、小三类，目的是要体现"具体性"，即具体问题具体分析。实际讨价一般从虚头大的那一类开始进行。

3. 讨价次数

讨价次数既是一个客观数，也是一个心理数。作为客观数，是因为其讨价的依据是评价,当对方改善报价接近评价的水平,那么改善的次数即为客观次数。这是以客观效果来判定讨价次数的。在实务中,谈判的对方一般不大可能跟着本方的评价走,这样就产生一个"心理次数"的问题。心理次数不反映改善价格是否接近评价的水平,只反映对方对本方的讨价作出了反应,对所提出的条件愿意考虑,但何时何地则不予明确,比如有可能在全局定价时总体考虑。因此,这个讨价次数难以确定。在国际商务谈判的实践中,讨价次数要根据价格分析的情况和报价方价格改善的状况来定。

只要报价方没有明显的让步,则说明其可能留有很大的余地。而评价方为了自身的利益,一般在做了两次价格改善后就会"封门",此时,他们一般要求对方接受改善价或直接要求还价。

三、还价

还价即报价方应评价方讨价作出重新报价后,向评价方要求给出回价的行为。报价、讨价和重新报价与还价的关系十分密切。

前者的方式和价格水平不但决定还价的方式与出价水平,而且决定还价的时机。一般来说,报价方做了数次调价后,往往会强烈要求评价方还价。评价方也应还价表示诚意与尊重对方,并给谈判确定方向。还价一定要慎重,还得好,则可谈性强,对双方都有利;还得不妥,不但利益受损,还易引起对方反感或误解,于谈判不利。

一般来说,还价的方式是对应于讨价及对方改善报价后的方式。如果讨价方式与改善报价方式不一致,则还价方式应取改善报价的方式。方式的一致性便于谈判双方评价各自的条件,判定交易条件的可行性。所以还价方式不一定求新,但还价的方向要认真考虑。在国际商务谈判中,还价方式从性质上说,可分为两种:一是按比例还价;二是按分析的成本还价。这两种还价又可具体分为以下三种方式:逐项还价,即对所谈标的物的每一具体项目进行还价;分类还价,根据价格分析时划出的价格差距档次分别还价;总体还价,即对所谈标的物进行全面还价,仅还一个总价。

以上方式采取哪种合适,应视具体情况而定。三种方式可单独使用,也可组合运用。

如还价方掌握材料充分,报价方价格解释清楚,双方成交心切,且有耐心和时间,采用逐项还价对还价方稍具优势,对报价方也充分体现了"理"字。报价方一般也不会拒绝,他可以逐项防守。

如还价方掌握材料少,报价方解释不足,但都有成交的信心,且时间较紧,采用分类还价的方式对双方都有利。

如报价方报价粗,且态度强硬,或双方相持时间长,但均有成交愿望,在报价方改善价格后,还价方可做总体还价,不过要还得巧,就是既要抓住对方报价无理的成分,又要考虑其改善报价的态度,做到有理有节。

综上所述,采用还价方式要注意不要轻易地从总体还价,应对重新报价改善明显、差距小、金额较小的部分先做还价,这样有利于谈判的顺利进行。

在国际商务谈判中,一般还价方的第一次还价很少被对方接受,因此还价在确定还价起点时,就应考虑到对方的反击。还价方可根据第一次还价的方式采取"横向设防"和"纵向设防"还价战术。横向设防即在分类还价中,在各类物品上都留有退让的余地,在对方的紧逼下,可以让一类进、另一类退,在横的方向上设防。纵向设防是在同一类物品上做几个还价阶梯,步步为营。横向设防与纵向设防可综合运用,效果更佳。当然,两类设防均需要考虑还价次数,明确以后,确立还价起点将会更容易。对于报价方,也可用类似战术进行防守或反击。

四、交锋与评估

进行交锋和磋商时,谈判双方都会列举事实、据理力争,希望对方理解并接受自己的观点。当一方提出一种意见、一个方案时,对方也会马上提出另一种意见和另一个方案来反驳。在这种情况下,一方面,要摆事实、讲道理,理直气壮地阐明自己的观点,坚定不移地为实现谈判目标而努力;另一方面,态度也不能简单强硬、企图压倒对方,而是尽可能地运用各种谈判手段和技巧,在坚持原则的前提下,找出双方所能接受的妥协方案。

在磋商时,需要弄清真正的分歧点,尽量避免在一些无关紧要的问题上发生无谓的争执,更不能意气用事。对一些主要分歧点,要准确判断对方的目标和需求,充分估计对方在这些问题上讨价还价的实力。

在磋商中,根据对方谈判人员的性格、作风、心理、气质和文化素养,还需要对谈判对手施加影响,促使谈判朝着有利于双方的方向发展,当然,对方也会采取同样的办法,只要双方都希望促使谈判成功,那么就会心平气和地进行交锋和沟通,努力了解对方和相互谅解。当谈判一方要求太高而无法达成协议时,可适当作出一些不大的让步以表示本方的良好愿望;同时,也要求对方作出同样的回报。双方相互举止小心而逐渐发展起来的良好愿望,有助于处理和解决一些原来认为比较棘手的问题,从而使谈判朝着有利于双方的方向发展。

在谈判的磋商阶段,根据谈判的发展变化,需要对谈判的计划方案、谈判策略、谈判人员安排以及谈判的价值构成等,进行分析、评价、估算和重新调整。谈判的评估调整是谈判磋商阶段必须认真完成的重要工作。这是由于在谈判准备阶段的工作无论怎样充分细微,都不可能考虑到谈判过程中的每一个细节和适应其每一种可能的变化,而且经过谈判开局阶段的交流与回顾,进入实际磋商阶段,必然出现一些始料不及的新情况、新问题。以往的谈判计划方案、谈判策略、谈判人选以及价值构成的分析,都会随着进一步的交锋、讨价还价、信息资料的交流而出现一些不相适宜之处。这时,谈判人员就应及时根据新发现的问题,重新进行评估调整,以适应谈判的需要。

在评估中,需要结合谈判实际对本方获得的信息资料进行重新分析研究,以确定哪些是真实的,哪些是虚假的、无用的,把在谈判过程中获取的有用的信息资料收入谈判资料档案,撤出那些虚假无用的信息资料,并随时制作备忘录。

此外,还需要结合变化的新情况和产生的问题,修改或重新制订计划方案,并在谈判班子内部进行讨论和统一思想。如有必要,及时调整谈判班子成员,特别是对业务能力差和不能主动协调配合的人员进行更换,以免削弱本方谈判力量,但同时要注意保持谈判班子的相对稳定性。

如发现以往对价值构成的预测不准确,需重新研究是否存在合理的协议区、协议区到底有多大,以决定谈判是否应当持续下去。如果继续谈下去,那么应该研究如何调整谈判的起点和争取点等。认为有必要,并征得对方的同意后,重新调整谈判议程。对认为不必再谈或不能再谈的议题及时删掉,并及时补充新的议题。

还有,总结谈判中的经验教训,检查工作漏洞,防止本方陷于虚假信息和不实资料的迷阵中,并主动有效地运用修改的谈判策略、方案,取得谈判的成功,这也是很必要的。

五、妥协

在谈判中,出现分歧是在所难免的,解决只有两种办法:一是谈判破裂,谈判双方分道扬镳;二是其中至少一方作出让步。如果谈判双方不想谈判就此结束,他们就只能选择让步。能首先作出这种姿态的,并不是软弱与无能的表现,相反,善于妥协让步恰恰是谈判人员成熟的表现。

谈判中,让步的根本目的是获得利益,本方的让步可以带动对方的让步,而无谓的让步,只能一无所获,因此双方一般都不会做无谓的让步。在谈判中任何一方轻易作出较大的让步,都会为对方轻视,对方会认为你的让步是理所当然的,而不是他们争取的结果。这样就达不到让步的效果。因此,在谈判中有经验的谈判人员通常不会做太大、太轻易的让步。

在谈判中,需要有敏锐的观察力,识别对手是否会让步。谈判一方在作出让步之前,通常不会让对方觉察到本方将作出让步,至少不会让对方知道本方让步的幅度。因为对于合作性谈判来说,处于僵局时,对方也可能在思考让步和让步幅度问题,所以本方作出让步后,应等待对方作出相应的让步。如果对方并未做任何让步,那么可以断定他缺乏诚意,本方不再作出任何让步。此外,谈判对手通常千方百计要让对方感到他所做的是一次重大让步。这样对方就能明白本方的让步是争取合作的主动表示,是充满诚意的。因而,当本方要求对方让步时,对方难以拒绝。

第三节　国际商务谈判的成交阶段

谈判在经历开局阶段和磋商阶段以后,进入成交阶段。谈判的成交阶段也就是谈判的结束阶段。经过一番艰苦的讨价还价,谈判双方都取得了很大进展,渐趋达成一致,但也存在最后一些问题。在谈判的最后阶段,仍然需要善始善终、孜孜以求。如果放松警惕、急于求成,有可能导致前功尽弃、功亏一篑。

一、谈判结束的信号

交易将要明确时,双方会处于一种准备完成时的激奋状态,这种状态往往是另一方发出成交信号所致。谈判结束的信号主要表现为谈判人员会用最少的言辞阐明自己的立场,表述简明、坚定、直露,不再委婉、含蓄、飘忽不定,而且具有承诺的意味。谈判人员回答对方的任何问题时,都是以尽可能简洁的方式来完成的。也就是说,在阐述本方的立场时,完全是一种最后决定的口吻,语气坚定,不卑不亢,没有任何不安或紧张的表示,并且通常是只做肯定答复或否定答复,不解释理由。而所提建议具有完整的特征,没有遗漏或不明之处。如果谈判人员的某项建议遭到拒绝，结果就只能是中断谈判，此外没有其他办法。

国际商务谈判实践中通常会出现这样的情况，一场谈判旷日持久、进展甚微，然而由于某种特殊原因，很多原本很艰难的问题却一下子得到迅速解决，这主要得益于谈判人员发出谈判结束的信号，发出该信号的一方主要是试图表明本方对谈判进程的态度，推动对方不要在少数问题上拘泥短见、纠缠不休，并设法使对方行动起来，达成一个妥协。因此，谈判收尾在很大程度上是一种掌握火候的艺术。

二、最后一次报价

在一方发出签约意向的信号，而对方又有同感的时候，谈判双方都需要做最后一次报价。对最终报价，理性的报价者一般不会过于匆忙，因为太过匆忙会被认为是另一个让步，令对手觉得还可以再努力争取到另一些让步；如果报价过晚，对已经形成的局面所起作用很小。因此，最后一次报价通常把最后的让步分成两步走：主要让步部分在最后期限前提出，刚好给对方留出一定时间思考；次要让步部分，可作为"甜头"，安排在最后时刻作出。

最后让步的幅度大小，是预示最后成交的标志。在决定最后让步幅度时，一个主要因素是看对方接受这一让步的人在对方组织中的位置，应是大到刚好满足较高职位的人维持他的地位和尊严的需要，而且让步与要求并提，除非本方的让步是全面接受对方现实的要求，否则必须让对方知道，不管在本方作出最后让步之前或之中，都期望对方予以响应，作出相应让步。

三、谈判记录整理和最后的总结

每一次洽谈之后，重要的事情是就双方达成共识的议题拟一份简短的报告或纪要，并向双方公布，得到双方认可。这样可以确保该共识以后不致被违反。这种文件具有一定的法律效力，在以后的纠纷中尤为有用。在最后阶段，双方要检查、整理记录，如果双方共同确认记录的正确无误，那么所记载的内容便是起草书面协议（或合同）的主要依据。在国际商务谈判中，尤其是在一项长期、复杂，甚至需要若干次会谈的大型谈判中，每当一个问题谈妥之后，都需要通读双方的记录，查对一致，力求达成的协议不存在任何含混不清的地方，这在激烈的谈判中更加必要。

在谈判达成交易之前，进行最后的回顾和总结是很必要的，这可以明确所有谈判议题所取得的结果，以及哪些问题已达成共识、哪些还存在分歧。这里所涉及的主要是交易条件，交易条件是谈判中有关商务、法律等与成交价值有关的条件以及与交易关系密切的交易手段的总称。如果双方谈判所剩分歧数较少，实际上是指谈判双方针对谈判议题反复磋商后，在交易条件方面尚存的分歧数量少。如果所剩分歧数极少，无论议题重要与否都可认定谈判进入成交阶段。

在最后的总结阶段，如果双方尚有悬而未决的争议，那么应及时对其作出处理。如果所有谈判的成果还没有达到本方的目标，那么应考虑对于未达标者如何在最后一次报价中挽回。此外,在最后的总结阶段判断谈判是否进入成交阶段、是否可以达成最后协议时,可以应用成交线来判断。成交线是指双方可以接受的最低成交条件,也是达成协议的下限。当对方所同意的条件总和已进入本方内定的成交线时,谈判也就自然进入成交阶段。这时,如果有需要最后让步的项目,对于让步幅度,应采用一些特殊的结尾技巧。

总之,在谈判的总结阶段,如果谈判人员可以得出结论,谈判双方针对交易条件在大局上、原则上已达成共识,即使对个别问题尚需做技术处理,这时也标志着谈判进入最后阶段,即成交阶段。

四、真性败局、谈判和局与假性败局

在国际商务谈判的成交阶段,有时谈判并未取得圆满成功,也就是说出现了败局的征兆,这时,谈判人员需要认真分析,以识别究竟是真性败局、谈判和局还是假性败局。

真性败局即谈判告吹,指谈判各方由于种种原因不能达成协议,最后结束了谈判。谈判失败有时候是不可避免的,但谈判失败会给各方的感情、精力和物质等带来损失。

谈判和局是指谈判各方在谈判过程中经过磋商取得一致意见,签订协议、终止谈判的结局。谈判的和局,就是谈判的成功,它标志着谈判的各方都是胜利者。

假性败局是指谈判双方在谈判过程中,经过一轮一轮的磋商和讨价还价以后,由于种种主观和客观的原因,未能达成协议而暂时终止了谈判。其特征是,谈判从形式上看已经结束,但却存在重新谈判的可能性,也就是双方之间仍然存在谈判协议区。

例如,上海某厂与国外某公司谈判组建合资公司,双方为此举行了多次谈判,其中在关于产品出口销售问题上出现了主观性假性败局,原因是对于出口销售文字表达和理解产生了分歧。该项谈判的可行性研究文件中关于产品销售问题是这样叙述的:一是外商负责包销出口25%的产品,75%在国内销售;二是合资企业的出口渠道是合资公司和中国外贸公司。在谈判的磋商阶段,外方对此理解为:由外方技术生产的产品,由外方母公司独家出口25%,至于其他两个出口渠道是为了合资企业出口其他产品。而中方理解为许可出口产品中的25%由外方母公司负责,其余75%产品中的一部分,如有可能,再以另外两个渠道出口。在这一问题上,双方发生了利益冲突,双方都不肯让步,外方主谈人宣布终止谈判,使这一谈判归于失败。但是,过了一段时间,外方又主动向中方发出再次谈判的邀约,中方对此也作出积极反应,原因是外方有意开拓中国市场,而且这一合资项目的投资不大,风险很小,如果不成,就很难再在上海和中国其他地区投资了。前次外方终止谈判并非真实目的,为了其自身利益,而使假性谈判败局转化为和局。

此例说明,谈判各方在谈判中,由于意见分歧而谈判一方提出暂时终止谈判,促成主观性假性败局,以向对方施加压力,旨在向对方示威,以迫使对方作出让步,以便在重新谈判时能达到本方的目的而获取利益。如果对方主动让步,新的谈判很快就会重新开始。如果对方不肯让步,那么就会出现两种结果:一是促成主观性假性败局的一方主动让步,或寻找新方案再重新谈判;二是双方都不肯主动采取措施来破解谈判的假性败局,那么其就会转化为真性败局。

五、签订书面协议（或合同）

国际商务谈判签约是国际商务谈判的重要有机组成部分,对于协议的签订工作必须采取严肃、认真的态度。另外,协议与合同是有区别的,但就其签订的程序来说,两者一致,所以此处为了行文的方便,不做严格区分。

（一）签约的意义

国际商务谈判,经过讨价还价,谈判双方已达成了完全一致的意见,但这些意见必须用法律形式来体现,都要签订合同或协议书、备忘录等形式的契约,只有用法律形式来体现谈判结果,明确双方的权利和义务,才能使谈判结果得到法律的保护,确保谈判结果是巩固的、确实的和有法律效力的。

进入签约阶段,谈判的各方仍然不能掉以轻心,因为协议只有经双方签字,才能成为约束双方的法律性文件,有关协议规定的各项条款,双方都必须遵守和执行,任何一方违反协议的规定,都必须承担法律责任。只要双方没有签约,谈判所达成的签约意向都是缺少约束力的,谈判还是有可能发生变化,甚至破裂的。

例如,A 外贸公司经过最关键、最费时、最困难的谈判环节后,于 2002 年 6 月与三家外商分别签署了合作意向书,并商定于 2003 年中签订正式协议。可是由于在 2003 年上半年发生了突发事件,因此正式协议也就不能按时签署了。有经验的谈判人员总是千方百计地缩短从意向签约到正式签约的时间,从而避免节外生枝。

（二）签字前的审核

合同文件撰写好后,在正式签字前,应做好两件事：一是核对合同文件(两种文字时)的一致性或文本与谈判协议条件的一致性(一种文字时)；二是核对各种批件,包括项目批文、许可证、用汇证明、订货卡等,是否完备以及合同内容与批件内容是否一致。这种签约前的审核工作相当重要,有时两种文本与所谈条件不一致屡屡发生。审查文本务必对照原稿,不要凭记忆"阅读式"审核。

在审核中发现问题时,应及时互相通告,使双方互相谅解,不致造成误会。对于文本中的问题,一般指出即可解决。有的复杂问题需经过双方主谈人再次谈判。对此,思想上要有准备,不过要注意对方态度。如属于已谈过的问题,对方有意扭曲,本方可明确指出以信誉相压,不可退却。对于过去未明确的问题,或提过但未认真讨论,或讨论后并未得出统一结论的问题,可耐心再谈,能统一则统一,不能统一而又无关紧要的可删去。

（三）国际商务合同条款的拟定

商务谈判合同一般由约首、约尾和主文三个部分组成。约首是合同的首部,用来反映合同的名称、编号,订约的日期、地点,双方的名称、地址、电报挂号、电传号码以及序言(表示双方订立合同的意愿和执行合同的保证)等内容。约尾是合同的尾部,用来反映合同文字的效力、份数、附件的效力,以及双方签字等。约首和约尾是合同不可缺少的组成部分,约首和约尾不符合要求将妨碍合同的法律效力。主文即合同的正文部分,也是主体内容部分。它应明确记载双方的权利和义务,表现为各项交易条件。由于"主文"是反映双方交易条件与规定各方权利和义务的部分,所以它是合同最主要、最重要的部分。

各项交易条款必须相互衔接、保持一致,防止它们相互发生矛盾。在草拟合同时,为了准确地反映各项交易条件,不仅各条款要完备、明确、具体,而且要保证各条款之间不发生矛盾。如品质的规定要与检验方法的规定相一致,运费计算的规定要与售价的规定相一致等。

(四)合同书写的基本原则

1. 准确表达

合同条款的书写要准确反映磋商达成一致意见的各项交易条件,也就是合同的内容应与磋商达成的协议完全一致。在书写合同时,首先应准确表达双方一致的意见,力求使合同准确地反映各项交易条件。有时,起草人加上自己的意见修改了文字,对方草率而不加审校就签字,待合同开始履行时才发现,再修改也不太可能了,"签字"意味着承认。

2. 国际商务合同应具备的主要条款

合同的主要条款应包括标的(指货物、劳务、工程项目等),数量和质量,价款或者酬金,履行的期限、地点和方式,违约责任等。根据法律规定的或按国际商务合同性质必须具备的条款,以及当事人一方要求必须规定的条款,也是国际商务合同的主要条款。因国际交易涉及的另一方往往是外国(地区),而各国(地区)都有自己的经济法律,但这些法律只能在指定的国家(地区)和范围内使用,对其他国家(地区)除非双方协商同意,是没有任何约束力和法律作用的,不能成为谈判和签约的法律依据。假若对方提出合同条款应以某国(地区)的法律为依据,如对本方不利,本方可不予接受,而应以双方都能接受的法律为依据。一般合同上要标明双方适用的法律,以哪个国家(地区)、哪个法为准,即使是国际惯例,双方不做规定也是无效的。

(五)国际商务合同签字人的确认

依照法定要求,国际商务合同的双方当事人经过相互协商,达成了协议,国际商务合同即宣告成立。国际商务合同的签约过程,就是双方当事人就合同内容进行协商、取得一致意见的过程。

国际商务谈判中,主谈人不一定是合同的签字人,要注意确定比较合适的签字人。对外经济贸易合同一般应由企业法人签字,政府部门代表不宜签字。当合同需由企业所在国(地区)政府承诺时,可与外贸合同同时加拟一份"协议""协定书"或"备忘录",由双方政府部门代表签字,该文件是合同不可分割的一部分。

签字人的选择主要出于对合同履行的保证。复杂的合同涉及面广,上级有关政府部门参与后,执行中若产生问题容易协调,对合同顺利执行有所保证。

有的地区、国家的厂商习惯在签约前,让签约人出示授权书。授权书由其所属企业的最高领导人签发,若签字人就是企业的最高领导,要以某种方式证实其身份。

协议的签署是与该协议谈判有关的最后一个工作环节,也是谈判人员在合同谈判阶段借以保护自身利益的最后一次机会。在对对方某些情况不清楚或有疑问的情况下,如疑问关系到合同的履行及自身的利益,则应进一步设法调查了解,或请求有关部门对合同进行见证、公证,以取得可靠的保证。

合同当事人应当以自己的名义签订合同。一般而言,若合同中各条文含义没有抵触,则合同一经双方有正当权限的代表依法签署,即告生效。正当权限的代表通常是指能负责承担合同规定义务、享受合同规定权利的法人代表。

（六）签约后的工作

重大的商务谈判协议签订以后，绝不可以高枕无忧，因为世界上没有十全十美、没有漏洞的协议，尽管协议已经白纸黑字不可更改，但有经验的谈判人员总是力求在解释协议的过程中，为自己谋求利益，同时也防止对方对协议作出不利于自己的解释，所以还应不断地研究协议。

可见，协议的签订并不是结束，而是一个新的起点，只有协议执行完毕，才可以说"结束"这两个字。

 **本章小结**

本章对国际商务谈判的过程进行了介绍，主要包括开局阶段、磋商阶段、成交阶段。开局阶段的具体目标是在建立轻松、诚挚气氛的基础上，力求实现继续巩固和发展已经建立起来的和谐气氛。在开局阶段，主要有三项基本任务：营造良好的谈判气氛、交换意见、开场陈述。谈判的磋商阶段，即实质性谈判阶段，是指谈判开局以后到谈判终局之前，谈判双方就实质性事项进行磋商的全过程，这是谈判的中心环节。谈判进入成交阶段也就是谈判的结束阶段。经过一番艰苦的讨价还价，谈判双方都取得了很大进展，渐趋达成一致，但也存在最后一些问题。在谈判的最后阶段，仍然需要善始善终、孜孜以求。如果放松警惕、急于求成，有可能导致前功尽弃、功亏一篑。以上这些问题都需谈判人员给予高度的重视。

 **重要概念**

谈判气氛　开局气氛　开场陈述　明示　讨价　报价　交锋与评估　成交
真性败局　假性败局　谈判和局

 **本章思考题**

1. 简述国际商务谈判的一般程序。

2. 如何建立合理的开局气氛？

3. 谈判开局阶段的基本任务和目标是什么？

4. 为什么说磋商阶段实质上是双方沟通和说服的过程？

5. 谈判结束的信号是什么？

6. 假如你准备用8 000元购买一台电脑，则在谈判开局时发现可以不必付这么高的价钱，你将怎样进行谈判？

 **案例分析 1**

柯达公司创始人乔治·伊斯曼,非常热心社会公益事业,捐巨款建造了一座音乐厅、一座纪念馆和一座剧院。为能承接这些建筑物内的座椅,众多制造商展开了竞争,可是,无不乘兴而来、扫兴而归。

此时,美国优秀座位公司经理亚森前来,希望得到这笔价值 8 万美元的生意。伊斯曼的秘书在引见亚森前忠告:"我明白您急于想得到这笔订单,但我要告诉您,假如您占用了伊斯曼先生 5 分钟以上的时间,您就没有希望了。他是一个非常严厉的大忙人,所以您进去后要快讲。"

亚森被引进伊斯曼的办公室后,看到伊斯曼正埋头处理桌上的一堆文件,于是,亚森静静地站在那里,并打量着这间办公室。过了一会儿,伊斯曼抬起头发现亚森,问道:"先生有何见教?"秘书将亚森做了简单的介绍,便退出去。这时,亚森没有谈生意,却说:"伊斯曼先生,我利用等您的时间,仔细地观察了您的办公室。我本人长期从事室内的木工装修,可从未见过装修得如此精致的办公室。"伊斯曼回答说:"谢谢您的夸奖,这间办公室是由我亲自设计的,当初刚建好时我喜欢极了,可是后来一忙一直都没有机会好好地欣赏一下这个房间。"

亚森走到墙边,用手在护墙板上一擦,说道:"这用的是英国橡木吧!这种橡木的质地是很好的。""是的",伊斯曼高兴地站起来回答说,"这是从英国进口的橡木,是我的一位朋友专程去英国帮我订的货,他是长期研究室内细木的。"

伊斯曼心情非常好,带着亚森仔细地参观他的办公室,并将室内装饰详细地向亚森做了介绍,从选材到颜色,从工艺到价格,然后又讲到自己设计的经过。亚森微笑着聆听,显得饶有兴趣。亚森看到伊斯曼谈兴正浓,便好奇地问起他的经历。伊斯曼接着讲述了自己青少年时期苦难的生活,母子俩怎样在贫困中挣扎,以及发明柯达相机的过程和向社会回报的各项捐赠等。亚森专注地倾听着,并赞扬伊斯曼先生的公德心。原本伊斯曼的秘书警告过亚森,会谈不能超过 5 分钟,可是现在谈了近两个小时,一直谈到了中午。

伊斯曼邀请亚森共进了午餐,直到亚森告辞,两人都没有谈及生意。但是,随后亚森不仅得到了大批的订单,且与伊斯曼结下了友谊。

资料来源:宋贤卓.商务谈判[M].北京:科学出版社,2004.

问题:

运用所学理论分析亚森如何用寒暄打开局面。

 **案例分析 2**

美国一家机械厂的老板准备出售他的三台淘汰下来的机床,有一家公司闻讯前来洽购。卖方十分高兴,细细一盘算,准备开价 300 万美元,即每台 100 万美元。当谈判进入实质阶段时,卖方正打算报价,却突然犹豫,暗想:"可否先听听对方的想法?"结果买方在对这几台机器的磨损与故障做了一系列分析和评价后说:"看来,我公司最多只能以每台 130 万美元买下这三台机床,多一分钱也不行。"卖方大为惊喜,竭力掩饰住内心的欢喜,装着不满意,讨价还价了一番,最后自然是顺利成交。

问题：

卖方运用的是哪种还价方式？

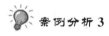 **案例分析3**

出口合同的理赔谈判

某年7月，甲公司与中东乙公司签订外销合同。合同项下的环保材料系丙厂生产，甲公司和丙厂签订同等数量、同等质量要求的采购合同。当年9月中旬船舶抵达目的港，乙公司收到货物随即抽样检验，约一周后甲公司收到乙公司索赔电邮，要求甲公司立即退还全部货款。

在排除了此次索赔属于贸易欺诈的可能性以后，甲公司开始寻找乙公司和丙厂质检结果差异的原因。甲公司与丙厂联系，丙厂表示货物均在检验合格后出厂。甲公司没有反驳，而是分析进口国市场行情，以及长期合作带来的机遇，并请丙厂提交全部原始检验数据。两天后，甲公司发现部分检验结果有错误，再次和丙厂联系，并表示可以合作，共同改进产品质量检验管理，同时告知客户，使其知悉改进方案，从而加强彼此的信任和了解。丙厂对甲公司提出的谈判方案表示同意，同时承认检验松懈造成失误。甲公司与丙厂达成初步共识后，随即联系乙公司。

甲公司首先表达了失误和歉意，承诺赔偿乙公司损失。但甲公司同时指出不合格比例约10%，即30公吨，而不是全部300公吨货物均不合格。甲公司承诺在后续乙公司的订单中，免收30公吨货款作为赔偿。乙公司先是要求甲公司直接退赔货款，甲公司则回复，解释采用货物替代理赔对乙公司为什么是有利的，最终乙公司同意，并再追加一笔300公吨同等质量要求的订单。甲公司随即与丙厂签订新协议，并在协议中表示其中的30公吨货物为上一订单的赔偿。至此，甲、乙、丙三方达成谈判协议。

资料来源：彭莉.从一则案例分析进出口贸易中间商如何处理索赔理赔[J].对外经贸实务，2021(1)：77-80.

问题：

运用所学签定谈判合同的基本知识，分析促成三方出口合同理赔谈判成功的要点。

 即测即练

第 篇

国际商务谈判策略与沟通艺术

第七章 国际商务谈判策略

本章学习目标

本章从国际商务谈判的开局、磋商、僵局突破和攻防四个方面研究国际商务谈判的策略。通过本章的学习,应该掌握谈判策略的基础知识和基本技能,掌握谈判策略、技巧的应用规律和基本操作方法。

在当前竞争激烈的社会中,谈判桌上会有形形色色不同素质的人,谈判中难免出现掺假施诈,甚至存在一些不道德的手段。作为谈判一方,要学会适应这些竞争的方法与手段,避免上当受骗。因此在谈判之前制订谈判计划方案时,就要制定相应的策略。同时,策略和技巧的应用是有条件的,任何策略和技巧,只有用到该用的地方、用在该用的时候、用得恰到好处,才能发挥它的作用。这说明,谈判人员有必要分析和掌握谈判策略、技巧的应用规律,运用正确的谈判策略,促成谈判向有利于自己的方向转化,并在复杂多变的谈判过程中,审时度势,灵活调整,保证谈判的顺利进行和获得成功。

第一节 国际商务谈判策略概述

国际商务谈判是一种合作,因此谈判各方要以坦诚、谅解的态度来进行谈判。但是,谈判又是一种竞争,谈判双方都需要追求于己有利的经济利益,都希望自己一方能在谈判中处于主动地位,因此,谈判人员必须了解谈判桌上的种种竞争策略和手段。

一、国际商务谈判策略的含义

国际商务谈判策略是谈判人员根据谈判预期目标的要求和谈判情况的变化,灵活地贯彻实施谈判战略方案所采取的措施的总和。国际商务谈判策略也指为实现谈判目标而制定的,并随谈判形势发展而修改的,关于谈判全局的行动方针与决策以及斗争方式。

策略是客观存在、具体、单方面采取的行为或方法,具有主观能动性。策略的行为是为实现目标而采取的措施,具有实践的性质。策略是一种行动方针和斗争方法,是智慧的较量,应审时度势、权衡利弊、随机应变地将策略应用得恰到好处。策略的运用,教会人们在复杂多变的对抗环境中,如何辩证地去思考问题,寻求取胜的途径。策略的实施可促进目标的实现。

谈判中,设计以及使用策略的人是施策的主体,谈判策略是施策主体认识、意志、思维多种心理机能的综合表现。策略所指向的人或事物是策略的承受者,叫作施策的客体。客体不是单纯的承受者,因为有策略就必然有反策略,所以,主客体处于一种相互作用、相

143

互排斥的矛盾运动之中。使用策略的关键在于把握住施策客体（即对方）的活动特点，分清对方的优势与劣势、长处与短处，抓住劣势与短处，掌握好进攻的时机，攻心斗智，施计用策，从而实现施策主体活动的优化和控制，使策略的应用显示出效果。

具体而言，对于国际商务谈判中的每一方来说，国际商务谈判策略来源于八个方面，就是 NOTRICKS 每个字母所代表的八个单词——need，options，time，relationship，investment，credibility，knowledge，skill。[①]

NOTRICKS 中的"N"代表需求（need）。对于国际商务谈判双方来说，谁的需求更强烈一些，谁就拥有较弱的谈判力。如果进口商的需要较多，出口商就拥有相对较强的谈判力，你越希望出口你的产品，进口商就拥有越强的谈判力。

NOTRICKS 中的"O"代表选择（options）。如果国际商务谈判不能最后达成协议，那么双方谁拥有的选择机会多，谁就拥有较强的谈判力。如果本方可选择的机会多，对方认为本方的产品或服务是唯一的或者没有太多选择余地，本方就拥有较强的国际商务谈判资本。

NOTRICKS 中的"T"代表时间（time）。国际商务谈判中可能出现的有时间限制的紧急事件，如果进口商受时间的压力，自然会增强出口商的谈判力。

NOTRICKS 中的"R"代表关系（relationship）。如能与客户之间建立强有力的关系，在同潜在客户谈判时就会拥有关系力。但是，也许有的客户觉得出口商只是为了推销，因而不愿建立深入的关系，这样在谈判过程中将会比较困难。

NOTRICKS 中的"I"代表投资（investment）。在国际商务谈判过程中投入多少时间和精力。为此投入较多、对达成协议承诺较多的一方往往拥有较弱的谈判力。

NOTRICKS 中的"C"代表可信性（credibility）。潜在客户对交易标的可信性也是谈判力的一种，如果出口商知道客户曾经使用过某种产品，而他的产品具有价格和质量等方面的优势，无疑会增强出口商的可信性，但这一点并不能决定最后是否能成交。

NOTRICKS 中的"K"代表知识（knowledge）。知识就是力量。如果谈判人员充分了解客户的问题和需求，并预测到销售的产品能如何满足客户的需求，那么谈判人员的知识无疑增强了对客户的谈判力。相反，如果客户对产品拥有更多的知识和经验，客户就有更强的谈判力。

NOTRICKS 中的"S"代表的是技能（skill）。这是增强国际商务谈判力至关重要的内容，国际商务谈判策略是综合的学问，需要广博的经济学、商学、社会学、商品学等多学科知识。

二、国际商务谈判策略的应用规律

谈判策略是一种动态策略。由于谈判过程复杂多变，因而未来将会发生什么情况，是不确定的。面对这种不确定性，谈判人员事先通常不能完全了解谈判对手会做什么，因此要有随机应变的能力，能够动态地针对不同的情况，灵活机动地采取不同的谈判策略。同

---

① 商务英语：谈判必需的八种能力 NO TRICKS[EB/OL]．(2005-12-01)．https://www.enfamily.cn/thread-1764-1-1.html.

时也应认识到,随着双方的相互了解和谈判的进展,谈判过程中的不确定性也会减少,稳定性则相应地增强。这意味着谈判人员可以抓住谈判策略的应用规律,结合具体的每一场谈判加以运用,从而提高谈判的成功率。

一些重要谈判面临的环境条件往往比较复杂,解决各种不同问题的方法也各不相同。这些方法之间目的虽然只有一个,但实施的方式截然不同,实施的结果也可能会在作用上相互抵消,以致使谈判人员疲于应付、顾此失彼。而谈判策略的制定,则要求明确谈判策略的应用规律,抓住其中的关键问题,把握住谈判的主线,明晰谈判的思路,使谈判人员能充分把握谈判时机,发挥本方长处,渡过谈判难关,排除不必要的干扰,使谈判朝着实现理想目标的方向顺利进展。一般情况下,谈判策略的应用有以下规律。

（一）谈判策略应用的隐藏性

谈判策略是面对现实谈判环境所作出的生动决策,它要求谈判人员为实现谈判目标而奋斗,因此,它在引导和调动谈判人员在谈判中的主观能动性方面起到极其重要的作用。策略的应用必须建立在对方的判断失误、心理错觉、认识偏颇的基础之上,而且这种失误、错觉和偏颇对于客体自身来说是其固有的或难以克服的弊端。在某种特定情况下,施策主体的主动出击,也可以造成对方的错觉或失误。选择这种形式谈判的目的在于伪装骗局,对其设计的战略目标进行保密。

策略的应用必须建立在适宜的氛围环境之中,或者是心理相容,或者是虚实相生;或者是以静制动,或者是以动制静。总之,实施策略时,不留痕迹,不动声色,不发生空隙,不出现破绽。它必须以正常的认识活动为先导,以主客观相统一的原则为准绳。

（二）必须顺应人们趋利避害的心理

"两利相权取其重,两害相权取其轻",这是人们普遍的心理规律。这种谈判的目的在于谋求对话,谋求缓和,争取协商一致,谋求发展;加深了解,增进信任,发展友谊。

（三）必须符合客观事物发展的灵活性要求

灵活应变原则是由谈判活动的特性决定的。由于在谈判过程中,各种情况错综复杂,它不会像武术中的对打套路那样按规定的程式变化,因此这就需要谈判人员根据谈判的变化,灵活应对,根据不同的情况运用不同的策略。美国谈判专家尼尔伦伯格曾这样说过:"成功的谈判者,必须把剑术大师的机智、速度和艺术家的敏感融会于一体。他必须像一个剑术大师,以锐利的目光,机警地注视谈判桌那边的对手,随时准备抓住对方防线中的每一个破绽,随时洞悉对方策略上的每一个变化,随时利用每一个微小的进攻机会。同时,他又必定是一个细腻敏感的艺术大师,善于体会辨察对方情绪或动机上的最细微的色彩变化。他必须能抓住灵感产生的一刹那,从色彩缤纷的调色板上选出最合适的颜色,画出构图与色调完美和谐的佳作。谈判场上的成功,不仅是得自充分的训练,而且更关键的是得自敏感和良机。"[①]

从这段话中,我们可以知道,谈判中的灵活应变来自锻炼和实际,并且这段话也告诉我们,在谈判中应如何灵活应变。此外,在谈判中我们会遇到很多预想不到、防不胜防的突发事件。有创意的灵感往往能避开突发事件的伤害,使本方的利益得到最大的保护。

---

① 尼尔伦伯格.谈判的艺术[M].上海:上海出版翻译公司,1986.

三、国际商务谈判策略的制定

谈判策略的制定应按一定的科学程序来进行,使其真正起到对谈判的指导作用。谈判中的问题、趋势、分歧、事件或情况等构成了一套谈判的情景形势组合。谈判人员应把这一复杂的"组合"分解为不同的部分,分析每一部分与谈判进展的关系和对结果可能的影响,然后有针对性地制定对策,最后形成综合性的策略安排。

进行谈判情景形势分析的同时,要寻找关键问题,即找出主要矛盾,然后以谈判目标为依据,针对关键问题,制定相应策略。

谈判策略是针对谈判的具体情势而制定的,但具体情势如何,往往难以确定,所以在制定谈判策略之前要对具体情势作出相应假设,当然这些假设应尽可能地合理。对各种假设根据"可行"与"有效"的原则进行深入分析,权衡利弊得失,运用适宜的技术经济分析方法,制订相应的可行策略方案。

在深入分析得出结果的基础上,确定方案评价的准则,根据这些准则作出最后的策略选择,再把所选择的策略按其优劣排序,按达成三类目标的次序,即可分为"上策""中策"与"下策"。在谈判中,把"上策"作为努力争取方案,"中策""下策"作为备选方案。

参与谈判博弈的双方都不情愿自己失败,而让对方获得成功。制定了具体策略以后,还要考虑策略的实施方案。从一般到具体进行分工,列出每个谈判人员需要做到的事项,并把它们在时间、空间方面衔接好,进行反馈控制和跟踪决策。由于互相使用的策略有高明和低下之分,双方的目的在相背之中又包含相容,为了实现目的,就必须既互相合作,又相互竞争,因此,高明的一方可以制约另一方不自觉地按照自己的意愿行事。

例如,日本 A 公司与中国 B 公司就油墨的生产线改造进行了磋商,并达成协议。双方商定将日元作为合同计价货币。当协议生效后,日元从当年 3 月的 220 日元/美元,升值到当年 6 月的 180 日元/美元。而 B 公司存储的外汇是美元,原来支付预算是按成交时的 220 日元/美元计算的,这么一来,履行协议就出现了支付问题。此时,A 公司设备已经制造完成,接近交货。面对 18% 左右的价格变化,B 公司要求与 A 公司协商该问题怎么解决,A 公司表示同意。那么,B 公司应如何制定谈判策略呢？通常情况下,汇率的波动在一定周期内是有范围的,一般不超过 5%,因此,B 公司和客户展开谈判时,可以和客户协商,鉴于实际的汇率波动已经超过这个比例,那么应当风险共担,由买卖双方共同承担汇率波动而带来的利润损失,或者按照汇率波动更新报价。

在实际谈判中,谈判的策略是多种多样的,谈判人员可从这些谈判策略中,领悟其真谛,并在实践中变通运用。另外,谈判人员要能够在谈判中应付自如和灵活地运用正确的谈判策略,还必须克服一些阻碍谈判的主观因素,使谈判人员打通心理渠道,逾越人为的谈判沟堑,促成谈判的成功。

四、国际商务谈判策略与创造性思维的运用

谈判是个创造性的活动,是在本方有利条件的基础上,经过人的努力而产生新的成果。它不是简单重复的组合,而是有所发明、有所发现。在谈判中,非程序化的因素多于

程序化的因素。可以说,谈判的实践活动生动地体现了人的创造力,而创造力的实质和核心是创造性思维。突破传统思维定式,积极地求异和求新,运用博弈论或对策论(Game Theory)的思维方式。传统思维定式的制约往往是影响创造性思维发挥的重大障碍。对传统、固有的思维模式的突破,是实现创造性思维的重要前提。与此相关的就是创造性思维、博弈论或对策论的思维的求异和求新,只有具备与众不同的新意,才能形成积极成果。因此,谈判人员必须在思想上解决谈判的意识问题,也就是如何看待谈判。正确的谈判目的是寻求双方共同利益的方案,主张从那种传统的、过分注重原则、立场和虚荣的谈判意识中改正过来,代之以面对现实、解决实际问题和获取真正利益的谈判意识。这样才能真正寻求双方的平等互利。

博弈论又被称为对策论,是研究具有斗争或竞争性质现象的理论和方法,它既是现代数学的一个新分支,也是运筹学的一个重要学科。博弈论是指个人或是某个组织,面对一定的环境条件,在一定的规则约束下,依靠所掌握的信息,从各自选择的行为或是策略进行选择并加以实施,并各自取得相应结果或收益的过程。在经济学上,博弈论是个非常重要的理论概念。

例如,有一次一位合伙人邀请谈判专家 A 去参加某飞机制造厂的拍卖会。按拍卖会的一般常识,谁出价最高,拍卖者就与谁成交。谈判专家 A 与他合伙人的保留价格是37.5 万美元。当他们来到拍卖会时,100 多位竞争者已经到会了,但他凭直觉判断其中只有 3 位是真正的竞争对手。开始,谈判专家 A 与合伙人开价 10 万美元,对手加到12.5 万美元。谈判专家 A 加到 15 万美元,对手再加到 15.5 万美元。此时,谈判专家 A 的合伙人将他拉出场,谈判专家 A 对合伙人的此举困惑不解,因为他们事先拟定好的最高报价为 37.5 万美元,现在他们的报价还离预定好的最高报价差 22.5 万美元,为什么要退出会场? 合伙人解释说:"我仔细读了这项出售的通告,按照规则,如果拍卖人认为出价不高,就将拒绝出售。我们的出价在所有投标人中位居第二,所以拍卖人对我们的对手所报 15.5 万美元不满意就一定会来同我们联系,他会说我们对手的出价已被否定,问我们是否介意再报个价。到那时候,我们就可出个比 15.5 万美元稍高的价格,再压拍卖人让步,我们可一举成功。"果不其然,他们以比原计划保留价格低得多的价与拍卖人成交。[①]

这次谈判的成功原因,非常重要的在于谈判专家 A 的合伙人根据拍卖会的现场实际,凭借着有价值的信息,突破仅在拍卖现场与对手竞买的思维模式,在恰当时机以退出拍卖现场的新意来避开竞拍会导致价格无限上扬的不利因素,最终通过幕后谈判的形式实现了在本方保留价格之下大幅度压低价与拍卖商成交的目的。如果对方是一个有实践经验的谈判老手,并且谈判双方彼此熟悉,那么,选择和应用的策略就不能过于单一、过于死板,而应该多准备几手,一手不成,再换另一手。还可将几个策略编排到一起,形成套路,从不同的角度、不同的方位采用各种策略。如果对方是个新手,而且双方之间又不熟悉,是初次交锋,那么,使用的策略不应太多、太复杂,应注重每一项策略的使用效果;运用策略的节奏也不能太快,应给对方以思考的机会。

博弈论的前提假设是人的趋利避害特性,在任何情况下人们都要用最小成本获取最

---

① 尼尔伦伯格.谈判的艺术[M].上海:上海出版翻译公司,1986.

大收益,因此参与方都会不断调整自己的策略,以保证实现上述目标。但在决策之前,切不可只从自己角度出发,要设身处地地想想对方,尽力追求商务活动中的双赢、共赢。从国际商务谈判的特点看,谈判策略或谈判计策,其含义实际上就是谈判中的技巧及其组合。因此,我们在谈判中,应根据谈判的进程,对出现的不同情况采用相应的策略,技巧性地化不利为有利,化被动为主动,逐步地达到自己的目标。这些思想与我国古代哲人的见解不谋而合,"己所不欲,勿施于人"等箴言警句就闪烁着博弈论的智慧。在谈判中所运用的策略应具有针对性,能产生有效的结果。这就需要谈判人员既掌握各种谈判策略,又具有谈判的实践经验,灵活运用谈判策略,"纸上谈兵"只会弄巧成拙。谈判中的情况千变万化,如果死搬策略,反而会被对方将计就计,落入他们的圈套。《论语·雍也》里讲到"夫仁者,己欲立而立人,己欲达而达人",认为"成己"与"达人"是一种辩证关系,"达人"是指人不要只是为了自己,而应推而广之,追求人我的协调发展、共同进步。这里面既有赞赏集体协作的一面,也有重视每个个体主体性的一面。因此要使运用的策略有效,必须认真学习、研究各种策略,针对不同的谈判场合,根据实际变化,灵活地运用各种策略及其组合,力求融会贯通,力争获得最有效的结果。

第二节　国际商务谈判开局策略

　　谈判开局策略是谈判人员谋求谈判开局中有利地位和实现对谈判开局的控制而采取的行动方式或手段。在正常情况下,谈判双方都是本着通过谈判达到本方合理收益的目的而坐到谈判桌旁。也就是说,双方都希望在友好、和谐的气氛中进行谈判。因此,有经验的谈判人员常以热情友善的方式,在双方刚一接触的瞬间,就抓住对方成员中认识或接触过的熟人先行招呼,并主动为双方初次见面的成员做一番热情的介绍,或者讲一些叙说旧情的话,使满场气氛顿时轻松活跃起来。然而在谈判活动中,往往难以寻到这种契机。客观上,每次谈判对手各不相同,各有其追求的目标。或者由于谈判人员的个性特点,或者出于策略上的考虑,开局局面并不会总是那么友好、和谐。这时,谁率先掌握准确而详尽的资料,当然就便于自己施展谋略、取得主动权。

一、国际商务谈判开局阶段策略的特点

（一）国际商务谈判开局阶段策略的运用应满足国际商务社交需要

　　国际商务社交需要是指寻求和改善社会交往中国际商务谈判方人际关系的需要。这是在满足前两种需要基础上产生的进一步要求。任何人都不是在社会上孤立地生活的,人们相互之间需要交往。因此,这方面的需要就成为国际商务谈判开局中人们行为活动的主要目标和动力。它表现为两方面的内容:一方面是爱的需要,也就是希望得到和给予友谊、关怀、忠诚和爱护,希望得到爱并给予别人爱;另一方面是归属的需要,也就是人有一种要求归属于团体的愿望,希望成为其中的一员,得到关怀和照顾,增强力量感和信心。社交需要是一种较为细腻而微妙的需要,其具体的需要如何与人的个性、心理特性、经历、文化教养、生活习惯、宗教信仰都有关系。

　　国际商务社交需要是人的一种较高层次的需要。在经济文化较发达的社会,人们的

行为活动更多的是表现社交需要,通过谈判协调行为的活动就是典型的社会交际活动。

（二）国际商务谈判开局阶段策略的运用应满足尊重谈判对手的需要

此项需要是指国际商务谈判双方自尊和受人尊重的一种社会承认。受人尊重指人希望有地位、有威望,渴望得到别人的认可、赏识、尊敬和信赖;自尊指人希望在各种不同的情境中,有胜任自身角色的能力,有自信心。如果尊重的需要得到满足,会使国际商务谈判开局阶段策略运用时人们增强自信心,觉得自己在社会上有地位、有价值、有实力、有发展前途;相反,如果这种需要受到挫折或阻挠,遇到障碍,便会使国际商务谈判中谈判人员产生自卑感和失去自信心,产生无能感。这种心理需要表现得最典型的就是在国际商务谈判中,有的人喜欢显示自己的身份、地位、权威,有的人特别要面子,有的人喜欢听别人的恭维话,也有的人喜欢排场、阔气与豪华。人们在国际商务谈判开局时可能会为了维护面子与尊严愤而退出谈判,放弃他原打算进行的交易,也可能为了取得令人钦佩的谈判业绩,废寝忘食、夜以继日地工作。

二、国际商务谈判开局策略

在国际商务谈判策略体系中,涉及谈判开局的具体策略是很多的。为了形成、巩固和发展互谅互让、和谐友好、谋求一致的谈判气氛,促使谈判的成功,谈判人员在开局阶段应该态度诚恳,真挚并具有务实性。双方应努力适应彼此需要,在交流思想的过程中要求寻大同、存小异,不纠缠枝节问题。下面采用结合谈判实例的分析方法,介绍几种典型、基本的谈判开局策略。

（一）一致式开局策略

一致式开局策略是指在谈判开始时,使对方对自己产生好感,创造或建立起对谈判的"一致"的感觉,从而使谈判双方在愉快友好的气氛中不断将谈判引向深入的策略。现代心理学研究表明,人通常会对那些与其想法一致的人产生好感,并愿意将自己的想法按照那些人的观点进行调整。这一研究结论正是一致式开局策略的心理学基础。

1972 年 2 月,尼克松总统应邀访问中国,他在欢迎仪式上竟然听到了他十分喜爱的一支乐曲——《美丽的亚美利加》,他原本没有想到在中国能听到这支在美国广为流传的乐曲,不禁为中国方面的热情友好所感动。中美的外交谈判也由此更增添了几分良好的气氛。

日本首相田中角荣在 20 世纪 70 年代为恢复中日邦交到达北京,他怀着等待中日间最高首脑会谈的紧张心情,在迎宾馆休息。迎宾馆内气温舒适,田中角荣的心情也十分舒畅,与随从的陪同人员谈笑风生。他的秘书早饭茂三仔细看了一下房间的温度计,是"17.8℃"。这使得他对中国方面的接待工作十分钦佩。在东京出发前,中国方面曾问及对爱出汗的田中所适宜的室温,早饭茂三明确地回答"17.8℃"。这舒适的温度使得田中角荣的心情舒畅,也为以后谈判的顺利进行创造了良好的条件。

《美丽的亚美利加》乐曲、17.8℃的房间温度,都是人们为了更好地实现本方的谈判目标,针对特定的谈判对手而进行的一致式谈判策略运用,构成了谈判决策输入之后的谈判实际运作内容,直接与谈判终局相联系,是承前启后、在谈判全过程中直接发生影响的重要一环,并以此成功地促成了谈判。

一致式开局策略的目的在于创造取得谈判胜利的条件,而不用以羞辱、驱赶谈判对手乃至终止谈判的手法。

（二）保留式开局策略

保留式开局策略是指在谈判开局时,对谈判对手提出的关键性问题不做彻底、确切的回答,而是有所保留,从而给对手造成神秘感,以吸引对手步入谈判的策略。例如,在日本某公司与美国某公司进行技术协作的谈判中,日本公司与美国公司采取了两种不同的谈判方式。谈判伊始,美首席代表便拿着技术数据、谈判项目、开销费用等一大堆东西,滔滔不绝地发表本公司的意见,完全不顾日本公司的态度,而日方则一言不发,仔细听并且详细记录。当美方讲了几小时后,征询日方意见时,日方则显示浑然无知,反反复复说:"我们不明白""我们没有做好准备""我们事先也未搞技术数据""请给我们一些时间回去准备一下"。第一轮谈判就这样不明不白地结束了。几个月后,第二轮谈判开始,日方以上次谈判团不称职为由撤换了上次的代表团,另派代表团到美谈判。他们装作全然不知上次谈判的结果,一切如上次谈判一样,日方显得对此项目准备不足,技术基础薄弱,信心不足,最终还是日本人以研究为名结束了第二次谈判。几个月后,日本公司又如法炮制了第三次同样的谈判。这样,美方老板大为恼火,认为日本人对这个项目没有诚意,轻视本公司的技术和基础,于是下了最后通牒,如果半年后日本方面仍然如此,两国公司的协定将被迫取消。随后美公司便解散谈判团,封存所有的技术资料,等待半年后的最后一次谈判。岂料几天后,日本即派出由前几次参与谈判的首脑人物组成的庞大代表团飞抵美国。美国公司在惊慌失措之余,匆忙召集原代表团成员仓促上阵。这次,日本人一反常态,他们带来了大量、可靠的资料数据,对技术、合作、分配、人员、物品等一切有关事项都做了精细的策划,并将协议书的初稿交由美方签字。这使美国人更加迷惘,最后未及详细审阅,勉强签了字。当然,其中的某些条款明显对日方有利。事后,美国人气得大骂日本人,说这是日本偷袭珍珠港事件之后的又一次偷袭。

很显然,该策略的运用途径是日本人在谈判中采用了保留式开局策略,谈判开始就装傻充愣,其实是在麻痹美国人,掩盖锋芒,几次更换人员又不做结论,是以此刺激美国人,让其恼火万分、失去信心、丧失斗志,然后在美国人几乎解除武装的情况下,突然而至,一下子打了美国人一个措手不及。其结果当在意料之中了。高明的谈判人员,为了掩盖自己的企图,达到自己的目的,常以"假痴"来迷惑对手,并借此消磨对手斗志,或从心理上挫败对手,解除对手武装,进而一举战胜对手。有为亦无为,聪明装糊涂,是谈判人员聪明之举。切不可无为示有为、糊涂装聪明。

采用保留式开局策略时注意不要违反商务谈判的道德原则,即以诚信为本,向对方传递的信息可以是模糊信息,但不能是虚假信息。否则,会使自己陷入非常难堪的局面之中。

（三）进攻式开局策略

进攻式开局策略是指通过语言或行为来表达本方强硬的姿态,从而获得谈判对手必要的尊重,并借以制造心理优势,使谈判顺利地进行下去的策略。采用进攻式开局策略一定要谨慎,因为在谈判开局阶段就设法显示自己的实力,使谈判开局就处于剑拔弩张的气氛中,对谈判进一步发展极为不利。

进攻式开局策略通常只在这种情况下使用,即发现谈判对手在刻意制造低调气氛,这种气氛对本方的讨价还价十分不利,如果不把这种气氛扭转过来,将损害本方的切实利益。我们来看下面的案例。

英国某公司想要从我国购买一批猪鬃,于是它便和我国一土畜产公司进行了联系,双方准备就此问题进行磋商。在磋商之前,该土畜产公司了解了一下市场行情,发现猪鬃价格正处于上涨阶段。

在谈判过程中,英国公司为了压低中国的报价,表现出一副无所谓的样子,好像这笔生意成功与否对它的影响不大。中国代表见此情景,义正词严地说:"现在世界猪鬃市场正在看好,价格上涨很快。我国的猪鬃从质量上来讲是世界上第一流的,价格是极为合理的。正因为如此,本公司在欧洲有很多经营猪鬃的朋友最近纷纷打电话要求订货。如果××先生(英方谈判代表)认为这笔生意对贵公司无所谓,我看我们最好还是结束这次谈判,我们也好把货物留给欧洲的其他朋友。"

这一番话切中要害,英国公司害怕失去其在欧洲市场的份额,于是,认认真真地和中国公司开始谈判,并接受了中方的所有条件。

日本一家著名的汽车公司在美国刚刚"登陆"时,亟须找一个美国代理商来为其推销产品,以弥补它不了解美国市场的缺陷。当日本公司准备和美国的一家公司就此问题进行谈判时,日本公司的谈判代表因路上塞车迟到了。美国公司的代表抓住这件事紧紧不放,想要以此为把柄获取更多的优惠条件。日本公司的代表发现无路可退,于是站起来说:"我们十分抱歉耽误了您的时间,但是这绝非我们的本意,我们对美国的交通状况了解不足,所以导致了这个不愉快的结果,我希望我们不要再因为这个无所谓的问题耽误宝贵的时间了,如果因为这件事怀疑到我们合作的诚意,那么,我们只好结束这次谈判。我认为,我们所提出的优惠代理条件是不会在美国找不到合作伙伴的。"日本公司代表的一席话说得美国公司代表哑口无言,美国人也不想失去一次赚钱的机会,于是谈判顺利地进行下去了。

在这个案例中,日方谈判代表就是采取了进攻式开局策略,阻止了美方谈判代表谋求营造低调气氛的企图。

（四）挑剔式开局策略

挑剔式开局策略是指开局时,对对手的某项错误或礼仪失误严加指责,使其感到内疚,从而达到营造低调气氛、迫使对手让步的目的的策略。

20世纪80年代中期,中国某公司到南美某国与一家公司谈判购买木材事宜。采购小组到达后,对方借口公司老板外出无法赶回,将其晾在一边。待中方采购人员回国日期临近,对方却夜以继日与中方谈判,弄得大家筋疲力尽,而且价格老谈不下来。中方虽然提出意见,对方却置若罔闻。于是中方负责人向其郑重表示:"我们万里迢迢来到这里,是事先与你们商定好的。看看你们对此次谈判的安排和报价,似乎无意做这笔交易,因此我们决定提前离开,我们还要到××国去办些事情。待你们有了新的考虑,你们再到我们公司去谈,不过要有诚意啊!"说完,就礼貌而略显不满地告别了对方,从而制造了一个僵局。其实,中方代表团提前离开,一方面是想到另一个国家看看情势,但另一方面主要还是避免匆匆忙忙签约而出现疏漏。对方不了解中方的底细,更担心中方公司到别的国家去后会向另外的公司购买木材,于是当天下午就打电话到中方采购人员下榻的旅馆,一方面表示道歉,一方面要求第二天重开谈判。结果以有利于中方的报价完成了那次谈判。

（五）坦诚式开局策略

坦诚式开局策略是以开诚布公的方式向谈判对手陈述自己的观点或意见,尽快打开谈判局面的策略。

坦诚式开局策略比较适合双方有长期的业务往来关系,合作的经历比较满意,互相比较了解,能够很自然地将这种友好关系作为谈判的基础。在陈述中可以真诚地提出对方的良好信誉,同时由于双方的密切关系可以省略一些外交辞令,坦率地提出本方的观点以及对谈判的期望,使对方产生信任感。有时,坦诚式开局策略也可用于实力不如对方的谈判人员。当本方的实力较弱并为双方所共知时,坦率地表明本方的弱点,使对方理智地考虑谈判目标。这种坦诚表明实力弱的一方有信心、有能力。

1921 年,22 岁的美国富翁哈默听说苏联开始实行新经济政策,鼓励外商去苏联投资。其时美国粮食生产过剩,不少农民宁愿把粮食烧掉也不愿以低价运到市场上去出售;而苏联当时正闹饥荒。哈默因此打算到苏联去谈判粮食买卖,借以换取美国需要的毛皮、白金和绿色宝石。

哈默到达莫斯科后的第二天,列宁就在自己的办公室与他进行了恳切的交谈。谈完粮食问题之后,列宁建议哈默到苏联投资开设公司。哈默听后沉默不语,因为此前美国和其他资本主义国家对苏联的新经济政策进行过很多歪曲的宣传,说到苏联去开展经济贸易活动无异于"去月球探险"。现在哈默已经在"冒险"与苏联进行粮食交易,其结果尚难预料,哪还有勇气又做投资"冒险"。

聪明的列宁一眼看透哈默的疑虑,于是把苏联实行新经济政策的目的和主要内容向哈默做了说明："……苏联是个落后的国家,但资源丰富而未开发。美国可以在这儿找到原料和销售机器的市场,以后还可以在这里推销工业产品。总之,苏联需要美国的技术和方法,以及美国的工程技术人员。美国和苏联可以互相取长补短。"

听到这里,哈默还是沉思不语。列宁接着拿出一本《科学美国人》杂志翻了起来："瞧! 这是贵国人民做出的成绩。这就是进步的含义:高楼大厦,发展机器来代替人的双手。今天的苏联很像开拓时期的美国……"

这时候,哈默大体上明白了苏联引进外资兴办企业的平等互利原则,并向列宁表示要试干一场。可是说着说着又动摇起来,他担心在苏联的环境里好些地方难以伸展手脚。列宁听出哈默担心苏联政府部门办事拖拉、不讲效率,于是明确表态说:"官僚主义,这是我们最大的祸害之一。我打算指定一两个人组成特别委员会,全权处理这一事务,他们会向你提供你所需要的帮助。"

可哈默眼里似乎还流露着某种疑义,列宁索性不加保留地补充说道:"我们明白,我们必须确定一些条件,保证承租的人有利可图。商人都不是慈善家,除非觉得可以赚钱,不然只有傻瓜才会在苏联投资。"

列宁一连串的坦率陈述,既合情,又合理,干脆利落,明白清楚,使哈默脑子里的疑问、心坎上的石头一个个打消了、放下了。此次谈话后不久,哈默就成了第一个到苏联投资经营租赁公司的美国企业家。①②③

坦释疑义并不是说不加选择地将自己的底细和盘托出,这要视谈判的对象、谈判的问题和谈判的时机而定。使用这种方法应当考虑如下各点:①留有余地,只需选择几项关键的有助于推动成交的疑难点向对方解释清楚即可。②有的放矢,只能对值得信任的谈判对手或虽有顾虑,但心地坦诚、可以合作的客商使用,即以自己的坦诚换取对方的理解和信任,不能让自己的坦诚变成对方欺诈强索的把柄。③实事求是,在介绍自己的市场、产品、强点、弱点时,要有真凭实据,不可夸大其词,不可凭空捏造,言过其实反而会增加对方的怀疑。

如果对方在谈判中也用这类办法拉住自己,那就应当注意:①礼貌、耐心地听取;②认真分析,去伪存真;③考虑有条件地接受其合理的提议,或婉言拒绝其无法接受的要求。

第三节　国际商务谈判磋商策略

磋商阶段在国际商务谈判中通常叫作讨价还价阶段。国际商务谈判的需要和利益主要表现为物质的东西,利益与需要的分割过程表现为谈判主体之间互相交流各种信息及物质条件等的过程。其中,关于价格的沟通,即买方或卖方的报价,以及随之而来的价格磋商是这一过程的核心。因此,关于价格的谈判是国际商务谈判的核心。价格作为价值的标尺,是衡量需要和利益是否得到满足、谈判能否成功的主要因素。双方争论最激烈、谈判实力得到充分体现的,主要是价格问题。每一次讨价还价都意味着一定的物质损益在谈判各方之间发生。所以,价格是谈判主体用于衡量需要与利益被满足程度的重要尺度。磋商阶段贯穿你来我往的拉锯战,充满错综复杂的斗智场面,策略和技巧的作用在本阶段得到了充分体现。

一、报价(报盘)策略

报价,亦称"发盘",是指首先提出价格的行为,实际上是我方向对方提出自己所有要求的行为。这里所讲的报价并不是指双方在谈判中提出的价格条件,而是指谈判一方向对方提出自己的所有要求。当然,在所有这些要求中,价格是其核心。

报价是价格磋商的基础。谈判一方报价之后,多数谈判对手不会立即作出接受报价的决定,因此,谈判双方就会自然而然地进入价格磋商阶段。这里的价格磋商是指谈判双方针对对方的报价和策略而使用的反提议和相应对策。价格磋商的核心是价格问题,但却不仅仅是价格的升降。谈判双方的实力、谈判人员的态度和行为,所做准备工作以及所运用的策略等对价格磋商都至关重要。因此,从这种意义上讲,价格磋商实质上是一种包

① 徐胜希.列宁与美国实业家哈默博士[J].历史教学,1985(8):56-58.

② 郑锡荣.历史的见证——哈默自传[J].国际展望,1988(13):27-29.

③ 康西丹.超越生命——哈默博士传[M].中国社科院美国研究所编译组,译.北京:生活·读书·新知三联书店,1983:31-36.

括各种复杂力量关系在内的交换过程。

（一）报价的原则

报价应遵循的基本原则是，通过反复比较和权衡，设法找出报价者所得利益与该报价能被接受的成功概率之间的最佳组合点。

报价前，必须反复核实、验证，确定本方商品价格所依据的信息资料的可靠性，以及所定价格金额及备调幅度的合理性。这是由于，如果定价依据不真实，所报的期望价过高或可调幅度不切实际，那么，在以后的磋商阶段中，一旦对方提出异议，本方又无法回答，就会使本方丧失信誉，轻则影响谈判的顺利进行，重则导致整个谈判向不利于本方的方向变化发展。

谈判一方在报价时，不仅要考虑报价所能获得的利益，还要考虑报价能否被对方接受，即报价能否成功的概率。在国际商务谈判中，谈判双方即买方与卖方处于对立统一之中，他们既互相制约，又互相统一。报价水平的高低不是由报价一方随心所欲就可以决定的，报价只有在对方接受的情况下才能产生预期的结果。因此，报价前要尽可能地摸准对方的要求，并设法找到本方报价的期望利益与对方接受的可能性之间的最佳接合点（协议点），制订出一个报价的最佳方案。这是由于成功的谈判需要依赖最佳的报价方案。而最佳报价方案的形成，不仅取决于对方对某种商品单价的讨论，还取决于双方对商品支付手段、交易条件、质量要求及其他一系列内容的磋商。本方报价的期望利益和对方接受的可能性既然受到多种因素的影响，那么，就需要从这些因素出发，在综合性的考虑中谋求报价的成功。也就是说，在对本方和对方诸多要求都了解清楚的情况下，找到对方的诸多要求与本方诸多要求一一对应的最佳接合点，并且把握其发展趋向，这样才能产生一个完整的报价设想，进而对本方报价的成功与否作出正确的估计。

然而，这仅仅是就报价的一般性原则进行的分析。在实际的商务谈判过程中，由于谈判双方的状况以及谈判环境条件的复杂性，很难找到这样一个最佳的、理想的报价。但谈判人员应把握这一原则的精神实质，尽可能精确地估计对方可接受的报价范围，根据不同的形势采用具体的报价策略，力争在实际谈判过程中使报价接近理想的报价。

（二）国际商务谈判报价策略

国际商务谈判报价策略主要包括报多少最合理、用什么方法报、什么时间报最合适等一系列问题。

国际商务谈判报价策略，要充分考虑到商品的定价影响因素和报价的影响因素，从而制定出比较合乎实际的报价策略。主要的报价策略有以下几个。

1. 报高价策略

报高价策略是以卖方确定的最高期望价格报出价格的策略。在国际商务谈判中，谈判人员可以根据外部环境和内部条件，即根据报价的依据，结合谈判意图，确定报价的上下限，即期望标准和临界标准。作为卖方，报价谋略是"喊价要高"，买方的报价谋略是"出价要低"。国际商务谈判实践都证明了在双方报价中"一高一低"谋略，即"喊价要高，出价要低"，是合理而行之有效的策略，卖方喊价高则可能以较高的价格成交；买方喊价低则往往以较低的价格成交；甚至喊价高得出人意料的卖主，只要谈判不致破裂，买主不被吓跑，往往会有理想的结果。例如，一块手表卖主开价1 000元，买主还价600元，那么最后买卖可能在 800 元或接近 800 元的价格上成交。所以,高明的谈判人员,在不导致谈判破裂的前提下,尽可能地报高价,从而争取更大的利益。

报高价给谈判结果设定了一个不可突破的上限。报价一经说出,本方就不能再提出更高的要价,更不要期望对方会接受更高的报价。除非有足以说服对方的理由,如时间的延长,或某种环境因素的变动等,否则会使谈判破裂。

报高价也为对方提供了衡量和评价本方条件的尺度。在一般情况下,报价越高,对方对我方提供的商品和劳务评价越高;反之,则越低。报高价往往对成交期望水平具有实质性的影响,一个人的期望水平越高,他会越努力实现或维护这个水平,其结果当然有可能达到这个水平。而对于一方的喊价,如接近或低于另一方的期望值,另一方则不愿意接受最初的减价。所以最初报高价策略,对最后成交水平起着制约作用。

报出的高价,只要能使对方坐下来谈判(即对方不是拍案而起、拂袖而去),就是报价者的成功。如果报价不给自己留有退让的余地,可能使谈判陷入不可挽救的僵局,因为大多数谈判的最终协议价格,是在一方报出的高价与对方报价的中点上下之间。可见报得越高,可能获得的利益也就越大,而报高价不仅为自己留有充分的余地,还为讨价还价、打破僵局准备了有利的筹码,以利完成我方的谈判战略部署。

但是万物有利也有弊,过高的报价,往往导致谈判的破裂。如果卖方的开价大大超过买方的底价,或者买方的还价大大低于卖方的底价,那就势必导致谈判的破裂。就好比你去自由市场买青菜,假如一般行情是 5 角钱一斤。如果个体户开价是 5 元钱一斤,或者你还价是 5 分钱一斤,那么谈判将破裂,交易无法达成。

2. 引诱报价策略

国际商务谈判的特点是"利己"和"合作"兼顾,因此,如果谈判人员想要顺利地获得谈判的成功,而且维系和发展同谈判对手之间的良好关系,那么在尽可能维护自己利益的基础上,还要照顾和满足谈判对手的需要和要求。

美国有位大富翁 J 先生经营旅馆、戏院、自动洗衣店等颇有章法,他出于某种需要决定再投资一本杂志。经内行人介绍,J 先生看中了杂志出版界的大红人 L 先生。L 先生本人恃才傲物,瞧不起其他同行,更不要说外行人了,以致很多出版商争相罗致,甚至出一大笔钱,也无法把他的杂志弄到手。

精于谈判之道的 J 先生,在谈判之前对 L 先生进行了全面而细致的调查,除了了解到 L 先生恃才自傲的一面外,还了解到 L 先生有一个幸福的家庭,他非常珍惜家庭的幸福,并且非常爱自己的妻子和孩子;并且,还了解到 L 先生对于独立承担竞争性非常强烈的这类杂志,已经没有当初的兴趣了,他为了节省开支,不得不整日泡在办公室里,处理繁杂的事务,对此他早已感到乏味。针对 L 先生的这一性格和心理,J 先生决定在谈判中实施引诱报价法:经过两次会面和共进午餐之后,双方有了初步的了解,并同意坐下来谈判。谈判一开始,J 先生开门见山地承认自己对出版杂志一窍不通,因此,需要借助 L 先生这样有才干的专家。满足了 L 先生恃才傲物的心理,使 L 先生对 J 先生产生了好感。接着,他把一大笔数目的现金支票和他公司的股票放在 L 先生面前,告诉 L 先生他公司的股票在过去几年中如何涨价、利益如何可观、利息有多大等。这等于告诉 L 先生,如果合作的话,他的家庭生活有了保障;他的杂志有了足够的财政支持,不仅没有破产的危险,而且有扩展业务的可能；他还能从繁杂的公务中解脱出来，因为 J 先生已经物色了一批人。J 先生把这些人一一介绍给 L 先生，其中还有未来的经理，并且说，他们将来都归他使用，帮助他处理办公室的烦琐事务，好让他全力以赴只管杂志的编辑工作。J 先生的"鱼饵"一下子就打动了 L 先生。J 先生仅仅花了其他出版商 1/10 的钱，就将 L 先生和他的杂志弄到了手。理由很简单，J 先生把这笔钱的大部分作为"鱼饵"，钓到了 L 先生，而不是出 10 倍的钱去买整个杂志社。

使用引诱报价法必须注意掌握分寸，引诱的价格如果太低，就想获得对方很多利益，那么吸引力太小；诱饵太多，付出的代价太大，得不偿失。在使用引诱报价法时，必须清醒地认识到投下诱饵以满足对方的需要是手段，最终满足自己的需要才是目的，不可本末倒置，要进行成本和收益的核算。

3. 中途变价策略

中途变价法指报价的中途，改变原来的报价趋势，从而争取谈判成功的报价方法。所谓改变原来的报价趋势是说，买方在一路上涨的报价过程中，突然报出一个下降的价格，或者卖方在一路下降的报价过程中，突然报出一个上升的价格来，从而改变了原来的报价趋势，促使对方考虑接受你的价格。

美国商人山姆去圣多明哥旅游，在街上一家皮件商店的橱窗里，看到了一只皮箱和自己家里的一模一样，忍不住停下来看。皮箱店的老板正在门口拉生意，看见山姆，马上上前推销，好话说尽，山姆就是不买。山姆为了看看店主到底有些什么推销的手段，站着没走。店主看山姆不动心，把价格一再压低，20 美元、18 美元、16 美元……12 美元、11 美元，可是山姆还是不买他的皮箱，而老板又不想再跌价了，在报出了"11 美元"以后，突然改变下降的趋势，报出了一个上升的价格"12 美元"来，当感到奇怪的山姆揪住"11 美元"不放时，老板顺水推舟地以 11 美元的价格把皮箱卖给了山姆。

谈判的大量实践告诉我们，许多谈判人员为了争取更好的谈判结果，往往以极大的耐心，没完没了地要求、要求、再要求，争取、争取、再争取。但碰到像刚才这样的对手实在让人头疼，尽管已经满足了他的许多要求，使他一次又一次地受益，可他似乎还有无数的要求，这时对付他的有效方法就是"中途变价法"，即改变原来的报价趋势，报出一个出乎对方意料的价格来，从而遏制对方的无限要求。

二、讨价策略

讨价指谈判中的一方首先报价之后，另一方认为离自己的期望目标太远，而要求报价方改善报价的行为。这种讨价要求既是实质性的也是策略性的。其策略性作用是误导对方对本方的判断，改变对方的期望值，并为本方的还价做准备。讨价策略的运用包括讨价方式的选择和讨价之后对谈判对手的分析。

讨价一般分为三个阶段，不同的阶段采用不同的讨价方式。

第一阶段，由于讨价刚开始，对卖方价格的具体情况尚欠了解，因而，讨价的策略是全面讨价，即要求对方从总体上改善报价。

第二阶段，讨价进入具体内容，这时的讨价策略是针对性讨价，即在对方报价的基础上，找出明显不合理，虚头、含水分大的项目，针对这些不合理的部分要求改善报价。

第三阶段,是讨价的最后阶段,讨价方在作出讨价表示并得到对方反应之后,必须对此进行策略性分析。

若首次讨价就能得到对方改善报价的反应,这就说明对方报价中的策略性虚报部分可能较大,价格中所含的虚头、水分较大,或者也可能表明对方急于促成交易的心理。但是一般来说,报价者开始都会固守自己的价格立场,不会轻易还价。另外,即使报价方作出改善报价的反应,也要分析其让步是否具有实质性内容。只要没有实质性改善,讨价方就应继续抓住报价中的实质性内容或关键的谬误,并盯住不放。同时,依据对方的权限、成交的决心实施讨价策略。

三、还价策略

谈判的一方报价以后,一般情况下,另一方不会无条件地全部接受所报价格,而是相应地作出这样或那样的反应。谈判中的还价,实际上就是针对谈判对手的首次报价,本方所作出的反应性报价。还价以讨价为基础,在一方首先报价以后,另一方一般不会全盘接受,而是根据对方的报价,在经过一次或几次讨价之后,估计其保留价格和策略性虚报部分,推测对方可妥协的范围,然后根据本方的既定策略,提出自己可接受的价格,反馈给对方。如果说报价划定了讨价还价范围的一条边界的话,那么,还价将划定与其对立的另一条边界,双方将在这两条边界所规定的界区内展开激烈的讨价还价。

(一)还价前的运筹

还价策略的精髓在于"后发制人"。要想发挥"后发制人"的威力,就必须针对对方的报价作出周密的筹划,具体有以下三个方面。

(1)应根据对方对本方讨价所作出的反应和自己所掌握的市场行情与商品比价资料,对报价内容进行全面的分析,从中找出突破口和报价中相对薄弱的环节,作为本方还价的筹码。

(2)根据所掌握的信息对整个交易作出通盘考虑,估量对方及本方的期望值和保留价格,制订出本方还价方案中的最高目标。

(3)根据本方的目标设计出几种不同的备选方案,以保持本方谈判立场的灵活性。

(二)还价方式

还价的方式,从价格评论的依据上分为两类:一类是按比价还价;另一类是按分析的成本价还价。两种还价方式的选取取决于谈判人员拥有的基础材料。商品的比价要受市场供求的影响,反过来,商品比价对供求又有反作用。所以,商品比价关系要适应市场供求的变化;反过来又要调节供求,使之向平衡方向发展。如果比价材料丰富且准确,选"按比价还价",对买方来讲简便,对卖方来讲容易接受。反之,则用"分析的成本价还价"。企业的会计账户记录企业在过去一段时期内生产和经营过程中的实际支出,这些支出被称为会计成本。会计成本常被用于对以往交易行为的审核和评价。如果关于比价的会计成本材料准确,但不优惠,而卖方坚持比价,买方从总的价格水平出发,视卖方具体情况而定。

构成全部数目或数量的价值被称为总价,有的卖方总价格条件相对优惠,态度坚定,买方则应根据实际状况,提供相关材料。在全部成本之中,人工成本的高低能够在一定程度上反映出买卖双方的意图。有的卖方以客观的现象、不真实的条件说服买方同意价格。例如，"卖方雇人装卸、搬运货物，需要人工费用"，这属于真实状况；但人工的报酬实际是多少，可能会出现虚假条件，以掩盖利润。如果买方明确提出给卖方利润，请卖方公开人工费数目及从事运输、配料的辅助工人的基本工资、附加工资、工资性津贴，卖方为了隐藏真相，经常拒绝公开。对此，买方也只能"有选择地使用比价材料"。从总体上看，双方在利益的交锋中得到了"平衡"，即相关各方的利益在共存和相容的基础上达到合理的优化状态。只是在方法上，应避免出现虚假的承诺、谎言欺骗的嫌疑。卖方要注意运用夸大其词、虚假宣传的技巧。相应地，买方要将现有报价与以前的成交价比较，以衡量现实的报价水平，或者直接对比各企业报价的高低、条件优劣，从中选出价低、技术条件优者作为商谈的对象。

实践中，具体做法均应根据谈判双方的情况具体选择。

（三）还价起点的确定

还价的起点是买方第一次公开报出的打算成交的条件，其高低直接关系到自己的利益，也反映出谈判人员的谈判水平。

还价的目的不是仅仅提供与对方报价的差异，而应着眼于如何使对方承认这些差异，并愿意向双方互利性的协议靠拢。所以，还价起点的总体要求是，既能够保持价格磋商过程得以进行，同时还价起点要低，力求使自己的还价对对方造成压力，影响或改变对方的判断。此外，还价起点又不能太低，还价起点的高度必须接近对方的目标，使对方有接受的可能性。由于先前的报价实际为谈判划定了一定的范围和框框，并形成对该价格的深刻印象，还价一方很难对此范围和框框有大的突破。如果一方先报出 6 万元，对方很少有勇气还价 600 元。

多年前，北京服装检测中心的同志曾经公开说过，北京市场上的服装，往往高出进价 3～10 倍。如果一套衣服进价 100 元，标价 900 元，请问，购买者还价会还到多少呢？一般还到 800 元、700 元，就不得了了，还到 600 元的，算是很有勇气了，买主很少敢还到 500 元、400 元，他们怕被卖主骂，怕被人瞧不起，所以，宁可不还价而转身一走了之，免得招惹是非。而卖主往往在 500 元、400 元的价位上就愿意成交了，何况买主愿意出 600 元、700 元，甚至 800 元呢？所以说，卖主只要一天中有一个人愿意在 900 元的价格上与他讨价还价，他就大大地成功了。

还价起点的确定，从原则上讲，是既要低，但又不能太低，要接近谈判的成交目标。从量上讲，还价起点的确定有三个参照因素，即报价中的含水量、与自己目标价格的差距和准备还价的次数。

第四节 国际商务谈判僵局的突破策略

谈判僵局是指在国际商务谈判过程中，当双方对所谈问题的利益要求差距较大，各方又都不肯作出让步，导致双方因暂时不可调和的矛盾而形成的对峙，而使谈判呈现出一种不进不退的僵持局面。僵局之所以能够经常产生，其原因就在于来自不同的企业、不同国家或地区的谈判人员，在国际商务谈判中，双方观点、立场的交锋是持续的，当利益冲突变得不可调和时,僵局便出现了。当僵局出现以后,必须进行迅速的处理,否则就会对谈判的顺利进行产生影响。出现僵局虽不等于谈判破裂,但它严重影响谈判的进程,如不能很好地解决,就会导致谈判破裂。要突破僵局,就必须对僵局的性质、产生原因等问题进行透彻的了解和分析,正确地加以判断,从而进一步采取相应的策略和技巧,选择有效的方案,重新回到谈判桌上来。

僵局的发生是在整个合作过程中都有可能出现的。国际商务谈判僵局分为协议期僵局和执行期僵局两大类。协议期僵局是双方在磋商阶段意见产生分歧而形成的僵持局面;执行期僵局是在执行项目合同过程中双方对合同条款理解不同而产生的分歧,或出现了双方始料未及的情况而把责任有意推向对方,抑或一方未能严格履行协议引起另一方的严重不满等,由此而引起的责任分担不明确的争议。

一、国际商务谈判僵局的特点

(一)不确定性

谈判中期是谈判的实质性阶段,双方需要就有关技术、价格、合同条款等交易内容进行详尽的讨论、协商。但是,在合作的背后,客观地存在着各自利益上的差异,这就可能使谈判暂时向着使谈判双方难以统一的方向发展,产生谈判中期的僵局。有些中期僵局通过双方之间重新沟通,矛盾便可迎刃而解,有些则因谈判各方为了维护自己的利益而不愿首先作出让步,并且双方都不愿在关键问题上退让而使谈判长时间拖延,问题悬而难解。因此,中期僵局是最为纷繁多变的,也使谈判经常发生破裂。

(二)易突破性

谈判后期是双方达成协议阶段。谈判双方在解决技术、价格等关键性问题之后,还有诸如项目验收程序、付款条件等执行细节需要进一步商议,特别是合同条款的措辞、语气等经常容易引起争议。但是谈判后期的僵局不像中期那样难以解决,只要某一方表现得大度一点,稍做些让步便可顺利结束谈判。

(三)可利用性

一方面,谈判人员可以利用谈判僵局为实现自己的目标服务;另一方面,谈判人员可以通过有效地处理谈判僵局使谈判朝着对自己有利的方向发展。因此,在国际商务谈判中,了解谈判僵局产生的原因以避免僵局出现,利用谈判僵局来促使对方接受自己的条件,打破谈判僵局以取得有利的结果,便成为谈判人员必须掌握的处理谈判僵局的基本技能。

二、国际商务谈判僵局的成因

(一)双方立场观点性争执

谈判过程中,如果对某一问题各持自己的看法和主张,则越是坚持自己的立场,双方之间的分歧就会越大。这时,双方真正的利益被这种表面的立场所掩盖。于是,谈判变成了一种意志力的较量,谈判自然陷入僵局。

在谈判过程中,谈判对手为了维护自己的正当利益,提出自己的反对意见,当这些反对意见得不到解决时,对方便会制造僵局来迫使本方让步。如卖方认为要价不高,而买方则认为卖方的要价太高;卖方认为自己的产品质量没有问题,买方则对产品质量不满意;等等。此外,也可能是客观市场环境的变化造成的不能让步,例如由于市场价格的变化,原定的谈判让步计划无法实施,否则会蒙受损失,也会在谈判中坚持条件,使谈判陷入僵局。

经验证明,谈判双方在立场上关注越多,就越不能注意调和双方利益,也就越不可能达成协议,甚至谈判双方都不想作出让步,或以退出谈判相要挟,这就更增加了达成协议的困难。人们最容易在谈判中犯立场观点性争执的错误,这也是形成僵局的主要原因。

（二）谈判人员素质

就导致谈判僵局的因素而言,不论是何种原因,在某种程度上都可归结为人员素质方面的原因。谈判人员素质不仅始终是谈判能否成功的重要影响因素,而且当双方合作的客观条件良好、共同利益较一致时,谈判人员素质高低就成为能否发挥决定性作用的影响因素。

1. 谈判人员的偏见或成见

偏见或成见是指由感情原因所产生的对对方及谈判议题的一些不正确的看法。由于产生偏见或成见的原因是对问题认识的片面性,即用以偏概全的办法对待别人,因而很容易引起僵局。

2. 谈判人员的失误

有些谈判人员想通过表现自我来显示实力,从而使谈判偏离主题,或者争强好胜,提出独特的见解令人诧异,或者设置圈套、迷惑对方,使谈判的天平向着本方倾斜,以实现在平等条件下难以实现的谈判目标。但是在使用一些策略时,时机掌握不好或运用不当,也往往导致谈判过程受阻及僵局的出现。

3. 谈判人员的故意反对

故意反对是指谈判人员有意给对方出难题,搅乱视听,甚至引起争吵,迫使对方放弃自己的谈判目标而向本方目标靠近。产生故意反对的原因可能是过去在谈判中上过当、吃过亏,现在要给对方报复,或者自己处在十分不利的地位,通过给对方制造麻烦可能改变自己的谈判地位,并认为即使改变不了不利地位也不会有什么损失。这样就会导致国际商务谈判陷入僵局。

4. 谈判人员的强迫手段

谈判中,人们常常有意无意地采取强迫手段而使谈判陷入僵局,特别是涉外商务谈判,由于不仅存在经济利益上的相争,还有维护国家（地区）、企业及自身尊严的需要,因此,某一方越是受到逼迫,就越是不会退让,谈判的僵局也就越容易出现。

三、国际商务谈判僵局的利用和制造

（一）僵局的利用

1. 僵局能够促成双方的理性合作

谈判实践中,很多谈判人员害怕僵局出现,担心僵局导致谈判暂停乃至最终破裂。然而,谈判暂停,可以使双方都有机会重新审慎地回顾各自谈判的出发点,既能维护各自的合理利益又注意挖掘双方的共同利益。如果双方都逐渐认识到弥补现存的差距是值得的,并愿采取相应的措施,包括作出必要的进一步妥协,那么这样的谈判结果也真实地符合谈判原本的目的。即使出现了谈判破裂,也可以避免非理性的合作,不能同时给双方带来利益上的满足。双方通过谈判,虽然没有成交,但彼此加深了了解、增进了信任,并为日后的有效合作打下了良好的基础。

2. 僵局可以改变谈判均势

有些谈判人员的要求,仅在势均力敌的情况下是无法达到的,为了取得更有利的谈判条件,便利用制造僵局的办法来提高自己的地位,使对方在僵局的压力下不断降低其期望值。当自己的地位提高和对方的期望值降低以后,在最后用折中方式结束谈判时便会使自己取得更有利的条件。这是那些处于不利地位的谈判人员利用僵局的动机。弱者在整个谈判过程中就处于不利地位,他们没有力量与对方抗衡,为了提高自己的谈判地位,便制造僵局来拖延谈判时间,以便利用时间的力量来达到自己的目标。

(二)僵局的制造

谈判人员要利用僵局,首先需要制造僵局,制造僵局的基本原则是如何使所制造的僵局能给自己带来更大的利益。谈判僵局出现以后会有两种结果:打破僵局继续谈判和谈判破裂。

1. 制造僵局的一般方法

制造僵局的一般方法是向对方提出较高的要求,要对方全面接受自己的条件。对方可能只接受本方的部分条件,即作出少量让步后便要求本方作出让步,本方此时如果坚持自己的条件,以等待更有利的时机到来,而对方又不能再进一步作出更大让步,谈判便陷入僵局。

2. 制造僵局的基本要求

谈判人员制造僵局的基本做法是向对方提出较高的要求,但这一要求绝不能高不可攀,因为要求太高对方会认为是没有谈判诚意而退出谈判。目标的高度应以略高于对方所能接受的最不利的条件为宜,以便最终通过自己的让步仍以较高的目标取得谈判成功。同时,对自己要求的条件,要提出充分的理由说明其合理性,以促使对方接受。

四、打破谈判僵局的策略

谈判出现僵局,就会影响谈判协议的达成。无疑,这是任何谈判人员都不愿看到的。因此,在双方都有诚意的谈判中,尽量避免出现僵局。但是,谈判又是双方利益的分配,是双方的讨价还价,僵局的情况时有发生,因此,仅从主观愿望上不愿出现谈判僵局是不够的,也是不现实的。必须正确认识、慎重对待这一问题,掌握处理僵局的策略技巧,从而更好地争取主动,达成谈判协议。

(一)正确认识谈判中的僵局

许多谈判人员把僵局视为失败,企图竭力避免它,不是采取积极的措施避免,而是消极躲避。在谈判开始之前,就盼望能顺利地与对方达成协议,完成交易,别出意外、麻烦。负有与对方签约的使命时,这种心情就更为迫切。这样一来,为避免出现僵局,就事事处处迁就对方,一旦陷入僵局,就会很快地失去信心和耐心,甚至怀疑自己的判断力,对预先制订的计划方案也产生了动摇。这种思想阻碍了谈判人员更好地运用谈判策略,事事处处迁就的结果,就是达成一个对己不利的协议。

（二）对利益进行理性思考

在谈判陷入僵局的时候,有些谈判人员会脱离客观实际,盲目地坚持自己的主观立场,甚至忘记了自己出发点是什么,由此而引发的矛盾,当激化到一定程度即形成了僵局。这时,应设法建立一项客观的准则,即让双方都认为是公平的,且易于实行的办事原则、程序或衡量事物的标准,充分考虑到双方潜在的利益到底是什么,从而理智地克服一味希望通过维持自己的立场来"赢"得谈判的做法。

（三）利益协调法

当双方在同一问题上利益发生尖锐对立,并且各自理由充足,均无法说服对方,又不能接受对方的条件,从而使谈判陷入僵局时,可采用利益协调法打破僵局。利益协调法即让双方从各自的目前利益和长远利益的结合上看问题,对双方的利益进行协调,最终达成谈判协议,因为如果都追求目前利益,可能都失去长远利益,这对双方都是不利的。只有双方都作出让步,协调双方的关系,才能保证双方的利益都得到实现。

（四）避重就轻,转移视线

当谈判陷入僵局,经过协商而毫无进展,使双方的情绪均处于低潮时,可以采用避开该话题的办法,换一个新的话题与对方谈判,以等待高潮的到来。横向谈判是回避低潮的常用方法。由于话题和利益间的关联性,当其他话题取得成功时,再回来谈陷入僵局的话题,便会比以前容易得多。

有时谈判之所以出现僵局,是因为僵持在某个问题上。商务谈判过程中,往往存在多种可以满足双方利益需求的方案,谈判人员经常简单地采用某一方案,而当这种方案不能为双方同时接受时,僵局就会形成。这时,谁能够创造性地提出可供选择的方案,谁就能掌握谈判中的主动。谈判人员可以把这个问题避开,磋商其他条款。当然,这种替代方案一定是既能有效地维护自身的利益,又能兼顾对方的利益要求。不要试图在谈判开始就确定一个唯一的最佳方案,否则往往阻止了许多其他可供选择的方案的产生。如双方在价格条款上互不相让、僵持不下,就可以把这一问题暂时抛在一边,洽谈交货日期、付款方式、运输、保险等条款。如果在这些问题处理上,双方都比较满意,就可能坚定了解决问题的信心。如果一方特别满意,很可能对价格条款作出适当让步。

（五）运用休会策略

休会策略是谈判人员为控制、调节谈判进程,缓和谈判气氛,打破谈判僵局而经常采用的一种基本策略。有时候,当谈判进行到一定阶段或遇到某种障碍时,谈判双方或其中一方提出休会,以使谈判人员恢复体力和调整对策,推动谈判顺利进行。

谈判出现僵局,双方情绪都比较激动、紧张,会谈一时也难以继续进行。这时,提出休会是一个较好的缓和办法,东道主可征得客人的同意,宣布休会。双方可借休会时机冷静下来,仔细考虑争议的问题,也可以召集各自谈判小组成员,集思广益,商量具体的解决办法。谈判呈现僵局而一时无法用其他双方都能接受的方法打破僵局时,可以采用冷处理的办法,即总结已取得的成果,然后决定休会,使双方冷静下来认真考虑对方的要求,同时各方可进一步对市场形势进行研究,以证实自己原观点的正确性。当双方再按预定的时间、地点坐在一起时,会对原来的观点提出修正的看法。这时,僵局就会较容易打破。

谈判室是正式的工作场所,容易形成一种严肃而又紧张的气氛。当双方就某一问题发生争执,各持己见,互不相让,甚至话不投机、横眉冷对时,这种环境更容易使人产生一种压抑、沉闷的感觉。在这种情况下,可以暂时停止会谈或双方人员去游览、观光、出席宴会、观看文艺节目,也可以到游艺室、俱乐部等地方消遣。这样,在轻松愉快的环境中,大家的心情自然也就放松了。更主要的是,通过游玩、休息、私下接触,双方可以进一步熟悉了解,清除彼此间的隔阂,也可以不拘形式地就僵持的问题继续交换意见,寓严肃的讨论和谈判于轻松活泼、融洽愉快的气氛之中,这时彼此心情愉快,人也变得慷慨大方,谈判桌上争论了几个小时无法解决的问题,在这里也许迎刃而解了。

休会的策略一般在下述情况下采用。

(1)当谈判出现低潮时。人们的精力往往呈周期性变化,经过较长时间的谈判后,谈判人员就会精神涣散,工作效率低下,这时最好提议休会,以便休息一下,养精蓄锐,以利再战。

(2)当会谈出现新情况时。谈判中难免出现新的或意外的情况和问题,使谈判局势无法控制。这时可建议休息几分钟,以研究新情况,调整谈判对策。

(3)当谈判出现僵局时。在谈判双方进行激烈交锋时,往往会出现各持己见、互不相让的局面,使谈判陷入僵局。这时,比较明智的做法是休会,让双方冷静下来,客观地分析形势,及时地调整策略。等重开谈判时,会谈气氛就会焕然一新,谈判就可能顺利进行。谈判各方应借休会之机,抓紧时间研究一下,诸如自己一方提出的交易方案对方承受程度如何、对方态度强硬的真实意图是什么、自己应在哪些方面继续坚持、哪些问题可以暂时放在一边不谈、我方准备提出哪些新的方案等,以便重开谈判后,提出对方可以接受的方案,从而打破僵局。

(4)当谈判出现一方不满时。有时,谈判进展缓慢,效率很低,拖拖拉拉,谈判一方对此不满。这时,可提出休会,经过短暂休整后,重新谈判,以改善谈判气氛。

(5)当谈判进行到某一阶段的尾声时。这时双方可借休会之机,分析研究这一阶段所取得的成果,展望下一阶段谈判的发展趋势,谋划下一阶段进程,提出新的对策。

在提出休会建议时,一是把握好时机,讲清休会时间;二是委婉讲清需要,但也要让对方明白无误地知道;三是提出休会建议后,不要再提出其他新问题来谈,先把眼前的问题解决了再说。

(六)调解人调停

有些谈判必须取得成果,而不能用中止或破裂来结束,如索赔谈判。当这类谈判陷入僵局、用其他方法均不奏效时,为了尽快结束谈判,可借助第三方的力量帮助解决,常用的方法有两种:调解和仲裁。调解是请调解人拿出一个新的方案让双方接受,由于该方案照顾了双方的利益,顾全了双方的面子,并且以旁观者的立场对方案进行分析,因而很容易被双方接受,但调解只是一种说服双方接受的方法,其结果没有必须认同的法律效力。当调解无效时可请求仲裁。仲裁的结果具有法律效力,谈判人员必须执行。但当发现仲裁人有偏见时,应及时提出,必要时也可对他们的行为提起诉讼,以保护自己的利益不受损失。需要说明的是,由法院判决也是处理僵局的一种办法,但很少使用,这是因为:一是法院判决拖延的时间太长,这对双方都是不利的;二是通过法院判决容易伤害双方的感情,不利于以后的交往。因此,除非不得已,谈判各方均不愿把处理僵局的问题提交法院审理。

当出现比较严重的僵持局面时,彼此的感情可能都受到了伤害。因此,即使一方提出缓和建议,另一方在感情上也难以接受。在这种情况下,最好寻找一个双方都能够接受的中间人作为调解人或仲裁人。

（七）调换谈判人员

当谈判僵持的双方已产生对立情绪,并不可调和时,可考虑更换谈判人员,或者请地位较高的人出面,协商谈判问题。

双方谈判人员,特别是主要谈判人员,如果互相产生成见,那么,会谈就很难继续进行下去。即使是改变谈判场所,或采取其他缓和措施,也难以从根本上解决问题。形成这种局面的主要原因是,在谈判中不能很好地区别对待个人与问题,由对问题的分歧发展为双方个人之间的矛盾。

在有些情况下,如协议的大部分条款都已商定,却因一两个关键问题尚未解决而无法签订合同。这时,我方也可由地位较高的负责人出面谈判,表示对僵持问题的关心和重视。同时,这也是向对方施加一定的心理压力,迫使对方放弃原先较高的要求,作出一些妥协,以利协议的达成。

（八）以硬碰硬法

当对方通过制造僵局,给本方施加太大压力时,妥协退让已无法满足对方的欲望,应采用以硬碰硬的办法向对方反击,让对方自动放弃过高要求。揭露对方制造僵局的用心,让对方主动放弃所要求的条件,有些谈判对手便会自动降低自己的要求,使谈判得以进行下去;有些谈判对手会离开谈判桌,以显示自己的强硬立场。如果对方想与本方谈成这笔生意,他们会再来找我们。这时,他们的要求就会改变,谈判的主动权就掌握在了本方的手里。如果对方不来找我们也不可惜,因为如果自己继续同对方谈判,只能使自己的利益降到最低点。这样,谈成还不如谈不成。

谈判陷入僵局时,如果双方的利益差距在合理限度内,即可明确地表明自己无退路,希望对方能让步,否则情愿接受谈判破裂的结局。其前提是:双方利益要求的差距不超过合理限度。只有在这种情况下,对方才有可能忍痛割舍部分期望利益、委曲求全,使谈判继续进行下去。相反,如果双方利益的差距太大,只靠对方单方面的努力与让步根本无法弥补差距,就不能采用此策略,否则就只能使谈判破裂。当谈判陷入僵局而又实在无计可施时,这一策略往往是最后一个可供选择的策略。在作出这一选择时,我们必须做好最坏的打算,否则就会显得茫然失措。切忌在毫无准备的条件下盲目滥用这一做法,否则只会吓跑对手,结果将是一无所获。另外,在整个谈判过程中,我们应该严格地遵守商业信用和商业道德,不能随意承诺,但一旦承诺就要严格兑现。因此,如果运用这一策略而使僵局得以突破,我们就要兑现承诺,与对方签订协议,并在日后的执行中,充分合作,保证谈判协议的顺利执行。

对于谈判的任何一方而言,坐到谈判桌上来的目的主要是成功,达成协议,而绝不是抱着失败的目的前来谈判。在谈判中,达到谈判目的的途径往往是多种多样的,谈判结果所体现的利益也是多方面的。当谈判双方就某一方面的利益分配僵持不下时,往往容易使谈判破裂。这实在不是一种明智的举动,因为之所以会出现这种结果,原因就在于没有掌握辩证地思考问题的方法。如果是一个成熟的谈判人员,他应该明确地考虑在某些问题上稍做让步,而在另一些方面去争取更好的条件。在引进设备的谈判中,有些谈判人员常常会因为价格存在分歧而使谈判不欢而散。其实,像设备的功能、交货时间、运输条件、付款方式等问题尚未来得及涉及,就匆匆地退出了谈判。事实上,作为购货的一方,有时完全可以考虑接受稍高的价格,在购货条件方面,就有更充分的理由向对方提出更多的要求。如增加相关的功能、缩短交货期限,或在规定的年限内提供免费维修,争取在更长的时间内免费提供易耗品,或分期付款等。这样比起匆匆而散的做法要经济得多。

(九)从对方的漏洞中借题发挥

谈判实践告诉我们,在一些特定的形势下,抓住对方的漏洞,小题大做,会给对方一个措手不及,这对于突破谈判僵局会起到意想不到的效果,这就是从对方的漏洞中借题发挥。从对方的漏洞中借题发挥的做法有时被看作一种无事生非、有伤感情的做法。然而,对于谈判对方某些人的不合作态度或试图恃强凌弱的做法,运用从对方的漏洞中借题发挥的方法作出反击,往往可以有效地使对方有所收敛。相反,不这样做反而会招致对方变本加厉地进攻,从而使我们在谈判中进一步陷入被动局面。事实上,当对方不是故意地在为难我们,而本方又不便直截了当地提出来时,采用这种旁敲侧击的做法,往往可以使对方知错就改、主动合作。

其运用的成功,从根本上讲,还是要归结于谈判人员的经验、直觉、应变能力等素质因素。从这种意义上讲,僵局突破是谈判的科学性与艺术性结合的产物,在分析、研究及策略的制定方面,谈判的科学成分多一些,而在具体运用上,谈判的艺术成分多一些。

在具体谈判中,最终采用何种策略应该由谈判人员根据当时当地的谈判背景与形势来决定。一种策略可以有效地运用于不同的谈判僵局之中,但一种策略在某次僵局突破中运用成功,并不一定就适用于其他同样的起因、同种形式的谈判僵局。只要僵局构成因素稍有差异,包括谈判人员的组成不同,各种策略的使用效果就有可能是迥然不同的。问题还在于谈判人员本人的谈判能力和本方的谈判实力,以及实际谈判中个人及小组的力量发挥情况如何。相信应变能力强、谈判实力也强的一方配以多变的策略,能够应付所有的谈判僵局。

美国一家大型企业来华投资,兴办合资企业。在完成技术、商务谈判的许多细节磋商后,中美双方在起草合资企业合同时,发生了严重的意见分歧,美方坚持要求在合同中写明,该合同的适用法为美国某州州法,中方代表则认为这是无视我国涉外经济法规的无理要求,坚决不予考虑,双方立场僵持。美方负责此项谈判的福特先生花费了大量时间、精力和费用,眼见谈判将要前功尽弃,不禁黯然神伤,多次叹道:"我无路可走,精神要崩溃了,要丢饭碗了。"这时,我方向一位通晓中美双方经济法的专家咨询。这位专家约请福特先生晤谈,从中了解到美方的要求是出于对当时中国在保护知识产权方面法律体系不完备的担忧,因为若干年前,这家公司由于对公司生存至关重要的专有技术在向他国转让时未能受到应有保护而险些破产,因此他们在技术转让问题上变得格外谨慎。对此情况,中方十分理解，并意识到我国的法律确实有待完善。于是，中方一方面直接与该公司总部的法律部主任联系，解释我国法制建设情况及对保护技术的积极态度；另一方面提出一个建议方案，即在合同中明确表达，该合同适用法为中国法律，在我国现有法律一些个别不完备之处，补充几个专门的保护条款，这些补充条款适用法为美国纽约州州法（因为我们对美国另一州的法律知之甚少，故建议改成适用纽约州州法）。这一方案提出后，美方代表很快同意我方方案，谈判顺利结束。

第五节　国际商务谈判的攻防策略

国际商务谈判的攻防策略是面对现实谈判环境所作出的主动决策，而这些环境条件往往比较复杂，具有不确定的特征，因此谈判人员灵活掌握并熟练运用各种攻防策略就成为获取谈判中最大收益的关键。

一、博弈论思想与国际商务谈判攻防策略的实现

首先，"双赢"理念应该是国际商务谈判双方策略运用的前提。事实上，国际商务谈判博弈反映的是单方最大利益和合作所得利益之间的矛盾，在个体看起来最有利的选择，则可能带来整体的不利。一场成功的国际商务谈判，应该是国际商务谈判各方的预期目标都得到实现，并为此达成协议，同时融洽和改善彼此的合作关系。

其次，国际商务谈判双方通过沟通"达成共识"后，"按约定出牌"是达成双赢的必经之路。国际商务谈判博弈显示，谈判双方相互了解的程度越高，越能快速沟通并达成共识，也能够诚信地按约定出牌，达成双赢相对可行，这说明在国际商务谈判博弈中信息具有非常重要的作用。在国际商务谈判实践中，谈判人员面对的信息广泛，既有真实信息也有虚假信息，既有有用信息也有无用信息，这就要求谈判人员必须具有敏锐地辨别信息和处理信息的能力。

最后，国际商务谈判博弈双方应关注国际商务中一次性利益和长远利益的关系。可以想象如果国际商务谈判博弈不是有限个回合，是永远地进行下去，则谈判人员既会积极与对方沟通，也会诚信地选择"按约定出牌"。由此可见，国际商务谈判双方对合作时间长短的预期，会影响其利益选择行为。如果国际商务谈判当事人认为合作时间是有限的，通常可能作出不顾他方利益而单纯追求己方一次性利益最大化的选择；如果国际商务谈判博弈当事人认为合作是长久的，则会兼顾一次性利益和长远利益。

二、正面进攻型策略

正面进攻型策略是谈判人员在谈判中坚持不退让的强硬立场，与对方据理力争，迫使对方接受自己的条件的策略。这类策略的特点是有较强的攻击性，其目的是通过给对方施加压力来制造心理优势，以维护自己应该得到的利益。这种类型的具体策略有以下几种。

（一）疲劳轰炸策略

疲劳轰炸策略，是指通过干扰对方的注意力，瓦解其意志，抓住有利时机达成协议的策略。马拉松式的谈判，本已存在会场空气、精力等自然障碍，再加上"疲劳策略"的运用，又人为地拖延谈判时间，把对方的休息和娱乐的机会也安排得满满的，看来似为隆重礼遇，实际上也许只是一种圈套。这时，影响谈判结局的决定性因素是谈判人员的精疲力竭，而不是高明的辩论技巧。

在商务谈判中，如果一方的谈判人员表现出居高临下、先声夺人的姿态，那么，可以通过许多回合的"疲劳战"，对于对方所提出的种种盛气凌人的要求采取回避、虚与委蛇的方针，暗中摸索对方的情况，寻找其弱点，使这位谈判人员逐渐地消磨锐气，同时使我方的谈判地位从不利和被动的局面中扭转过来。到了对手精疲力竭、头昏脑涨之时，我方则可反守为攻，抱着以理服人的态度，摆出我方的观点，力促对方作出让步。运用疲劳轰炸策略最忌讳的就是以硬碰硬，以防激起对方的对立情绪，使谈判破裂。

当对方使用该策略时，自己的对策是：①参加谈判要安排充裕的时间，以保证有足够的休息；②谈判时间要由自己安排，而不能按别人的计划行事。重要的是需要知道这种策略，并提防别人使用。实行这种疲劳轰炸策略，要求我方事先有足够的思想准备和人力准备。

（二）车轮战术

车轮战术是指在谈判桌上的一方遇到关键性问题或与对方有无法解决的分歧时，借口自己不能决定或其他理由，转由他人再进行谈判的策略。这里的"他人"或者是上级、领导，或者是同伴、合伙、委托人、亲属、朋友。不断更换自己的谈判代表，有意延长谈判时间，将消耗对方的精力，促其作出更大让步。

通过更换谈判主体，侦探对手的虚实，耗费对手的精力，削弱对手的议价能力，为自己留有回旋余地，进退有序，从而掌握谈判的主动权。作为谈判的对方需要不断向使用车轮战术的这一方陈述情况、阐明观点，面对更换的新的谈判对手，需要重新开始谈判。这样会付出加倍的精力、体力和投资，时间一长，难免出现漏洞和差错。这正是运用车轮战术一方所期望的。

当一个谈判代表与对方谈了一段时间后，就找理由更换一个新的谈判代表上场；新的谈判代表上场后，可以抹杀其前任作出的让步，要求重新开始讨论；谈了一段时间后，又找理由换第三个谈判代表上场。这样，便可使对方处在不利的地位，因为他要复述过去争论的话题，要了解新的对手，就会消耗许多精力，使其在正式的谈判中力量不足，从而丧失信心、降低要求。

另外，这种策略能够补救本方的失误，前面的主谈人可能会有一些遗漏和失误，或谈判效果不尽如人意，则可由更换的主谈人来补救，并且顺势抓住对方的漏洞发起进攻，最终获得更好的谈判效果。

该策略的对策是：①无论对方是否准备采用该策略，都要做好充分的心理准备，以便有备无患；②新手上场后不重复过去的争论，如果新的对手否定其前任作出的让步，自己也借此否定过去的让步，一切从头开始；③用正当的借口使谈判搁浅，直到把原先的对手再换回来。

（三）软硬兼施策略

软硬兼施策略又叫"黑白脸策略""坏人好人策略"或"鹰派鸽派策略"。在谈判初始阶段，先由唱黑脸的人出场，他傲慢无理、苛刻无比、强硬僵死、立场坚定、毫不妥协，让对手产生极大的反感。当谈判进入僵持状态时，白脸人出场，他表现出体谅对方的难处，以合情合理的态度，照顾对方的某些要求，放弃自己一方的某些苛刻条件和要求，作出一定的让步，扮演一个"白脸"的角色。实际上，他作出这些让步之后，所剩下的那些条件和要求，恰恰是原来设计好的必须全力争取达到的目标。

需要指出的是，不管对方谈判人员如何表现，要坚持自己的谈判风格，按事先定好的方针办，在重要问题上绝不轻易让步。如果对方扮演的"好人""坏人"，不超出商业的道德标准，不以极其恶劣的手段来对待你，就不要采取过分直率的行动，可以婉转指出对方报价的水分、所要求的不合理之处，提出你的公平建议；如果对方确实在使用阴谋诡计，可以考虑采取退出谈判、向上提出抗议、要求撤换谈判代表、公开指出对方诡计等形式。

使用该策略应注意的问题是：①扮演黑脸的，既要表现得"凶"，又要保持良好的形象，既态度强硬，但又处处讲理，绝不蛮横。②扮演白脸的，应为主谈人，他一方面要善于把握谈判的条件，另一方面要把握好出场的火候。

当对方使用该策略时自己的对策是：①认识到对方无论是"好人"还是"坏人"都属于同一阵线，其目的都是从本方手里得到利益，因而应同等对待。②放慢谈判及让步速度，在"老鹰"面前也要寸步不让。③当持温和态度的"鸽子"上场时，要求其立即作出让步，并根据他的让步决定自己的对策。④给对方的让步要算总账，绝不能在对方的温和派上场后给予较大的让步。软硬兼施策略往往在对手缺乏经验、对手很需要与本方达成协议的情境下使用。

（四）先苦后甜策略

先苦后甜策略也称吹毛求疵，是指先用苛刻的虚假条件使对方产生疑虑、压抑、无望等心态，以大幅度降低其期望值，然后在实际谈判中逐步给予优惠或让步的策略，由于对方的心理需求得到了满足，便会作出相应的让步。该策略由于用"苦"降低了对方的期望值，用"甜"满足了对方的心理需要，因而很容易实现谈判目标，使对方满意地签订合同，我方从中获取较大利益。

但是，任何谈判策略的有效性都有一定的限度，这一策略也是如此。先向对方提出要求，不能过于苛刻、漫无边际，要"苦"得有分寸，不能与通行和惯例做法相距太远。否则，对方会觉得我方缺乏诚意，以致中断谈判。在谈判中运用这一策略时还要注意，提出比较苛刻的要求，应尽量是那些对方掌握较少的信息与资料的方面，尽量是那些双方难以用客观标准检验、证明的方面，否则，对方很容易识破我方的战术，采取应对的措施。

该策略的对策是：充分了解信息，尽可能掌握对方的真实意图，并可采取相同的策略对付对方。

（五）最后通牒策略

在国际商务谈判实践活动中，实力强的一方常常会利用谈判中的有利地位，采用"规定时限"的谈判策略，即最后通牒策略。最后通牒策略，是指谈判一方向对方提出的达成协议的时间期限，超过这一期限，提出者将退出谈判，以此给对方施加压力，使其无可拖延地作出决断,以求尽快解决问题的策略。事实上,大多数商务谈判,特别是那种双方争执不下的谈判基本上都是到了谈判的最后期限或者临近这个期限才出现突破并进而达成协议的。最后期限带有明显的威胁性。每一次交易中都包含了时间因素,时间就是力量,时间限制的无形力量往往会使对方在不知不觉的情况下接受谈判条件。

该策略是利用期限的力量胁迫对方,因为人越接近规定的期限,就越会产生急躁情绪,从而接受对方的条件。但是,由于最后通牒常被看作一种威胁,使对方无法维护自己的自尊和自由地选择,因而易于引起对方的敌意。

例如,有一位顾客要求美国一家保险公司偿付一笔赔偿费。保险公司先是答应给他一笔很慷慨的赔偿费,同时,该公司具体负责清算赔偿的人士也告诉他说,自己下个星期就要去度假,要求这位顾客在星期五之前把所有资料送来核查,否则赔偿将无法实施。于是这位顾客加班加点,终于在星期五下午把所有资料都准备妥当。但当他把资料送到保险公司后,对方却答复说:经请示上级后,公司只能偿付一半的赔偿费。这位顾客不知所措,为了赶上星期五这个时间期限,他在焦急之中暴露出了不利于自己的弱点。而根本就没有打算去度假的保险公司清算赔偿负责人却利用了一个虚假的时间限制,便轻松地赢得了这场谈判。

三、以守为攻型策略

以守为攻型策略是谈判人员处在防守状态时使用的策略。在谈判的防守中,有消极防御,也有积极防守,使用该类型策略的目的是要在防御中争取主动权,以守为攻,争取主动。

（一）步步为营策略

步步为营策略是指谈判人员在谈判过程中步步设防,使自己的每一微小让步都要让对方付出相当代价的做法。在一切条件上都要坚持自己的观点,大的方面计较,小的方面也计较。自己作出了一点让步,就缠住对方不放,要求对方也作出让步,以消耗对方的锐气,坚守自己的阵地。使用该策略要做到言行一致、有理有据,使对方觉得情有可原。

任何策略一旦被对方识破,将一文不值,甚至反受其害。作为防守步步为营策略的一方则应该在每次让步之前,就想好它对买主的可能影响及买主可能会有什么反应。一般说来,买主不会注意让步本身,即使是一个比较大的让步,买主仍会觉得不够,而向卖主提出更多的要求,会一直如此循环下去。所以卖主让步时必须先问自己:如果你作出了这个让步,对方再有更多的要求时,你该如何应付?

例如,杰克的汽车意外地被一辆卡车撞坏了,已经没有修复的可能。幸好他投保了全额保险,但是赔偿金额需要由保险公司的调查人员确定。[1]

保险公司的调查人员勘察事故现场后说:"根据保险合同条款,你将获赔 3 300 美元。"杰克说:"非常感谢,但是我不清楚 3 300 美元的计算方法。"

调查员说:"计算依据是这种汽车的现在市场价格。"

杰克:"确定折旧率的标准是什么呢?你们知道现在购买同样的车需要支付多少钱吗?"

---

① 费雪,尤瑞.哈佛谈判技巧[M].黄宏义,译.兰州:甘肃人民出版社,1987.

调查员："多少？"

杰克："3 350 美元，再加上各种税费，总计需要 4 000 美元。我只想按照保险合同的条款获得购买类似二手车的赔偿。"

调查员："4 000 美元太多了。"

杰克："我要的不是某个数目，而是公平。只要能够买到一辆类似的车，2 000 美元也可以。"

调查员说："好，我们赔偿 3 500 美元。根据公司规定，我只能做到这一步。今天早晨我看到报纸上一则广告，一辆菲亚特汽车，已经使用了七八年，报价 3 400 美元。"

杰克问："请问行车公里数是多少？"

调查员稍稍迟疑："49 000 公里。"

杰克："我的车仅仅跑了 25 000 公里。追加 200 美元不过分吧？另外，那辆车有收音机没有？"

杰克："一部收音机 100 美元不过分吧？那车有没有冷气呢？"

两个小时后，杰克获得了 4 015 美元的赔偿。[①]

（二）不开先例

在谈判中，拒绝是谈判人员不愿采用，但有时又不得不用的方式。因此，人们都十分重视研究掌握拒绝的技巧，最主要的就是怎样回绝对方而又不伤面子、不伤感情。不开先例就是一个两全其美的好办法。在国际商务谈判中，当谈判一方提出一些过高要求时，另一方可以说"本公司过去从无此先例，如果此例一开，以后就难办了"，或者说"对别的用户就没有信用了"等，以回绝对方的要求，加强自己的谈判地位，保护自己的利益。

不开先例是谈判一方拒绝另一方要求而采取的策略方式。如买方提出的要求使卖方感到为难，他可向买方解释，如果答应了买方的要求，对卖方来说就等于开了一个先例，以后对其他买主要采取同样的做法，这不仅使卖方无法负担，而且对以前的买主也不公平。

当然，既然不开先例是一种策略，那么，提出的一方就不一定真是没开过先例，也不能保证以后不开先例。采用这一策略时，必须注意另一方是否能通过情报和信息来确切证明不开先例是否属实。如果对方想承诺就是一个让步，有打折扣的效果。如果谈判一方无法让步，就该尽量争取对方的承诺。

卖主在运用"不开先例"的谈判策略时，对所提的交易条件应反复衡量，说明不开先例的事实与理由，使买方觉得可信；否则，不利于达成协议，除非已不拟再谈。

对于买方来讲，这里问题的关键是难以获得必要的情报和信息来确切证明卖方所宣称的"先例界限"是否属实，而且即使目前的谈判中卖主决定提供该买主一个新的优惠，它是否早就真的成为一个"先例"，也是无法了解的事情。因此，买方除非已有确实情报可予揭穿，否则只能主观来判断，要么相信，要么不相信，别无他途。当对方用该策略防守时，本方的对策是：①多方了解对方的信誉，看对方是否常说假话。例如，可用已知答案的问题向对方提问以进行验证。②如果条件已到了自己可接受的水平，就可能是真的，考虑接受；如果相差甚远，就可断定是假的，可揭露其手段，必要时以退出谈判来迫使对方改变立场。

---

① 颜宏裕. 绝佳谈判术[M]. 北京：经济管理出版社，2004.

（三）权力有限策略

权力有限策略是谈判人员巧妙地与对方进行讨价还价的一种策略。它是指当双方人员就某些问题进行协商，一方要求对方作出某些让步时，另一方可以向对方宣称，在这个问题上，授权有限，他无权向对方作出这样的让步，或无法更改既定的事实。这样，既维护了本方利益，又不伤其面子。此外，利用限制，借与高层决策人联系请示之机，更好地商讨处理问题的办法。利用权力有限，迫使对方向你让步，在权力有效的条件下与你洽谈。

实力较弱的一方的谈判人员常常带着许多限制去进行谈判，这在一定的程度上比大权独揽的谈判人员处于更有利的状况，因为谈判人员的权力受到了限制，可以促使其立场更加坚定。可以优雅地向对方说："不，这不是我个人的问题，我不能在超越权力范围的事情上让步。"确实，一个未经授权的主谈人，不可能答应赊账、降价；同理，一个买主如果无权灵活接受卖方条件，则也是个极难商议的对手。

"权力有限"作为一种策略，只是一种对抗对手的盾牌。在一般情况下，对付这一"盾牌"难以辨别真伪，对手只好凭自己一方的"底牌"来决定是否改变要求、作出让步。而运用这一策略的一方，即使要撤销盾牌也并不困难，说已请示领导同意便行了。

当然，采用权力有限策略要慎重，不要使对方感到你没有决策权，不具备谈判的能力，因而失去与你谈判的诚意和兴趣，从而也无法达成有效协议。

该策略的对策有三条：①在正式谈判开始就迂回地询问对方是否有拍板定案的权力，如果有就谈，没有就停止谈判。②谈判进行到中间，对方确实权力有限，这时可对其施加影响，使谈判在对方权力的范围内成交。③要求对方尽快通过电话、电传等同其老板联系，尽快解决权力有限的问题，加速谈判进程。

一家日本公司想与另一家公司共同承担风险进行经营，但困难的是双方都不太了解对方的信誉。为了解决这个问题，有关人员请两家公司决策人在一个特别的地点会面商谈。这是个小火车站，车站门口有一座狗的雕塑，在它的周围站满了人，但几乎没有人看这件雕塑，只是在等人。为什么都在这里等人呢？原来这里有个传说故事。故事中有一只犬名叫"八公"，对主人非常忠诚，有一次主人出门未回，这只狗不吃不喝，一直等到死。后来人们把它称为"忠犬八公"，把它当成了"忠诚和信用"的象征，并在这传说的地方为它塑了像。所以，许多人为了表示自己的忠诚和信用，就把这里当成了约会地点。当两个公司的决策人来到这里时，彼此都心领神会，不需太多的言语交流，就顺利地签订了合同。①

（四）先斩后奏策略

先斩后奏策略亦称"人质策略"。这在商务谈判活动中可以解释为"先成交，后谈判"，即实力较弱的一方往往通过一些巧妙的办法使交易成为事实，然后在举行的谈判中迫使对方让步。

"先斩后奏"策略的实质是让对方先付出代价，并以这些代价为"人质"，扭转自己实力弱的局面，让对方通过衡量所付出的代价和中止成交所受损失的程度，被动接受既成交易的事实。

先斩后奏策略做法主要有：①卖方先取得买方的预付金，然后寻找理由提价或延期

---

① 余永锋.电影《忠犬八公的故事》的多重解读[J].电影文学,2016(21)：127-129.

付款。②买方先获得了卖方的预交商品，然后提出推迟付款。③买方取得货物之后，突然又以堂而皇之的理由要求降价等。

当然，以上做法如无正当理由，可视为缺乏商业道德，不宜采用，但必须懂得运用和反运用的知识。

对先斩后奏策略的对策，首先要尽量避免"人质"落入他人之手，让对方没有"先斩"的机会；其次，即使交易中必须先付定金或押金，也必须做好资信调查，并有何种情况下退款保证；最后，还可采取"以其人之道，还治其人之身"的做法，尽可能相应掌握对方的"人质"，一旦对方使用此计，则可针锋相对。

四、蚕食扩展型策略

（一）声东击西策略

在谈判中，一方出于某种需要而有意识地将会谈的议题引到对我方并不重要的问题上，借以分散对方的注意力，达到我方目的。实际的谈判结果也证明，只有更好地隐藏真正的利益需要，才能更好地实现谈判目标，尤其是在你不能完全信任对方的情况下。同时，也要提防对方在谈判中使用同样办法来拖延时间，或分散我方注意力。如果有迹象表明对方是在搞声东击西，我方应立即采取针锋相对的策略。

（二）出其不意策略

所谓出其不意，就是指参加经济谈判的一方突发"冷箭"，制造令人惊奇的事情，以打乱另一方的阵脚，使对手震惊并形成心理压力，从而达到控制整个议程、取得谈判主动权的目的。采取"出其不意"策略时常用的方法有：①提出令人惊奇的问题，例如，新的难以回答的问题、新的要求、新的条件、新包装或新产品式样、谈判地点的改变等。②做出令人惊奇的行动，例如，休会、退出谈判、情绪突然激动、愤怒、不停地打岔、态度冷漠、报复性言行、故意迟到或主要人物缺席等。③提出令人惊奇的时间，例如，提出截止日期、谈判速度的突然改变、利用星期日或节假日谈判，等等。④摆出令人惊奇的材料，例如，提出我方掌握的机要信息，拿出新的具有支持性的统计数字，政府的有关文件、政策、规定以及信息传递媒介物的改变等。⑤出现令人惊奇的人物，例如，谈判人员的变更、新成员的参加、著名专家或顾问的出现、高层主管领导的出现、公司经理或老板的出现等。⑥使用令人震惊的语言，例如，谈判中态度突然冷淡、话语突然强硬，使用一些足以使对方震动和惊奇的语言以及警告性语言等。⑦值得注意的是，出其不意策略往往会制造不信任和紧张的气氛，可能妨碍双方交流意见，甚至会使对方处于十分尴尬的境地。

当对方使用出其不意策略时，克服震惊的最好办法是沉着、冷静、多听、少说，甚至提出暂时休会，让自己有充分的时间去想一想。

（三）拖延时间策略

拖延时间策略是指谈判一方为谈判创造有利的条件，以温和的态度，反复地说理，通过无休止的拖延，迫使对方在时间的流逝中作出让步的一种手段。采用这种战术的理论依据是先哲所言："时间可以慢慢地改变一切。"既然观念的改变可以通过时间的流逝完成，那么谈判中自然可以利用，给对方一段向自己靠拢的时间。对付这种战术，不妨运用最后期限战术作为反战术，表明已有其他打算。

（四）欲擒故纵策略

欲擒故纵策略是指虽然必须谈成这笔生意，但在谈判中却装出对谈判成功与否满不在乎的样子，以便在谈判成功时免遭对方敲竹杠的策略。从态度上讲，不过分忍让、屈从，在日程安排上，不表现为非常急迫，可随和对方，既显得礼貌，又可相机利用对自己有利的意见。采取一种不冷不热、似紧非紧的做法，使对方摸不清你的真实意图。

美国谈判专家 H 先生的第一次谈判遭遇了滑铁卢。H 先生刚进入公司，得知公司有一个到日本东京进行为期 14 天谈判的任务，于是，H 先生就主动向领导请缨。在得到领导同意后，H 先生满怀信心地来到了日本。当 H 先生到达东京机场时，已有两个日本代表在等候他，并对他非常客气地鞠躬敬礼，使他十分高兴。主人顺利地帮助客人通过海关，又特地为他安排了一辆舒适豪华轿车。对这一切，客人十分感动。在车上，日本代表一再表示，谈判期间将会对客人的生活尽力照顾，并热情地问："请问，你懂这儿的语言吗？"回答："你是指日语吗？"日本人说："对，就是我们在日本说的话。"H 先生说："不懂，但是我想学几句，我随身带了字典。"日本人接着又问："您是不是一定要准时搭机回国呢？我们可以安排这辆轿车送您回机场。"H 先生想："他们多么体谅别人呀！"于是，他从口袋里掏出返程机票给他们看，以便让他们知道什么时间送自己，下榻以后，日方并没有开始谈判，他们花了一个多星期陪客人游名胜古迹。从天皇的宫殿到京都的神社，日本人甚至为 H 先生安排了一次坐禅英语课，以便学习日本的宗教。H 先生几次问及谈判开始时间，他们都回答："时间还多，时间还多。"到了第 12 天，谈判总算开始了，但却提前结束了，以便让客人能去打高尔夫球。第 13 天开始谈判，但又提前结束了，说是要举行告别宴会。晚上，日方还安排了几位漂亮的小姐陪他跳舞。到了第 14 天早上，才恢复了认真的谈判。谈到关键时刻，送客人的轿车到了，主人建议剩下的问题在车上谈。H 先生无法再找到周旋的时间，于是就和日本人挤进轿车里继续商谈条款。正好到达终点时，他们达成了交易协议。很显然，日本人取得了谈判的胜利。[①]

这个案例给了我们重要的启示。

首先，时间的利用往往是谈判成功的因素。H 先生过早地让对手知道了自己的返程日期，日方老练地刺探出他的谈判最后期限，而且日方深知年轻的 H 先生不会甘于空手而归，所以他们迟迟不肯让步。而 H 先生由于没有经验，把返程日期视作不可变更的东西，性急而又缺乏灵活性，所以被对方巧妙地利用。国际商务谈判最有实质意义和进展的时候，也常常发生在接近谈判截止时。

其次，日本方面虽然也希望谈判成功，但是由于谈判截止前没有泄露自己的机密，又能准确地弄清对手的底牌，所以就通过欲擒故纵的策略，占据了明显的优势，H 先生则完全忽视了这一点，就不得不由日方任意摆布。正因为这样，日方才控制了整个谈判进程，使 H 先生陷于百般无奈的绝境。

（五）故布疑阵策略

故布疑阵策略是指通过不露痕迹地向对方提供假情报使对方上当，从而取得有利的谈判条件的策略。该策略的具体做法是：故意在走廊上遗失经过加工的备忘录、便条或

---

① 科恩.你能谈成任何事——怎样实现你的愿望[M].海口：海南出版社，1999.

文件，或者把它们丢在容易被对方发现的纸篓里；在休息期间把笔记本放在无人的谈判桌上、在无意中让对方发现其他竞争对手的有关资料等。在使用该策略时，必须进行精心设计，不能露出一点破绽，在向对方提供资料时，必须是间接的，因为间接得到的信息要比直接得到的信息更可信，间接提供的假情报更容易使对方接受。如果对方采用这一策略，自己的对策是：①不能轻信对方不应出现的失误；②对自己太容易得来的材料持怀疑态度。

这种策略是建立在广泛收集信息基础上的。只有广泛地收集信息，透彻地了解谈判对手的各种资料，尤其是其在市场中所处地位的资料，才可能有效地使用故布疑阵法来引起谈判对手的兴趣。

作为防御者，我们又必须了解它，因为目前谈判桌前仍有不少掺诈施假者，我们应从心理上予以重视，在措施上予以反击。

（六）坐收渔利策略

坐收渔利策略是指买主把所有可能的卖主请来，和他们讨论成交的条件，利用卖者之间的竞争，各个击破，为自己创造有利的条件。该策略取自"鹬蚌相争，渔人得利"，比喻双方争执，让第三者得利。这里就是利用卖者之间的竞争，使买者得利。该策略成功的基础是制造竞争，卖者的竞争越激烈，自己的利益就越大。

制造竞争的具体方法有：①邀请多家卖方参加投标，利用其秘密竞争取胜。②邀请几家主要的卖主与其谈判，把与一家谈判的条件作为与另一家谈判要价的筹码，通过让其进行背靠背的竞争，促其竞相降低条件。③邀请多家卖主参加集体谈判，当着所有卖主的面以压低的条件与其中一位卖主谈判，以迫使该卖主接受新的条件。在这种情况下，卖主处在不利位置，如不答应新的条件，又怕生意被别人争去，便不得不处在竞争的压力下。

对方采用该策略时，自己的对策因其制造的竞争方式不同而不同。对于利用招标进行的秘密竞争，要积极参加；对于背靠背的竞争应尽早退出；对于面对面的竞争，采取相反的两种对策：一种是参加这种会议，但只倾听而不表态，不答应对方提出的任何条件，仍按自己的既定条件办事；另一种是不参加这种会议，不听别人的观点，因为在会议上容易受到买方所提条件的影响。

1980 年，奥运会在莫斯科举行。为了提高奥运会转播权售价，苏联人采取了巧妙的坐收渔利策略，大获全胜。早在 1976 年蒙特利尔奥运会期间，苏联人就邀请美国三大广播网——ABC（美国广播公司）、NBC（美国全国广播公司）、CBS（哥伦比亚广播公司）负责人到停泊在圣劳伦斯河的亚历山大·普希金号船上盛情招待，并单独接见每一个广播网的负责人，分别向他们报出了莫斯科奥运会转播权的起点价是 2 100 万美元，意在引起三家的激烈竞争。经过拉锯式的谈判，结果 NBC 报价 7 000 万美元；CBS 报价 7 100 万美元；ABC 为 7 300 万美元。眼看 ABC 将以其较高报价在竞争中取胜，不料 CBS 却雇用了德国谈判高手洛萨。在洛萨的努力下，1976 年 11 月苏联谈判代表和 CBS 主席威廉·派利（William Paley）达成协议：CBS 以高出 ABC 的价格购买转播权。但到 1976 年 12 月，苏联又出人意料地将三家广播公司负责人请到莫斯科，宣布以前所谈的一切只不过是使他们每一家获得最后阶段谈判权资格，现在必须由三家重新出价。三家对此非常恼火，集体退出谈判而回国，以此来威胁苏联。谁知苏联又抬出沙特拉公司作为第四个谈判对手。这个公司在全世界毫无名气，把奥运会转播权交给这样一个公司等于耻笑美国的三大公司。随后,苏联人又利用沙特拉公司说服洛萨,让他与 NBC 重新联系,在洛萨的多次劝说、交涉下,终于 NBC 广播网以 8 700 万美元买下了莫斯科奥运会的转播权,洛萨本人也从 NBC 获得约 600 万美元的酬金。事实上,苏联对最初的 2 100 万美元高额要价从来没有认真过,他们原本打算以 6 000 万~7 000 万美元出售转播权。当 NBC 获知这一情况后,后悔莫及。苏联人在这场谈判中取得了巨大胜利。[①]

苏联人取得胜利的原因在于:①采用了强硬谈判态度。举办奥运会只有苏联一家,没有别的国家和它竞争。而且,广播公司深知取得奥运转播权会给它们带来巨大的经济效益和社会效益,它们必然争夺转播权。苏联人恰恰利用了这一点,所以取得胜利。②有效地运用了制造竞争战术。当第一次与 CBS 主席达成协议后,苏联人大致摸清了对方所能接受的价格,遂借故推翻协议,重新报价,成功地与几家周旋,进行讨价还价,迫使对方又作出新的让步。

本章小结

作为国际商务谈判的一方,必须掌握谈判的一些策略与技巧。因为不同类型、不同内容、不同目的的谈判项目,对其谈判进程的调控不可能是完全一样的,倘若完全一样,就绝不会有最佳的谈判效果,那么应该怎样对不同的谈判进行有区别的调控,以取得最佳的谈判效果呢? 这是摆在谈判小组主谈人面前的一个既客观实际又十分重要的话题。本章旨在帮助主谈人寻找到一些报价、攻防的策略与技巧,以便在实际谈判时少走弯路。

重要概念

国际商务谈判策略　　开局策略　　报高价策略　　引诱报价策略　　中途变价策略
谈判僵局　　攻防策略

本章思考题

1. 什么是国际商务谈判策略?
2. 谈判的开局策略有哪些?
3. 国际商务谈判策略的作用是什么?
4. 简述报价的原则和方法。
5. 如何进行讨价还价?
6. 如何突破国际商务谈判的僵局?

---

① 孙志强. 苏联人奥运会转播权的谈判权术[EB/OL]. (2007-12-18). http://www.emkt.com.cn/article/345/34586.html.

7. 谈判的攻防策略有哪些？

 案例分析

创业融资模拟谈判

假设你们团队想开个校园打印店，现需要与投资人谈判创业融资事宜。

创业者与投资人的谈判将关乎能否顺利进行融资，因此在谈判前，应做好充足的相关准备，并且在谈判时注意一些策略和技巧。首先，在谈判前，创业者需要系统总结团队成员情况、资料内容和创业计划书方案，并且在此之前，可以与团队成员之间模拟一次谈判过程，将谈判中可能遇到的问题提前做个准备，避免谈判时出现意外。其次，谈判的目的其实是互利共赢，投资人选择项目的原因就是该项目能带来丰厚的回报。因此，创业者在谈判时需把握项目定位、发展前景以及商业模式。

问题：

1. 根据以上背景资料制订一份谈判策划方案，主要包括：双方背景；准备谈判资料；谈判团队人员组成；谈判主要议题；双方利益及优劣势分析；谈判目标；程序及策略；紧急预案等。

2. 模拟谈判练习，争取优惠条款，最终达成双赢协议。

模拟谈判评分标准见表 7-1。

表 7-1 模拟谈判评分标准

时　期	商务谈判的发展
准备（15分）	信息和资料收集的丰富程度（2）
	是否深入理解和把握议题（3）
	准确设定目标（2）
	方案设计的实用性（3）
	团队选手的准备程度（3）
	团队分工（2）
商务礼仪（10分）	服饰着装（2）
	手势合理、表情适当（3）
	上下场致意、答谢（2）
	语言流畅（3）
过程（55分）	谈判策略与技巧（5）
	谈判依据充分合理、恰当有力（5）
	时间安排（3）
	精神风貌、团队配合（2）
	所阐述观点的合理性及实用性（5）
	机智地应对对方的漫天要价与刁难（5）
	为成交做出努力（5）
	氛围控制，坚持底线（5）
	逻辑清晰、思维严密（5）
	语言表述清晰准确（5）
	不冲动、逻辑正确（5）
	对谈判进程的把控（5）

续表

时　　期	商务谈判的发展
效果(20 分)	己方谈判目标的实现程度(5)
	双方共同利益的实现程度(5)
	谈判结果的长期影响(5)
	对方的接受程度(5)
总分 100 分	总分 100 分

资料来源：安徽省大学生创新创业教育办公室关于发布 2022 年国际商务模拟谈判大赛赛项规程的通知[EB/OL].(2023-01-05).http://jyt.ah.gov.cn/tsdw/gdjyc/dxsxkhjnjs/40625080.html.

即测即练

第八章 国际商务谈判的沟通艺术

本章学习目标

本章主要内容是国际商务谈判的沟通艺术，包括从语言沟通和非语言沟通两个方面研究国际商务谈判的沟通技巧。通过本章的学习，应该掌握谈判语言沟通技巧的基础知识和基本技能，掌握谈判沟通技巧的应用规律和基本操作方法。

国际商务谈判的整个过程就是各国谈判人员的语言交换过程。如何把谈判人员判断、推理、论证的思维成果、思想感情表达出去，语言是关键。国际商务谈判包含双方的利益对立，谈判各方为了争取和维护自己的更大利益，进行激烈的语言较量。在这里，谈判人员的语言水平和技巧直接决定谈判的结果。这是因为谈判人员不仅要通过语言陈述自己的观点，又利用语言处理与对方的人际关系，还要利用语言实施自己的谈判策略和技巧。人们常说"谈判的成功首先是语言艺术的成功"。因此，了解谈判语言的种类，并做到对各类语言的灵活运用，是谈判人员取得成功的基础因素之一。

国际商务谈判是借助谈判人员各方面的信息交流来完成的，而谈判中的信息传递与接收，还需要通过谈判人员之间的默语符号、体语符号和类语符号等非语言沟通方法来完成。国际商务谈判中谈判人员的沟通也是语言技巧与非语言技巧在某个范畴和某些程度上的综合体现。

第一节 国际商务谈判中的语言表达

国际商务谈判的挑战之一就是突破语言关，即使谈判各方都使用非官方的商业语言——英语，也会产生理解上的分歧。这一点很显然，只需问问同时说英语的英美谈判人士就能得到印证。此外，一些有关工业、运输、合同和技术的行话也会增加谈判语言理解、交流的难度。在一些谈判人员的眼里，语言不是一个长期存在的障碍，相反，语言差异才是一种有用的手段。这一战术有多种形式，而每种形式都有其似乎合理的可否认性，这就使得该战术常常有效。

一、国际商务谈判语言的含义

谈判就是人们为了达成彼此保持不同立场与见解的对方所接受的协议，通过交谈协商而实现协调一致的一种社会现象。而语言的表达与交流是人类彼此交际的基本工具。

国际商务谈判语言直接为实现人们的最终谈判目的而服务,用来表达谈判人员的意愿、情感,传送理性、情感与现实的各类信息。国际商务谈判语言又是人们在谈判中思维与智慧能力的特定表现,领会对手的谈判语言,作出反应,以某种表现形式来进行劝诱、威胁、探测、暗示等。

根据国际商务谈判控制的理论,从收集整理信息、制订谈判方案出发,通过谈判情境的选择运用和现场实施,不断地对谈判状态进行分析,形成反馈信号后对谈判方案及策略等方面进行偏差纠正,再次对谈判状态实施新的指导性信号输入。如此反复,最终实现国际商务谈判的最优结局。国际商务谈判语言的表达从内容、方式的差异或错误,到表达方向等方面的技巧都会对谈判过程和结局产生直接的影响。正确、巧妙的谈判语言不仅可以顺利地实施本方的谈判策略,而且可以从整体上调节国际商务谈判。

二、国际商务谈判语言的特征

(一)国际商务谈判语言专业规范

国际商务谈判的主体语言涉及洽谈的每一议题的定义及条件的确立。除了工业技术描述外,涉及交易本身以及契约文字的部分均属商业法律语言。由于利害关系,且又各处不同制度的管辖之下,要划清权利与义务,减少各种风险,以严密的措辞、逻辑清晰的结构来描述并拟订各种契约。客观上各谈判人员受其法律(即国内法律)的制约,同时,国际商法的制约也迫使谈判人经常引证条文。一系列国际协定也给商业法律语言提供了语汇,例如,《跟单信用证统一惯例》《托收统一规则》《关税及贸易总协定》《国际货物买卖合同》及《国际货物买卖法》等,以及平常讲到的"工业产权""技术转让""物权与所有权""买方信贷""所有权与风险转移""进口、转口、易货、补偿贸易、合作生产、合资经营、来图(来样、来料)加工、经销代理、寄售、拍卖"等贸易形式用语,还有贸易业务中的"滞销、畅销、抢手、水货、倾销""市场垄断、竞争""货比三家、独此一家,别无分店""汇率浮动、币值坚挺""电汇、信汇、托收、信用证、保函"等。

在谈判中引入行话,这种做法旨在判断对手的敏感性,看看他们对某一问题有多少了解。在当今高科技、金融、运输和国际法领域,都形成了衡量一位谈判人员是否真正具有谈判资格的知识标准。为了弄清楚哪些人懂得些什么,谈判人员会故意使用缩略语、缩略词和技术词汇,以便了解哪些他们认为最基本的讨论要点还需解释。另外,他们会不断提高这些技术层次,直到对手无法理解为止。倘若对方在相当低的层次就上"钩",这种战术可多次使用,迫使其处境不利。那些渴望得到一家合资企业的大笔股份的投资者,还有那些想做成一大笔规模可观的交易的销售商惯常使用这招。

(二)国际商务谈判语言表述客观

谈判过程中的语言表述要尊重事实,反映事实。对供方来说,谈判语言的客观性主要表现在:介绍本企业情况要真实;介绍商品性能、质量要恰如其分,同时亦可附带出示样品或进行演示,还可以客观介绍一下用户对该商品的评价;报价要恰当可行,既要努力谋取本方利益,又要不损害对方利益;确定支付方式要充分考虑到双方都能接受、双方都较满意的结果。从需方来说,谈判语言的客观性主要表现在:介绍自己的购买力不要夸大、失实;评价对方商品的质量、性能要中肯,不可信口雌黄、任意褒贬;还价要充满诚意,如果提出压价,其理由要有充分根据。在欺骗性策略败露、不法手段出岔子时,一方为得到一项必要条件而被逼无奈时,语言又成为一个通用借口。大多数曾到过发展中国家的谈判人员,至少遇到一次这样的经历:当谈判眼看就要谈不下去时,对方总是将争端归咎于翻译的不得力。即使对方有自己的翻译,也会把问题归咎于翻译问题。

谈判语言具有客观性,就能使双方自然而然地产生"以诚相待"的印象,从而促使双方立场、观点接近,为下一步取得谈判成功奠定基础。

（三）国际商务谈判语言富有逻辑

谈判人员的语言要符合思维的规律,表达概念要明确,判断要准确,推理要严密,要充分体现其客观性、具体性和历史性,论证要有说服力。不同的谈判内容和谈判场合都有不同的谈判对手,需要使用不同的谈判语言,即使是同一谈判内容,由于谈判对手的文化程度、知识水平、接受能力、个性习惯的不同,也要求有不同的谈判语言。谈判语言还要针对同一谈判对手的不同需要,恰当地使用有针对性的语言或重点介绍商品的质量、性能,或侧重介绍本企业的经营状况,或反复阐明商品价格的合理等。

谈判人员在谈判前搜罗的大量资料,经过分析整理后,只有通过符合逻辑规律的语言表达出来,才能为谈判对手认识和理解。在谈判过程中,无论是叙述问题,撰写备忘录,还是提出各种意见、设想和要求,都要注意语言的逻辑性,这是紧紧抓住对方,进而说服对方的基本前提。回答问题或者试图说服对方时,也要注意语言的逻辑性,回答问题要切题、准确。

（四）国际商务谈判语言是处理谈判中双方关系的关键

国际商务谈判中双方各自的语言,都是表达自己的愿望和要求的。当用语言表达的这种愿望和要求,与双方的实际努力相一致时,就可以使双方维持并发展良好的关系,如果双方的愿望或要求用不恰当的语言来表达,就会导致不和谐的结果。

下面以出口商与进口商之间的一次失败的谈判为例说明其关键性。

出口商:怎么样,我们谈什么内容?

进口商:我们以前同你们联系过了,这次需要购买粗饲料。

出口商:对,你要什么品种?

进口商:葵花子粕。

出口商:我们大量出口的是黄豆饼粕、甜菜粕、花生饼粕和棉籽饼粕,葵花子粕不多。

进口商:据我们了解,你出口的数量也不少,我想是能供应我们的。

出口商:你们要多少?如果你要的数量我们有能力负担,就可以考虑。太多了,就有困难了。

进口商:7 万吨。

出口商:很抱歉,我们无法供应。

进口商:希望支持。

出口商:不可能。

进口商:我们主要是为了粗纤维素,只要粗纤维多就行。你给我们介绍一下其他品种好吗?

出口商：其他的含量都比葵花子粕少得多，无法供应。

进口商：你们真就困难到这种程度，一点儿也不能配合吗？

出口商：不是不配合，是没办法。

三、国际商务谈判语言的应用条件

说话总要表达某种内容、某种观点，在这个前提下，说话技巧总是关键因素，小可能影响谈判人员个人之间的关系，大则关系到谈判的气氛及谈判的成功与否。语言表达是非常灵活、非常具有创造性的。因此，几乎没有特定的语言表达技巧适合所有的谈话内容。就国际商务谈判这一特定内容的交际活动来讲，语言表达应注意以下几点。

（一）准确运用语言

谈判就是协商合同条款，明确双方各自的责任、义务，因此，不要使用模棱两可或概念模糊的语言。当然，在个别的时候，出于某种策略需要则另当别论。例如，卖方介绍产品质量时，要具体说明质量、性能所达到的标准，不要笼统地讲性能很好、质量过硬。这一问题在产品广告中得到明确证实。人们在对广告语言使用的研究中发现，使用具体、准确并有数字证明的语言，比笼统、含糊、夸大的语言更能打动消费者，使人信服。

谈判人员在语言上的准确大方是建立良好气氛、增强对方信任感的保证，必须认真做好。首先是谈判语言要准确。要根据谈判的要求决定使用准确的语言，做到对症下药、有的放矢。其次是说话的内容要准确。除了策略上的要求外，在谈判的语言运用上都要准确。没有准确运用语言对自己是有害无利的，因为对方在谈判中会自然地把你讲话的前提抛开，而把自己的条件与你讲的对他最有利的数据联系在一起作为谈判的基础，从而使你处在不利地位。如果必须用区间表示，必须考虑好使用的区间范围。说话中提到的事件要准，对于那些记不准的事情则只说大致情况，不能用准确的字眼表示。

在谈判中，运用准确的语言，还可以避免出现误会与不必要的纠纷，掌握谈判主动权。

在谈判中，语言的选择运用十分重要，有些极端性、针锋相对的语言，即使自己看法正确，也不要使用这样的词汇，这类语言特别容易引起双方的争论、僵持，造成关系紧张。

（二）文明礼貌

文明礼貌是谈判人员做人的基本要求，也是使用语言的基本原则。在整个谈判过程中，谈判人员都要注意使用文明礼貌用语。同时，在任何情况下，谈判人员都不要使用污言秽语或攻击对方人格的语言。例如，对方没有听懂自己的话时不能说对方"愚蠢"，对方采用不同的策略时不能说对方"居心不良"等，以免损伤对方的自尊心而危及谈判结果。在谈判中，维护面子与自尊是一个极其敏感而又重要的问题。许多专家指出：在洽商中，如果一方感到失了面子，即使是最好的交易，也会留下不良后果。当一个人的自尊受到威胁时，他就会全力保卫自己，对外界充满敌意。有的人反击，有的人回避，有的人则会十分冷淡。这时，要想与他沟通、交往，则会变得十分困难。因此，要避免上述问题，必须坚持区别人与问题的原则，对问题硬，而对人软。对运用的语言尤其要进行认真的推敲。

（三）说话的方式

说话过程中的一些细节问题，如停顿、重点、强调、说话的速度等往往容易被人们忽视，而这些方面都会在不同程度上影响说话的效果。使用语言是为了传递信息，让对方明晰讲话的内容是语言的基本要求。谈判语言的清晰是指说话要口齿清楚，要使用标准化的语言，在口音上要能使对方听清、听懂和理解。易懂是指谈判人员要使用大家都能懂的言辞，而不能使用自造的词语，当使用能产生不同理解的言辞时要说明使用这一语言的确切含义，以便使自己的每一句话都能让对方明白无误。当同外国人谈判而使用翻译的时候，还要注意与翻译的沟通，以减少翻译原因造成的语言传递失真。

一般来讲，如果说话者要强调谈话的某一重点，停顿是非常有效的。试验表明，说话时应当每隔 30 秒钟停顿一次，一是加深对方印象，二是给对方机会，对提出的问题作出回答或加以评论。当然，适当的重复，也可以加深对方的印象。有时，还可以加强语气、提高说话声音以示强调，或显示说话者的信心和决心。这样做比使用一长串的形容词效果要好。

在商务洽谈中，应注意根据对方是否能理解你的讲话，以及对讲话重要性的理解程度，控制和调整说话的速度。在向对方介绍谈判要点或阐述主要议题的意见时，说话的速度应适当减慢，要让对方听清楚，并能记下来。同时，也要密切注意对方的反应。如果对方感到厌烦，那可能是因为你过于详尽地阐述了一些简单易懂的问题。如果对方的注意力不集中，可能是你说话的速度太快，对方已跟不上你的思维了。

（四）委婉含蓄、随机应变

谈判中的信息传递有的需要直来直去，但更多的内容却需要委婉而含蓄地表达出来。在谈判中运用委婉含蓄的语言，可以使本来会引起对方不满的事情变得容易接受，从而有利于谈判的进展。

由于谈判活动会随着时间、地点、对象的变化而变化，谈判语言的运用也必须做到随机应变。为此，谈判人员要综合运用各种语言，并把各种谈判语言天衣无缝地应用在一篇讲话中，这样才能使随机应变达到炉火纯青的境地。随机应变的中心是根据谈判对手的情况决定谈判的语言，对方的语言朴素无华，自己的语言也不要过分修饰；对方的语言直爽流利，自己的语言也不要迂回曲折。通过自己的语言变化来适应谈判的要求，以达到增强谈判效果的目的。

（五）言语沟通中的打拉性

谈判是一种竞争，也是一种合作。为了实现自己的利益，必须取得对方合作。因此，采取"拉"的方式，使用劝诱性语言，将对方牵制住，然后在和风细雨中改变立场。但是，谈判需要合作，更需要竞争。为在竞争中取得较大利益，威胁性语言进入谈判领域也就有了必要。它既能增强我方士气，也能打击对方气焰。如"在价格上我们绝不会再作出让步""在这一问题上，贵方如继续绕圈子，我们将退出谈判"等威胁性语言会对对方造成心理压力，从而加快谈判进程。当然，威胁性语言不宜过多使用，如掌握不好"打"的度，会使谈判气氛紧张，影响谈判正常进行。

（六）言语沟通中的幽默性

在国际商务谈判中，恰当地使用幽默，可起到调节气氛、消除隔阂的作用。如在一次买卖交易谈判中，中外双方就某个问题已讨论了两个星期，仍不见结果。这时，中方人员幽默地说："瞧，我们双方至今还没有谈出结果，如果奥运会设立拔河比赛项目的话，我想我们肯定是并列冠军，还有可能载入《吉尼斯世界纪录大全》，我敢保证，谁也打不破这一纪录。"听到这话,所有谈判人员都开怀大笑,气氛顿时松弛下来。所以说,在言语沟通过程中,幽默不失为一种有效手段。

四、国际商务谈判中语言表达的重要原则

国际商务谈判实际上是一种对话,在这个对话中,双方说明自己的情况,陈述自己的观点,倾听对方的提案、发盘,并做反提案、还盘、互相让步,最后达成协议。掌握谈判技巧,就能在对话中掌握主动,获得满意的结果。我们应掌握以下几个重要的原则。

(一)多听少说

缺乏经验的谈判人员的最大弱点是不能耐心地听对方发言,他们认为自己的任务就是谈自己的情况,说自己想说的话和反驳对方的反对意见。因此,在谈判中,他们总在心里想下面该说的话,不注意听对方发言,许多宝贵信息就这样失去了。他们错误地认为优秀的谈判人员是因为说得多才掌握了谈判的主动。其实成功的谈判人员在谈判时把50%以上的时间用来听。他们边听、边想、边分析,并不断向对方提出问题,以确保自己完全正确地理解对方。他们仔细听对方说的每一句话,而不仅是他们认为重要的或想听的话,因此而获得大量宝贵信息,增加了谈判的筹码。有效地倾听可以使我们了解进口商的需求,找到解决问题的新办法,修改我们的发盘或还盘。"谈"是任务,而"听"则是一种能力,甚至可以说是一种天分。"会听"是任何一个成功的谈判人员都必须具备的条件。在谈判中,谈判人员要尽量鼓励对方多说,要向对方说"yes""please go on",并提问题请对方回答,使对方多谈他们的情况,以达到尽量了解对方的目的。

(二)巧提问题

通过提问,谈判人员不仅能获得平时无法得到的信息,而且能证实谈判人员以往的判断。出口商应用开放式的问题(即答复不是"是"或"不是",而是需要特别解释的问题)来了解进口商的需求,因为这类问题可以使进口商自由畅谈他们的需求。例如,"Can you tell me more about your company?""What do you think of our proposal?"对外商的回答,谈判人员要把重点和关键问题记下来以备后用。

发盘后,进口商常常会问:"Can not you do better than that?"对此发问,谈判人员不要让步,而应反问:"What is meant by better?"或"Better than what?"这些问题可使进口商说明他们究竟在哪些方面不满意。例如,进口商会说:"Your competitor is offering better terms."这时,谈判人员可继续发问,直到完全了解竞争对手的发盘。然后,谈判人员可以向对方说明我们的发盘是不同的,实际上要比竞争对手的更好。如果对方对我们的要求给予一个模糊的回答,如"no problem",我们不要接受,而应请他做具体回答。此外,在提问前,尤其在谈判初期,谈判人员应征求对方同意,这样做有两个好处:一是若对方同意本方提问,就会在回答问题时更加配合;二是若对方的回答是"yes",这个肯定的答复会给谈判制造积极的气氛并带来一个良好的开端。

(三)展开话题前注意的地方

展开话题前留意一下对方的行为态度,这通常会给我们一些提示,知道那是不是一个展开交谈的好机会。

正面的提示包括:对方有延伸接触,有微笑、自然的面部表情。

负面的提示则包括：对方正在忙于某些事情，正与别人详谈中，正赶往别处去。

当然我们自己也得同样发出正面的提示，如果采取主动，跟别人先打招呼，说声Hello，加上微笑以示友好，很容易取得别人好感及留下好印象，从而展开话题。

（四）做好谈判前的准备

谈判前，要对对方的情况做充分的调查了解，分析他们的强弱项，分析哪些问题是可以谈的、哪些问题是没有商量余地的；还要分析对于对方来说，什么问题是重要的，以及这笔生意对于对方重要到什么程度等，同时也要分析我们的情况。假设谈判人员将与一位大公司的采购经理谈判，首先本方谈判人员就应自问以下问题：

要谈的主要问题是什么？

有哪些敏感的问题不要去碰？

应该先谈什么？

我们了解对方哪些问题？

自从最后一笔生意，对方又发生了哪些变化？

如果谈的是续订单，以前与对方做生意有哪些经验教训要记住？

与我们竞争这份订单的企业有哪些强项？

我们能否改进我们的工作？

对方可能会反对哪些问题？

在哪些方面我们可让步？我们希望对方做哪些工作？

对方会有哪些需求？他们的谈判战略会是怎样的？

回答这些问题后，谈判人员应该列出一份问题单，要问的问题都要事先想好，否则谈判的效果就会大打折扣。

总之，不少国际商务谈判因缺乏谈判技巧而失败。谈判人员通过培养倾听和提问的能力，掌握上述的技巧，就可以在谈判中掌握主动、获得满意的结果。

第二节　国际商务谈判语言沟通的技巧

孔子说过："言不顺，则事不成。"古希腊哲学家亚里士多德认为，说服别人就要研究："人类性格"的类型与人类感情之间的关系；"人类性格"的类型与人类道德之间的关系；"人类性格"的类型与人物年龄之间的联系；"人类性格"的类型与人类"命运"如出身、财产、地位之间的联系等。

谈判是借助谈判人员各方面的信息交流来完成的，而谈判中的信息传递与接受，则需要通过谈判人员之间的叙、听、问、答、辩及说服这些基本方法来完成。同时，这也是语言技巧在某个范畴和某些程度上的综合体现。

一、国际商务谈判中的听

俗话说："会说的不如会听的。"倾听发挥着由"谈"到"判"，再由"判"到"谈"的中介作用。一些专家认为国际商务洽谈并没有什么特别的秘诀，最重要的就是倾听对方的说话，这比任何阿谀奉承更为有效。

西方人说：上帝之所以赠给我们每人两只耳朵与一张嘴巴，是希望我们多听少说。在谈判桌上，倾听对方的讲话是一门艺术。多听少说是谈判人员应具备的一种修养。善于倾听的人会受到器重，倾听是表示对对方的尊敬，那么在谈判中如何才能获得最佳倾听效果呢？

（一）倾听的作用

1. 倾听是了解对方需要、发现事实真相的最简捷的途径

在谈判中，潜心地听往往比滔滔不绝地谈更为重要。听的要旨在于探讨对方的心理，接收传递的信息和发掘事实的真相，以不断调整自己的行动。专门研究听话的专家拉卡·尼克拉斯在自己的多年研究中发现，一般人听别人讲话，不论怎样听，也只能听到一半。谈判人员在谈判中彼此频繁地进行着微妙、复杂的信息交流，这些信息有许多是谈判人员直接或者可以从分析中得到的。如果谈判人员一时马虎，将会失去一个不会再得到的信息。因此，谈判人员学会多听、善于倾听是非常重要的。

多听是谈判人员所必须具备的一种修养，是你做的一个最省钱的让步。倾听使你更真实地了解对方的立场、观点、态度，了解对方的沟通方式、内部关系，甚至是小组内成员的意见分歧，从而使你掌握谈判的主动权。

2. 注意倾听是给人留下良好印象、改善双方关系的有效方式之一

专注地倾听别人讲话，往往表示倾听者对讲话人的看法很重视，能使对方对你产生信赖和好感，使讲话者形成愉快、宽容的心理，变得不那么固执己见，更有利于达成一个双方都认可的协议。倾听和谈话一样具有说服力，它常常使我们不花费任何力气，取得意外的收获。

有一家美国汽车公司，想要选用一种布料装饰汽车内部，有 3 家公司提供样品，供汽车公司选用。公司董事会经过研究后，请它们每一家来公司做最后的说明，然后决定与谁签约。3 家厂商中，一家的业务代表患有严重的喉头炎，无法流利讲话，只能由汽车公司的董事长代为说明。董事长按公司的产品介绍讲了产品的优点、特点，各单位有关人员纷纷表示意见，董事长代为回答。而布料公司的业务代表则以微笑、点头或各种动作来表达谢意，结果，他博得了大家的好感。会谈结束后，这位不能说话的业务代表却获得了 50 万码布的订单，总金额相当于 160 万美元，这是他有生以来获得的最大的一笔成交额。事后，他总结说如果他当时没有生病，嗓子还可以说话的话，他很可能得不到这笔大数目的订单，因为他过去都是按照自己的一套办法去做生意，并不觉得让对方表示意见比自己头头是道地说明更有效果。

3. 倾听对方的谈话，可以了解对方态度的变化

有些时候，对方态度已经有了明显的改变，但是出于某种需要，却没有用语言明确地表达出来，我们可以根据对方"怎么说"来推导其态度的变化。例如，当谈判进行得很顺利、双方关系很融洽时，双方都可能在对方的称呼上加以简化，以表示关系的亲密。如李××可以简称为小李、王××可以简称为老王等。但是，如果突然间改变了称呼，一本正经地叫李××同志，或是他的官衔，这种改变是关系紧张的信号，预示着谈判会出现分歧或困难。

总之，倾听是了解对方需要和发现事实真相的最简单途径。通过倾听，可以广收信

息,洞察对方的真实意图;通过倾听,可以明确应采取的策略,提高自己的说服力,增加实现愿望的机会;倾听,对缺乏经验的谈判人员来说可以弥补不足,对于有经验的谈判人员来说,可以减少失误;倾听有利于沟通,缩短谈判双方的距离;倾听可以消除误解,推动谈判进程。所以,谈判人员要给予倾听环节以特别的关注。在谈判中,倾听是重要的,也是必需的。一个优秀的谈判人员,也一定是一个很好的倾听者。当然,要很好地倾听对方谈话,并非像人们想象的那样简单。[1]

（二）倾听的障碍

在倾听的过程中,由于受到跨文化、语言、情绪、环境等不同因素的影响,倾听通常不能达到预期效果。

1. 倾听者的主观原因

在谈判过程中,倾听者本身的主观原因会造成组织沟通效率的降低。如果时间安排不合理,倾听需要的时间太长,那么就会使倾听者停止倾听。与此同时,若谈判人员采取匆忙得出结论、停止倾听的做法,则会缺乏充分时间进行评价、判断,结果会导致同意或不同意决定的错误表达。[2]

在倾听过程中,如果讲话者与倾听者的观点冲突、不一致,那么就可能出现抵触情绪,结果倾听者会停止倾听,或者是置之不理。此外,如果倾听者根据经验将讲话者的陈述内容划归到某类不值得倾听的范畴,那么倾听者就可能在倾听过程中不接收讲话者的信息,造成倾听信息的遗漏。

此外,如果倾听者对讲话者的陈述内容不感兴趣,或者倾听者注意力被分散,抑或讲话者的讲话被频繁打断,那么也会对倾听者收听讲话者的全部信息或理解其真正内涵造成负面影响。[3]

2. 环境影响

谈判地点的选择和布置,光线明暗,温度、湿度的高低,噪声的大小等,一方面会对信息传递造成干扰、歪曲,例如,在嘈杂的环境里,收听者就可能听不清楚讲话者的陈述、提问与回答;另一方面,会影响沟通双方的情绪,这也是谈判人员选择良好沟通环境的原因之一。如果谈判人员倾向于畅所欲言、充分交流,那么谈话地点选择在非正式场所,例如茶室、咖啡厅等,将有利于提高倾听效果;如果谈判人员准备营造严肃认真的氛围,提醒相关方重视谈判议题,那么谈判地点选择在正式场所,例如会议室、办公室等,就会改善倾听效果。与此同时,倾听者和讲话者之间在数量上的差异也会对倾听效果造成影响。[4]

3. 语言文化差异

如果谈判人员与倾听人所使用的语言工具不同,中文逻辑与外文逻辑不同,语法、语音、修辞等方面不同,讲话者所使用的修辞、音量、含糊的词语、音调及语调不恰当,谈判人员口头语言、修饰性语言与专门用途语言、肢体语言不相符,会使谈判人员语意表达不清

[1] 鲁小慧,周连云.商务谈判中的倾听技巧[J].科技信息,2007(32):511,532.
[2] 孙明艳.浅谈接待谈判中的倾听技巧[J].旅游纵览·行业版.2011(2):145,147.
[3] 郝宏奎.论人质谈判中的积极倾听[J].江苏警官学院学报,2019,34(6):5-15.
[4] 刘晓琴,陈晓鹏.职场沟通中常见的倾听障碍及其应对策略[J].科技创业月刊,2010,23(6):123-125.

楚，身份预设下的外文口语表达，中英文混用的营销语言方式，使用倾听者所不了解的专业术语等，这些都将对倾听的效果产生影响，导致倾听的障碍。[①]

（三）倾听的技巧

首先，倾听者一定要心胸开阔，要抛弃先入为主的观念。只有这样，才能正确地理解对方讲话所传递的信息，准确把握讲话者的重点，从而认真听取、接受对方的反对意见。

其次，要全神贯注，努力集中注意力。倾听对方讲话，必须集中注意力，同时，还要开动脑筋，进行分析思考。注意力是指人对一定事物的指向和集中。由于心理上的原因，人的注意力并不总是稳定、持久的，它要受到各种因素的干扰。在一般情况下，人们总是对感兴趣的事物才加以注意，还要受到人们的信念、理想、道德、需求、动机、情绪、精神状态等内在因素的影响。外界因素的影响就更多了，如讲话者的讲话内容，人们说话并不总是套在一定的框架里，有时，出于某种需求，要掩饰主要内容，强调不重要内容；有时条理不清、内容杂乱，这些都会干扰和分散听者的注意力。因此，要认真倾听对方讲话，必须善于控制自己的注意力，克服各种干扰，始终保持自己的思维跟上讲话者的思路。

最后，倾听对方讲话，还要学会约束自己、控制自己的言行。如不要轻易插话、打断对方的讲话，也不要自作聪明地妄加评论。通常人们喜欢听赞扬的语言，不喜欢听批评、对立的语言，当听到反对意见时，总是忍不住要马上批驳，似乎只有这样，才说明自己有理。还有的人过于喜欢表露自己。这都会导致与对方交流时，过多地讲话或打断别人讲话。这不仅会影响自己倾听，也会影响对方对你的印象。

要学会倾听、善于倾听，也包括创造倾听的机会。就是说倾听者要采取一些策略方法，促使讲话者保持积极的讲话状态，主要有三种形式。

（1）鼓励。面对讲话者，尤其是没有经验、不善演讲的讲话者，需要用微笑、目光、点头等赞赏的形式表示呼应，显示出对谈话的兴趣，促使对方继续讲下去。

（2）理解。这种方式常见，也比较自然。在对方讲话时，可以"是""对"等表示肯定，在停顿处，也可以指出讲话者的某些观点与自己一致，或者运用自己的经历、经验，说明对讲话者的理解，有时可以适当复述。这些方式都是对讲话者的积极呼应。

（3）激励。适当地运用反驳和插话，有时对方在讲话时，征求你的意见或停顿，只有这时，反驳才是适宜的。沉默不等于承认或忽视，它可以表示你在思考，是重视对方的意见，也可能是在暗示对方转变话题。

总之，倾听是谈话艺术的重要组成部分，你要掌握谈话的技巧，那么就必须学会倾听，善于倾听，这是一个优秀谈判人员的基本技能。

二、国际商务谈判中的提问

提问是国际商务谈判人员获取信息的重要手段。通过提问，可以发现对方的需求，了解对方的心理，因而是国际商务谈判中使用语言的重要内容。国际商务谈判的提问内容丰富，有着不同的方法和技巧，只有熟练掌握这些内容，才能达到提问的目标。

---

① 于瑞卿，彭磊. 管理者的倾听艺术[J]. 合作经济与科技，2012(7)：34-35.

（一）国际商务谈判提问的目的

国际商务谈判的提问，要随着对信息要求的变化展开，但如果把提问的内容和过程具体化，就会发现不同的提问有着不同的目的和要求。国际商务谈判中提问的目的主要有以下几种。

1. 收集信息

收集信息是任何提问的共同目的，因而在国际商务谈判中用得最多。其可为自己下一步的国际商务谈判创造条件。在国际商务谈判过程中，通过对方的介绍和自己的提问，如果发现对方对本方的谈判要求等条件了解得不多，而只有让对方了解这些内容才能保证国际商务谈判顺利进行，自己便可通过提问的方式给对方提供信息。通过提问，可使对方更多地了解本公司的信息，以便使国际商务谈判朝着对自己有利的方向发展。

2. 探测动向

当国际商务谈判中对方有些意见没有充分表达出来，自己对对方以后的要求尚没有把握的时候，就可以通过提问探测对方的动向。通过这类提问，可以探明对方的心理动向，以便及时调整自己的想法来适应国际商务谈判的要求。

3. 测定差距

经过双方激烈的讨价还价，国际商务谈判接近尾声，但对方仍没有表现出签约的意思，在这种情况下，就要通过提问，测定目前的国际商务谈判与成功之间还有多大的差距。通过这类提问，可以了解对方的目标，也为自己作出进一步决策提供了依据。

（二）国际商务谈判提问的原则

为了从自己的提问中获取对方最大的信息量，在提问时必须遵循以下原则。

1. 不问那些对方不愿回答或恶化双方关系的问题

这类问题由于能使对方难堪，因而会损害双方的关系，最终将影响国际商务谈判的成功，包括社会忌讳和个人忌讳两大类。社会忌讳是由于各国的文化传统形成的一些社会上的共同禁忌。个人忌讳是由于个人民族习惯和个人爱好形成的禁忌。

2. 提出的问题应能够迅速接近谈判目标

为了增强提问的效果，提问前必须进行认真准备，构思好问句，以便迅速地接近国际商务谈判目标。提问的准备主要包括：确定提问的范围和内容，以便为以后的讨价还价创造条件；根据前一个问题构思下一个问句，以便达到层层深入的效果；所有的提问都要围绕一个中心进行，以便更有利于弄清问题；问句的提出要尽量做到对方可以从正面作出答复，以便使自己得到确切的答案。

3. 提问时态度要诚恳

提问的目的是要得到对方的答案，因而提问时的态度必须诚恳，要心平气和地提出问题，以减少对方产生的防范心理和抵触情绪。为此，提问的内容不要过于尖锐，提问的语气不要有明显的挑战性。当自己提出问题对方不能马上回答时，要学会等待，给对方留下回答问题的时间，而不是步步紧逼，因为紧逼对方回答不仅得不到理想的答案，反而会使对方产生一种不友好的印象，而等待对方回答时，双方处于沉默之中，这无形地给对方增加了压力，对方有责任打破这种沉默。这样既显示了自己的修养，又达到了预定的目标。

4．提出的问题要简明扼要

为了便于对方的理解、记忆和回答，也便于自己对信息的思考和接受，提问的问题要简明扼要。当所提的问题本身较复杂时，要将这些问题分解开来，作为多个小问题提问。

（三）国际商务谈判提问的方法

国际商务谈判中常用的提问方法有以下八种。

1．一般性提问

这是指在国际商务谈判中采用的那些常见的广泛征求意见的提问方法。这种提问方法通常用于提问对方"怎么样""为什么""有什么意见""有哪些建议"等问题中，多用于非关键性问题的提问，其提问方式多为开放式。

2．质疑性提问

这是指那些对对方陈述问题的依据存在疑义而进行的提问。质疑性提问主要在对方的观点或做法存在错误时使用，因而在使用时要注意国际商务谈判条件的要求。

3．理解性提问

这是指那些在表示理解对方观点的基础上，提出其他相关问题让对方回答的提问。理解性提问由于理解在先，很容易得到对方的赞同。

4．诱导性提问

这是指那些对问题的答案有强烈暗示性的提问。诱导性提问由于对答案有较强的诱导作用，因而是国际商务谈判人员在要求对方赞成自己的观点时常用的提问方法。

5．假设性提问

这是指那些在问题中有假设条件的提问。假设性提问的问题都是以"假定"为前提条件的，目的是寻找自己的最佳效益。

6．选择性提问

这是指那些把问题的两种可能结果告诉对方，促使对方在限定的范围内选择答案的提问。由于选择性提问把答案集中在两点上，因而加快了对方回答问题的速度，但这种方式是把自己的意志强加给了对方，只有措辞和态度得体才能保证提问的效果。

7．限定性提问

这是指那些对问题的答案限制了范围的提问。限定性提问的答案已限制了范围，因而利用这种提问方法可以加快国际商务谈判进度、节约国际商务谈判时间。

8．澄清性提问

澄清性提问又叫"探索性提问"，指那些要求对方对问题的观点进一步确认或证实的提问。例如，"您刚才说对目前进行的这宗买卖可以进行取舍，这是不是说您拥有全权跟我国进行商务谈判"；"您刚才说上述情况没有变动，这是不是说贷方可以如期履约了"，为了保证这一提问方法引起对方注意，在提问前应对对方已讲过的语言进行重新组合。

（四）国际商务谈判提问的技巧

在国际商务谈判中，提问的技巧直接关系到提问的效果，因而在掌握提问的目的、原则、方法的基础上，还必须掌握国际商务谈判提问的技巧。常用的国际商务谈判提问技巧有以下几种。

1. 引人注意、信息量大以及抓住契机、适时提问

提问是为了从对方那里得到有用的信息，因而提出的问题必须能引起对方注意，使对方认真思考。这就要求向对方提出的问题必须是大问题，是与国际商务谈判结果密切相关的问题，而不能是一些极普通的或人所共知的问题。

为了取得有利的国际商务谈判条件，提问的时机必须把握好，既不能太早，又不能太晚。太早，容易过早地将谈判意图暴露给对方，太晚又影响国际商务谈判的进程。要在对方发言结束后提问，不能在对方阐述问题时打岔，因为在别人讲话时打断别人的话题是不礼貌的。通过总结对方的发言，可以了解对方的心态，掌握对方的背景，所以在把对方的观点总结以后提问，可以对问题进行归纳，以便突出重点，了解关键信息。此外，不要在对某一话题的讨论兴致正浓时提出新的问题，而要先转移话题的方向，然后再提出新的问题，这样做有利于对方集中精力构思答案。

2. 因人而异、抓住关键以及角度多变、机智灵活

由于国际商务谈判对手的年龄、职务、职业、性格、文化程度、国际商务谈判经验等的差异，要想取得理想的提问效果，提问时就必须因人而异。对于文化水平低的国际商务谈判对手，提问时不能使用过多的专业名词，对于年龄大、职位高的国际商务谈判对手，提出的问题要婉转含蓄，不能过于直接。

有些问题如果正面提问，对方可能不愿回答，或即使回答，结果也不能令人满意。对此，在提问时就要注意变换角度，以激发对方回答问题的兴趣，并得到有利的答复，只要转换了角度，就可以得到意想不到的结果。

3. 使用条件问句

当双方对对方有了初步的了解后，谈判将进入发盘和还盘阶段。在这个阶段，谈判人员要用更具试探性的条件问句（conditional question）进一步了解对方的具体情况，以修改己方谈判人员的发盘。

条件问句由一个条件状语从句和一个问句共同构成，这个问句可以是特殊问句也可以是普通问句。典型的条件问句有"what…if"和"if…would"这两个句型。例如，"What would you do if we agree to a two-year contract?"及"If we modify your specifications, would you consider a larger order?"，在国际商务谈判中，条件问句有许多特殊优点。

（1）互做让步。用条件问句构成的发盘和提案是以对方接受本方条件为前提的，换句话说，只有当对方接受本方条件时，本方的发盘才成立，因此本方不会单方面受发盘的约束，也不会使任何一方做单方面的让步，只有各让一步，交易才能达成。

（2）获取信息。如果对方对本方用条件问句构成的发盘进行了还盘，对方就会间接、具体、及时地向本方提供宝贵的信息。例如，本方提议："What if we agree to a two-year contract? Would you give us exclusive distribution rights in our territory?"对方回答："We would be ready to give you exclusive rights provided you agree to a three-year contract."从回答中，谈判人员可以判断对方关心的是长期合作。新获得的信息对以后的谈判会很有帮助。

（3）寻求共同点。如果对方拒绝本方的条件，谈判人员可以另换其他条件构成新的条件问句，向对方作出新的一轮发盘。对方也可用条件问句向本方还盘。双方继续磋商，

互做让步,直至找到重要的共同点。

（4）代替"No"。在谈判中,如果直接向对方说"No",对方会感到没面子,双方都会感到尴尬,谈判甚至会因此陷入僵局。如果谈判人员用条件问句代替"No",上述的情况就不会发生。例如:当对方提出谈判人员不能同意的额外要求时,谈判人员可用条件问句问对方:"Would you be willing to meet the extra cost if we meet your additional requirements?"如果对方不愿支付额外费用,就拒绝了自己的要求,谈判人员不会因此而失去对方的合作。

三、国际商务谈判中的回答

有问必有答,人们的语言交流就是这样进行的。问得不当,不利于谈判;答得不好,同样也会使本方陷入被动。通常,同样的问题会有不同的回答,不同的回答又会产生不同的谈判效果。有时,对方会故意提出一些尖刻的问题,旨在把其对手问倒。这时,如果是较为出色的谈判人员,便会用一个妙答,使自己逢凶化吉,起到妙手回春的功效。

谈判中的问答,是一个证明、解释、反驳或推销本方的观点的过程。为了有效地回答好每个问题,在谈判前,我们可以假设一些难题来思考,考虑得越充分,所得到的答案将会越好。许多有谈判经验的国家(地区),比较重要的谈判往往在事先都要进行模拟谈判,自己组织一组人员扮演谈判对手,让对手尽情地发挥,借以发现在一般情况下难以发现的问题。

在国际商务谈判中,当对方向你提出问题的时候,你必须作出相应的回答,否则,对方会认为你没有诚意而使国际商务谈判陷入僵局。而巧妙的回答可以做到既不泄露机密,又不致使国际商务谈判陷入僵局。因此,国际商务谈判人员必须把握回答的方式和技巧。

（一）国际商务谈判回答的方式

国际商务谈判中的回答有三种类型,即正面回答、迂回回答和避而不答。在国际商务谈判过程中,这三种类型又演变成多种具体回答方式。常用的国际商务谈判回答方式有以下几种。

1. 含混式回答

这种回答既可以避免把自己的真实意图暴露给对方,又可对对方造成判断上的混乱和困难。这种回答由于没有作出准确的说明,因而可以做多种解释,从而为以后的国际商务谈判留下回旋的余地。

2. 针对式回答

这种回答即针对提问人心里假设的答案回答问题。这种回答方式的前提是弄清对方提问的真实意图,否则回答很难满足对方的要求,弄不好回答了前一个问题,对方提问的是另一个意思,还必须回答另一个问题,这就免不了泄露自己的秘密。

3. 局限式回答

这种回答即将对方问题的范围缩小后再做回答。在国际商务谈判中并不是所有问题的回答对自己都有利,因而在回答时必须有所限制,选择有利的内容回答对方。例如,当对方提问产品的质量时,只回答几个有特色的指标,利用这些指标给对方留下质量好的印象。

4. 转换式回答

这种回答即在回答对方的问题时把国际商务谈判的话题引到其他方向去。这种方式也就是我们常说的"答非所问"。但这种答非所问必须是在前一问题的基础上自然转来的，没有任何雕琢的痕迹。例如，当对方提问价格时可以这样回答："我想您是会提这一问题的。关于价格我相信一定会使您满意，不过在回答这一问题之前，请让我先把该产品的几种特殊功能说明一下。"这样就自然地把价格问题转到了产品的功能上，使对方在听完自己的讲话后，把价格建立在新的产品质量基础上，这对自己无疑是有利的。

5. 反问式回答

这种回答即通过提出其他问题来回答对方的提问。这是一种以问代答的方式，它既可以为自己以后回答问题留下喘息的机会，对于一些不便回答的问题也可以用这一方法解围。

6. 拒绝式回答

这种回答即对那些棘手和无法回答的问题，寻找借口拒绝回答。运用借口拒绝回答对方的问题，可以减轻对方提问的压力。

（二）国际商务谈判回答的技巧

谈判桌上的双方是在各方的实力基础上斗智斗勇，国际商务谈判回答问题的要诀就在于知道该说什么和不该说什么，而不必考虑回答的问题是否切题。谈判过程好比桥牌的叫牌过程，目的在于尽可能多地通过回答过程来了解对方的实力与信息，而尽量避免过早地暴露自己的底细。因此，在回答问题时要有艺术性和技巧，谈判人员对此必须熟练地加以掌握和运用。

1. 回答问题之前，要给自己留有思考的时间

为了使回答问题的结果对自己更有利，在回答对方的问题前要做好准备，以便构思好问题的答案。有人喜欢将生活中的习惯带到谈判桌上，即对方提问的声音刚落，这边就急着马上回答问题，在谈判过程中，绝不是回答问题的速度越快越好，因为它与竞赛抢答是性质截然不同的两回事。

回答的准备工作包括三项内容：一是心理准备，即在对方提问后，要利用喝水、翻笔记本等动作来延缓时间，以稳定情绪，而不是急于回答；二是了解问题，即要弄清对方所提问题的真实含义，以免把不该回答的问题也答了出来；三是准备答案，答案应只包括那些该回答的部分。

人们通常有这样一种心理，就是对方问话与我方回答之间所空的时间越长，就越会让对方感觉我们对此问题欠准备，或以为我们几乎被问住了，如果回答得迅速，就显示出我们已有充分的准备，也显示了本方的实力。其实不然，谈判经验告诉我们，在对方提出问题之后，我们可通过点支香烟或喝一口茶，或调整一下自己坐的姿势和椅子，或整理一下桌子上的资料文件，或翻一翻笔记本等动作来延缓时间，考虑一下对方的问题。这样做显得很自然、得体，又可以让对方看见，从而减轻和消除对方的上述那种心理感觉。

2. 把握对方提问的目的和动机，才能决定怎样回答

谈判人员在谈判桌上提出问题的目的往往是多样的，动机也是复杂的。如果我们没有深思熟虑，弄清对方的动机，就按照常规来作出回答，结果往往是效果不佳。如果我们

经过周密思考,准确判断对方的用意,便可作出一个独辟蹊径、高水准的回答。建立在准确地把握对方提问动机和目的基础上的回答,是精彩而绝妙的。谈判人员如果能在谈判桌上发挥出这种水平,就是比较出色的谈判人员。

有人认为,国际商务谈判中的回答应该是有问必答、准确无误。这是一种错误的认识。对有些问题来说,回答得越全面、越准确,就显得回答者越愚蠢。因此,国际商务谈判回答的要领是明确该答什么、不该答什么,该答多少和不该答多少。根据这一要求,有些问题应全部回答,有些问题就只能局部回答;有些问题要准确回答,有些问题就要含混回答;有些问题要正面回答,有些问题则要侧面回答;有些问题可立即回答,有些问题则暂不回答,有些问题要拒绝回答。而这种划分的依据,一要看对方的真正意图,二要看我方回答的方式和范围,三要看回答这一问题的后果。

3．不要彻底地回答问题

商务谈判中并非任何问题都要回答,要知道有些问题并不值得回答。在商务谈判中,对方提出问题或是想了解我方的观点、立场和态度,或是想确认某些事情。对此,我们应视情况而定。对于应该让对方了解,或者需要表明我方态度的问题要认真回答,而对于那些可能会有损本方形象、泄密或一些无聊的问题,谈判人员也不必为难,不予理睬是最好的回答。当然,用外交活动中的"无可奉告"一语来拒绝回答,也是回答这类问题的好办法。总之,我们回答问题时可以自己对回答的前提加以修饰和说明,以缩小回答范围。

对方的提问可能是一系列的问题,从而决定了不可能通过一个问题的回答来全部解决,对方对国际商务谈判条件的要求也是有层次的,不可能满足了一个条件就再没有其他条件的要求,因而在国际商务谈判回答中必须注意掌握分寸、留有余地。

有时,对方提出的某个问题我方可能很难直接从正面回答,但又不能用拒绝回答的方式来逃避问题。这时,谈判高手往往用避正答偏的办法来回答,即回答这类问题时,故意避开问题的实质,而将话题引向歧路。

4．幽默诙谐,随机应变,巧应妙答

对于有些问题如果正面回答可能不利,这就要求用幽默的语言来回答,因为幽默的语言可以在含蓄委婉的回答中渡过难关。同时,用幽默的语言可以在回答问题出现错误时把责任推给第三者,在别人抓住自己的弱点提问时可以通过自我欣赏解围。可见,使用幽默语言,可以取得事半功倍的效果。

由于国际商务谈判对手的提问目的不同、方式各异,因而在回答对方时也必须随机应变,根据对方的不同要求作出巧妙的回答,做到该明确回答的明确回答,该与其周旋的与其周旋,该拒绝回答的拒绝回答,并且在回答的方式、回答的语言、回答的风格上要灵活选择,慎重使用,以提高回答的质量,增强国际商务谈判的实力。

在中国古代汉朝有一个官员,为人正直、纯朴、廉洁奉公。一次有人问他:"你有没有私心?"这其实是很难用"有"与"没有"来回答的。这个官员深知问话者的动机,使用十分有策略的方式回答道:"过去,有一个人送给我一匹千里马,被我拒绝了。事后,每当朝廷让我们王公选荐人才的时候,我心里总是想到这个人,不过我始终没有推荐他。我哥哥的儿子病了,我一夜去探望了十次,回到家就躺下睡觉了。我儿子有病的时候,我虽然不需要去照顾他,可是我一夜都睡不着觉。这样看来,怎么能说没有私心呢?"可见,他的这番回答，一语双关，一方面说明自己也是有私心的常人，另一方面说明自己在处理公事时，又不为私心所左右，情在理中，令人折服。

5．对于不懂的问题不要回答

参与谈判的所有的人都不是全能全知的人。谈判中即使我们准备得充分，也经常遇到陌生难解的问题，这时，谈判人员切不可为了维护自己的面子强做答复，因为这样不仅有可能损害自己利益，而且对自己的面子也是丝毫无补。有这样一个实例，国内某公司与美国外商谈判合资建厂事宜时，外商提出有关减免税收的请求。中方代表恰好对此不是很有研究，或者说是一知半解，可为了谈成，就盲目地答复了，结果使我方陷入十分被动的局面。

经验和教训一再告诫我们：谈判人员对不懂的问题，应坦率地告诉对方不能回答，或暂不回答，以避免付出不应付出的代价。

6．答非所问

答非所问在知识考试或学术研究中是不能给分的，然而从谈判技巧的角度来研究，却是对不能不答的问题的一种行之有效的答复方法。

古代有一个较为精明的骗子，他从别人那借来一匹马，便牵去与一个财主进行交换。财主问："你的马是从哪里来的？"他回答道："我想卖马的念头有两年了。"财主又问："为什么要换？"他回答道："这马比你的马跑得快。"这两句话的回答全是答非所问，换马的骗子就是这样运用灵巧的方式，回避了一个事实，即马是他人的，换马是想要骗走财主的马。此人的计谋于是得逞了。谈判中，我们并不主张像这个骗子一样在谈判双方之间行骗，谈判必须是建立在相互信赖基础上的。但是在双方利益相冲突时，如何巧妙地回答对方有关利益分割方面的问题，倒是应该从这一例中借鉴点什么。

商务谈判中有时可以以问代答。此法如同把对方踢过来的球又踢了回去，请对方在自己的领域内反思后寻找答案。这是对付那些在国际商务谈判中难以回答、不想回答的问题的方法之一。

国际商务谈判中，要求对方再次阐明其所问的问题，实际上是为自己争取思考问题的时间的好办法。在对方再次阐述其问题时，我们可以根本不去听，而只是考虑如何作出回答。当然，这种心理不应让对手有所察觉，以防其加大进攻的力度。

7．避免跨国文化交流产生的歧义

国际商务谈判大多用英语进行，而谈判双方的母语往往又不都是英语，这就增加了交流的难度。在这种情况下，谈判人员要尽量用简单、清楚、明确的英语，不要用易引起误会的多义词、双关语、俚语、成语，也不要用易引起对方反感的词句，如："To tell you the truth""I will be honest with you…""I shall do my best""It is none of my business but…"。这些词语带有不信任色彩，会使对方担心，从而不愿积极合作。跨国文化交流的一个严重通病是"以己度人"，即主观地认为对方一定会按照本方的意愿、本方的习惯去理解本方的发言，或从对方的发言中本方所理解的意思正是对方想表达的意思。最典型的例子就是"yes"和"no"的使用和理解。曾经有家美国公司和一家日本公司进行商务谈判。在谈判中，美国人很高兴地发现，每当他提出一个意见时，对方就点头说"yes"，他以为这次谈判特别顺利。直到他要求签合同时才震惊地发现日本人说的"yes"是表示礼貌的"I hear you"的"yes",不是"I agree with you"的"yes"。实际上,"yes"这个词的意思是非常丰富的,除了以上两种以外,还有"I understand the question"的"yes"和"I will consider it"的"yes"。"no"的表达方式也很复杂。有些文化的价值观反对正面冲突,因此人们一般不直接说"no",而用一些模糊的词句表示拒绝。

例如,巴西人用"somewhat difficult"代替"impossible",没有经验的谈判人员若按字面意思去理解,就会浪费时间,延缓谈判进程。因此,谈判人员必须尽量了解对方的文化、对方的价值观和风俗习惯,只有这样才能正确无误地传递和接收信息。

为了避免误会,谈判人员可用释义法确保沟通顺利进行。释义法就是用自己的话把对方的话解释一遍,并询问对方对己方的理解是否正确。例如,对方说:"We would accept private if you could modify your specifications."本方谈判人员可以说:"If I understand you correctly, what you are really saying is that you agree to accept our price if we improve our product as you request."这样做的另一个好处是可以加深对方对这个问题的印象。

最后,确保沟通顺利的另一个方法是在谈判结束前做一个小结,把到现在为止达成的协议重述一遍并要求对方予以认可。小结一定要实事求是,措辞一定要得当,否则对方会起疑心,对小结不予认可,已谈好的问题又得重谈一遍。

四、国际商务谈判叙述

经过双方简短的寒暄以后,谈判便进入叙述的阶段。叙述就是陈述自己关于参加本次谈判的基本观点和意见。通过自己的叙述,使对方明了自己的观点,为谈判的顺利进行准备条件。为了提高语言叙述的质量,必须把握叙述的类型和叙述的技巧。

(一)叙述的类型

国际商务谈判中的叙述从内容上分为开局叙述和总结叙述两种。开局叙述是各方对谈判观点的第一次陈述。叙述的前奏是寒暄,还没有接触谈判的实质内容。而叙述则是对谈判观点的介绍,主要说明自己参加谈判的基本立场及要求。通过对这些内容的说明,使对方明了自己的观点,以便在此基础上寻找共同点,使谈判朝着成功的方向前进。

总结叙述是对谈判的每一阶段或全部谈判结束前做的陈述。其中心内容是对已取得的成果进行肯定性的总结,通过得体的总结性叙述,为以后的谈判打下良好的基础。其特点是切题、中肯、观点鲜明和留有余地。无论成功与否,都不下绝对性结论。

(二)叙述的技巧

国际商务谈判中"叙"是一种不受对方提出问题的方向、范围的制约,是带有主动性的阐述,是商务谈判中传递大量信息、沟通情感的方法之一。商务谈判中的叙述,尤其是开局叙述的语言运用直接关系到对方的理解。所以,应从谈判的实际需要出发,灵活掌握有关叙述应遵循的原则,具体体现在以下几个方面。

1. 叙述应简洁、独立进行

国际商务谈判中的叙述要尽可能简洁、通俗易懂,因为叙述的目的在于让对方听了立即就能够理解,以便对方准确、完整地理解我方的观点和意图,而不是看自己的观点与别人的观点有什么联系和差异,因而叙述必须独立进行。独立叙述包括三层含义:①不受别人的影响，不论别人的语言、情绪有什么特殊反应，陈述中都要坚持自己的观点；②不与对方的观点和问题接触，不谈是否同意对方的观点等，而是按自己的既定原则和要求进行陈述；③只阐述自己的立场。

2. 叙述应具体而生动

为了使对方获得最佳的倾听效果，我们的叙述应生动而具体。叙述时一定避免令人乏味的平铺直叙，以及抽象的说教，要特别注意运用生动、活灵活现的生活用语，具体而形象地说明问题。有时为了达到这个效果，也可以运用一些演讲者的艺术手法，如声调抑扬顿挫，以此来吸引对方的注意，达到本方叙述的目的。

3. 叙述应层次清楚

国际商务谈判中的叙述，为了方便对方记忆和倾听，应在叙述时使听者便于接受；同时，分清叙述的主次及其层次，这样可使对方心情愉快地倾听我方的叙述，其效果应该是比较理想的。

4. 叙述应客观真实

国际商务谈判中叙述基本事实时，不要夸大事实，同时也不要掩盖、修饰实情，如果自己对事实真相加以修饰的行为被对方发现，也会大大损害本方公司的信誉，从而使本方的谈判实力大为削弱。

5. 叙述的观点要准确

在叙述观点时，应力求准确无误，避免前后不一致，否则会给对方留有缺口，为其寻找破绽打下基础。当然，谈判过程中观点有时可以依据谈判局势的发展需要而发展或改变，但在叙述的方法上，要能够令人信服。这就需要有经验的谈判人员来掌握时局，不管观点如何变化，都要以准确为原则。说明自己的观点，而且要对方接受自己的观点，因而在陈述时使用的语言必须准确，并使对方容易接受。为了准确，谈判人员在谈判的关键内容中要使用专业语言，当对方对这些语言可能听不懂时，就要对所使用的专业术语进行解释，以免对方产生误解。同时，为了使对方容易接受自己的观点，在谈判叙述中要注意使用"中性"语言，而不要使用极端语言和粗俗的语言。

6. 叙述时发现错误要及时纠正，有时可以重复叙述

谈判人员在国际商务谈判的叙述当中，常常会由于种种原因而出现叙述上的错误，谈判人员应及时发现并纠正，以防造成不应有的损失。有些谈判人员，当发现自己叙述中有错误时，便采取事后文过饰非的做法，结果对自己的信誉和形象有损而无益，更重要的是可能会失去合作伙伴。

国际商务谈判叙述过程中，时常会遇到对方不理解、没听清楚或有疑问等情况，这时，对方会用有声语言或动作语言来和我们传递信息。这就要求谈判人员在叙述的同时，注意观察对方的眼神和表情等，一旦觉察对方有疑惑不解的信息传出，就要放慢速度，或重复叙述。商务谈判人员必须慎重地对待对方在自己叙述时的反应，发现有不理解或误解的地方应及时加以引导和纠正。

五、国际商务谈判中的辩论

在国际商务谈判中，辩论的目的是达成交易，因此，不能机械地用"线性因果"的思维方式去确认真理在哪一方,而应在合作的基础上多角度、多层次地进行辩论。谈判中的"辩"与"听""问""答""看""叙"不同,它具有相互依赖、相互对抗的二重性。无对立就无辩论,在谈判中,由于利益,不可避免地出现观点的对立。这种对立可能针锋相对也可能彼此兼容,但辩论能使这种对立外现、展开及解决。它是人类语言艺术和思维艺术的综合运用,具有较强的技巧性。

辩论是短兵相接,彼此话来语去,要作出回答,如反应迟钝,就会处于劣势,甚至败北。辩论中也不是平淡的申明或反驳,而是选取新颖角度巧妙地使语言精练并且富于攻击力。辩论中要使用简洁的语言。因为一方辩论时间与他方的思考时间成正比,也就是说,我方辩论的时间越长,对方思考时间越长,对方思考的时间就越充分,所以精练与否是决定辩论成败的重要因素。当然,在辩论时,还要使言语具有一定的攻击性,只有攻击性语言,才能很快击倒对方。

（一）辩论的原则

1. 事实有力

辩论不是煽动情绪,而是讲理由、提根据。在谈判中也只有从事实出发,才能在辩论中立于不败之地。要想事实有力,必须做好材料的选择、整理、加工工作。辩论事实材料要符合观点的要求,否则,会给对方留下漏洞。事实要"精",要有一定的代表性、权威性。任何辩论,都应以事实为根据,特别是在国际商务谈判中,要注意所提论据的真实性,道听途说或未经证实的论据,会给对方带来可乘之机。

2. 遵守逻辑规律

辩论中的逻辑性有两方面:一是事物本身发展的内在规定性;二是思维规律性。辩论中应遵循形式逻辑:同一律、矛盾律、排中律和充足理由律。同一律是指在辩论过程中,贯穿于同一个对象的思想,必须保持自身的同一,它要求辩论时观点明确,言语恰当贴切,推理合乎逻辑。矛盾律是指在辩论过程中,相互否定的思想不能都正确,至少有一个是错误的,因此辩论主体的思维不能游移,必须保持稳固性、确定性,严禁出现两个相反的观点和结论。排中律是指在同一时间、同一方面、同一条件下,同一问题的两个互相矛盾的思想不会同时都假,必定有一个是真的。它要求在辩论中,对某一问题的看法,必须表明自己的态度,不能模棱两可、骑墙居中。充足理由律是指在辩论中,一个思想被确定为真,总是有其充足的理由。它要求理由翔实,同时,理由与论断之间必须有必然联系。这样,辩论才有逻辑性、有说服力。如果违背了该逻辑规律,思维的确定性就会受到破坏,进而使辩论脱离正常轨道。

（二）"辩"的技巧

1. 观点要明确,立场要坚定

商务谈判中的"辩"的目的,就是论证本方观点、反驳对方观点。辩论的过程就是通过摆事实、讲道理,以说明自己的观点和立场。为了更清晰地论证自己的观点和立场的正确性及公正性,在辩论时要运用客观材料,以及所有能够支持本方论点的证据,以增强自己的辩论效果,从而反驳对方的观点。

2. 思路要敏捷、严密,逻辑性要强

国际商务谈判中的辩论,往往是双方进行磋商时遇到难解的问题才发生的,因此,一个优秀的辩手,应该是头脑冷静、思维敏捷、严密且富有逻辑性的人,只有具有这种素质的人才能应付各种各样的困难,从而摆脱困境。为此,国际商务谈判人员应加强这方面的基本功训练,培养自己的逻辑思维能力,以便在谈判中以不变应万变。

特别是在谈判条件相当的情况下,谁能在相互辩驳中思路应用自如,谁就能在谈判中立于不败之地。

3. 掌握大的原则,枝节不纠缠

在辩论过程中,要有战略眼光,掌握大的方向、大的前提,以及大的原则。辩论过程中要洒脱,不在枝节问题上与对方纠缠不休,但在主要问题上一定要集中精力、把握主动。在反驳对方的错误观点时,要击中要害,做到有的放矢,同时要切记不可断章取义、强词夺理、恶语伤人,这些都是不健康、应予以放弃的辩论方法。

4. 态度要客观公正,措辞要准确犀利

文明的谈判准则要求,不论辩论双方如何针锋相对、争论多么激烈,谈判双方都必须持客观公正的态度,准确地措辞,切忌用侮辱诽谤、尖酸刻薄的语言进行人身攻击。如果某一方违背了这一准则,其结果只能是损害自己的形象、降低本方的谈判质量、削弱本方的谈判实力,不会给谈判带来丝毫帮助,反而可能置谈判于破裂的边缘。

5. 辩论时应掌握好进攻的尺度

国际商务谈判中辩论的目的是证明本方的立场、观点的正确性,反驳对方的立场、观点上的不足,以便争取有利于本方的谈判结果。切不可认为辩论是一场对抗赛,必须置对方于死地。因此,辩论时应掌握好进攻的尺度,一旦达到目的,就应适可而止,因为谈判中,如果某一方被另一方逼得走投无路、陷于绝境,则往往会产生更强的敌对心理,甚至反击的念头更强烈,这样即使对方暂时可能认可某些事情,事后也不会善罢甘休,最终会对双方的合作不利。

6. 要善于处理辩论中的优劣势

在国际商务谈判的辩论中,双方可能在某一阶段你占优势、我居劣势,可过一阶段又有可能你处劣势、我占优势,那么当我们处于两种不同状态时,就必须处理好辩论中的优、劣势,这是衡量国际商务谈判合格的一个条件。

当我们处于优势状态时,谈判人员要注意以优势压顶,滔滔雄辩,气度非凡,并注意借助语调、手势的配合,渲染本方的观点,以维护本方的立场。切忌当本方处于优势时,表现出轻狂、放纵和得意忘形。要时刻牢记,谈判中的优势与劣势是相对而言的,而且是可以转化的。相反,当我们处于劣势状态时,要记住这是暂时的,应沉着冷静、从容不迫,既不可赌气,又不可沮丧、慌乱不堪,否则对于挽救本方的劣势是毫无帮助的。在劣势条件下,也只有沉着冷静,保持己方阵脚不乱,才会对对方的优势构成潜在的威胁,从而使对方不敢贸然进犯。

7. 注意辩论中个人的举止和气度

在辩论中,一定要注意自己的举止和气度。有些行为,如语调高亢、吐沫四溅、指手画脚等,都是没有气质的表现,更谈不上什么气度了。辩论中良好的举止和气度,不仅会在谈判桌上给人留下良好的印象,而且在一定程度上可以左右谈判辩论气氛的健康发展。有时,一个人的良好形象会比他的语言更具有诱惑力,这点是非常好理解的。

（三）诡辩的应对

诡辩之"诡"含狡猾之意。国际商务谈判中的"诡辩"是指谈判主体为了达到欺骗的目的，违背意识和逻辑的似是而非的论证。它的基本特征是通过歪曲论题、论据和论证来达到目的。因此，要戳穿并驳倒诡辩者，首先要深知诡辩术的表现及相应对策。

1. 平行论证

平行论证在西方的谈判业务员的术语中叫作"双行道战术"，即当论证对方的某个弱点时，他虚晃一枪另辟战场，反而抓住你的另一个弱点论战，也可能故意提出新的问题，同时论证，使谈判失去统一方向。

例如在某项目开始谈判时，买方让卖方介绍报价形成的基础。卖方怕过早泄露情报给买方，不对买方的要求作出回答，而是说我对贵方的供货范围的要求不了解，不好做"最终报价"，只能做"目前报价"，但"目前报价"的可变因素很多，所以最好请贵方讲明供货范围。在这个案例中，买方要求卖方"解释目前报价"，但卖方却回避了这个问题，而提出新的论题：买方的供货要求是我方"最终报价"的基础。从两个平行的论题来讲，任何一方均有道理。第一个论题推理的起点是因为卖方有了"目前报价"，而不是"最终报价"。买方要求的是解释"目前报价"而不是"最终报价"。但是，从本质上讲，卖方大谈"买方供货要求，以便做最终报价"的要求，是不合理的，因为卖方"目前报价"不讲清，买方就无法有"供货意见"。所以，卖方应解释已有的"目前报价"。我们可以判定卖方是在运用平行论证的方法进行诡辩，而我们通过分析平行论题的内在关系，就可以揭穿诡辩的本质，并可使诡辩术失效。

2. 以现象代替本质

这是强调问题的表现形式或掩盖自己真实意图的做法。在国际商务谈判中以现象代替本质的战术也是屡见不鲜的。例如关于验收问题的谈判，买方坚持在交货地点，而卖方坚持在自己工厂。卖方论证："我方不是提供交钥匙工程，对交货地点的环境条件、人、材料不了解，即使了解也无法控制，所以不能保证在现场验收。"这从表面形式上很有道理，但辩证思维判断要求透过现象看本质。买方可以论证："试车验收材料用你的，参加验收的人是你培训的，或你方来人指导条件可在设计联络时由双方商定，我予以保证。在现场验收是可行的。"这样，买方就运用了论证的客观性和具体性原则，反驳卖方提出的表面理由。反过来卖方若是诚实商人会与买方讨论措施，如果是诡辩者，那么其逃避责任的本质也一览无余。

还有一种典型例子是：卖方对包含水分的价格，进行改善后重新报价，并且说："你看我方很尊重贵方意见，凡是我能改善的，一定会改善。这一价格已经做了大修改，贵方可以接受我们的价格了。"该商品的价格所包含的水分是很大的，而卖方仅仅消除很小比例的一部分水分，却围绕降价大做宣传文章，使买方动摇谈判决心。若买方不究其本质就会上当，那么买方就会在谈判中失利，卖方则会从谈判中得利。

3. 以相对为绝对

这是一种把相对判断与绝对判断混同，并以此去压制对方的做法。在国际商务谈判中用相对判断方法迫使对方接受某个立场，有时也很见效。例如，人们常说："我要最先进的技术。"或者说："我有最先进的技术，并且可以提供该技术。"那么，该项技术的价格如果按照价值判断自然是高技术、高价格。但是，买方怎么才能使卖方降价，自己少花钱就获得该项技术呢？这就必须分析其中相对性与绝对性。

首先，"新技术"会变"旧"，即使买方在购买的时候可能是"新技术"，但是，在买方真正使用时也有可能会变旧。从绝对概念上讲，买方得到的仍然是旧技术。当然，有的卖方在谈判时已知即将有更新的技术问世，但通常不会告诉买方。

其次，"新技术"的使用费用也并不应该报绝对高价，因为卖方可以通过向买方提成取得回报；还有，买方虽然使用该项"新技术"，但是否能获得预期收益，也是一个问题。

这些都是绝对、客观的因素，是不应被相对的主观判断所淹没、代替的。只要买方坚持了这些绝对要素，就可以迫使卖方降价。

4. 攻其一点，不及其余

这是抓住对方一点进行要挟或抨击，而不是对他进行全面、公正的评价。在谈判中，这是指买方抓住卖方报价某个不合理点，就指责他整个报价都不合理，或卖方抓住买方批评中不正确的部分不放。这种论证方式往往使洽谈气氛相当紧张。无论是谁，如果对交易有诚意的话，均不应这么做。

5. 泛用折中

这是指对谈判人员两种根本对立的观点不做客观的分析，纯粹搬弄一些抽象的概念，从而把两者混合起来的诡辩手法。在谈判发生分歧时，人们往往采用折中的方法。然而，尽管折中对于和解分歧中的双方是有效的，但在诡辩术的基础上，使用折中的方法只会伤及一方、有利一方，不会真正体现互谅互让的和解精神。

例如，在谈判时合同条文有了分歧，有的谈判人员喜欢记录分歧点的数量。如果有八个分歧点，则要求一边让四个。这样的做法缺乏具体的分析。如果分歧涉及贸易惯例、规则，以及价格歧视条款、限制竞争条款、产品责任条款等多种问题，那么，针对问题就应该进行全面纠正，而不应该采取折中的方式。如果价格分歧为 8 元，采取折中的方式，各让4 元就是一种不合理的折中。如果正常价格仅为 4.5 元，而 12 元报价相对 4 元的还价，相差 8 元，采取折中的方法，那么卖价仍为 8 元，比 4.5 元高出许多。因此，如果买方是有经验的谈判人员，那么买方不可能同意折中，若强迫折中，则这就属于诡辩术。而正常状况应该是允许买方再讨价还价，在卖方把差距主动缩小到"近乎合理状态"时，买方才可以考虑折中。"近乎合理"指不是明显的贵或接近市场同类产品价。

综上所述，诡辩术最根本的特征是个"虚"字。无论哪种表现形式，无不以虚为特征。以虚掩实，若出自无意，则是方法问题；出自故意，则是个诡辩者。在辩证逻辑推理面前知错而退的谈判对手是仅把诡辩术当策略的业务人员；知错不退的对手必是持优势地位而不让或个人修养缺乏的业务人员。在谈判中应区别对待持诡辩术的不同人，而不可以单调的方法去处理所有的问题或不同的谈判关系。

（四）辩论中应注意的问题

在国际商务谈判中，辩论的目的是达成协议，因此要避免使用以下几种方式。

1. 以势压人

辩论各方都是平等的，没有高低贵贱之分，所以辩论时要心平气和、以理服人，切忌摆出一副"唯我独尊"的架势，大发脾气，要权威。否则，谈判难以正常进行。

2. 歧视揭短

在国际商务谈判中,不管对方来自哪个国家或地区,也不管是什么社会制度、什么民族,有什么风俗传统、什么文化背景,都应一视同仁,不存在任何歧视。

3. 本末倒置

谈判不是进行争高比低的竞赛。因此,要尽量避免发生无关大局的细节之争。那种远离实质问题的争执,不但白费时间和精力,还可能使各自的立场越来越相背离,导致不愉快的结局。

4. 喋喋不休

在国际商务谈判中,谈判人员不能口若悬河、"独占讲坛"。切记谈判桌前不是显示表达能力的地方。那种不看场合、不问对象的做法,会弄巧成拙。

六、国际商务谈判中"说服"的要诀

正如有的学者所言:"当谋略靠幽默的语言来实现时,这幽默的语言本身就是谋略,谋略就是幽默的语言,二者是统一的……幽默的语言必定是精练含蓄的语言、妙趣横生的语言。"国际商务谈判中,很重要的工作就是说服,其常常贯穿于谈判的始终。谈判中的说服,是综合运用"听""问""答""看""叙"及"辩"的各种技巧,改变对方的起初想法,使其接受本方的意见。

谈判之前,任何一方都有设法说服对方的意图。然而实际操作起来,到底是谁能说服谁,或者彼此都没有被说服,或者相互说服,达成一种折中意见,这三种结局往往是事先不好断言的。谈判人员只有进入谈判实际中,才能一较高低、得出答案。

生活中,人们常常有这样的感觉,即同一件事,不同的人去做,其结果会截然不同。有时明明自己的观点是正确的,却不能说服对方;有时甚至还反过来被对方"驳"得哑口无言。其实,要想说服人,不仅要掌握正确的观点,而且要掌握微妙的交往艺术。我们从谈判人员行为心理角度,结合国际商务谈判实践,提出以下有关说服的技巧。

(一)说服他人的基本原则

想要说服他人的人,总是希望自己能够成功,但是如果不讲手法、不掌握要领、急于求成,往往会事与愿违。例如,人们在说服他人时,有时会不分场合和时间,先批评对方一通,然后强迫对方接受其主张等。这些做法,其实未必能够说服对方。这样做,其实质是先将对方推到错误的一边,也就等于告诉对方,我已经对你失去信心了,因此,效果往往十分不理想。要使对方信服自己的观点、接受自己的条件,仅有朴素的感情是远远不够的,还必须掌握说服对方的技巧。人们在漫长的社会发展中总结出了多种说服的技巧,其中主要有以下几种。

1. 循序渐进,取得他人的信任

在国际商务谈判的过程中,有许多方面需要大家协商一致,因而存在多方面的说服工作。为了使对方更容易接受自己的观点,在说服的顺序上要先易后难,即先选择容易解决的问题说服对方,然后再讨论容易引起争论的问题。这样,由于在简单的问题上已取得了一定的利益,便会把已得的利益和正在讨论的问题联系起来,从而使说服工作变得更容易进行。在说服他人的时候,最重要的是取得对方的信任。对方只有信任你,才会正确、友好地理解你的观点和理由。社会心理学认为，信任是人际沟通的"过滤器"。对方只有信任你，才会理解你的动机；否则，即使你说服他的动机是友好的，也会经过"不信任"的"过滤器"作用而变成其他的东西。因此说服他人时若能取得他人的信任，是非常重要的。

2. 找到基础

说服对方的基础有两点：一是要站在对方的立场上讲话，使对方感到接受说服的温暖；二是要寻找到共同点，因为在共同利益和要求的基础上，通过观点的引申，可以提出双方共同接受的方案，从而使说服工作容易得多。要说服对方，就要考虑到对方的观点或行为存在的客观理由，即要设身处地地为对方想一想，从而使对方对你产生一种"自己人"的感觉。这样，对方就会信任你，就会感到你是在为他着想，说服的效果将会十分明显。

3. 用好条件

说服对方的条件很多，归结起来可分为两大类：一类是已往的各种成功例证，它要求说服者通过旁征博引，拐弯抹角地说服对方。另一类是利弊分析，即使对方明了接受说服所得的利益和不接受说服的损失，但要通过对各方所得利益和遭受损失的比较，使对方相信你的观点是正确的。由于这些条件的说服力较强，对方会感到你处理问题是客观公正、合情合理的，接受起来也就心悦诚服。

从谈话一开始，就要创造一个说"是"的气氛，而不要形成一个"否"的气氛。不形成一个否定气氛，就是不要把对方置于不同意、不愿做的地位，然后再去批驳他、劝说他。比如说："我知道你会反对……可是事情已经到这一步了，还能怎么样呢？"这样说来，对方仍然难以接受你的看法。在说服他人时，把对方看作是能够做或同意做的。比如"我知道你能够把这件事情做得很好，只是不愿意去做而已"；又比如"你一定会对这个问题感兴趣的"等。国际商务谈判事实表明，从积极、主动的角度去启发对方、鼓励对方，就会帮助对方增强自信心，并接受本方的意见。

4. 选准时机

由于情绪的原因，人们在被说服时会存在高潮和低谷的差别，当对方的情绪激动或不稳定时，对其进行说服的效果极差；而当对方的情绪比较稳定时，则比较容易接受别人的观点。因此，说服工作要选在对方情绪稳定的情况下进行。当对方情绪不稳定时，首要的工作是稳定对方的情绪，而不是立即进行说服工作。

有些时候正面说服的效果不佳，就可采用提问的办法，以提问来说服，使对方接受自己的观点。用提问来说服对方是指把说服的目标分解成许多小问题，而问题的答案就是说服对方的理由，当对方连续回答这些问题时，便自己说服了自己。以"问"代"说"要求说服者有较高的水平，一方面，所提问题的答案必须是说服对方的理由；另一方面，后一个问题必须能从前一个问题的答案中派生而来。因此，运用提问来说服对方时必须做好充分的准备，要认真构思好问句，这样才能取得理想的说服效果。

美国著名学者霍华曾经提出让别人说"是"的30条指南，现摘录部分如下，供谈判人员参考。

(1) 尽量以简单明了的方式说明你的要求。

(2) 要照顾对方的情绪。

(3) 要以充满信心的态度去说服对方。

（4）找出引起对方关注的话题，并使他继续关注。

（5）让对方感觉到，你非常感谢他的协助。如果对方遇到困难，你就应该努力帮助他解决。

（6）直率地说出自己的希望。

（7）向对方反复说明，他对你的协助的重要性。

（8）切忌以高压的手段强迫对方。

（9）要表现出亲切的态度。

（10）掌握对方的好奇心。

（11）让对方了解你，并非"取"，而是"给"。

（12）让对方自由发表意见。

（13）要让对方证明，为什么赞成你是最好的决定。

（14）让对方知道，你只要在他身旁，便觉得很快乐。

（二）说服"顽固者"的要诀

在国际商务谈判过程中，我们相信多数对手是能够通情达理的，但也会遇到固执己见、难以说服的对手。对于后一种，人们常常感到难以对付，他们好像让人难以理解、让人左右为难，其实，这种人在很大程度上是性格所致，并非他们不懂道理。事实上，这种人只要我们抓住他们的性格特点，掌握他们的心理活动规律，采取适宜的说服方法，晓之以理，动之以情，他们是会接受正确的意见的，是完全可以被说服的。

"顽固者"往往比较固执己见，这通常是性格比较倔强所致。他们有时心肠很弱，但表面上不轻易地"投降"，甚至态度还会十分生硬，有时还会大发雷霆。其实有时他们自己也往往搞不清谁正确、谁错误，但还是在外表上硬是坚持自己的观点。有时他们尽管明知自己已经错了，但由于自尊心的作用，也不会轻易地承认自己的错误，除非你给他们一个"台阶"。因此，在说服"顽固者"时，通常可采取以下几种方法。

1．"下台阶"法

当对方自尊心很强，不愿承认自己的错误，从而使你的说服无济于事时，你不妨先给对方一个"台阶"下，说一说他正确的地方，或者说一说他错误存在的客观根据，这也就是给对方提供一些自我安慰的条件和机会，这样，他就会感到没有失掉面子，因而容易接受你善意的说服。

有些人可能一时难以说服，不妨等待一段时间，对方虽然没有当面表示改变看法，但对你的态度和你所讲的话，事后他会加以回忆和思考的。必须指出，等待不等于放弃。任何事情，都要给他人留有一定的思考和选择的时间。同样，在说服他人时，也不可急于求成，要等待时机成熟后再和他交谈，效果往往比较好。

2．迂回法

当有的人正面道理已经很难听进去时，不要强行或硬逼着他进行辩论，而应该采取迂回前进的方法。就像作战一样，对方已经防备森严，从正面很难突破，解决的办法最好是迂回前进，设法找到对方的弱点，一举击破对手。说服他人也是如此，当正面道理很难说服对方时，就要暂时避开主题，谈论一些对方感兴趣的事情，从中找到对方的弱点，逐渐针对这些弱点，发表本方的看法，让他感到你的话对他来说是有用的，使他感到你是可信赖的,这样你再逐渐把话转入主题,晓之以利害,他就会更加冷静地考虑你的意见,容易接受你的说服。

3. 沉默法

当对方提出反驳意见或者有意刁难时,有时是可以做些解释的。但是对于那些不值得反驳的抗议,倒是需要你讲求一点艺术手法,不要有强烈的反应,相反倒可以表示沉默。对于一些纠缠不清的问题,如果又遇上了不讲道理的人,只有当作没听见,不予理睬,对方就会觉得他所提出的问题可能没有什么道理,人家根本就没有在意,于是自己也就会感到没趣了,可能会不再坚持自己的意见,从而达到说服对方的目的。

（三）"认同"

随着现代文明的进步、人际交往的深化,人们都在呼吁要沟通彼此的心灵。心灵的沟通,被视为社会生活的最高境界。"认同"就是人们之间心灵沟通的一种有效方式。所谓认同,就是人们把自己的说服对象视为与自己相同的人,寻找双方的共同点,这是人与人之间心灵沟通的桥梁,也是说服对方的基础。在国际商务谈判中要想说服对方,除了要赢得对方的信任,消除对方的对抗情绪,还要用双方共同感兴趣的问题作为跳板,因势利导地解开对方思想的纽结,说服才能奏效。事实证明,"认同"是双方相互理解的有效方法,也是说服他人的一种有效方法。

在人与人的交往中,首先应求同,然后随着谈话的深入,即使是对陌生人,也会发现越来越多的共同点。国际商务谈判更是如此,双方是本着合作的态度走到一起来的,共同的东西本来就很多,随着双方谈判的进展,也就越来越熟悉,在某种程度上会感到比较亲近,这时某些心理上的疑虑和戒心也会减轻,从而也就便于说服对方了,同时对方也容易相信和接受本方的看法和意见。

寻找共同点可以从以下几个方面入手。

（1）寻找双方工作上的共同点。比如,共同的职业、共同的追求、共同的目标等。

（2）寻找双方在生活方面的共同点。比如,共同的国籍、共同的生活经历、共同的信仰等。

（3）寻找双方兴趣、爱好上的共同点。比如,共同喜欢的电视剧、体育比赛、国内外大事等。

（4）寻找双方共同熟悉的第三者,作为认同的媒介。比如,在和陌生人交往时,想说服他,可以寻找双方共同熟悉的另外一个人,通过各自与另外一个人的熟悉程度和友好关系,相互之间也就有了一定的认同,从而也就便于交谈说服对方了。谈判活动中也是如此。

（四）谈判说服的条件

说服不同于压服,也不同于欺骗,成功的说服结果必须体现双方的真实意见。采取胁迫或欺诈的方法使对方接受己方的意见,会给谈判埋下危机,没有不透风的墙,也没有纸能包得住火。因此,切忌用胁迫或欺诈的手法进行说服。事实上,这样做也根本达不到真正的说服。

谈判中说服对方的基本原则是做到有理、有力、有节。有理,是指在说服时以理服人,而不是以力压人;有力,是指说服的证据、材料等有较强的力量,不是轻描淡写;有节,是指在说服对方时适可而止,不能得理不让人。这些原则说明,要说服对方,不仅要有高超的说服技巧,还必须运用自己的态度、理智、情怀来征服对方,这就需要掌握说服对方的基本条件。

1. 良好的动机

说服对方的前提是不损害对方的利益。这就要求说服者的动机端正,既考虑双方的共同利益,更考虑被说服者的利益要求,以便被说服者认识到服从说服者的观点和利益不会给自己带来什么损失,从而在心理上接受对方的观点。否则,即使暂时迫于环境或对方的压力接受了说服者的观点,也会"口服心不服",并且可能作为以后谈判中的武器向你开火,使你防不胜防。

2. 真诚的态度

真诚的态度是指在说服对方时尊重对方的人格和观点,从朋友的角度与对方进行坦诚的交谈。对被说服者来说,相同的语言从朋友嘴里说出来他认为是善意的,很容易接受;从对立一方的口中说出来则认为是恶意的,是不能接受的。因此,要说服对方必须从与对方建立信任做起。

3. 友善的开端

谈判人员要说服对方,首先必须给人以良好的第一印象,才能使双方在一致的基础上探讨问题。友善的开端,一是要善意地提出问题,使对方认识到这是在为自己解决困难,这就要求说服者不是随心所欲地谈论自己的看法,而是经过周密的思考,提出成熟的建议。二是要有友善的行为,即在说服中待人礼貌,晓之以理,动之以情,使对方自愿接受说服。

4. 灵活的方式

要说服对方,方式是重要的条件,而不同的人所能接受的方式是不相同的,只有针对不同的人采用不同的方式,才能取得理想的效果。

(五)谈判说服的方式

在国际商务谈判中说服对方的方式主要有两种。

1. 沟通式

沟通式又叫"宣传式",是指通过某种渠道把信息传递给接受者,使对方自动接受这一观点。通过信息传递沟通双方的关系来说服对方是一种比较简单的方式,适用的对象是那些不存在尖锐对立的国际商务谈判人员。对这些被说服者来说,只要能见到具有说服力的语言文字,便可自动被说服。

2. 雄辩式

雄辩式即运用充分的理由说服对方,使对方从心理上有两种预期:第一种是劝诱,即通过积极、正面的工作,如激励、妥协、许愿使对方服从自己的观点,答应自己的条件。这里既有观点的劝说,也有利益的诱导,因而很容易达到说服的目的。第二种是威胁,即通过消极方面的工作,如提出抗议、退出谈判等迫使对方屈服,接受自己的观点。这种做法从理论上说是一种压服,但市场条件是变化无常的,今天对卖方有利,一个月后可能变得对买方有利。在这种情况下,谈判人员为了争取时间,以保证自己的利益,在讨价还价的基础上有利的一方便会使用最后通牒的手段,使对方被迫接受自己的观点。

七、国际商务谈判中的拒绝

在谈判过程中，对方的有些条件对自己非常不利，如果接受这些条件会给自己带来较大损失，在这种情况下，拒绝对方的条件便是自己的唯一选择。需要说明的是，在谈判中拒绝接受对方的条件仅仅是解决问题的手段，而不是谈判的目的，目的是通过拒绝对方，而使谈判朝着对自己有利的方向发展。因此，掌握拒绝的语言技巧是每个谈判人员应该认真研究的课题。

（一）谈判拒绝的方式

为了使谈判朝着对自己有利的方向发展，在采用拒绝的手段时，就要做到既能拒绝对方的要求，又不致使对方产生抵触情绪，为此，必须了解谈判拒绝的各种方式。

1. 直接否定式

直接否定式即在拒绝对方的要求时采用明确肯定的言辞。例如："您提的这个条件无论如何我们是无法接受的。"这种拒绝方式没有任何回旋余地，因而它只适用于对方条件十分苛刻的情况。如果对方的要求虽高但并不是不能协商，就不宜采用这种方式。

2. 态度诚恳式

态度诚恳式即在谈判中利用一些客观理由来拒绝接受对方的观点或条件。例如："您想降价的心理是可以理解的。但由于产品成本上涨了 15％，再降价我们就蚀本了。"由于物价上涨是人所共知的客观事实，拒绝降价便有理有据，因而很容易被对方理解和接受。

3. 寻找借口式

寻找借口式即在谈判中寻找一些主观理由拒绝接受对方的观点或条件。例如："您提的这个条件很好，但我单位的购买规定不允许接受这个条件。"这种方式中寻找的借口都是一些主观理由，如组织原则、规章制度、个人权限等。由于这些借口对方很难弄清其真假，因而也容易达到目的。

4. 利用建议式

利用建议式即在谈判中一方面拒绝对方的要求，同时又提出解决问题的新的办法。例如："您降价的要求我们实在难以接受。但我们可以用不影响您使用的另外一种规格的产品来代替。"由于在建议中提出了新的条件，对方把思路转到了对新的问题的思考上，便很容易使自己摆脱困境。

5. 提出问题式

提出问题式即在谈判中通过向对方提出问题让其回答，使对方认识到所提问题的过分而自动放弃原来的要求。例如："根据您提的条件，贵方的利润将是多少，我方的利润又是多少呢？"这种方式的特点是变本方的拒绝为对方的自动放弃，因而在使用中效果极佳。

（二）谈判拒绝的技巧

谈判中拒绝的技巧主要有以下几点。

1. 态度诚恳

为了使被拒绝者理解自己的心情，在拒绝时必须态度诚恳，使对方知道你确实尽了力,但又实在无法满足其要求,这样拒绝起来就顺理成章。因此,在拒绝对方时必须给人一种经过认真考虑,而又确实无法做到的感觉。

2. 观点明确

为了使拒绝达到应有的效果,必须使对方明白无误地了解你拒绝的意思,以免使对方产生误解。为此,拒绝中要打消对方的幻想,尽管态度可以诚恳,措辞可以委婉,方式可以多样,但观点必须明确,不能用含糊的托词,更不能默不作声。否则对方会认为是同意,是默许,从而为以后的谈判设置了障碍。

3. 措辞委婉

在拒绝对方的观点时,在措辞上要委婉,不能用教训、嘲弄、挖苦的言辞拒绝对方。这样一方面可以显示对被拒绝者的尊重,另一方面被拒绝者也容易接受。在这里,措辞上的委婉不是指辞藻的华丽,而是指以理服人。因此,在拒绝对方时必须把措辞和拒绝的理由有机地结合起来,使理由显得更充足,使措辞显得更有说服力。

4. 方式得当

前面讲了多种拒绝的方式,在谈判拒绝时究竟采用哪种方式,要根据谈判人员、谈判环境、谈判话题等多种因素确定。当有明显的客观理由时,运用态度诚恳式是再好不过的;但当客观理由不足时,寻找借口式可能成为拒绝方式的最佳选择。总之,在方式的运用上要灵活得当,使它更好地为取得有利的谈判成果服务。

总之,国际商务谈判中双方各自的语言,都是表达自己的愿望和要求的。当用语言表达的这种愿望和要求,与双方的实际努力相一致时,就可以使双方维持并发展良好的关系,如果双方的愿望或要求用不恰当的语言来表达,就会导致不和谐的结果。

第三节　国际商务谈判非语言沟通

谈判人员在运用语言的同时,伴随而来的就是动作和表情,因此,在国际商务谈判中,谈判人员要顺利地表达出自己的需要,语言表达信息如果没有非语言的配合,那效果也是有限的。正确地理解对方的意图,除了利用好语言这一有效、方便的工具外,还要发挥好非语言的作用。非语言主要是指谈判人员的行为、体态,它是反映谈判过程中谈判人员身心状态的一种客观指标。此外,非语言还是抛开自然语言,以人自身所呈现的静态及动态的信息符号与副言语来进行信息传递的表述系统,它包括但不限于仪表、服饰、动作、神情,还包括目光、发型、肌肤、体态、音质、音色等非语言信息作为沟通媒介进行信息传递。非语言包括无声语言、类语言和时空语言三大类。在谈判中,非语言以其丰富的内涵、多变的形式以及语言表达所无可比拟的优越性占据着信息表达的重要空间。

一、非语言沟通在谈判中的作用

美国传播学家艾伯特·梅拉比安(Albert Mehrabian)曾提出一个公式:信息的全部表达＝7％的语调＋38％的声音＋55％的表情。我们把声音和表情都作为非语言交往的符号,那么人际交往和销售过程中信息沟通就只有7％是由言语进行的。许多学者指出,产生共识才能深入谈判,每一件小事情都有它的影响力,每一个人身上都有行动温度计。

沟通高手有三个法宝：肢体动作占说服效果的55％，声音占38％，文字占7％。这就体现了非语言沟通的作用，即表达情感，验证言语信息。

非语言沟通主要指行为语言。行为语言的认知是行为语言观察和运用的基础。行为语言的认知是一个过程，它主要依据认知者过去的经验及对有关线索进行表现。当某事件与自己有较大利害关系时，认知反应就显著增强。比如对方公然指责、侮辱自己时，当发觉对方的行为是一种欺骗时心情就会很激动，反应就十分强烈。反之，如果认知者判断对方的行为与己无关或关系不大，则心情就很少波动变化。行为语言的特点使非语言沟通在国际商务谈判中发挥特殊作用。

（一）代替作用

非语言沟通在谈判中可以代替语言所要表达的意图，特别是当语言不便或不能表达谈判人员意图时，或语言表达不合时宜或对方难以领会时，行为语言的运用便能够取得明显的效果。

（二）补充作用

非语言信息可以丰富语言所要表达的内容，对于语言所要表达的信息，非语言动作在不同程度上起着辅助表达、增强力量、加重语气的作用。对方在听话时，手摸桌子、背后仰，多表不感兴趣；对方在说话时慢慢握紧了拳头，表示下定决心，等等。

（三）暗示作用

谈判人员如果想从一个态度转向另一个态度，可通过表情、语调的调整或体态的运用来完成。这体现了非语言的强烈暗示作用。非语言在传递信息时还能给人自然、真切的感觉，所以，在国际商务谈判中被谈判人员广泛运用。

（四）调节作用

由于国际商务谈判环境、对象等外部条件的不同，以及可能遭遇僵局等状况，谈判主体会产生不适心理。这时，如果通过非语言的动作调节，参与国际商务谈判的主体就能较快地恢复正常。例如，当国际商务谈判主体产生厌倦、无聊、紧张等心理时，可通过点烟、咳嗽、喝水等动作来调节一下，以便较快地转入正常的谈判状态。

二、非语言沟通的传播符号

非语言符号具体指谈判主体运用动作、表情、手势、仪表、化妆、举止、触摸等方式来表达含义的符号。在国际商务谈判中，符号是沟通的基本要素，谈判人员要想完成信息的交流，必须借助某种谈判符号系统，没有符号也就无所谓沟通，这些符号传播反映着谈判主体的内心活动，传递着丰富的信息。在国际商务谈判中，谈判主体使用的非语言符号大体有以下几个方面。

（一）默语符号

在国际商务谈判中，默语符号是谈判个体借助非有声语言来传递信息、表达思想的一种不出声的伴随语言，主要表现形式是停顿语。

停顿语就是谈判人员通过句子当中、句子之间保留的间隙所传递的信息，是一种高超的超越语言力量的传播方式。在国际商务谈判中，停顿语可以表示无言的赞许、抗议、默认等意义，它能以最简单的形式表达出丰富多彩的内容。当然，其确切含义的确定必须和具体的谈判环境结合起来考虑。在谈判中,如发现对方有疲劳之感,谈判人员可通过有节奏的停顿吸引对方注意力;当表述自己观点时,会加大说话的力度等。因此,谈判人员在沟通中,要注意发挥停顿语的重要作用。

停顿语在国际商务谈判中发挥着巨大作用,国际商务谈判人员使用停顿语时必须加以控制,否则会给对方一种矫揉造作或难以捉摸的感觉。

（二）体语符号

体语是指谈判人员的身体语言,通过国际商务谈判个体的动作、表情、姿势和服饰等来传递信息的一种无声语言。对于谈判人员来说,所谓应用体态语,就是要在谈判的特定条件下,一方面是有意识地对自身的体态语予以控制、调整,辅助口头语言表达完成谈判任务;另一方面则是借助对谈判对手体态语的辨析,更真实、全面、及时地把握对方的情感、态度和意向,以此来把握谈判的主动权。体态语所表现的范围极广,而人的情感、态度与意向往往又有随机变化的特点,因此体态语的使用频率也很高。它是通过谈判个体的动作、表情、姿势和服饰等来传递信息的一种无声语言。根据身体在谈判时所处的状态,可将体语分为动态体语和静态体语。动态体语包括首语、手势语、目光语、微笑语等;静态体语包括身态语和服饰语。

1. 首语

首语是指谈判人员头部活动传播的信息。在国际商务谈判中经常使用的是点头语和摇头语,它们一般情况下分别传递着正面和负面的信息。

点头一般表示"是""肯定"之义。如谈判人员在欣喜、赞同、有兴趣时,常常做点头的动作,而摇头一般表示"否定"之义。

大部分国家（地区）和民族都是肯定时点头、否定时摇头,但由于文化和环境的不同,所表达的意思在不同国家（地区）也会有相当大的差异。例如在表示肯定时,叙利亚人是头先向前倾然后弹回;巴基斯坦人是将头向后一扬,然后再靠近左肩;斯里兰卡人是将下巴低垂,随之将它朝下往左移动;等等。表示否定时,保加利亚和印度的某些地区是先将头往后倒然后向前弹回;土耳其人和阿拉伯人一般将头抬起。

2. 手势语

手势语是指通过手、手指活动来传递信息,这种通过手及手指活动所传递的信息被称作手势语。谈判人员可通过手与手的接触或手的动作解读出对方的心理活动或心理状态,也可以把自己的意图传达给对方。人的手比较灵活,开合自如,是表达信息的有效方式。握手是最常见的手势语,标准的握手方式是用手指稍稍用力握住对方手掌,时间为1~3秒。手势是谈判中辅助语言的手段,它能使语言表达更贴切、更恰当。它能加强谈判人员的语气,也能把对方的精神振奋起来。更值得注意的是,手势能反映谈判人员的情绪,如不停地搓手是"为难"的表现,握拳则表示下决心或不满等。

由于各国之间文化差异的影响,同一手势对不同的谈判人员可表达不同的意思。如拇指与食指合成一个圆圈,对美国和黎巴嫩谈判人员来说表示"OK";而日本人看来代表"钱";对突尼斯人来说则是极端的挑衅行为。总之,手势表示的含义因地而异,所以,要想有效地发挥手势语在国际商务谈判中的作用,必须首先了解其在不同文化背景中所表达的特定含义。

3. 身态语

身态语是指谈判人员身体的静态姿势所传递的信息。不同的坐姿能反映谈判人员不同的心理状况。人的身态有三种：躺卧式、曲膝式与直立式。国际商务谈判人员一般都采用曲膝式的坐姿。

坐姿一般能毫不掩饰地反映出谈判个体的心理状态：深深坐入椅内，腰板挺直，是谈判人员想在心理上表示出一种优势；抖动足尖或腿的坐姿，大都表示谈判人员内心轻松或不安；张开腿部的坐姿，是自信、豁达、开放的表现；交叠双臂而坐，多是一种防范性心理的表示。当然，谈判中的坐姿很多，但那种七歪八斜或跷起二郎腿的坐姿，将有碍于谈判的顺利进行。

（三）类语符号

在国际商务谈判中，类语符号是指一种有声而无固定语义的语言，其形式主要有语调、重音和笑声。

谈判人员的语调不同，所表达的意义也就不同，它通常有降调和升调两种基本类型。一般说，升调表示惊讶和不满；降调表示遗憾和灰心。波动的语调反映谈判人员在思考、在犹豫，平调反映出自信和果断，等等。在谈判中，谈判人员根据表达的需要，故意把某句话、某个词或词组说得重一些，这就是重音。谈判中通过谈判主体出声的笑来传递信息，笑声既可负载正信息，也可负载负信息。因此，国际商务谈判中，谈判人员要善于从不同的笑声中猜测出对方真实意图，包括对方的身体语言、手势、表情、眼神、说话的口吻等。这些方面可以传递很多信息，通过你的分析采取不同的应对方法，既要懂得制造气氛，学会引导话题，又要懂得适时停止并放弃此次沟通，另外找时间和地点再进行沟通，以退为进。

（四）时空语言

空间性非语言符号则指通过人际距离、空间布置传达信息的非语言符号。美国西北大学人类学教授爱德华·T.霍尔（Edward T. Hall）博士有一个著名的论点是"空间能说话"，一语道破了非语言符号中的个人空间机制。他把美国人的人际距离分为亲密距离（intimate distance）、个人距离（personal distance）、社交距离（social distance）和公众距离（public distance）四种，并对四种距离的具体适用范围进行了解析。亲密距离为0～18英寸（1英寸合0.025 4米），适用于很亲密的朋友、亲人之间，关系不够亲密的人之间或陌生人之间，用亲密距离内的体语会有威胁对方、侵犯对方或防卫的意味。个人距离为18英寸～4英尺（1英尺合0.304 8米），适用于关系友善、较熟悉的同事、上下级之间，一般不含亲昵或爱情的成分在内。社交距离为4～12英尺，适用于社交场合，个人色彩较淡薄。社交距离又细分为下限和上限，下限是4～7英尺，上限是7～12英尺。公众距离为12英尺以上，下限为12～25英尺，适合于不太正式的聚会。而非常正式的场合则用上限公众距离，即25英尺以上。面试作为社交场合的一种，个人色彩较淡薄，应聘者与面试官之间的距离较宜采用社交距离，但当双方有身体接触（如握手、拍肩）时，则可以采用个人距离。如果面试时的人际距离过近，可能会对对方造成威胁，进而使对方建立防御心理，而过远的人际距离则可能显得过于疏离，也不利于面试的正常沟通。

一般说，谈判都有个时限概念，这应该是谈判双方通过磋商取得一致的时间，但是，如果一方单方面提出缩短时间,这说明他们想搞"速决战",此时,就应避免犹豫不决,否则,难以获得对方的合作;如果一方单方面提出延长时间,这说明他们想进行"马拉松"式的谈判,这种情况下就不宜操之过急,否则会急中生乱。

空间语通常是指空间本身给谈判主体带来的信息。谈判是在特定的政治、经济、文化等影响下的社会环境中进行的,特别是在国际商务谈判中,谈判将受到两个甚至多个不同社会背景的影响。因此,谈判人员在谈判的准备过程中,要通过各种渠道了解谈判对手及谈判地点所在的社会环境,这样可能有备无患。

谈判所在的具体地点,包括室内环境的布置及谈判设施的安置方式,会对谈判造成很大影响,就房间布置而言,窗明几净、典雅庄重的场所可以对谈判造成一种融洽的气氛。圆形的谈判桌有利于双方的沟通,谈判人员背门口而坐会产生一种不安全感。

三、国际商务谈判非语言沟通的观察

达·芬奇曾说过,精神应该通过姿势和四肢的运动来表现。同样,在人际交往中,人们的一举一动,都能体现特定的态度、表达特定的含义。推销专家认为,身体的放松是一种信息传播行为,人的思想感情会从体势中反映出来,向后倾斜 15 度以上是极其放松;略微倾向于对方,表示热情和兴趣;微微起身,表示谦恭有礼;身体后仰,显得若无其事和轻慢;侧转身子,表示嫌恶和轻蔑;背朝人家,表示不屑理睬;拂袖离去,则是拒绝交往的表示。

根据伊万·巴甫洛夫(Ivan Pavlov)的学说,静止的形象容易产生抑制,不利于注意力的集中,而如果人脑接受刺激的兴奋点经常转移,则人就不容易产生疲劳的感觉。所以,在谈判中谈判人员使用丰富多样的体态语,可以始终抓住对方的注意力,使他时时处在兴奋的状态之中,保持高昂的情绪,集中精神去理解、体会谈判人员所表达的内容。在观察谈判人员的行为时,必须把人体行为与物品行为综合起来考虑,以便了解该动作的准确含义。

有时候口头语言的含义与行为语言的含义是不一致的,其中必然有一种语言传递的是虚假的内容,行为语言在谈判中更多地起着补充作用和保证作用,因此,通过观察对方的行为可以了解对方的部分信息。无论是行为语言还是口头语言,都既可以传递真实信息,也可以传递虚假信息,只有把二者统一起来观察,并利用两种语言传递的信息相互修正,才能保证观察结果的准确无误。有一次,意大利著名悲剧影星罗西应邀参加一个欢迎外宾的宴会。席间,许多客人要求他表演一段悲剧,于是他用意大利语念了一段"台词",尽管客人听不懂他的"台词"内容,然而他那动情的声调和表情,凄凉悲怆,不由得使大家流下同情的泪水。可一位意大利人却忍俊不禁,跑出会场大笑不止。原来,这位悲剧明星念的根本不是什么台词,而是宴席上的菜单。

谈判行为的含义是大家共同认为某一动作表达某一含义,因此,这种含义便成为以后人们共同使用和理解的内容。但是,由于行为语言的动作不能像口头语言那样准确,人们在观察行为语言的含义时便产生了差异,因此,在谈判中既要利用直观感觉产生的印象了解信息,又要通过谈判实践对直观印象进行修正,以不断提高自己的观察水平。

作为一种非语言符号,形象语言具有交际功能,能够表明主体的身份、地位和职业,而

211

且可以表现情感和价值观念。形象语言,指通过相貌、穿着、打扮等来传递信息、表达情感的非语言符号。在观察、沟通过程中通常不能害怕沉默、冷场。沉默、冷场是一件好事,如果对方性子比较急,或者不懂如何利用冷场,那么,对方就有可能先开口说话,从而得到更多的信息。出现冷场,对手也可能会反思自己的言行,例如价格太不合理或者问题提错了等,对方会怀疑自己,把自己往坏处想,反而更多地想到对方的好处。所以沟通中不要怕冷场,而且要敢于问别人问题,自己不明白、不清楚的就要敢于去问,不要认为问问题显示出自己的无知。问题可以不断地问,掌握的信息越多,就越能控制局面。最后,总结对方的提议并重复请求确认是个很好的办法。

四、非语言沟通中的目光语

（一）根据不同的标准来分析目光语的含义

1. 根据凝视讲话者时间的长短来判断听者的心理感受

通常与人交谈时,人的视线接触对方脸部的时间,在正常情况下应占全部谈话时间主要部分,超过这一平均值者,可以认定对谈话者本人比对谈话内容更感兴趣。低于这一平均值者,则表示对谈话内容和谈话者本人都不怎么感兴趣。

2. 倾听对方谈话时,根本不看对方,是试图掩饰什么的表现

有经验的海关检查人员在检查过关人员已填好的报关表时,还要问一句:"还有什么东西要呈报没有？"这时,他的眼睛不是看着报关表,而是看着过关人员的眼睛,如果该人不敢正视他的眼睛,那就表明该人在某些方面很可能存在问题。

3. 眨眼频率较高,有不同的含义

在正常情况下,一般人每分钟眨眼 5～8 次,每次眨眼一般不超过 1 秒钟。如果在 1 秒钟之内连续眨眼几次,这是神情活跃,对某事物感兴趣的表现;有时也可理解为个性怯懦或羞涩,不敢正眼直视而做出不停眨眼的动作。时间超过 1 秒钟的眨眼,一方面表示出的是厌烦、不感兴趣;另一方面也表示自己比对方优越,因而蔑视对方而不屑一顾。眼睛闪烁不定,是一种反常的表现,这经常被看作用于掩饰的一种手段,或是性格上不诚实的一种表现。做事虚伪或者当场撒谎的人,常常眼睛闪烁不定,以此来掩饰内心的秘密。

4. 瞳孔的变化

当人处于喜悦或兴奋时,往往是眼睛生辉、炯炯有神,此时眼睛瞳孔就会放大;而人在消极、戒备或愤怒时,愁眉紧锁、目光无神、神情呆滞,此时瞳孔就会缩小。实验证明,瞳孔所传达的信息是无法用意志来控制的。有经验的企业家、政治家以及职业赌徒,为了防止对方察觉到自己瞳孔的变化,往往喜欢佩戴有色眼镜来进行掩饰。如果谈判桌上有人戴着有色眼镜,就应加以提防,因为他可能是很有经验的谈判高手。

（二）目光语与谈判沟通

眼神及眼睛的动作所传达的信息还有很多,有些确实是只能意会而难以言传。这就要靠谈判人员在实践中细心观察和思考,不断积累经验,争取更多地把握眼睛动作及眼神所传达的信息。

有的谈判人员不会运用目光语,他们要么根本不看着对方,回避与对方的目光接触;要么直勾勾地盯着对方不放,直到看得对方浑身不自在。这两种极端表现都会妨碍谈判

的顺利进行。不看对方,对方会觉得你对话题不感兴趣,或者是有什么见不得人的心事。这样一来,对方便对你的谈判诚意表示怀疑。而长时间盯着对方,会被理解为一种挑衅行为。如果谈判人员不是要刻意激怒对方,就应该避免这种失礼的举动。还有的人喜欢不断地变换眼睛的瞄准点,眼珠滴溜溜地来回转动。这样,给人的感觉是心不在焉、敷衍塞责,或是使人觉得过于轻浮、不可信赖。正确的做法应该是让眼光自然、柔和地停留在对方的双眼和嘴部之间的区域,停留的时间应适中,既让对方感受到你真诚、友好的态度,又不给对方太大的压力,以保持良好的谈判气氛。

在谈判中,谈判人员不仅要善于观察对方的目光语,推断出对方真实的思想感情,而且要善于运用目光语来进行交流,增强语言表达效果,沟通也是一个人职业素养、专业知识、经验阅历等的综合体现,我们每个人都很难说自己已经能很好地掌握沟通这门艺术了,我们都需要在今后的工作和生活中不断地总结,不断地思考,不断地提高来完善它,所以可以说,自己与自己的沟通交流是我们提高沟通能力最佳的途径。

例如,用清澈、坦荡、恳切的目光注视对方,表现出正直、心胸开阔、锐意进取的精神面貌;高兴时,眼睛明亮,眼光热烈;失望时,眼神暗淡,目光呆滞;愤怒时,眼睛张大,眼神严峻;赞美对方时,投去欣赏的眼光;同情对方时,露出关切的眼神。和你的目光语协调配合,无论你的话表达了什么样的情感,你的眼神都应该传递出一样的意思。这样,语言的真实性和感染力都得到了大大的增强,当对方和你对视的时候,就会相信你,注意你的讲话,并作出积极的反应。

非语言沟通,或通常所说的身体语言,指的是面部表情、姿势、手势和动作。要得体地使用非语言沟通,身体语言一定要密切地配合话语。大多数情况下,别人是通过你说话的语气、举止和行为而不是靠你话语的意思来判断你说话的分量。同时,听别人说话或观察别人时,没有严格可靠的规则来理解身体语言,这是因为个人习惯、文化传统和特定的环境都产生一定的影响。不过,你还是可以根据自己的经验和对组员的了解来作出一般的判断。如果你想通过你的身体语言告诉对方你想认真交流,那么就直视对方的眼睛(不要怒视),使你的身子保持警觉但是要放松,不要做其他事情,如写字、读书或者来回走动。

总之,如果想让沟通在积极主动的情况下进行,需要双方提出自己的想法。由对方先提出会对自己比较有利,所以通常情况下,如果事情正如你所料,就相应地调整自己的策略。但作为乙方,这时候往往比较着急,或者说一般乙方都愿意先提出自己的想法。通常人们认为如果不得不首先提出想法,或者决定先提出开场想法,那么就应提出比自己希望高的要求。例如说到价格时,先把价格定得高一些,再通过沟通慢慢下调,这样就会营造一个较大的回旋空间,不至于太被动。

本章小结

国际商务谈判中谈判人员不仅要通过语言陈述自己的观点,利用语言、非语言处理与对方的人际关系,还要利用沟通艺术实施自己的谈判策略技巧。本章阐述了国际商务谈判语言的特征,沟通的条件、技巧,以及非语言沟通在国际商务谈判中的作用、非语言沟通的传播符号等问题,目的是通过学习把谈判人员判断、推理、论证的思维成果、思想感情表达出去,实现有效沟通。

重要概念

国际商务谈判语言表达　倾听　叙述　拒绝　辩论　说服　非语言沟通　传播符号目光语

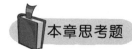

本章思考题

1. 国际商务谈判的语言特征有哪些?
2. 提问的技巧有哪些?
3. 如何掌握答复技巧?
4. 运用说服技巧应掌握哪些要点?
5. 非语言沟通有什么作用?

💡 **案例分析**

纽约一家银行有个叫 J 先生的出纳员运用"肯定答复"这个办法,留住了险些失去的一位大客户。

J 先生说:"有个人要在我们银行开个户头,就必须让他填写一张应填的表格,有些问题他很愿回答,有些问题则断然拒答。

"在研究交际学之前,我碰到类似情况时总是对存款人说,如果他拒绝通报必需的情况,我们拒绝为他存款。现在我为过去的做法感到惭愧。当然,这种最后通牒式的办法也曾使我得到一些满足,那就是我感到了我是主人,并向人们表明银行的章法是不能破坏的。但是,来我们银行存款的人当然不会接受这种态度。

"这次我决心合理地解决这个问题。我不是替银行说话,而是替顾主说话。此外,我决心让他从一开始就说出'是'字。于是我就说,在所有需要提供的情况中,他拒绝提供的那部分情况正是银行不怎么需要的。

"'但是,'我说,'您想过没有,这笔存款即使在您身后也是有效的。难道您就不想让我们把这笔存款转交给您有继承权的亲属吗?'

"'说得对,当然想啦。'他答道。

"我接着说:'这样好不好,您把自己一位亲属的姓名告诉我们,这样就可以在您遇到不测的情况下,便于我们迅速无误地实现您的愿望。您看行不行?'他又说:'可以。'

"当他懂得我们这样做不是为了我们而是为他自己的时候,其态度就发生了变化。我认为,从我们谈话开始时就让他说出了'是的''对',才使我有可能让他忘记我们之间的分歧,愉快地接受了我的劝说。"

如果你要想让商务谈判取得成功,请记住:"在谈判开始时就要设法得到对方肯定的回答。"

资料来源:徐春林.商务谈判[M].重庆:重庆大学出版社,2007.

问题:

1. J先生所谓"合理地解决这个问题"(任何人要在他们银行开个户头,都必须填写一张表格,有些问题人们很愿回答,有些问题则断然拒答。)的做法,体现了怎样的语言技巧?

2. 如果你是那位客户的话,你如何看待并会如何来应答J先生运用"肯定答复"这个办法对你所展开的说服?

3. J先生在研究交际学之前和之后,就必须让存款人填写一张应填的表格一事的说法有什么本质上的区别?

第 四 篇

国际商务谈判的礼仪、礼节与习俗

第九章　国际商务谈判礼仪

本章学习目标

通过本章的学习，了解礼仪在商务谈判中的重要作用；了解、掌握并能运用常用的商务谈判礼仪。本章主要介绍国际商务谈判中的基本礼仪，包括迎送礼仪、会见礼仪、洽谈礼仪、签约礼仪，以及与谈判相关的宴请、赠礼等活动中涉及的礼仪风范。

国际商务谈判，是双方交往的重要活动，谈判双方都渴望获得对方的尊重和理解。礼仪是指在人际交往中，自始至终地以一定、约定俗成的程序、方式来表现的律己、敬人的完整行为。它在国际商务活动中极为重要，是增进彼此友谊和相互信赖的催化剂，是打破僵局的润滑剂，是不花本钱而收效甚大的"魔棒"。国际商务谈判是以具体的人即谈判人员的活动为中介来实现的，礼仪与礼节作为社会交往的规范，必然渗透于人与人的接触、交往，而每一个谈判人员通常都会怀有同样的心态，即渴望在谈判过程中获得谈判对手的礼遇。端庄的仪表仪容、礼貌周到的言谈举止、彬彬有礼的态度，这些虽然不是决定谈判成功的唯一因素，却是保障谈判过程顺利进行的重要前提。因此，了解不同民族、国家、地区的风土人情，掌握谈判中的礼仪规范，无疑是谈判人员必备的基本素质之一。

第一节　迎送礼仪

迎来送往是商务谈判中经常发生的行为，是常见的社交活动，也是国际商务谈判中一项基本礼仪。一般来说，在谈判中，重要客商、初次打交道的客商，要去迎接；一般的客商、多次来的客商，不接也不失礼。总之，谈判一方对应邀前来参加谈判的人员，对将要来到和即将离去的客人，都应根据其身份、交往性质、双方关系等因素，综合考虑安排相应的迎送。

一、迎送规格

迎送规格，应当依据前来谈判人员的身份和目的，本方与被迎送者之间的关系及惯例决定。在礼仪安排上应遵守国际惯例。根据国际惯例，主要迎送人通常要和来宾的身份相当，一般应遵循"对等原则"，如果需要顾及双方关系和业务往来等具体情况，也可以安排破格迎送和接待。

对等原则是说，确定迎送规格时，应主要根据来访者的身份和访问目的，适当考虑双方关系，同时注重通用惯例，综合平衡地进行迎送工作。比如，对方是总经理带团来华，我方也应派总经理级的人员去迎接。在迎送实践中，有时会出于机构设置不同，当事人身体不适或不在迎送地等一些原因而不能完全对等接待,这时,便可灵活变通,由职位和身份相当的人士作为替代者。当事人不能亲自出面迎送时,还应从礼貌出发,自己或通过别人向迎送对象作出解释,表示歉意。

破格接待,是指在迎送者和陪同迎送者身份、数量以及迎送场面等方面给予客人较高的礼遇。对于破格接待应十分慎重,非有特殊需要,一般都按对等原则来安排迎送和接待。如果我方经常有迎送活动,尤其是有同时进行的迎送活动,应妥善安排,不应造成厚此薄彼的印象。如果我方安排了破格迎送和接待,就应该利用介绍、对比和会见等适当方式,让对方明白,我方进行了破格迎送和接待。只有这样,才能在以后的交往中,收到破格迎送和接待的效果。

二、准确掌握来员抵离的时间

迎送人员必须及时、准确地掌握来员抵离的时间,既可以顺利迎送客人,又可以不过多地耽误迎送人员的时间,提高迎送效率。当原定抵达时间因故发生变动时,应及时通知全体迎送人员和有关部门,同时对原定迎送计划做相应调整。

掌握来宾抵离的时间应该注意以下五点:第一,双方商定时间;第二,时间约定精确;第三,适当留有余地;第四,反复确认;第五,严格遵守时间。

迎接人员应在交通工具抵达前到场,送行则应在来客登机(车、船)前到。总之,要做到既顺利接送来客,又不过多耽误时间。如果送行时还有欢送仪式,则应在仪式前到达送行地点。

关于迎送过程中的有关手续和购买票证等具体事务,应指定专人办理,如办理车票、飞机票、船票、出入境手续、行李提取、行李托运等。如果客方人数众多,可请他们派人配合办理。有些重要的来访团体,人数和行李都很多,应将主要客人或全部客人的行李提前取出,及时送往住地,以便对方及时更衣、开始活动。

三、做好接待的准备工作

每一次迎送活动,都应指定专人负责具体迎送事宜,或组织迎送工作小组具体办理。迎送人员应及时地将有关迎送信息、迎送计划和计划变更情况通知有关部门和有关人员,有关部门和人员也应及时地向迎送人员反馈迎送信息。

准备工作应包括确定迎送人员名单、安排好交通工具、预订房间等内容。

确定迎送人员名单。挑选接待人员,尤其是那些直接面对外国来访者的迎送人员、翻译人员、陪同人员、安全保卫人员以及司机要优中选优,切勿滥竽充数。除了仪表堂堂、身体健康、政治可靠、业务上乘之外,还应将反应敏捷、善于交际、责任心强列入用人的基本条件。外宾抵达后,需派人协助办理出入境手续、乘机(车、船)手续和行李提取或托运等手续。如代表团人数众多,行李也多,应将主要客人的行李先取出(最好请对方派人配合),及时送往住地,以便更衣。应当注意,迎接人员一般不要主动要求帮助男宾拿公文包或帮助女宾拿手提包。

安排好交通工具。迎接工作中公务人员必须准确掌握来宾乘坐的飞机(车、船)抵达的时间,在客人抵达之前到达迎接地点等候客人,并备好专用车辆接送客人。

预订房间。制订迎送计划时,应该根据来宾的人数预先订好客房。如有条件,在客人到达之前将住房和乘车号码通知客人。如果做不到,可印好住房、乘车表,或打好卡片,在客人刚到达时,及时发到每个人手中,或通过对方的联络秘书转达。这既可避免混乱,又可使客人心中有数、主动配合。迎接人员用专用车辆将外宾直接送抵下榻之处。抵达住处后,一般不马上安排活动,应稍事休息,给外宾留下更衣时间。迎接人员大体告知来宾有关活动计划、第一次活动的时间以及有关接待部门的办公电话后即可离去。

因故提前或推迟迎送时间,要预先做好相应准备,及时调整活动安排。

来宾离去时,也要做好送行的礼仪工作。组织并派专人协助来宾办理出境或机票(车、船票)手续,以及帮助客人提拎行李、办理托运手续。分别时,可按来宾国度的行礼习惯与之告别,并用热情的话语为客人送行,如欢迎客人再次访问、祝客人一路平安等。最后目送客人登机(车、船)离去后方可离开。

四、迎送礼仪中的有关事务

（一）献花

在有些迎送场合,要举行相应的欢迎仪式或给客人献花。献花是对对方表示亲切和敬意的一种好方法,尤其对方有女宾或携有女眷时,在其尚未到达旅馆之前,预先在其房间摆一个花篮或一束鲜花,会给她们一个惊喜,有时甚至会达到意想不到的效果。如果安排献花,必须使用鲜花,不得用塑料花或绢花等代替。献花时要注意保持花束整洁、鲜艳。献花者通常由少年儿童或青年女子充当,也可由女主人向女宾献花。献花活动通常在主人与客人握手以后进行。

送花时要尊重对方的风俗习惯,应尽量投其所好,绝不可犯其禁忌。如日本人忌讳荷花和菊花(特别是白色菊花多用于丧事),同时给日本人送鲜花时最好以 3、5、7、8 枝为一束,不要以 4 枝、9 枝为一束,因为 4 和 9 在日语中的发音同"死"和"苦"谐音。意大利人喜爱玫瑰、紫罗兰、百合花等,但同样忌讳菊花。俄罗斯人则认为黄色的蔷薇花意味着绝交和不吉祥。再比如,中南美洲国家的人认为紫色的花是不吉祥的。如果对方是夫妇同来,本方送花应以负责人夫妇或公司的名义送给对方夫妇。给对方女性送花,最好以我方某女性人员的名义或本方单位名义或负责人妻子的名义赠送,切忌以男性名义送花给交往不深的对方女性。

（二）陪车

在迎送活动中,为了表示本方的热情和关心,一般情况下,都安排陪车,即主人陪同客人乘车前往住地、活动地点、车站、码头或飞机场等。有些迎送活动,也可不安排陪车。

主人陪车时,应先由主人或陪同人员打开车门。在顺序上,掌握"后上先下"的原则。"后上先下"的礼节体现了主客有序的礼仪,客人为重,客人为尊。"男士应最后一个上车,第一个下车"这条规则适用于不同文化背景下的许多国家或地区。男士应为女士开车门和关车门,如果有必要的话,还可以帮助他们上车和下车。不过如果女士愿意让男士先上车的话,这条规则可以打破。

在坐车的位置上,应遵循"以右为尊"的原则。按西方的礼俗,右为大,左为小。两人同行,右者为尊;三人并行,中者为尊。在陪车时,应请客人从右侧门上车,坐于右座,以避免从客人膝前穿过。主人或公关人员从左侧门上车,坐于左侧,但是如果客人上车后,坐到了左侧座位上,则应主随客便,不必再请客人挪动位置。如果车中的后排乘坐三人,则顺序是中间为大,右边为次,左边为再次。如果是三排座的轿车,译员坐在主人前面的加座上;如果是二排座,译员坐在司机旁边。司机旁边的座位不宜安排客人就座,而应安排陪同人员、导游、译员或副司机等工作人员乘坐。如果客人夫妇同时与主人乘坐一车,则应请客人夫妇坐在后排,主人坐在前排司机旁边。待客人上车坐稳后,主人或陪同人员应帮助客人关闭车门。然后,由车体尾部绕到自己座位一侧,开门上车。切不可让客人在车内变动位置,或与客人从同一车门上车。

另外,迎送外宾时,主要迎送人不可兼做驾驶员,而应当雇用一名素质较高的专门司机。司机应注意文明开车,遵守交通法规,不要酒后驾车。

在迎送活动中,如果陪同客人行走,应把主人与主宾略让在前方,其他人员随后而行,而不能与主人和主宾并排行走。主人与客人行走时,应把客人让在右边,以示敬重有礼。迎送身份较高的客人时,应事先在车站、机场或码头安排贵宾休息室,准备必要的饮料,稍事休息后,再进行下面的活动。

第二节 会 见 礼 仪

会见是商务谈判过程中的一项重要活动。在涉外商务谈判活动中,东道主应根据来访者的身份和访谈目的,安排相应的部门负责人与之进行礼节性会见。一般身份高的人会见身份低的人称为接见,身份低的人会见身份高的人称为拜会。接见与拜会在我国统称为会见。会见就其内容来说,分为礼节性、政治性和事务性三种。

一、做好会见的准备工作

会见前要做的准备工作,包括:对时间、地点的选择;会见的主题、内容、议程的准备;制订好会见的计划和目标。

如果一方要求拜会另一方,应提前将自己的姓名、职务以及要求会见什么人,为何会见通知对方。接到要求的一方,应该尽快予以答复,不要无故拖延。如果不能够安排会见,应向对方作出解释。如果接到要求的一方同意会见,可以主动将会见的时间、地点、参加的人员告知对方。

会见时间的选择。安排会见的时间与外宾抵达的时间之间不宜间隔过短或过长。外宾经过长途旅行一般比较疲劳,如果马上接见,精力不足会影响效果。相反,如果抵达时间过长,外宾会感到不受重视。同时,由于经济活动节奏快,迟迟不安排会见,客方会认为主方办事效率低,对主方产生不信任感,继而影响谈判的结果。须注意会见的时间确定后,应提前通知外宾,使外宾有充足的时间做相应的准备。在正式会见时,应提前 20～30 分钟派人到外宾住所,并陪同外宾前往会见地点。在会见开始前,东道主应到达会谈地点,对准备工作查漏补缺,预备迎接客人的到来。另外,还要注意会见不要安排在外宾休息的时间。

会见地点的选择。会见地点应选择在距对方住所较近的地方,最好在本公司内部,但一定要是一个正式场地,不可以用办公室代替,最好选择一个没有外界干扰的地方。会见时座位的安排是:主人坐在左边,主宾坐在右边,译员和记录员坐在主人和主宾的后面。双方其他人员各自按一定的顺序坐在左右两侧,主方为左,客方为右。主方会见人员应提前到达会见地点以迎候客人。迎候时,可以站在会见的大楼正门,也可以在会客厅门口等候。当客人到达时,应主动上前行礼表示欢迎,并引导客人入座。会见结束时,主人应将客人送到车前或门口握别,然后目送客人离去。在会见过程中,不允许外人进进出出。

会见的目的。会见的目的并不在于达成某项交易,而是作为双方正式接触,相互认识,加强沟通和了解的一个途径,因此,会见的主题和内容主要是回顾过去,展望未来。双方如果以前有过良好的合作,可以进行回顾,并以此为契机对双方的友好关系进行总结、展望;如果双方以前有过不愉快的回忆,不妨一笔勾销,绕过不谈或仅简单提及后说"相信在双方的努力下,本次会谈会取得圆满成功""相信这将是一个新的起点"之类的语言,将话题引向新的议题,切记不可揪住过去不放,影响双方的情绪;如果双方此前互不相识,会见内容则可以从对对方的了解和认识开始,逐步引向双方建立关系、加强合作的话题。总之,会见的主题和内容应以营造友好气氛,推进双方合作,建立稳定联系、加强沟通了解为核心和目标。

会见前,还应制订详细的计划并对会见的议程进行准备。一般来讲,会见的议程应包括:双方相互介绍、认识、就座,主方负责人发言致辞欢迎,客方发言答谢,双方就本次谈判的原则性事项交换意见,对未来表示信心和展望,送外宾回旅馆休息等事项。在整个过程中,一些需要注意的问题必须事先制订详细的计划以保证会见的成功。

二、会见时应注意的问题

会见时应掌握时间,注意交谈的质量。商务活动中的礼节性会见,时间的长短由其性质决定,不可能很长,所以会见的双方应掌握分寸,言简意赅,多谈些轻松愉快、相互问候的话题,避免单方面冗长的叙述,更不可有意挑起争论。

在会见中,如果人员较多,亦可使用扩音器。主谈人交谈时,其他人员应认真倾听,不得交头接耳或翻看无关的材料。不允许打断他人的发言,或使用人身攻击的语言。在会见时可以预备茶水招待客人,夏季还可以准备饮料。

会见结束后,主人应将客人送至门口或车前,握手告别,目送客人乘坐的车子远走之后,主人方可退回室内。

第三节　洽谈礼仪

在一定意义上,商务谈判过程即是洽谈的过程。与一般的会见活动相比,洽谈活动具有时间长和内容多等特点,往往会涉及各方的实际利益,涉及交易能否最后达成。任何成功的谈判,都是一定方式之下的圆满洽谈,而圆满的洽谈则是遵守洽谈礼仪规范的结果。在洽谈活动中,如果违背了洽谈礼仪,必定给谈判带来许多不必要的麻烦,甚至对达成协议造成威胁。因此,恰当、礼貌地洽谈不仅能增进谈判双方之间的了解、友谊和信任,而且能促使谈判更加顺利、有效地进行。

一、商务人员的仪表要求

商务人员的仪表是洽谈人员的广告，服装整洁、挺括，端庄高雅，神情饱满，给人以良好的第一印象。此外，公文包、笔记本、手表、手机等细节也不可忽视，这些物品都会影响对手对洽谈人员风格的认识。

（一）女士洽谈礼仪

在商务洽谈活动中，适度的化妆和佩戴首饰是对对方的尊重，可以给人以淡雅、端庄、大方的感觉，使别人的尊重之情油然而生；相反，过分鲜艳、俗气的化妆和首饰则给人留下轻浮和不自重的印象，甚至引起对方的反感与轻视。

西方人对化妆较为注重，认为化妆可称得上女性的第二时装。女士应选择端庄的发型，不可做过于摩登或超前的发型。化妆不宜过浓，尤其不可使用浓香型化妆品。使用香水有一定的讲究，一般用在四个部位：一是两手腕的脉搏部位；二是下巴以下；三是耳根以下；四是在长裙的裙摆之下挂一个喷过香水的棉球，或挂在短裙的膝盖处。商务谈判中，女性切忌在众人面前化妆，否则是没有教养、不懂礼仪的表现。

选择首饰有三个原则：一是以少为佳，不戴亦可。二是同质同色，即佩戴一件以上的首饰，讲究质地要相同，色彩要一致。注意黑色首饰不能在洽谈活动中佩戴，洽谈中通常用的首饰有五种颜色：红色，代表热情与友好；蓝色，代表和谐与宁静；黄色，代表高贵与典雅；绿色，代表青春与活力；白色，代表纯洁与无邪。色彩要根据身份、年龄、个性慎重选择。三是要符合惯例。戒指一般戴于左手，一般只戴一枚，绝不可超出两枚。涉外商务洽谈中，左手小指不允许戴戒指。在谈判中，项链是较合适的一类首饰，显得端庄高雅。在挂件的佩戴上，一般以心形、几何形和动物类为宜，须注意特殊的禁忌，图形文字的使用要慎重，不要侵犯对方的习俗禁忌。涉外商务洽谈中十字形的挂件是不允许佩戴的，西方人认为它是不祥之兆。正式场合一般不宜佩戴耳环。

着装是女性在商务谈判中遇到的首要问题。女性人员出席较为重要或正式的洽谈场合，则应穿深色西装套裙和白衬衫，配肉色长筒或连裤丝袜和黑色高跟或半高跟鞋。在一般性的会谈中，女性可穿着一般的毛衣套装，只要充分体现女性的自信、自尊即可。女装要注意的是不可露、透，内衣不可外现，衬衫的下摆须掖进裙子或裤腰。袜子的色彩不可太鲜艳，一般以肉色、黑色和浅色透明丝袜为宜。避免选择过于复杂的或网眼状图案的袜子，袜口不能外现，袜子不允许有残破。需特别注意不能穿黑皮裙（在国际上是妓女标准装）；不光腿，要穿双包鞋，把易磨的前后都包住；不能在裙子下加健美裤，不能穿半截的袜子，弄出三截腿，用专业术语形容叫恶意分割。

举止和谈吐是女性在商务谈判活动中须注意的又一个方面。女性的站姿、坐姿、走姿均有各自的规定，不可等同于男士礼仪要求。女性坐下时应双腿并拢，端坐在椅边，坐下后注意整理一下衣着。行走时，头部要端正，不宜抬得过高，目光须平和，直视前方。行走时上身自然挺直，收腹，两手前后摆幅要小，两腿收拢，小步前行，走成一条直线，步态要轻柔、自然、和谐，体现出文静、端庄的女性美。站立时，双腿靠拢，身子自然挺直，不能乱晃乱动。女性在业务洽谈中要注意语调、声音的正确使用，应有自尊自重的态度又不失女性的温柔,切忌用撒娇的语调或用不庄重的语调进行洽谈。

（二）男士洽谈礼仪

正式出席洽谈的男士,应理发、剃须、吹头发,不准蓬头乱发,不准留胡须或留大鬓角。在服装上应穿着传统、简约、高雅、规范、正式的礼仪服装。必要时男士应穿深色三件套西装和白衬衫,打素色领带或条纹式领带,配深色袜子和黑色系带皮鞋。

穿着西装时,必须掌握衬衫、领带、鞋袜、公文包与服装的搭配常识。在搭配时,应该注意三色原则、三一定律、三大原则。三色原则是指全身不要超过三个色系,尽量少。三一定律是指鞋子、腰带、公文包一个颜色。三大原则是指:不穿尼龙袜(会臭),不穿白袜子,鞋子、袜子浑然一色最好看;不要穿夹克打领带;袖子商标必须拆。

正式商务活动中所穿的衬衫应该是以高织精纺的纯棉或纯毛面料制作的白色长袖衬衫,衬衫上通常没有图案和衣袋。在两手伸直时,衬衫的袖子应该比西装袖子长1厘米左右。领带多选用真丝、羊毛面料,色彩可以使用蓝色、灰色、棕色、黑色、紫红等单色,图案以条纹、圆点、方格等几何形状为主或者没有任何图案。通常,西装、衬衫、领带这三样中必须有两样是素色的。领带的长度须触及皮带扣。

与西装配套的鞋袜,通常是深色、单色的,最合适的搭配是黑色。牛皮系带的黑色皮鞋最为常见,而羊皮、猪皮、磨砂皮、翻毛皮鞋都不宜与西装搭配。商界男士通常会随身携带一个公文包来放置相关物品。最标准的公文包是手提式长方形公文包,其他箱式、夹式、挎式、背式皮包均不可作为公文包使用。公文包的颜色应尽量接近皮鞋的颜色,一般不宜有图案、文字,材质以牛皮、羊皮为佳。包里的东西应摆放整齐,进入室内后应将包放在主人指定的地方或置于自己座位附近的地板上。

（三）正式场合着装的注意事项

（1）选择适合特定场合的服装。在参加正式活动时,男士一般应穿着上下同色同质的毛料西装、中山装或礼服,女性应选择西装套裙、旗袍或礼服。而那些休闲服、运动服、T恤衫、紧身衣、牛仔裤等,无论多么高档、多么昂贵,甚至国际名牌都不可以出现在正式场合,各式休闲鞋、时装鞋都不能与正式礼服相配。

（2）按规定着装。重大的宴会、庆典和会见等比较正式和隆重的场合,尤其是涉外活动,组织者所发请柬上如注有着装要求,参加者就应按规定着装。即使组织者没有提出具体的着装规定,参加者也应穿着较正式的服装。

（3）按规范着装。正式场合的着衣配装有一定的礼仪规范。如中山服的着装规范是扣好衣扣、领扣和裤扣,不把衬衣领口翻出,皮带不得垂露在外。穿长袖衬衣应将前后下摆塞入裤内,袖口、裤腿不能卷起。穿西服一定要配颜色相宜的皮鞋,忌戴帽子。西服的衣裤兜内,忌塞得鼓鼓囊囊,腰带上不要挂钥匙、手机。参加宴会联欢女士穿旗袍时,开衩不可太高,以在膝上1～2寸(1寸≈3.33厘米)为宜。

（4）注意服饰的细节。任何服装都应洗涤干净、熨烫平整,裤子要熨出裤线,不可有折痕。衣领袖口要干净,鞋面要光亮。女士着裙装、套装应配以皮鞋或不露脚趾的皮凉鞋。不能赤足穿鞋,鞋袜不得有破损。扣子、领钩、衣带等要扣好、系好。穿好服装后,最好自己在镜子前仔细检查或请别人观察一下,以确保万无一失。

（5）裁剪合体,式样流行,颜色传统,料料高级。服装是否合体直接关系着服装穿着的效果,式样、颜色、质料的选择则显示穿着者的素质和风格。因此,在参加一些重要活动前,请著名的设计师和服装公司为自己特制一身合体的服装十分必要。

（6）公共场合只穿内衣是非常失礼的。睡衣只适宜在卧室穿着。在家里或宾馆内接待来宾和客人时,也不得光脚或只穿内衣、睡衣、短裤。如来不及更衣,应先请客人稍坐,自己进内室换好服装后再与客人谈话。

（7）进入室内场所,均应摘帽,脱掉大衣、风雨衣等。男士任何时候在室内都不得戴帽子和手套。室内一般忌戴墨镜,在室外遇有隆重仪式或迎送等礼节性场合,也不应戴墨镜。有眼病需戴有色眼镜时,应向客人或主人说明并表示歉意,或在握手、交谈时将眼镜摘下,离别时再戴上。

（四）部分国家（地区）服饰礼仪的特点与禁忌

在欧洲大陆,西装是人们常穿的服装,即使是在炎热的季节,在办公室、饭店及大街上仍到处是穿着西服的人,且欧洲人相对比较保守,在室外一般都不解开西装的纽扣。在颜色方面,不同的国家（地区）有着不同的禁忌。西方许多国家都把黑色作为葬礼的表示,并认为棕色会带来厄运;比利时人忌讳穿蓝色服装,以蓝色物做装饰物也不吉利;在英国,忌系有纹的领带,因为带纹的领带可能被认为是军队或学生校服领带的仿制品;大部分欧洲人,认为红色代表的是鲜血,不吉利,挪威人却普遍视红色为流行色;在德国,不要将手放在口袋里,这会被认为是无礼的表现。

在亚洲,也有很多需注意的穿着特点与禁忌。例如,日本人穿衣都是右向掩衣襟,他们喜爱红、白、蓝、橙、黄等色,禁忌黑白相间色、绿色、深灰色;在蒙古,黑色被视为不幸和灾祸,故蒙古人不穿黑衣服;泰国人喜爱红、黄色,禁忌褐色;缅甸人笃信佛教,参拜寺院宝塔必须脱鞋赤脚进入,表示对佛祖的尊敬;进入韩国、日本、朝鲜的住宅时,不要将室外穿的鞋穿到屋里去,要换备用的拖鞋。

其他国家,如埃塞俄比亚人出门做客时忌穿黄色服装,因为这是哀悼死者时穿着的;巴西人认为用黄与紫的调配色做装饰色会引起恶兆;在阿根廷最好不要穿灰色的套装套裙;墨西哥人认为紫色为棺材色,不可使用;在阿拉伯国家,服装非常保守,穿着不当会遭到惩罚,在坐着时,不要把鞋底冲着东道主,那是侮辱人的举止。

世界上各个国家或地区的习俗都有很大的区别,不可能一一介绍,只能在实际应用时多多留意,实在不明白时可以向当地人询问,以免出现常识性错误。

二、洽谈中座次安排的礼仪

商务谈判洽谈中座次安排是一个非常重要的方面。4 月 12 日,美国的 W 公司来中国与 D 公司商谈关于双方合作事宜,我方热情接待,美方代表对我们的招待表示感谢,气氛很融洽。这一天是正式谈判开始的日子,一进会场,美方代表就显得非常生气、转身就走,把中方谈判人员搞得莫名其妙,通过再三追问,才明白原来我方将谈判桌上的美国国旗摆到了左方,而根据以右为尊的国际惯例,为了表示尊重,客方的国旗应该在右方。我方赶紧进行解释,在中国传统中是以左为上,经过再三道歉并将国旗方向改过来后,谈判才终于得以正式开始,然而这一插曲却使双方原本融洽的气氛紧张起来,形成了开局不利的局面。由此可见,一些看似微小的礼仪漏洞往往可能决定谈判的成败,我们在商务谈判中要对商务礼仪有足够的重视。

各国的风俗习惯虽有所不同,但有一个多数人能接受或理解的安排方式,即国际惯例。按照国际惯例座次安排的基本讲究是以右为尊,右高左低。在这里,高低指的是洽谈参与者身份、地位的高低。业务洽谈(特别是双边洽谈)多使用长方形的桌子或椭圆形桌子。通常宾主相对而坐,各占一边。若桌子横放,则面对门的一方为上座,留给客方坐;背对着门的一方为下座,由主方坐。若桌子竖放,则应以进门的方向为准,右侧为上,留给客方坐;左侧为下座,由主方坐。在进行洽谈时,各方的主谈人员应在自己一方居中而坐,其他人员则应遵循右高左低的原则,依照职务的高低自近而远地分别在主谈人的两侧就座。若需要译员,则应安排其就座于仅次主谈人的位置,即主谈人的右侧。举行多边洽谈时,为了不失礼,按照国际惯例,一般均以圆桌为洽谈桌,即所谓的圆桌会议,这样可以淡化尊卑界限。有时为了强调对贵宾的尊重,本方人员有不满座的习惯,即坐 2/3 即可,但需视情形而定。参与洽谈的人员总数不宜是 13,可以用增加临时陪座的方法避免这个数字。

应注意,无论何种洽谈,有关各方与会人员都应尽量同时入场就座。至少,主方不应在客方人员之前就座。由于座次排列属于重要的礼节,来不得半点马虎,为了避免出错而失礼或导致尴尬的场面,在座次安排妥当后,在每个位置前可安放一个名签以便识别,让引座员加以指引也是得体和恰当的。

三、洽谈中的语言和行为礼仪

在商务洽谈中,诚实和热情是交往的基础,只有开诚布公的谈话才能使人感到亲切、自然,气氛才会融洽。与人面对面地洽谈,是一种对等关系。以礼待人,不仅能显示出自身的人格尊严,还可以满足对方的自尊需要。因此,洽谈中要随时随地有意识地使用礼貌语言,这是商务人士应当具备的基本素养。

语言是人类进行信息交流的符号系统。语言礼仪是指人们在交谈中所应该注意的礼节、仪态。广义的语言则包括一切起沟通作用的信息载体,不仅说话、写字甚至连距离、眼神、手势、表情、体态等都包括在内。谈判的语言能充分反映和体现一个人的能力、修养和素质。

(一)礼貌语言的运用

洽谈中语言的选择,要视具体情况而定,要能准确表达意思。用语不要含糊难解,态度不要模棱两可,以避免对方作出错误理解,导致错误反应,引起洽谈的困难甚至破裂。言语尽量文雅有礼,任何出言不逊、恶语伤人的行为都会引起对方的反感,无助于洽谈目标的实现。

1. 问候语

谈判双方见面时问候的语言不能少,如"你好""早安""好久不见,近况如何""能够认识你真是太高兴了"等。有事相托时,不要忘记说"请"字;接受别人任何服务,要感谢他人时,不要忘记说声"谢谢";万不得已需暂时离去或打断对方,或自觉不周到时,应说"对不起"。尽管这些用语的本身并不表示特定的含义,但它能传递出尊重、亲切、友情的信息,从而形成一种和谐、友善的良好"人际气候"。

2. 语速、语调和音量

洽谈过程中，说话者的语速、音质和声调，也是传递信息的符号。同一句话，说时和缓或急促，柔声细语或高门大嗓，商量语气或颐指气使，面带笑容或板着面孔，其效果大相径庭，要根据对象、场合进行调整。

首先，语速和说话的节奏对意思的表达有较大影响。说话的速度不宜太快，也不宜太慢，陈述意见要尽量做到平稳、中速，说话之间加入几秒钟停顿，目光应与对方交流，以示征询，从而也给对方留下发表意见的机会。说话太快会使对方难以明白你说话的主要意思，难以集中注意力去正确领会、把握你的实际表达。有时这还会使对方误认为你在为完成某项工作而敷衍了事，于是他不再费神倾听，从而导致双方的语言交流不畅、难以沟通。有些人以为自己说话快些，可以节省时间，其实说话的目的，在于使对方领悟你的意思。使用翻译的情况下，要注意照顾翻译的工作，不要长篇大论、只顾自己发挥。此外，不管是讲话的人，还是听话的人，都必须运用思想。说话太慢，节奏不当，吞吞吐吐，欲言又止，也会使人着急，既浪费时间，也会使听的人不耐烦，甚至失去谈下去的兴趣。因此，谈话中，只有使自己谈话的速度适中（大约每分钟讲120个字）才最适宜。在特定的场合下，可以通过改变语速来引起对方的注意，加强表达的效果。因此，洽谈中陈述意见时应尽量保持平稳、中速进行，在特殊情况下，适当改变一下语速，以期引起特别注意或加强表达效果。

其次要注意的是语调和音量。说话时的语调、声音大小也对表达有一定影响。语调不同可使同一句话具有完全不同的含义，谈判人员的语调掌握准确与否对表达自己的观点、让对方准确理解自己的话有重要意义。而声音的大小则反映说话者一定的心理活动、感情色彩或某种暗含的意思。在洽谈中，一般问题的阐述应使用正常的语调，保持能让对方清晰听见而不引起反感的高低适中的音量。人们说话时常常要流露真情，语调就是流露这种真情的一个窗口。愉快、失望、坚定、犹豫、轻松、压抑、狂喜、悲哀等复杂的感情都会在语调的抑扬顿挫、轻重缓急中表现出来。语调同时还流露一个人的社交态度，那种心不在焉、和尚念经式的语调绝不会引起别人感情上的共鸣。在社交场合，为使自己的谈话引人注目、谈吐得体，一定要在声音的大小、轻重、高低、快慢上有所用心，这样才能收到好的效果。适当的时候，为了强调自己的立场、观点，尤其在针对有分歧的问题时，可调整语调和音量来增加话语的分量，加强表达的效果。比如放低声调总比提高嗓门说话显得悦耳得多；委婉柔和的声调总比粗鲁僵硬的声调显得动人；发音稍缓总比连珠炮式易于使人接受；抑扬顿挫总比单调平板易于使人产生兴趣……但这一切都要追求自然，如果装腔作势，过分追求所谓的抑扬顿挫，也会给人华而不实、好像在演戏的感觉。因此，自然的语调是最美好动听的。一般地，升调表达的是一种惊讶、不可思议、难以接受或不满的感情和意思；降调则反映某种遗憾、无可奈何或失望灰心的心理活动。声音高低的起伏表明说话者的某种情绪波动，有时是有意识的表达需要，有时则是潜意识的自然流露，需对洽谈对手的话语敏锐把握，同时对自己的话语表达加强控制，不能出现语调、音量失控的情况，否则就不符合洽谈活动的本来目的，也有损自己的礼仪形象。

最后要注意说话的音量不要太大，不要使对方听起来震耳，有失亲切、友好；也不宜压得太低，显得信心不足，使对方无振奋之感；最好是强弱结合、抑扬顿挫、自然流畅，既让对方聚精会神地倾听，又让对方感到舒适自然。谈话者不能失去内心的平衡，这样才可根据洽谈的气氛、洽谈的具体内容来正确运用商务洽谈的语言,达到预期的洽谈效果,实现预期的洽谈目标。

（二）交谈时的目光

谈话时注视对方是一种起码的礼貌。眼睛是心灵的窗户,洽谈人员必须正确运用自己的目光。注视对方表示对谈话的兴趣和对对方的尊重,同时也可以为愉快、和谐的谈话气氛创造条件。假如你是个有心人,一定会发现,交谈一方有时偶尔把目光随意转向一旁,会引起另一方的十分注意,可能会因此认为一方对谈话不感兴趣而关闭谈话的大门。当然,注视并不等于凝视,直勾勾地盯着对方,或目光在对方身上上下左右乱扫,甚至还跑到对方身边去,这只会使对方透不过气来或惶惑不安,有话也说不出来。一般来说,如果两个人在室内面对面交谈,目光距离最好在1～2米,注视对方胸部以上、额头以下部位。

注视对方的正规做法是散点柔视,这样既显真诚,又不致使对方感到不自在。对视的时机要正确把握,一般视交谈内容而定,当强调某一问题时,或当对方注视你,发出交流信号时可对视。其他情况下要视对方脸部为一个整体,不要将目光集中于对方的某一部位,目光要柔和。瞪与盯是非常规的目光,须慎用。斜视是无礼的举动,不应使用。有时可能会出现谈话双方对视的情况,此时不必躲闪,泰然自若地徐徐移开就可以了。

需要注意的是,由于文化背景的不同,目光的运用在各国有较大差异。例如,欧美国家的人大多倾向于在谈话时双方对视,认为这样方显坦诚相待和相互信赖。而英国人一向以传统保守著称,他们在交谈时不喜欢打量对方,特别对两眼盯着对方很反感,认为这使别人紧张难堪,是不礼貌的行为。日本人交谈时一般看着对方的脖子。在地中海沿岸,人们的行为习惯不同于欧洲大陆其他地区,他们忌讳瞪眼直视,尤其是直而失态的相视。总之,了解对方的习惯很重要,如一时仓促上场,应尽量以平静目光注视对方,显出坦诚与尊重,同时注意随时观察对方的心理活动,及时加以调整。

（三）体态和手势

体态和手势是一种身体语言,是较难把握的无声语言。如没有确切的把握,应尽量少用,以避免出错。

洽谈中,一些不经意的体态动作,可能透露出有关内心动态的信息。有经验、训练有素的洽谈人员能自我控制、最大限度地避免下意识的动作,在任何情况下都镇定自若,不慌不忙,显示出风雨不动、稳如泰山的风度。自觉的体态运用也能微妙地影响对方的心理。如握拳或紧握双手是信心不足、自我鼓劲的反应。抱着胳膊表示警觉和戒备;摸鼻梁,扶眼镜,同时闭目休整,表示正在集中精力思考某个问题、大决策。还有一些下意识的动作反映焦虑和不知所措。以上这些体态能增强一个人的潜在影响力,表现出一定的人情味,也能表现出一种礼仪和风度,在洽谈活动中是不可或缺的增效剂。

在洽谈过程中,手势是另一种重要的身体语言,有助于表现自己的情绪,从而增强说话的说服力和感染力。手势要自然大方、恰到好处。有意做出某种手势,易给人以虚假做作的感觉;手势如果过多、过密,就会分散对方的注意力,甚至引起对方的厌烦心理;做手势时如果动作太大,或是将手伸到越过双方距离中界线的地方,会让对方感觉侵入自己的身体空间,有故意挑衅之嫌。双手一般不要超过双肩以内的范围,否则会给人以手舞足蹈,轻浮甚至轻狂不实的印象。当然,手势也不可太拘谨,生硬怯懦,缩手缩脚,既显得缺乏应有的自信,也难以引起他人对你的信赖感。手势要注意与说话的语速、音调以及声音大小密切配合,不能出现脱节的滑稽情况。做手势时应把握好手势的力度,给人以轻重合适、表达自然的感觉。另外还要注意不同国家或地区手势理解不同,不可乱用。例如我们熟悉的"OK"手势——用拇指和食指弯成一个圆,这个手势并非世界通用,在日本意味着铜板或钱;法国则表示头脑空空或愚蠢;在马耳他表示来个同性恋性交吧;突尼斯人会理解为我要杀父;在拉丁美洲,它是一个庸俗低级的动作;希腊人和俄罗斯人也认为这是一个不礼貌的手势。再如,在斯里兰卡、尼泊尔、保加利亚、阿尔巴尼亚和希腊,要特别注意摇头表示赞同的意思,而点头则表示不赞成。招手是友好的手势,在希腊却意味着下地狱,希腊人表示道别,是把手背朝向对方招手。所以,千万不要乱打手势。

总之,体态和手势也应视具体情况而定,以文雅含蓄为准,不可失控、失态,一旦由于情绪激动而做出某种失礼的体态和手势,应勇于承认错误,主动向对方致歉。

（四）距离和面部表情

人与人之间的空间距离与心理距离联系密切,空间距离的大小直接影响着洽谈双方心理上的距离。谈判中,较合适的双方距离应在 1～1.5 米,这个距离也是谈判桌的常规宽度。距离太远,双方交谈不方便,难以相互接近,有谈不到一起的感觉;距离太近,声息相通,表现出人为地过分亲近,使人觉得不自在,难以进行良好的交流。距离的变化可以传递某种信息,反映交谈者的不同心态。相互间移近可能表示交流良好,有兴趣,有好感,是一种友善认同愿望的自然流露,但也可能是攻击前的一种威胁姿态,这与洽谈的气氛和双方的心理活动是密切相关的。相互间的距离变远,反映谈判的分歧正在加大,或双方都想冷静一下头脑,整理一下思路。

面部表情是内心情感的重要体现。通过面部各个器官的动作,可以展示出内心多样的情绪和心理变化。洽谈活动中,有人嘴唇紧闭、唇角下垂,眼睛睁大紧盯对方,这表明不是你死就是我活的心态;有人满脸堆笑、目光不定,这反映了他内心游移不定;有人面带微笑、脸露真诚,眉目平和安定,反映了一种内在的力量。

四、洽谈礼仪中的其他注意事项

（一）尊重对方,谅解对方

为了获得对方的尊重和信任,必须调查研究对方的心理状态,考虑和选择令对方接受的方法和态度,考虑到对方讲话的语言习惯、文化程度、生活阅历等因素对谈判可能造成的种种影响。例如,有一次法国某公司的经理招待日本商人到自己家做客,在宴席上,日本商人一时疏忽把碗中洗手指用的水喝掉了。主人看到这个情形,马上就向同座的孩子们递了眼神,两个孩子不声不响地喝下了洗手指碗中的水,顾全了客人的面子。

尊重对方,表现在交谈时要专心致志。在对方发言时,一定要注意洗耳恭听,并适当跟说话者交流目光,或用点头、微笑等方式鼓励对方继续讲下去。不要东张西望、左顾右盼,更不应看书看报,或者面带倦意,哈欠连天。也不要做一些不必要的小动作,如玩指甲、弄衣角、搔脑勺、压指甲等,这些动作显得猥琐、不礼貌,也会使人感到你心不在焉、傲慢无理。

不要随便打断对方的谈话。为表示对交谈一方的尊重,交谈时要尽量让对方把话说完,不要轻易打断对方的谈话,要有耐心,这是一种基本修养,尤其是对方谈兴正浓时,突然打断对方,可能使对方思路中断,也可能使对方被突如其来的"拒绝"弄得不知所措,下不了台。当对方对某话题兴趣不减之时,你却感到不耐烦,立即将话题转移到自己感兴趣的方面也是一种不礼貌的做法。如果有紧急事件发生,或确实有必要打断对方,要在对方说话的间歇,以婉转的口气,很自然得体地将自己的话简短说出,如"你的看法的确有道理,不过请允许我打断一下",或"请让我提个问题好吗?"……这样就不会让人感到你轻视他或不耐烦了。恰当的插话,会引起对方的注意,停止自己的言谈,让你先说。但插话如果违背对方原意,未听明白就下结论,或插得不着边际,转移话题,或抢过话头,显示自己高明,则有不尊重或揶揄的味道,闹不好还会引起争执,不欢而散。

要注意能够让对方感受到你对谈话的态度。任何有经验、有教养的人,在与人交谈时,都不会忽略引起谈话对象的谈话兴趣。称道对方,关怀对方,对对方所说的一切表示出浓厚的兴趣,都可以增强对方的谈话兴趣。在谈判过程中,当双方的观点类似或基本一致时,谈判人员应当迅速抓住时机,用溢美的言辞,中肯地肯定这些共同点。赞同、肯定的语言在交谈中常常会产生异乎寻常的积极作用。当交谈一方适时中肯地确认另一方的观点之后,会使整个交谈气氛变得活跃、和谐起来,陌生的双方从众多差异中开始产生了一致感,进而十分微妙地将心理距离拉近。当对方赞同或肯定我方的意见和观点时,我方应以动作、语言进行反馈交流。这种有来有往的双向交流,有利于双方谈判人员融洽感情,从而为达成一致协议奠定良好的基础。在他人讲话时,应尽可能地以柔和的目光注视着对方,以便与对方进行心灵上的交流与沟通。这样做,会使对方感受到无声的鼓励或赞许,可以赢得其好感。当然,善于聆听的人光会用眼神还远远不够,还要学会用声音、动作去呼应,也就是说要随着说话人的情绪的变化而伴以相应的表情。身体稍稍倾向于说话人,面带微笑。在说话者谈到要点,或是其观点需要得到理解和支持时,应适时地点点头,或是简洁地表明一下自己的态度。当然,只是在关键地方点点头就可以了,不必频频点头。同时,还可以通过一些简短的插话和提问,暗示对他的话确实感兴趣,或启发对方,以引起感兴趣的话题。由此话题才可能谈得更广、更深,相互间的感染也就更多,甚至在心理上达到某种程度的默契。

在交谈中,如果发现对方失言或有语病,不要立即加以纠正,更不要当场表示惊讶。如果有必要作出某种表示,可以在事后根据双方关系的亲疏程度妥善处理。如果在交谈中遇到不同意对方某个观点,或某一明显错误说法的情况,一般以表示疑问或商讨的语气提出为宜,以免伤害对方的自尊心。比如,若不同意对方的某个观点,可以说,"我对这个问题也十分感兴趣,不过好像我不这么认为","你刚才的某个观点好像很新,能否再详细地解释一下"等。假如认为对方的某个观点和说法根本是错的,可以说,"在我的记忆中,好像这个问题不是这样的",或者说"我在某本书上看到的好像与你讲的不完全一样"……虽然语言非常婉转,但这足以使对方明白其中的意思。遇到别人真的犯了错误,又不肯接受劝告和批评时,也不要急于求成,退一步想想,把时间延长些,隔一两天或一两个星期再谈,否则大家固执己见,不仅没有进展,反而伤害了彼此的感情。如果对方反驳你的意见,大可不必急躁、恼怒,从容说出自己的道理便是。谈判争执时不要针对某一个人,避免使对手处于尴尬的境地。切记不要批评对方,更不能当众揭短,冒犯对方的尊严。

交谈时还应当注意，一旦自己出现失言或失态，应当立即向对方说声"请原谅""对不起"，一定不要自我辩解。

（二）及时肯定对方

在谈判过程中，当双方的观点出现类似或基本一致的情况时，谈判人员应当迅速抓住时机，用赞誉之词积极地肯定这些共同点。如有可能，还要想办法及时补充、发表双方一致的论点，引导、鼓励对方畅所欲言，将交谈推向高潮。赞同、肯定的语言在交谈中常常会起到异乎寻常的作用。在此基础上，本着求大同存小异、互惠互利的原则达成协议就比较容易了。但是，在肯定对方时，态度一定要诚恳。如果态度虚伪，多用讨好的言辞讨好对方，会使对方产生怀疑和警惕。所以肯定对方要恰如其分，不可言过其实。

在对方赞同或肯定本方的意见和观点时，本方应以动作语言如点头、微笑等进行反馈交流。这种有来有往的双方交流，易于使双方谈判人员感情融通，从而为达成一致的协议奠定良好基础。

（三）态度和蔼，自然得体

交谈时表情要自然、态度要和气、语言表达要得体。说话时可做适当的手势，但动作不要过大，不要用手指指向别人，更不要手舞足蹈，距离要适当。交谈时，不要涉及令人愉快的内容，如疾病、死亡、荒诞、淫秽的事情。最好交谈一些轻松愉快的问题，把快乐与人分享，把苦恼留给自己，这一做人的常识亦应在选择谈话内容时得到体现。话题不要涉及他人的隐私。如对女士不问年龄、婚否、服饰价格等；不用身体壮实、保养好等模糊用语来形容女士的身材。对男士不问钱财、收入、履历等；不随便谈论他人的宗教信仰和政治信仰，以免犯忌讳，也不要随便散播和听信流言蜚语。在交谈中，遇有需要赞美对方时，应措辞得当、注意分寸，赞美的目的在于使对方感觉到你真的对他（或她）钦佩，用空洞、不切实际的溢美之词，反会使对方感到你缺乏诚意。若一名公关人员热情友好地接待了一位来访者，得到了"你的接待真令人愉快，你的热情给我留下了深刻印象"的评价，显然比"你是一位全世界最热情的人"的赞誉入耳得多。所以称赞要适度，过分的讨好、谄媚或近于肉麻的恭维只会给人带来反感。还要注意，不要批评长者和身份高的人，不要讥讽他人，不要随便议论宗教，不要议论别国内政。争论问题要有节制，不可进行人身攻击等。

第四节　宴请与赴宴礼仪

在国际商务谈判中，谈判双方互相宴请或进行招待，是整个谈判过程中不可缺少的组成部分。举行宴会或招待会，可以制造一种宽松融和的气氛。在这种气氛中，能够加深双方的了解，增进彼此的友谊，也为谈判成功打下良好的基础，而礼仪在宴请中占据十分重要的地位。

一、宴请的形式

在商务活动中，宴请的种类较多。宴请的形式根据宴请的目的、出席人员的身份和人数的多少而定。类型不同的宴请，在菜肴、人数、时间、着装等方面，通常会有许多不同的要求。宴请形式包括宴会、招待会、茶会和工作餐。

（一）宴会

宴会是最正式的宴请，是举办者为了表达敬意、谢意而专门举行的招待活动。按举行的时间，宴会可分为早宴、午宴和晚宴，一般来说，晚上举行的宴会较之白天的宴会更为隆重。按宴会的规格，其可以分为国宴、正式宴会、便宴和家宴。一般情况下，国宴和正式宴会最为隆重，对服饰、座次安排、餐具、酒水等的规定都很严格，常用于外交场合。便宴的形式比较简单，比较随意和亲切；家宴则是在家中设宴招待客人，可以增加亲密感。

1. 正式宴会

正式宴会多用于规格高而人数少的官方活动。正式宴会的宾主均按身份排位就座。正式宴会十分讲究排场，在请柬上往往写明对客人服饰的要求，而许多宾客也正是从服饰规定上判断宴会的隆重程度。

正式宴会对餐具、酒水、陈设以及招待员的装束、仪表和服务方式要求很严格。通常情况下，正式宴会，中餐用四道热菜，西餐用两三道热菜，另外还要有汤、冷盘、点心和水果等。在许多国家（地区）的正式宴会上，餐前要上开胃酒。

2. 便宴

便宴是招待宾客的一种非正式宴请形式，多适合宾主的日常性友好交往。这种宴请，以午宴或晚宴居多，在少数情况下也可用早宴形式来举行。举行此类宴会时，一般规模不大，形式简便，对菜肴的数量、质量、上菜程序、餐具的使用及服务等，要求都比较宽松。宾主可不排座次、不做正式讲话，一般是相互之间进行随意而亲切的叙谈。西方国家的午间便宴有时不上汤，不上烈酒。

3. 家宴

家宴是在自己家里设宴招待客人的一种宴请方式。由于家庭条件不同，宴请的客人有多有少，菜肴的数量、质量都没有一定标准，气氛轻松、活泼、悠闲。这也是商务人员联络感情、促进交往、促进交易的一种沟通形式。

（二）招待会

招待会是指各种非正式和较为灵活的宴请形式。这种宴请形式通常不排席位，可以自由走动，备有食品、酒水饮料及冷食（有时也备热菜）。常见的招待会形式有冷餐会和酒会等。

1. 冷餐会

冷餐会又称自助餐。这种宴请形式的特点是灵活方便，易于操作。冷餐会一般不排席位，菜肴以冷食为主，也可用热菜，连同餐具陈设在餐桌上，供客人自取。客人可以自由活动，可以多次取食。酒水可陈放在桌上，由客人自取，也可由招待员端送。

2. 酒会

酒会又称鸡尾酒会。这种招待宴请形式比较活泼，便于宾主之间进行广泛的接触和交谈。酒会的招待品以酒水为主，还有专门的调酒员来满足客人点酒、调酒之需。酒会上还略备小吃，比如三明治、面包、热香肠等供客人使用。酒会通常不设座椅，仅设小桌或茶几，以便客人随意走动。

酒会举行的时间比较灵活，中午、下午和晚上均可。请柬上往往注明整个活动延续的时间，客人可在这段时间内的任何时候到达和退席，来去自由，不受拘束。

（三）茶会

这是一种更为简便的招待形式。举行的时间一般在下午四时左右（也有在上午十时举行的）。茶会通常设在较为宽敞的厅堂、会客厅、会议室举行。茶会场所虽然不追求豪华、气派，但是应该讲究清洁，环境幽雅，厅内设茶几和座椅，不排座位。如果是为某贵宾举行的茶会，在入座时，可有意地将主宾同主人安排在一起，其他人随意就座。茶会以品茶为主，对茶叶和茶具的选择颇为讲究，茶叶要选质量上乘的，茶具要美观、卫生。茶会还会备有点心和地方风味小吃。但也有茶会不用茶水而用咖啡，其组织安排与茶会相同。在茶会中还可以根据情况安排一些轻松愉快的活动，使茶会气氛更加热烈。

（四）工作餐

工作餐是近年来较为流行的一种非正式简便宴请形式。按用餐时间可分为早餐、工作午餐与工作晚餐。它的特点是利用进餐时间，边吃边谈问题。被宴请的对象一般是与工作有关的人员，不请配偶和陪客参加。在接待来访的团队或个人时，如果活动日程安排繁多，安排其他类型宴请有困难，往往采取这种宴请形式。工作餐出于时间和内容等原因，往往不太讲究排场，菜肴也以方便、快捷、营养、卫生为好，一般不喝烈性酒。

二、宴请活动的组织工作

一次合乎礼仪的宴请，其本身常常就是一次成功的商务活动。合乎礼仪的宴请，需要做大量、细致的组织工作。在上档次、上规模的正式宴请中，尤需如此。

（一）宴请前准备

1. 宴请的对象、范围与形式

在商务交往中，为某人的来访和出访，为庆祝某一节日或纪念日，为展览会的开幕或闭幕，为某项工程的开工或竣工等，都可以安排适当的宴请活动。另外，为增进相互了解、发展友谊等种种需要，也可以举办一些日常的宴请活动。

确定宴请名义和对象的主要依据是主、客双方的身份。出面邀请者身份太低，会使对方觉得不受重视，降低了宴请的规格。出面邀请者身份太高，会使对方感到无所适从。若主人已婚，一般以夫妇名义发出邀请。

确定宴请范围，应考虑多方面的因素，不能只顾一面。一般应考虑宴请的性质、主宾的身份、主人的身份、通用惯例、对方对我方以前的做法以及当前的政治、经济气候和将来的发展前景等。如果范围过大，造成浪费；范围太小，则达不到目的，甚至会得罪某些人。当邀请范围与规模确定以后，即可草拟具体邀请名单。

宴请采取何种形式，在很大程度上取决于当地的习惯做法，目前，世界各国的礼宾工作都在简化，宴请范围呈缩小趋势，形式也更为简便。冷餐会和酒会等被广泛采用，而且在中午举行酒会时，往往不请配偶。不少国家（地区）招待外宾时也只请身份较高的陪同人员，不请随行人员。我们提倡多采用冷餐会和酒会等宴请形式来代替宴会。

2. 确定宴请的时间与地点

宴请时间和地点应对宾主双方都合适。要注意尊重对方在时间上的禁忌和不便。如对基督教人士的宴请时间不宜选择13号,更不宜选择13号星期五。伊斯兰教信徒在斋月内白天是禁食的,宴请应安排在日落以后举行。如果是特定的节日、纪念日的宴请,只能在节日、纪念日之前或当日举行,不能拖到节日、纪念日之后。小型宴会举办以前,应先向主宾征询时间意见,最好在适当时候口头当面邀请主宾,也可以用电话联系。

关于宴请地点,可按活动性质、规模大小、宴请形式、主人意愿和实际可能等情况具体选定。如果客人较多,可以选在大宾馆;如果客人少,则可安排在小酒楼。所选定的场所要能容纳全部人员。举行小型正式宴会,在可能的条件下,应在宴会厅外另设休息厅(又称等候厅),供宴会前简短交谈使用,待主宾到达后,一起进入宴会厅入席。在选择地点时,要考虑到宾馆的信誉与服务质量,太糟糕的服务可能会给客人留下不好的印象;同时也要考虑到客人的特点,比如在清真饭店设宴是尊重信奉伊斯兰教客人的饮食习惯;在川菜馆、粤菜馆等地方特色浓厚的地点宴客,是对对方生活习惯的尊重。

(二)发出邀请及请柬格式

在商务活动中,各种宴请活动,一般都用发请柬的形式来发出邀请。请柬具有礼貌邀请和对客人起备忘等功能,也是进入宴会的凭证。设宴方向对方发出邀请时,应当注意邀请人的身份与被邀请人的身份相当,如果想宴请对方的主谈,那么发出邀请的也应是本方的主谈。请柬一般提前一周或两周发出,也有提前一个月发出的,以便对方及早安排、及早答复。请柬的内容一般包括活动的形式,举行的时间、地点、主人的姓名等;请柬行文中不加标点,所提到的人名、单位都用全称;中文请柬行文中不提被邀请人的姓名,而应将其姓名写在抬头位置,主人名放于落款处;请柬可以印刷也可以手写,手写要注意字体清晰、工整,信封上的被邀请人姓名、职务应写准确。下面介绍两种请柬格式。

正式宴会请柬

称谓××

为欢迎××总裁率领的美国××公司友好代表团访问,谨订于××××年×月×日(星期×)晚×时在××宾馆××楼举行宴会。

敬请光临。

××公司
总经理××
××××-××-××(日期)

普通请柬

谨订于××××年×月×日(星期×)晚×时在××饭店举行宴会。

敬请光临。

敬请回复×××

电话:×××××××××

×××
(主人姓名)
××××-××-××(日期)

（三）现场布置

1. 拟定菜单

菜单要结合宴请的形式和档次、时间和季节来拟定。菜品的安排不能以主人的爱好为准，应主要考虑主宾的喜好与禁忌。当然，还要考虑到开支的标准，做到丰俭得当。拟定菜单一般要有主有次，主菜显示宴请的档次高低，还要备些家常菜，以调剂客人口味。

拟定菜单还应该注意，正式宴会的菜单规格较高，自助餐、酒会的菜单相对简单一些；晚宴比午宴、早宴都要隆重些，而且事前要了解主宾的口味、年龄、健康等状况，作为拟定菜单时的参考。

拟定菜单时需要注意的饮食禁忌包括：①宗教禁忌。许多宗教都有其特殊的饮食禁忌。比如，伊斯兰教禁食猪肉；印度教禁食牛肉；犹太教禁食无鳞无鳍的鱼；等等。②民族禁忌。不少民族都有各自的饮食禁忌。比如，美国人不吃鲤鱼；俄罗斯人不吃海参；英国人不吃狗肉；日本人不吃皮蛋；等等。③职业禁忌。例如，司机不准饮酒。④健康禁忌。对于某些身体条件欠佳的人，在为其安排用餐时一定要给予照顾。比如，糖尿病人要食用无糖餐；高血压患者不宜饮酒；等等。

2. 席位安排

与大型正式谈判一样，正式宴会一般均排席位，桌次以及每一桌的席位安排都有严格的礼仪规范，而且中餐宴会和西餐宴会的排法不同。

中餐宴会习惯使用圆桌，桌次的安排可根据宴会厅的形状来确定。一般按照国际惯例，桌次的高低以离主桌位置的远近而定，离主桌越近的桌次越高，离主桌越远的桌次越低，平行的桌则是右高左低。同一桌上，席位高低与桌次高低原理相同，即右高左低。按照国际惯例，座席安排应男女穿插，以女主人为准，主宾在女主人右方，主宾夫人在男主人右方。如果有译员参加，译员可安排在主宾的右侧，以便于翻译。有些国家（地区）习惯，不给译员安排席次，译员坐在主人和主宾背后工作，另行安排用餐。两桌以上的宴会，其他各桌中第一主宾的位置可以与主桌主人位置同向，也可以面向主桌的位置为主位。如果遇到特殊情况可以灵活掌握。在安排客人座位时，还要考虑客人之间的关系，如是否认识、有无共同语言。

西餐宴会通常采用长桌，餐桌的大小和台形的设计，应根据参加宴会的人数、宴会厅的大小形状来布置。餐桌一般有长方形、T字形、口字形和U字形等。总的要求是左右对称，出入方便。

西餐宴会席位安排以男女主人为中心。宾客距离男女主人越近，越受尊敬。另外，为尊重女宾，切忌将其排于末座。

当席位排好后，即可制作席位卡。我方习惯将中文写在上面，外文写在下面。便宴和家宴中，也可不放席位卡，但对席位应有大致的计划和安排。

（四）宴请程序

1. 迎接

主人应该在门口迎接客人。正式场合可在存衣处与休息厅之间，由主人及其主要陪同人员排成行列迎宾，称"迎宾线"。宾主握完手后，由工作人员引导客人进入休息厅。客人进入休息厅后，要有相应身份的主方人员陪坐小叙，并由招待员送饮料。如果客人相互间有不熟悉的,主人要注意介绍,使彼此有所了解,以增进宴会的友好气氛。如果没有休息厅,则可以直接进入宴会厅,但不入座。主宾到达后,由主人陪同进入休息厅,与其他客人见面,如果其他客人尚未到齐,主人也应陪主宾到休息厅,由其他迎宾人员代表主人在门口迎接。主人陪同主宾进入宴会厅,全体客人在招待人员引导指点下入座,宴会正式开始。

2. 开宴、致辞

宾客到齐后,由主人陪同客人步入宴会厅就座,宴会即可开始。如果有个别客人迟到,也不要拖延宴会开始的时间,否则会影响到整个宴会的进行。如果是主宾或者主要客人迟到,可以暂时不开席,同时尽快联系,弄清楚原因后,根据情况决定,并向其他客人表示歉意。一般情况下,宴会开席延迟 10~15 分钟是允许的,但最多不要超过 30 分钟,否则将影响宴会气氛。宴会开始后,宾主要适当祝酒。如果有讲话,应提前准备讲稿。讲话的时间,一般安排在宾主就座以后,或在热菜之后、甜食以前。冷餐会和酒会的讲话时间是很灵活的,可以相机进行。注意致祝酒词的时间不要太长,用词明快生动。

3. 席间敬酒

在宴请场合,主人都有向客人敬酒的习惯,宾客之间往往也互相敬酒。敬酒时,要上身挺直,双脚站稳,双手持杯,并向对方微微点头表示敬意,对方饮酒时再跟着饮。敬酒的态度要稳重、热情、大方。在规模较大的宴会上,主人应依次到各桌上敬酒,而每一桌派一位代表到主人餐桌回敬即可。

4. 热情交谈

在致辞、祝酒结束后,宴会就比较自由了,大家可以无拘束地交谈,但是仍要注意不要失礼。主办人不要在宴会中只和熟识的一两个人或者与邻座的人无休止地交谈,或是一声不吭。主人应当努力营造一种良好的气氛,使每一位来宾都感受到主人对自己的盛情友好之意。要争取与所有来宾见面握手致意,努力使客人有机会相互认识和交谈,使席间的谈话活泼有趣、气氛融洽。如果有人谈及不恰当的话题,主人应立即巧妙地设法转移话题。

5. 宴毕、告辞

食完水果,主人与主宾起立,以示宴会结束。这时,客人应向主人道谢,并称赞主人宴会的饭菜。宴后,宾主可以再次进入休息厅小饮片刻或直接道别。主宾告辞时,主人应送至门口。主宾离去后,主方人员依序排列,再与其他客人一一致意,相互告别。

三、赴宴礼仪

(一)应邀、掌握出席时间和抵达

1. 应邀

接到宴会的邀请后,能否出席,应尽早地答复对方,以便主人安排。对注有"请答复"(R、S、V、P)字样的请柬,无论出席与否,都应迅速答复。对注有"备忘"(to remind)字样的请柬,因其只起提醒作用,可以不答复。在接受邀请之后,不得随意改变。如果遇到特殊情况不能出席,主宾应及早向主人解释、道歉,必要时亲自登门表示歉意。应邀出席一项活动之前,要核实宴请的主人,活动举办的时间、地点,是否邀请了配偶以及主人对服装的要求等，以免失礼。

2. 掌握出席时间

出席宴请活动，抵达时间的迟早、逗留时间的长短，在某种程度上反映了对主人的尊重程度，这要根据活动的性质及有关习惯来掌握。迟到、早退或逗留时间过短，被视为失礼或有意冷落主人。

一般客人应略早抵达，身份高者可略晚抵达。有的国家（地区），应正点到达或晚一两分钟抵达。我国的习惯是正点到达或提前数分钟抵达。在席间，确实有事需提前退席，应向主人说明后悄然离去或事先打招呼，届时离席。

3. 抵达

抵达宴请地点时，应先到衣帽间，脱下大衣和帽子，但不要急于找座位坐下。先前往主人迎宾处，主动向主人问好。如果宴请属吉庆活动，应表示祝贺。

出席宴请活动，应客随主便，听从主人的安排。入座前应了解清楚自己的桌次座次，不宜乱坐。如果左右邻座是长者或女子，应先主动协助他们坐下，然后自己再入座。宜从右侧入座，在和主人招呼后，便开始进餐，如果是几桌宴席，则不宜在主宾席尚未进餐时率先进餐。

（二）祝酒

作为主宾参加宴请，应了解对方的祝酒习惯，即为何人何事祝酒、何时祝酒等，以便做必要的准备。碰杯时，主人先和主宾碰杯，人多时可同时举杯示意，不一定真的碰上杯。祝酒时应注意不要交叉碰杯。在主人和主宾致辞、祝酒时，全场人员应暂停进餐、停止交谈、注意倾听、不要借机吸烟等。遇到主人或主宾来桌前敬酒时，应起立举杯。碰杯时，要目视对方、微笑致意。有的大型宴会需奏国歌，这时，应全场起立，肃静，并对国旗行注目礼，军人等制服穿着者应行举手礼。

宴会上互相敬酒，表示友好，活跃气氛，但切忌喝酒过量，否则会失言失态。一般控制在自己酒量的1/3为宜。另外，应注意不要强行劝酒，这会被认为是一种不礼貌的行为，在国际交往中尤其如此。

（三）纪念品

有时，宴会主人为客人准备小纪念品或一朵鲜花。宴会结束时，主人请客人带上。这时，可说一两句赞扬纪念品的话，但注意不必郑重感谢。有的出席者，有将宴会菜单作为纪念品带走的习惯，在带走前，往往还请出席者在菜单上签名留念。应该注意，除主人特别示意作为纪念品的东西外，各种招待用品，包括宴会剩余的糖果、水果和香烟等，都不要拿走。

（四）意外情况的处理

由于不慎，在宴会进行中，有可能发生一些意外。这时，应沉着处理，不必着急。如用力过猛，刀叉碰击盘子发出声响，或餐品摔落地上或打翻杯子等。餐具碰出声音，可轻轻向邻座或主人道声"对不起"。摔落的餐具可招呼招待员另送一副。如果酒水打翻到桌上，应及时招呼招待员处理。当酒水溅到邻座身上时，应表示歉意，协助对方擦净。但当对方是女子时，只要把干净餐巾或手帕递给她，由她自己擦干。

四、餐桌上的礼仪

（一）餐姿、餐巾和餐具

餐桌前的坐姿和仪态很重要,适度的文雅与细心,可以防止餐桌上许多不快之事发生,且能获取众人的赏识与尊敬。

1. 餐姿

理想的坐姿是身体挺而不僵,仪态自然,身体与餐桌之间要保持适当的距离,最好为20厘米左右。双脚要平稳踏地,不要跷二郎腿,也不要抖动,双手不要放在邻座的椅背或者餐桌上面。吃饭的时候,双手的手腕部分可以轻轻地按在餐座的边缘,不要把两臂放在桌上,身子可以略向前靠,但不要把头低向盘子,更不要低头用嘴去凑向碗边吃东西,也不要把碗碟端起来吃,而应用叉子或勺子取食物放到嘴里,细嚼慢咽。用餐时一般不要把桌面弄得很凌乱。入席后当众补妆、整理头发、挽袖口或松领带都是不礼貌的。

2. 餐巾的使用

餐巾须等主人动手摊开使用时,客人才能将它摊开置于膝盖上。进餐前用餐巾擦拭餐具是极不礼貌的陋习。如果发现不洁餐具,可要求服务员调换。餐巾的主要作用是防止油污、汤水滴到衣服上,也可用来轻擦嘴边油污,但不可用它擦脸、擦汗或除去口中之食物。用餐完毕后将餐巾放于座前桌上左边,不可胡乱扭成一团。

3. 餐具的使用

1）中餐餐具的使用

筷子的使用。筷子是中餐最重要的餐具。在使用筷子夹菜时不要在菜肴上乱挥动,不要将筷子含在口中,不要用筷子去搅菜,不可用筷子插取食物,不可用筷子互相敲击,也不要用筷子敲打其他餐具,不可将筷子插立于饭菜中,不要把筷子当牙签,不要用筷子指点别人。需要使用汤勺时,应先将筷子放下。

勺子的使用。勺子的主要作用是喝汤,舀取菜肴、食物。用勺子取食物时,不要过满,以免溢出来弄脏餐桌或自己的衣服。暂时不用勺子时,应放在自己的碟子上,不要把它直接放在餐桌上。用勺子取食物后,要立即放在自己的碟子里,不要再把它倒回原处。不要把勺子塞到嘴里,或者反复吮吸、舔舐。

2）西餐餐具的使用

使用餐刀时,应将刀柄的顶端置于手掌之中,以拇指抵住刀柄的一侧,食指按在刀柄背上,其余三指顺势弯曲,握住刀柄。叉如果不是与刀并用,则叉齿应该向上。西餐刀叉的使用是右手持刀,左手使叉,将食物切成小块后用叉送入口中。吃西餐时,按刀叉顺序由外往里取用,每道菜吃完后,将刀叉并拢平放于盘中,以示吃完,否则摆成八字或交叉形,刀口向内。切带骨或带壳食物时,叉子一定要把食物叉牢,刀要紧贴叉边下切,以免滑开。切菜时,不要用力过猛撞击盘子发出声响。不易叉的食物,可用刀将其轻轻推上叉。要注意,用餐时绝对禁止挥舞刀叉。除喝汤外,不用匙进食。汤用深盘或小碗盛放,喝汤应用汤匙由内向外舀起送入嘴中,即将喝尽时可将盘向外略托起。

（二）餐桌上应注意的问题

在餐桌上进食时,应注意以下问题。

应等全体客人面前都上了菜,女主人示意后才开始用餐。在女主人拿起勺子或叉子以前,客人不要自行用餐。在餐桌上不能只顾自己,也要关心别人,尤其要招呼两侧的女宾;用餐时,将自己面前的食物多少都用一些。特别可口的勿一次用得过多,不可口的食物也不要一口不吃或显出厌恶之态。

用西餐时,应按需取食。吃不完盛在自己盘中的食物是失礼行为。吃西餐中的肉类食品时,应边切边用,切一次吃一口;不要将自己用过的餐具放在大家共用的食物旁边。

另外还应注意:①在吃面条之类食物时,不要吸食出声。应用叉、筷卷起一口之量,小口进食。②未经主人示意,不可用手撕鸡或龙虾之类的食物。③喝汤时,宜先试温,待合适时再食,忌用口吹或吸食出声。④吃骨肉类食物时,应闭嘴咀嚼(切成一口之量),不宜出声。不要直接吐出口中的骨头或鱼刺之类,应用餐巾掩口,用手或筷子取出,或轻轻吐在叉上,放于盘内。不宜将骨头或鱼刺之物弃于桌面上,也不要丢在地上。⑤口中有食物时,切勿说话。⑥不宜当众剔牙。确需剔牙时,应用餐巾或手掌捂住剔牙。⑦如欲取用摆在同桌其他客人面前之调味品,应请邻座客人帮忙传递,不可伸手横越、长驱取物。⑧如餐具坠地,可请侍者拾起,如不慎将酒、水、汤汁溅到他人衣服上,应表示歉意。⑨当同席客人尚在进食时,切勿与之交谈或敬酒。⑩宴席中,如无主人示意吸烟,最好不要吸烟。要吸烟时,须先征得邻座尤其是女士的同意。⑪进餐时应避免打喷嚏、长咳、打哈欠等。无法控制时应以手帕掩口,侧过背去,并对邻座表示歉意。⑫吃带腥味食品时,不应表情异样。可使用桌上所备的柠檬,用手将汁挤出滴在食品上,以去腥味。⑬让菜不布菜。在餐桌上可以把自己所欣赏的或者餐桌上有特色的菜肴推荐于人,但不可以为客人布菜。⑭祝酒不劝酒。如果对方不喜欢饮酒,不要勉强于人,这是有教养者的基本表现。⑮不在餐桌上整理服饰。不能当众宽衣解带,脱鞋或者卷袖子,也不能化妆、补妆等。

以上为一些在进食过程中的基本禁忌,有些细节在此不一一列举。

第五节　签约礼仪

重要的商务谈判达成协议后,一般都要举行签字仪式。这一方面表示对合作的重视,另一方面也是对谈判取得成果表示庆贺。签字仪式最主要的是形式,因此更多的是要注重礼仪。

一、签字仪式的筹办

安排签字仪式,首先要做好文本的准备工作,及早对文本的定稿、翻译、校对、印刷、装订、盖章等做好准备。同时,准备好签字用的文具。参加签字仪式的基本上是双方参加谈判的全体人员,人数最好相等。签字时,一般安排客方在右边,主方在左边,政府间的签字还要准备小国旗,重要的签字仪式还要干杯。签字仪式的准备工作一般应包括四个方面的内容。

(一) 确定参加签字仪式的人员

举行签字仪式前,有关各方应事先确定好参加签字仪式的人员,并向有关方面通报,尤其是客方要将出席签字仪式的人数提前通报给主方,以便主方做好安排。主签人员的确定随文件性质的不同而变化,有的由国家领导人主签,有的由政府有关部门领导人主签,还有的由具体部门负责人(通常是法人代表)主签。不管怎样,双方主签人的身份应大体相当。参加签字的各方事先还要安排一名熟悉仪式程序的助签人员,在签字时负责文本翻页,并指明签字处,以防漏签。其他参加签字仪式的人员一般都是参加谈判的人员,如果一方要让未参加谈判的人员出席签字仪式,应事先征得对方同意。出席签字仪式的双方人数应大体相等。有时为了表示对本次谈判的重视,双方更高一级的领导人也可出面参加签字仪式,级别和人数一般也是对等的。

（二）准备协议文本

举行签字仪式时,文本一旦签字,就具有法律效力。因此,对文本的准备一定要郑重、符合要求。

谈判结束后,双方应组织专业人员按谈判达成的协议做好文本的定稿、翻译、印刷、校对、装订等工作。准备文本的过程中,除要核对谈判协议条款与文本一致以外,还要核对各种批件、证明等是否齐备,是否与合同相符等。东道主应为文本准备提供方便。按常规,应为在文本上签字的有关各方均提供一份待签文本,必要时,还应为各方提供一份副本。审核中如发现问题要及时通报,再通过谈判,达成谅解和一致,并且应该调整签约时间。

跟外商谈判时,依照国际惯例,待签文本应同时使用有关各方的母语,或使用国际上通用的英文或法文。在撰写外文合同文本时,应字斟句酌、反复推敲,不要乱用词汇。

待签文本应用高档、精美的纸张印刷,按大八开的规格装订成册,并用真皮、仿皮、软木等高档质料作为封面,以示郑重。

（三）签字场所的选择

签字场所的选择一般视参加签字仪式的人员规格、人数多少及协议内容的重要程度等因素来确定,一般可选择在客人所住宾馆或东道主的会客厅、洽谈室内,有时为了扩大影响,也可选择在某些新闻发布中心或著名会议、会客场所举行,并邀请新闻媒体进行采访。无论选择在什么地方,都应征得对方的同意。

（四）签字场所的布置

一间标准的签字厅,应当室内铺满地毯。除了必要的签字用桌椅外,其他一切的陈设都不需要。签字场所的布置一般设长方形签字桌,桌面上覆盖深色台布(要注意各方的颜色禁忌),桌后置两把座椅,供双方签字人就座,其座位安排是以面对正门的方向为准,主左客右。座前桌上摆放由各方保存的文本,文本前分别放置签字用的文具。签字桌中间摆一旗架,如果同是国内企业,则分别摆放座签,并写上企业名称,旗架或座签的摆设方向与座位方向一致。签字场所的布置一般由东道主进行安排。双方参加仪式的其他人员,排列在各自主签人的座位后面,助签人员站立于各自主签人的外侧。

二、签字仪式的程序

签字应遵循国际惯例或约定俗成的程序,如此方能体现双方的专业素养。正式的签字仪式,一般按以下程序进行。

（一）就座

双方参加签字仪式的人员共同步入签字厅，互相致意握手。负责签字者入座，助签人站在主签人的外侧，其他人员站于各自的签字人员座位之后。顺序以职位、身份高低为序，客方自左向右，主方自右向左，如果参加签字的人员有多排，则前排为身份、职位较高的人，后排为身份、职位较低的人。

（二）正式签字

按国际惯例，遵守"轮换制"，即主签人首先签署本方保持的合同文本，而且签在左边首位处，这样使各方都有机会居于首位一次，以显示各方平等、机会均等。签字时，双方助签人员分别站立在各自签字人的外侧，协助翻开文本，指明签字处，由签字人员在所要保存的文本上签字，然后由助签人员将文本递给对方助签人员，再由双方签字人员分别在对方所保存的文本上签字。

（三）交换文本

签字完毕后，由双方签字人员互换文本，相互握手祝贺合作成功。其他随行人员则应该以热烈的掌声表示喜悦和祝贺。有时还备有香槟酒，供双方全体人员举杯庆贺，以增添欢庆气氛。

（四）退场

签字仪式完毕后，应先请双方最高领导者退场。然后请客方退场，东道主最后退场。整个仪式以半小时为宜。

在一般情况下，商务合同在正式签署后，应提交有关方面进行公证，此后才正式生效。

第六节　其他礼仪

一、参观礼仪

参观企业，了解企业的管理水平、技术、设备状况、员工素质，是商务谈判活动的一个重要组成部分。

参观有两种情形：一是以增长知识为目的的参观；二是为了洽谈业务上的关系，应对方的要求或者自己要求参观对方工厂。应当事先坦率地告诉对方参观的目的和要求，让对方了解参观的真意。

（一）外商参观我国企业

外商参观我国企业，多是想通过参观现场，考察生产线来具体了解企业的经营管理状况和员工素质，并在很大程度上将决定他们是否投资或成为贸易伙伴。所以，在安排外商参观企业时，只要在预定的时间内，能够有秩序地、全部仔细地参观完毕，就可以说是完成任务了。此时应重在参观，而非招待，为此必须做好以下几件事。

1. 项目的选定

参观项目的选择主要考虑以下几个因素：访问目的、性质，以使参观项目的安排具有一定针对性；客人的意愿与兴趣及特点；结合当地实际情况，选定某些参观的项目。

2. 安排布置

项目确定之后,应作出详细计划,向被接待单位交代清楚,并告知全体接待人员。参观的地区必须整齐、清洁。

3. 陪同

按国际交往礼节,外宾前往参观时,一般都有身份相应的人员陪同,如有身份高的主人陪同,应提前通知对方。为了使参观达到较好的效果,陪同人员应该做好以下工作:必须做好充分的准备工作,要熟悉本部门情况和有关方针政策,熟悉省市概况,熟悉参观单位的主要情况和特点;应自始至终注意了解外宾的思想状况,把接待工作的全过程作为调查研究的过程,通过外宾的谈话、提问、要求、情绪等,掌握外宾的思想脉搏,同时,也可以有目的地向外宾提一些问题,了解对方情况,有针对性地多做工作和积累资料。

外宾到参观单位后,接待工作以参观单位为主,陪同人员应注意掌握情况,配合参观单位做好工作。对于参观单位在对外宣传中的不足之处或不妥之处,可视情况在当时或事后相机补充或纠正。

地方陪同人员应和全程陪同人员密切配合,及时交流情况,研究问题,发现和解决工作中存在的问题。

参观工农业项目,我方要介绍情况,一般是边看边介绍,但保密的内容不要介绍。参观项目概况尽可能事先整理成书面材料,以节约介绍时间,让客人尽可能多地实地参观。陪同人员要了解外宾要求,对外宾可能提出的各种问题有所准备,不要一问三不知。

通常可以参观的地方都允许摄影。遇到不让摄影的项目,应先向来宾说明,并在现场安放外文的说明标志。在参观中还要注意用餐安排。参观地点远,或是外出游览,要考虑用餐时间和地点,如果郊游,则应准备食品、饮料、餐具等,有的地方还要预订休息室。此外,为了使外宾对我方的介绍有准确的理解,选派一名好的翻译人员十分必要。

(二) 在国外参观外国企业

在国外参观企业有两种情况:一种是为一般人所举办的,以增长知识、宣传公司为目的的参观;另一种则是含商业目的,应对方邀请或自己要求参观对方的企业。

在国外参观,应事先约好。若不能约好,有时就不能参观,因为有些企业的设备必须征得原制造厂商同意,才可供人参观,有的企业本身也有自己的技术秘密,不许参观。总的来说,国外企业对参观不很欢迎,除非其非常愿意和你做生意。参观外国企业时要注意以下几点:出国参观所提出的参观项目,要符合访问目的,但也要客随主便,不要强人所难,参观应事先约好。参观过程中,可以广泛接触、交谈,以增进了解、增进友谊,同时也要注意对方的风俗和宗教习惯。如要拍照,需事先向接待人员了解有无禁止摄影的规定。参观完毕,向主人表示感谢。如主人在门口送行,上车之后,应挥手致意。如果想参观尚未确定做不做生意的企业,应该坦率地告诉他们:"想参观贵公司的企业,但现在还没决定是否同贵公司做生意,不过我们参观企业也有事先调查的目的。"坦率地告诉对方自己的意图,给对方留下深刻的印象。

二、馈赠礼品的礼仪

谈判人员在相互交往中赠送礼品,表达友好和增进双方友谊的愿望;同时,也表达了对本次合作成功的祝贺和对再次合作能够顺利进行的愿望；除此之外还可以增进友谊，巩固彼此的生意关系。但是馈赠礼品同样要讲求礼节，处理不当会适得其反。

国际商务谈判礼仪是国际商务谈判人员必须遵守的行为准则，但由于各国（地区）的文化差异，对一个国家（地区）有礼的行为，在另一个国家（地区）可能是失礼的。作为成功的商务谈判人员，无论面对哪种文化，恰当的礼仪意味着在尊敬别人的前提下，保持自己的价值观，不需要卑屈地仿效他国（地区）的礼仪来讨好对方，只需了解对方的文化习俗，熟悉文化差异，以免失礼、冒犯对方，或产生不愉快，导致商务谈判失败。

（一）赠送礼品的选择

1. 赠送礼品要有目的性

商务活动中送礼要有恰当的理由，否则对方不会轻易接受，因为受礼人担心不能满足对方的商务要求或担心别人别有用心，这样的话，接受礼物会让自己处于被动状态。所以，如果找不到合适的送礼理由，对方是不会欣然接受你的礼品的。

一般说来，送礼的理由有以下几种：表达友情；感谢他人的宴请以及正式的招待；感谢他人帮你得到业务；祝贺他人高升；庆祝节日、纪念日；等等。

2. 选择礼品的原则

礼品的好坏并不完全取决于其货币价值的高低，所以选择礼品并不是越贵越好。比如欧美国家的人们在送礼方面较注重的是礼物的意义而不是其货币价值，因此，在选择馈赠礼品时不必追求礼品的贵重，有时馈赠贵重的礼品效果反而不好，对方会怀疑你此举是想贿赂他或另有图谋。这样，不但不能加深相互间的友谊，反而会引起对方的戒备心理。但是，在亚非拉和中东地区，人们往往较注重礼物的货币价值，所以，在与这些国家进行的商务谈判中，赠送礼品不仅要投其所好、投其所需，而且要分量足够，能产生一定效果。那么什么样的礼品更容易获得对方的接受和喜爱，达到馈赠礼品的目的呢？下面介绍几个选择礼品时要遵循的原则。

（1）宣传性。在商务交往中，首先要注意礼品的宣传性，即在商务交往中所使用的礼品，意在推广宣传企业形象，并非贿赂、拉拢他人。

（2）纪念性。在商务交往中，所使用的礼品要能发挥使对方记住自己，记住自己的单位、产品和服务的作用，使双方友善和睦地交往。总之，让对方记住自己是商务交往中礼品的主要功效之一。

（3）独特性。商务交往中礼品应具有独特性，要做到人无我有、人有我优。所谓"物以稀为贵"，送礼时注重的是礼品的珍贵性，而不是价格贵。

（4）时尚性。礼品不仅要与众不同，还应特别注意礼品时尚与否。总之，在商务交往中选择的礼品不能太落伍，否则效果会适得其反。

（5）便携性。如果客人来自异地他乡，礼品要选择不易碎、不笨重、便于携带的，否则会为对方平添烦恼。

3. 忌送的礼品

不能送大额现金和有价证券，否则有收买对方之嫌。与此同时还要注意，金银珠宝也不适合送给别人。粗制滥造的物品或过季商品，有愚弄对方、滥竽充数之嫌。药品或营养品，有暗示对方身体欠佳之意。有违社会公德和法律规章的礼品，如涉及黄、赌、毒之类的物品,也属忌送的礼品。带有明显广告标志和宣传用语的物品,有利用对方为自己充当广告标志之意。违交往对象民族习俗、宗教信仰和生活习惯的物品,有不尊重对方之嫌。例如,在阿拉伯国家,不能将酒作为馈赠礼品,不能给当事人的妻子送礼品;在英国,人们普遍厌烦有送礼人单位或公司印记的礼品;而日本人则不喜欢有狐狸图案的礼品。

不同国家(地区)赠送礼品的喜好与禁忌不同。

在美国,可送葡萄酒或烈性酒,高雅的名牌礼物,也可以送一些具有浓厚乡土气息或精巧别致的工艺品,以满足美国人的猎奇心。送礼应在应酬前或结束时,不要在应酬中将礼物拿出来。

给英国人送礼要轻,可送些鲜花、小工艺品、巧克力或名酒,送礼一般在晚上。

德国人喜欢价格适中、典雅别致的礼物,包装一定要尽善尽美,且不能用白色、空白或棕色的包装物。

法国人对礼物十分看重,但又有其特别的讲究。法国人最讨厌初次见面就送礼,一般在第二次见面时才送。宜选具有艺术品位和纪念意义的物品或是几枝不加捆扎的鲜花,但是不能赠送菊花,因为菊花是和丧礼相联系的。不宜送刀、剑、剪、餐具或是带有明显的广告标志的物品。男士向一般关系的女士赠送香水、红玫瑰也是不合适的。

送礼是日本人的一大喜好,商务送礼一般在第一次商务会上,日本人之间互赠礼品一般在盂兰盆节或年末。他们比较注重牌子,喜欢名牌礼物和礼品的包装,但不一定要贵重礼品。互送仪式比礼品本身更重要。送礼通常送对其本人用途不大的物品为宜。送礼者不要在礼物上刻字作画以留纪念,因为他还要将此礼品继续送出去。在日本,礼物的数量不要是 4 和 9。

到韩国人家中做客最好带些鲜花或小礼品。韩国人喜欢本地出产的东西,故你在送礼时只需备一份本国、本民族、本地区的特产即可,也可以送上印有本公司介绍的精美笔记本或办公用品。由于在朝鲜语中"四"与"死"同音被认为是不吉祥的,因此,礼物的数量也不可以是 4。

阿拉伯人喜欢赠送贵重物品,也喜欢得到贵重物品,喜欢名牌和多姿多彩的礼物,不喜欢纯实用性的东西,但初次见面不能送礼给他们,否则会被认为有贿赂的嫌疑。不能送酒和绘有动物的礼品。

在信奉基督教的国家(地区)不可以送数量为 13 的礼物。

朝鲜人喜欢送花,斯里兰卡人喜欢赠茶,澳大利亚、新加坡人喜欢鲜花与美酒。一般外国人喜欢中国的景泰蓝、刺绣品等。

(二)赠送礼品

1. 赠送礼品的时机

什么时候送礼也是有讲究的,一般要兼顾两点:一是具体时机,一般而论赠送礼品的最佳时机是节假日、对方重要的纪念日、节庆日等;二是具体时间,不外乎进门见面时、告别离开时、宴会结束前、对方送礼后、会谈结束后、签订协议后几种情况。一般而言,当我们作为客人拜访他人时,最好在双方见面之初向对方送上礼品,而当我们作为主人接待来访者的时候,应该在客人离去的前夜或者举行告别宴会上,把礼物赠送给对方。具体的做法是,本方的助手把礼品递送给送礼人,送礼人双手递交给对方并说明送礼的原因。受礼人应双手接过礼品，握手并表示感谢。

各国也有不同的习惯。在日本通常是第一次见面时送礼；法国人则希望下次重逢时馈赠礼品；英国人多在晚餐或看完戏之后趁尽兴时赠送礼品；我国则以在离别前赠送礼品较为自然。如果为了引起对方惊喜之情，送礼品的时间更为重要，可以在飞机即将起飞或火车即将开动时赠送礼品。

2. 赠送礼品的场合和包装

赠送礼品的场合，要注意公私有别。一般而论，公务交往中所赠送的礼品应该在公务场合赠送，比如办公室、写字楼、会见厅；在谈判之余，商务交往之外或私人交往中赠送的礼品，应该在私人居所赠送，而不宜在公共场合赠送。

在赠送礼仪中，包装很重要。正式场合赠送他人的礼品最好加以包装，向外籍客人赠送的礼品则必须包装，因为包装意味着重视，不加以包装有敷衍了事之嫌。把礼品精美地包装起来，是表示送礼人把送礼作为很隆重的事，以此表达对受礼人的尊敬。

礼品包装要使用质地较好的材料，要注意包装后的形状、颜色、图案、缎带的结法，不要违反受礼人的文化背景、风俗习惯和禁忌。

（三）接受礼品和拒收礼品

1. 接受礼品

接受他人礼品时，要注意以下四点。

（1）态度大方。如果准备接受别人礼品，没必要再三推辞、心口不一，否则会让对方觉得自己不诚恳，给对方留下不好的印象。

（2）拆启包装。接受礼品时如果条件允许，应该当面拆启礼品的包装。接受外国客人赠送的礼品时，尤其要注意这一点。在外国人看来，礼品如果带有包装而自己不打开看，就等于怠慢对方，不重视对方所赠送的礼品。

（3）欣赏礼品。接受别人的礼品之后不仅要打开看，而且要适当地加以欣赏。不管你喜欢与否，收到礼物时都应该露出高兴的神情，这是对对方的尊重。

（4）表示谢意。接受礼品时，口中要道谢。接受贵重礼品后，还需要打电话或者写信再次向对方道谢。

2. 拒收礼品

在商务交往中，有时万不得已必须拒绝别人的礼品，可以有礼貌、婉转地拒绝或将礼品退回。其原因可能是礼品的价格超过了公司规定的限度，或者是不便接受那个礼品。拒收礼品时一定要解释说明拒绝的原因，然后要表达谢意，即便是拒绝了对方的礼品，也要感谢对方的好意。

三、国际商务信函、电文中的礼仪

商务函电是用来磋商交易和联系业务的重要工具，因此，起草和发送商务函电，要具备较丰富的国际商务知识和中外文基础，并掌握国际商务函电的礼仪。

（一）文字要简明，含义要明确

用词要简练、明白，符合国际商务交往的一般习惯，切忌冗长、烦琐，不着边际或虚辞客套，令人生厌。语义不能笼统含糊、似是而非。在说理或陈述事实时，语气要婉转，避免生硬,但必须语义明确,避免产生歧义。像"月底左右答复""质量尚可"等不确定词句,均不可采用。尽量本着友好平等的精神,说理协商,而不应盛气凌人,更不能拘谨屈就、过分谦恭,要诚恳热情、不卑不亢。

（二）内容要完整

叙述完整,不疏漏,必须包括谈判达成协议的所有内容。对于陈述交易纠纷之信函,则须阐明事实、说理分析,并得出完整的结论。一事一信,以加快业务洽谈的进程,也便于立卷归档管理,事后查核。

（三）格式与行文要妥当

外贸函电针对不同的场合,应采用格式函或通函。格式函适用于寄送样品和商品目录、报价单等日常的事务性工作。通函适用于通知客户更改公司地址、改变传真号码、更换负责人等。对国外来信,应在三天内答复,有些问题,不能立即答复或表态的,也应先复函向对方说明。所有来往信函电传都应登记编号、立卷归档,以便事后查核。

本章小结

国际商务谈判的礼仪是谈判人员应该掌握的基本规范。本章着重介绍了商务谈判活动中迎送、会见、洽谈、宴请和参观与馈赠礼品等方面的礼仪常规,为商务谈判人员进行商务活动提供了一定依据。但这些常规礼仪受到很多因素的影响,因此,在具体运用时应该坚持具体问题具体分析的原则。

重要概念

迎送礼仪　会见礼仪　洽谈礼仪　宴请礼仪　参观与馈赠礼品礼仪

本章思考题

1. 国际商务谈判的礼仪效应是什么?

2. 国际商务谈判的迎送规格有什么原则? 如何做好迎送接待工作?

3. 会见时应注意哪些方面的礼仪?

4. 洽谈时应注意哪些方面的礼仪? 洽谈中哪些言谈、举止属于失仪行为?

5. 参观与馈赠礼品方面有哪些礼仪常规? 应注意哪些礼仪问题?

6. 设计 2～4 种礼品,用于赠送给美国和日本朋友。

7. 按照通行的礼仪要求,设计方案并模拟有外商参加的小型宴请。

8. 在一个晴空万里的日子里,接待人员小杨身着得体的制服,迎向刚刚驶来的一辆高级小轿车,司机熟练地将车停在公司门口。小杨看到后排坐着两位男士,前排副驾驶座上坐着一位外国女宾。小杨以优雅的姿态先为后排客人打开车门,做好护顶姿势,并礼貌地问候对方。接下来,小杨迅速走到前门,准备迎接那位女士,却看到女宾一脸的不悦,小杨有些茫然了。这位女宾为什么不悦呢?①

 案例分析 1

某年夏天,S 市木炭公司(以下简称"S 厂")经理尹女士到 F 市金属硅厂(以下简称"F 厂")谈判关于木炭的销售合同。S 厂是生产木炭的专业厂,想扩大市场范围,对这次谈判很重视。会面那天,尹经理脸上粉底打得较厚,使涂着腮红的脸尤显白嫩,戴着垂吊式的耳环、金项链,右手戴有两个指环、一个钻戒,穿着大黄衬衫。F 厂销售科的王经理和业务员小李接待了尹经理。王经理穿着布质夹克衫、劳动布的裤子,皮鞋不仅显旧,还蒙着车间的硅灰。他的胡茬发黑,使脸色更显苍老。

尹经理与王经理在会议室见面时,互相握手致意,王经理伸出大手握着尹经理白净的小手,但马上就收回了,并抬手检查手上情况。原来尹女士右手的戒指指环扎了王经理的手。看着王经理收回的手,尹经理眼中掠过一丝冷淡。

双方就供货及价格进行了谈判,F 厂想独占 S 厂的木炭供应,以加强与别的金属硅厂的竞争力,而 S 厂提出了最低保证量及预先付款作为滚动资金的要求。王经理对最低订量及预付款原则表示同意,但在"量"上与尹经理分歧很大。尹经理为了不空手而归,提出暂不讨论独家供应问题,预付款也可放一放,等于双方各退一步,先谈眼下的供货合同问题。王经理问业务员小李,小李没应声。原来他在观察研究尹经理的服饰和化妆,尹经理也等小李的回话,发现小李在观察自己,不禁一阵脸红。但小李没提具体合同条件,只是将 F 厂"一揽子交易条件"介绍了一遍。尹经理对此未做积极响应。于是小李提出,若谈判依单订货,可能要货比三家,愿先听 S 厂的报价,依价下单。尹经理一看事情复杂化了,心中直着急,加上天热,额头汗珠汇集成流,顺着脸颊流淌下来,汗水将粉底冲出了一条小沟,使原本白嫩的脸变得花了。

见状,王经理说道:"尹经理别着急。若贵方价格能灵活些,我方可以先试订一批货,也让你回去有个交代。"尹经理说:"为了长远合作,我们可以在这笔交易上让步,但还请贵方多考虑我厂的要求。"双方就第一笔订单做成了交易,并同意就"一揽子交易条件"存在的分歧继续研究,择期再谈。

资料来源:贾蔚,奕秀云.现代商务谈判理论与实务[M].北京:中国经济出版社,2006:271.

问题:

尹经理与王经理在礼仪方面出现哪些错误?如何改进?他们的穿着对谈判产生哪些影响?

 案例分析 2

Smith 先生是法国 Media 公司的总经理,他将带领公司人员,一行 10 人(包括 3 名女性)乘机抵达我国,参加与我公司关于建立合资企业的谈判。

---

① 黄剑明.现代商务礼仪[M].北京:中国物资出版社,2006:201.

问题：

1. 为了融洽双方感情，我方准备在法方谈判人员抵达后第二天举办晚宴，为 Smith 先生等法方谈判人员接风洗尘，你应做哪些准备？参加晚宴时，你将如何穿着？

2. 经过艰苦的谈判，双方终于签署了有关协议，Smith 先生即将回国，你公司准备赠送他一些礼品，你会选择什么物品？

3. 如果你是一名谈判小组的成员，请你设计一张招待法国 Media 公司人员的晚宴的请柬。

第十章　国际商务谈判礼节

本章学习目标

通过本章的学习,了解礼节在商务谈判中的重要作用;了解掌握并能运用常用的商务谈判礼节,主要包括日常交往礼节、见面礼节、电话礼节等。

第一节　日常交往礼节

礼节是指表示尊敬、祝贺、哀悼等的习惯形式,我们平常所说的礼仪则是对礼节和仪式的总称。

在社交场合相互尊敬、致意、祝愿、问候、慰问以及给予必要的协助和照料,而不要打扰别人,不要给周围的人带来不适感,这是人们应当遵守的一般礼节。在谈判的日常交往过程中,谈判人员也要遵循这样的礼貌、礼节。

一、遵守时间,不得失约

"遵守时间,不得失约"是商务交往中最基本和最重要的礼节。参加谈判中的各种活动,都应按约定的时间到达,不要过早,更不要迟到。到得过早,会使主人因未准备完毕而发窘、难堪,但迟到会让主人和其他客人等候过久而失礼。若有特殊原因不能赴约或不能按时赴约,应设法事先打招呼。通知对方的方式以亲自登门说明为佳,必要时用电话和信函等方式通知对方也可以。另外,贸然造访,做不速之客,也属失礼。

二、尊妇敬老

尊重老人和妇女是一种美德,也是一种社会公德。许多国家(地区)在社交场合和日常生活中,都奉行"女士优先"的原则。作为一种礼节,这一原则至少应在较正式的场合引起重视。上下电梯与车辆、出入门厅等,男士要为女士开门并让妇女和老人先行。在女士面前男士不应该吸烟。若与女士结伴参加活动,进门或出来,男宾应协助女士脱下或穿上上衣。与老人或妇女同行时,应主动帮助提拿较重的物品。在国际商务谈判中不注重这一点,是非常不礼貌的行为。

三、举止适宜

在社交场合要举止端庄,落落大方,表情自然诚恳,态度亲切近人,因此要做到:①坐有坐相。坐沙发时,不要躺在沙发上,摆出懒散的姿态,更不要将腿搭到椅子扶手上,甚至坐到扶手上。不要坐下就将裤腿卷起。女性坐时双腿自然并拢,不要摇腿晃脚。不能蹲在地上等人,也不要席地而坐。②站有站相。站立时两脚脚跟着地,挺胸抬头,双臂自然下垂。站立时不要将身子歪靠一旁,不要半坐在桌子或椅子背上。③步履轻盈稳健。行走时,脚步要轻,抬头挺胸,不要慌张奔跑。如确遇急事,只可加快步伐。数人同行时,不可勾肩搭背或有意无意地排成队形。④手势适当。谈话时,手势不宜过多,不要在公共场合用手指指点点。手势的幅度也不要过大,否则容易给对方咄咄逼人之感,而且利用手势应该自然,刻意模仿某些动作,往往给人矫揉造作的感觉。⑤拘于小节。不要在公共场合修指甲、掏耳朵、脱鞋等。不要在社交场合放声大笑或高声喊人。在隆重的场合,如举行仪式,听讲演或看演出时,要保持肃静。

四、吸烟应注意场合

尽管吸烟是一种个人行为,但如果不加注意,有时会成为不礼貌行为。主人或在场的多数人或同座身份较高的人不吸烟,又未请吸烟,则最好不要吸烟,更不要边走路边吸烟。在剧场、商店、博物馆等不许吸烟,在工作、参观、进餐中一般不吸或很少吸烟;谈判过程中一般也不吸或很少吸烟。在进入谈判厅、会议厅、餐厅等之前,应把烟掐灭。另外,不得将已掐灭的香烟再燃着重吸或放入烟盒内,否则,会被认为是很不文明和极丢身份的举动。在一些地方、场合或私人住宅、办公室等,应先询问一下是否允准吸烟,得到肯定答复后再吸烟。如果有妇女在场,最好不吸烟,若忍不住,应事先征求其意见。新到一个地方或场合时,如果不知道是否允许吸烟,则应先询问一下主人,"允许吸烟吗""我可以吸烟吗",得到许可后,才可以吸烟。

五、礼貌用语

在社交场合中,"你好""谢谢""对不起""请""再见"是使用最多的礼貌用语。当面对客人或者路遇客人时,主动问候对方是一种基本的礼貌。每当得到别人的馈赠、帮助、服务或任何小小的恩惠时,都应以"谢谢"表示领情。如果接受了珍贵礼物或者别人给你帮了大忙,还应加重语气,比如"万分感谢"或"非常感谢"等。中国人面对赞扬往往表现得过分谦虚。这样反而使客人的赞扬显得虚伪而不真诚,这是很不礼貌的,不如以"谢谢夸奖"来接受称赞。"对不起"也是社交中常用的礼貌用语。比如不小心踩了别人,在宴会上忍不住打了喷嚏,甚至刀叉碰撞杯盘发出响声,都要向对方说一声"对不起"。冒犯或者烦扰了别人,必须道歉。如果是轻微的损害,当面口头表示歉意加以补救即可;如果是比较严重的情况,应做书面道歉。需要别人帮助、理解、支持、配合自己的时候,一定要注意"请"字不能少。当与交往对象告别时,应该主动对对方说"再见""保重"或者"慢走"。

六、尊重各国、各民族的风俗习惯

不同的国家、地区、民族,由于不同的历史文化、宗教等原因,各有特殊的宗教信仰、风俗习惯和礼节,应该受到理解和尊重。天主教徒忌讳"13"这个数字,尤其是"13 日,星期五"；阿拉伯国家的客人，不用左手与他人接触或用左手传递东西；使用筷子的国家，用餐时不可用一双筷子来回传递食物，也不能把筷子插在饭碗中间；保加利亚、尼泊尔等一些国家，摇头表示同意，点头表示不同意；日本人视荷花为不祥之物等。不了解或者不尊重其他国家、民族的风俗习惯，不仅失礼、造成误解，严重的还会影响双边关系，阻碍谈判达成协议，因此必须重视这一问题。

第二节　见面礼节

一、打招呼和介绍

（一）打招呼

打招呼是人们见面时的第一礼仪，在商务往来中，见面时不打招呼和不回答对方的问候都是非常失礼的行为。最简单的话语是"早上好""下午好""晚安"或"您好"。与日本人打招呼，常用"您早""您好""拜托您了""请多关照""对不起""失陪了"等。而在信奉伊斯兰教的国家，打招呼的第一句话就是"真主保佑"，以示祝福。在泰、缅等信奉佛教的东南亚国家，打招呼的第一句话则是"愿菩萨保佑"。与西方人打招呼多说"见到你很高兴"（Nice to meet you）。应避免用中国式的招呼方式，如"您到哪里去了""您吃饭了吗""您在哪儿发财"等，以免引起不必要的麻烦，被对方误认为你在打听他的私事或准备请他吃饭，甚至如果对方是位女士还可能认为你心怀不轨。

（二）介绍

介绍是交际场合结识朋友的主要方式，在国际商务交往中也是必不可少的。在国际商务谈判这样比较正式的场合，通常有两种介绍方式：介绍他人和自我介绍。

介绍他人在国际商务谈判中通常有两种方式：一般由双方主谈人或主要负责人互相介绍各自的组成人员；在双方主谈人互不相识或不太了解时，一般请中间人介绍双方的情况。无论是为他人介绍或自我介绍，做法都要自然。在为他人做介绍前，要了解一下双方是否有结识的愿望，不宜将没有结识愿望的双方介绍在一起。

自我介绍绝对不可缺少。自我介绍，就是在必要的社交场合，把自己介绍给其他人，以使对方认识自己。恰当的自我介绍，不但能增进他人对自己的了解，而且能创造出意料之外的商机。进行自我介绍，应注意三点：其一，先递名片；其二，时间缩短；其三，内容完整。一般而论，正式的自我介绍中，单位、部门、职务、姓名缺一不可。应当一口报出自己的姓名，不可有姓无名或有名无姓，然后报出供职的单位及部门以及担当的职务或从事的具体工作。

一般的介绍顺序是：在人多的场合，主人应对所有的客人一一认识，这一点在商务谈判中很重要。谈判双方无论谁是主方，都应拜见客方所有人员。另外，对首次见面的客人，介绍人应准确无误地将客人介绍给主人。如果作为客人又未被介绍人介绍，最好能礼貌并巧妙地找别人来向主人引见，必要时也可以自我介绍。

介绍他人时，通常也用"请允许我介绍我方成员""请允许我介绍×××"等礼貌用语开始。介绍时，首先说明被介绍人是谁，并注意加上头衔及一些必要的个人资料，如职位、公司名称、在本次谈判中的身份等。当介绍一方时,应热情注视对方,并用自己的视线将另一方的注意力吸引过来。同时,应有礼貌地举起手掌示意,手的姿势是四指并拢,拇指张开,掌心向上,胳膊略向外伸,手指指向被介绍人,切记不要用手指点人。

被介绍的一方应该有所表示,或微笑,或点头,或握手。如果坐着,应该起立,在宴会桌或谈判桌上可以不必起立,只需点头或稍稍欠身即可。被介绍方应正视对方,不可左顾右盼。被介绍后可以和对方简短寒暄或问候,常用"见到你很高兴"等打招呼的方式,但不宜交谈过多,以免影响主谈人介绍他人。

各国(地区)对介绍的顺序有所不同,我国的习惯是年龄大的人在介绍顺序中优先,而西方国家(地区)一般是女士优先,只有对方是年龄很大的人时才例外。一般按照先卑后尊的顺序来介绍。根据一般常规的原则:在为他人介绍时,先把其他人介绍给最受尊敬的人,如把年轻人介绍给年长的人,把职位、身份低的介绍给职位、身份高的,把男性介绍给女性,把未婚的引见给已婚的。介绍同事、朋友与家人认识时,先介绍家人,后介绍同事、朋友。先把公司同事介绍给客户,先把非官方人士介绍给官方人士,先把本国同事介绍给外国同事,先把客人引见给主人。介绍与会先到者和后来者认识时,先介绍后来者,后介绍先到者。先把个人介绍给团体。在团体会见、介绍双方时,应按照先卑后尊的顺序,即把地位低的介绍给地位高的。而在介绍其中各自本方人员时,应按照先尊而卑的顺序进行,即先介绍职位高的,再介绍职位低的。在介绍时,要报出被介绍人所在部门、职务和姓名。介绍人和被介绍人都应起立,互相颔首,握手为礼,并适度寒暄。在做自我介绍时,要将自己的姓名、职务、简历、在谈判中的地位等基本内容简单介绍给对方。

介绍时,如果是外宾,通常可称"先生""女士""小姐"。

二、握手

在国际商务谈判中,谈判双方握手已成为一种习以为常的礼节。握手是大多数国家(地区)相互见面和告别的礼仪,同时也是表达祝贺、感谢、鼓励和同情等情感的常用形式。

(一)握手的含义

握手,多数用于见面致意和问候,也是与久别重逢或多日未见的友人相见或辞别时的礼节。据说,握手可追溯到"刀耕火种"的年代。那时,人们手里经常拿着棍棒或石块等武器,准备去狩猎或打仗,当在路上碰到不属于自己部落的陌生人时,如果双方都无恶意,就要放下手中的东西,伸开手掌让对方抚摸掌心,以表示亲近、问候之意。这样,以摸手掌表示友好的习惯便沿袭下来,久而久之,演变成了我们今天的握手礼节。

握手,也是和平的象征。据说握手礼来源于中世纪,当时打仗的骑兵都戴盔披甲,全身除两只眼睛外,其余部分都包裹在铁甲中,随时准备冲向敌人。人们如果表示友好,互相接近时就应脱去右手的甲胄,伸出右手表示没有武器,并互相握一下,这样即为和平的象征。发展到后来,某交战双方的领导人如果有诚意坐到谈判桌上来,见面时握手就表示双方(或两国)愿意(或希望)和平共处。一旦签订停战协议、互换文本,双方代表握手,就表示和好,并含有庆贺化干戈为玉帛的意思。

握手除了作为见面、告辞时的礼节外,习惯上还是一种祝贺、感谢或相互鼓励的表示。

如对方取得某些成绩与进步，在向对方赠送礼品以及向某人颁发奖品、奖状和发表祝词讲话之后，都可以用握手来表示祝贺、感谢或鼓励之意。

（二）握手的先后顺序

握手的先后顺序为：应由主人、年长者、身份高者、女子先伸手，客人、年轻者、身份低者、男子见面后先问候，待对方伸手有握手之意时，再行握手礼。男女之间，男方要等女方伸手后才能握手，如女方不伸手，无握手之意，男子不应视为无礼举动，而只能点头或鞠躬致意；宾主之间，主人应向客人先伸手，以示欢迎；长幼之间，年幼的要等年长的先伸手；上下级之间，下级要等上级先伸手，以示尊重。多人同时握手切忌交叉，要等别人握完后再伸手。当会见人数较多时，不应抢着与中心人物握手，而应待中心人物有同自己握手之意后再行此礼。到主人家做客，可以只与主人及熟识的人握手，向其他人点头示意。军人戴军帽与人握手时，应先行军礼，再行握手礼。在平辈同性朋友之间，相见时先出手为敬。握手时，应先打招呼，后行握手礼。

（三）握手的时间与力度

握手时间的长短可根据握手双方的亲密程度灵活掌握。初次见面者，握手的时间一般以 3～5 秒为宜。如果握手时间过短、一触即放，表明双方完全出于客套、应酬，没有进一步加深交往的愿望；如果长握不放，则使对方无所适从。切忌握住异性的手久久不松开。即使握同性的手，时间也不宜过长，以免对方欲罢不能。熟人之间为了表示亲切，握手时间可以适当长一些，但对方是女士时不适用。当然，特殊情况例外。

握手应有适当力度，过轻或过重都不适宜。过轻表示冷淡或傲慢，过重又会使人感到疼痛，心理上有一种压迫感。抓着对方的手乱摇甚至拍对方肩膀就更不礼貌了。握手力度一般以不握疼对方的手为限度。在一般情况下，握手不必用力，握一下即可。男子与女子握手不能握得太紧，西方人往往只握一下妇女的手指部分，但老朋友可以例外。

（四）握手的表情与姿势

握手时应注意面部表情。握手时双方应对视，态度要自然，流露出发自内心的喜悦和表达真诚的笑容，这样可以起到加深感情、加深印象的作用。切忌握手时表情呆滞冷淡、心不在焉。握手时要精神集中，注视对方的眼睛。但不要过久地或不停地打量对方，盯着对方的眼睛，特别是对女子，尤其不可以盯着不放。握手时不要一边握手，一边东张西望，或者与其他人谈话，这些都是不礼貌的。

握手一般要用右手，不能用左手，伸左手一般是不礼貌的。握手用右手，左手可以加握，也就是双手握对方的右手，以表示恭谨和热情，但男子对女子一般不用此种握法。握手时彼此之间的最佳距离为 1 米左右。距离过大，显得像冷落另一方；距离过小，手臂难以伸直，也不太雅观。双方将要握的手从下方伸出，甚至握后形成一个直角。

除有特殊原因不能站立者外，握手时要站立，不要坐着。

握手时身体的弯度要视情况而定。比如，与地位相等的人握手，身体稍微前倾即可；以握手形式表达谢意时，要稍微弓腰；与长辈握手，则要以深躬表示尊重。切忌握手时挺胸昂首，以免给人留下傲慢无礼的不良印象。

男子在握手前应脱下手套、摘下帽子，如手套不易脱去或不便脱去，则应申明原因，表示歉意。女士握手时，也应脱去手套，但女子所戴的装饰性手套例外，因为这种手套视为女子服饰的一部分。军人戴军帽与对方握手时,应先行举手礼。

（五）握手的禁忌

握手时,另外一只手不要拿着报纸、公文包等东西不放,也不要插在衣袋里;握手时不要争先恐后,应当依照顺序;女士在社交场合戴着薄纱手套与人握手是被允许的,而男士无论何时都不能在握手时戴着手套;除患有眼疾或眼部有缺陷者外,不允许握手时戴着墨镜;不要拒绝与他人握手,也不要用左手与他人握手;不要用双手与异性握手;与西方人士交往时,不要两人握手时与另外两人相握的手形成交叉状,这种形状类似十字架,在他们看来是不吉利的;握手时不要把对方的手拉过来、推过去,或者上下左右抖个不停;握手时不要长篇大论、点头哈腰、滥用热情,否则显得过分客套;握手时不要仅握住对方的手指尖,也不要只递给对方一截冰冷的手指尖;不要用脏手与他人相握,也不能在与人握手之后,立即擦拭自己的手。

不同国家（地区）,握手习惯不同。大部分欧洲人,握手是标准的见面礼,但那只是轻轻地一碰。东欧一些国家的人初次见面行握手礼,朋友之间可以拥抱和亲吻脸颊。美国人在通常情况下,在相互介绍后,双方只是笑笑,说声"嗨"或"喂",而不是一本正经地行握手礼。只有在正式场合,他们才注重握手礼,并且握手时力度和幅度较大,胳膊上下摆动,甚至带动肩膀。在中东国家,一般以握手表示问候,但当你到当地人家访问时,主人可能会亲吻你的双颊表示欢迎,此时要还以同样的礼节。

三、其他见面礼节

（一）鞠躬礼

鞠躬礼,就是将身体、腰及腰以上部分前倾,弯身行礼。鞠躬礼多见于日本及朝鲜等国,并有许多严格的、各不相同的规定。在日本,人们习惯行 60 度到 90 度的鞠躬礼,双手摊平扶膝,同时表示问候。

（二）合十礼

合十礼,是将两个手掌在胸前对合,掌尖和鼻尖基本平视,手掌向外倾斜,同时头微微向前俯下。合十礼通行于南亚和东南亚信奉佛教的国家。

在国际交往中,当对方用这种礼仪向我们敬礼时,我们也应以合十礼相还。所要注意的是,切莫在行此礼时点头,否则将会显得不伦不类。

（三）拥抱礼

拥抱是欧美各国熟人、朋友之间表示亲密感情的一种礼节。其标准方法是"左—右—左"交替拥抱:两人相对而立,右臂偏上,左臂偏下,右手扶对方左后肩,左手扶对方后腰,按各自的方位,两人头部及上身都向左前方相互拥抱,然后头部及上身再向右前方拥抱,再次向左前方拥抱以后,礼毕。拥抱礼通常与接吻礼同时进行,但礼仪性质的拥抱多见于男子之间或女子之间,而非男女之间。

（四）亲吻礼

亲吻礼,是上级对下级、长辈对晚辈以及朋友、夫妻之间表示亲昵、爱抚的一种礼节,通常是在受礼者脸上或额上一吻,分吻额、吻唇、贴面几种。辈分高者对辈分低者,只吻额头或脸部;吻唇是夫妻或情人的专利;辈分相同的朋友或兄弟姐妹都是贴面行礼。有时，男子对尊贵的女宾亲一下手背（手指）以示尊敬，这种吻手礼多见于欧洲国家。

（五）脱帽礼

脱帽礼即利用帽子来敬礼，分为脱帽、拿帽和提帽等几种。应邀做客，一进门就脱下帽子（及大衣）交给主人放好，在室内期间不戴帽子。进入公共场所如教堂、戏院、演讲厅、教室等，应脱下帽子，离开时才能戴上；在旅馆或公寓的电梯上如果有女子在场，男子应脱下帽子拿在手上。男子如果停下来与女子谈话，也应脱下帽子，在谈话期间将帽子拿在手上是很有礼貌和修养的表现。男子向女子打招呼，或学生向老师致意，以及向路遇者打招呼时，通常都应把帽子向上微微提一下，以示敬意。

（六）致意礼

致意，是指将向他人表达问候的心意用礼节举止表示出来。

致意作为一种见面礼节，主要的行礼方式有点头致意、招手致意、躬身致意、脱帽致意、注目致意等。有时与相识者侧身而过，从礼节上讲，也应说声"你好"，与相识者在同一场合多次会面，只点头致意即可；在公共场合远距离遇到相识的人时，一般应有礼貌地致意，通常是举右手招呼并点头致意；对一面之交或不相识的人在社交场合均可点头或微笑致意。在两人相遇时，还可以摘帽点头致意，离别时再戴上帽子。与相遇者侧身而过时，从礼仪上讲，也应回身说声"你好"，并提起帽子致意。要注意千万不能用"吃饭了吗""你干什么去""你到哪儿去"等问语来致意，因为这些纯属私人事项，这样致意是不礼貌的。

在遇见身份高者时，应有礼貌地点头致意或表示欢迎，不应主动上前握手问候。只有在身份高者主动走近自己伸手时，才可向前握手问候。这时遇到身份高的熟识者，一般也不要径直去问候，应待对方应酬活动告一段落后，再前去问候致意。

四、名片的使用

名片是个人用作交际或送给友人纪念的一种介绍性媒介物。在商务来往中，名片犹如一个人的脸面。可以说，一个没有名片的人，是没有实力的人，一个不随身携带名片的人，是不尊重交往对象的人。简言之，每一名商界人士不仅必须备有名片，而且必须随时携带名片。名片有两个作用：首先是自我介绍，这是名片的一项最基本的功能。国人交往交换名片通常是在自我介绍或经人介绍后。在口头自我介绍时，少不了需要字斟句酌，考虑时间的长短，留意对方的表情，然而即使做得再好，也不一定能够保证对方记忆清楚。也有许多人介绍时对自己的职务总是不好启齿，觉得一介绍，就有自吹自捧之嫌，特别是身兼数职时更是如此。只有使用名片方能处理好这个矛盾。其次，名片往往是身份的象征。在西方国家，赠送礼品时常常会附上自己的名片，就有了亲自前往的含义。另外，在拜访陌生人时，可以先递上名片，名片就兼有通报的作用。

（一）如何设计名片

名片一般为10厘米长、6厘米宽的白色或有色卡片，在社交中以白色名片为佳。在商务场合使用的名片上一般都印有姓名、地址、邮编、电话、传真以及所在单位、职务、职称、社会兼职等。名片的设计可以体现出一个人的审美情趣、品位和个性，雅秀、俊逸、脱俗、活泼、平和、张扬等个性特征，都能透过方寸之间的字体、布局颜色、材料等内容展现出来,你的名片不仅旨在向未来的客户介绍你本人和你的公司,还代表你的职位及职称,更代表你的形象,因此一定要精心设计。

1. 选择合适的纸张

名片印制中最关键的是印制质量。形状奇特的名片虽然能引人注目,但是很多钱包或名片夹都装不下,因而不易保存。制作名片所使用纸张的质量一定要好。这样,从钱包或名片夹里取出时,才不至于被撕破。纸张质地可粗可细,颜色可各异,只要符合你的形象及行业特征即可。名片上的字体可横排,也可竖排。

2. 名片的内容

(1) 公司标志或公司的徽记。

(2) 姓名、职务、公司名称。中式名片,姓名通常印在名片的中央,字体最大;职务用较小的字体印在名片的左上角,如有公司名称,一般印在单位名称的下方;公司名称通常印在名片的最上方,字体应比姓名略小。西式名片,姓名印在中间,职务则用较小字体印于姓名之下。

(3) 联系方式、住址、办公地点。联系方式、住址、办公地点一般写在名片的底部。如果是商务名片可以不写住址,而私人名片一般不写办公地点。联系方式应该详细写,因为建立联系本来就是名片的意义所在。它应该包括电话号码、手机号码、邮政编码、传真号码、电子邮箱等内容。

(4) 背面印上公司经营范围项目等。

(5) 在涉外交往中要用两种语言印制名片,一面中文,一面外文,一般用英文。

印制名片还要注意,在名片上不要用缩写,包括公司的名称、个人的职位、头衔等。到某地,名片最好同时印有中文与当地文字;名片印制应用正楷标准字体,忌用或少用花体字。

(二) 名片的交换

名片的交换可以在初次相识握手之后立即进行,经他人介绍后交流前或交流结束、临别之际也可以交换名片,这一点可以结合当时的情况自己选择。不要在会议进程中擅自与别人交换名片。在西方文化中,向对方索要名片会被认为有冒失之嫌,一般要等对方主动提供。身为主人应先递上名片表示急于认识的诚意。

1. 递送名片

递送名片的姿势是手指并拢,将名片放在掌上,用大拇指夹住名片的左端,恭敬地送到对方的胸前;或食指弯曲与大拇指夹住名片递上;或双手的食指和大拇指分别夹住名片的左右两端奉上。为了表示对对方的尊敬最好用双手,名片的正面应朝着对方,以便对方阅读。递送名片时,应同时说一些礼貌的话,如"这是我的名片,欢迎多多联系"等。

2. 交换名片的顺序

在商务场合交换名片时,往往不止与一人交换名片,而通常要与多人交换名片。在与多人交换名片时,应讲究先后次序,或由近而远,或由尊而卑,位卑者应当首先把名片递给位尊者。如果在递交名片时顺序混乱、远近不分、尊卑不分,就会对商务活动造成不良影响。

3. 索取名片

一般而言,索取名片不宜过于直截了当,其可行之法有四种。

（1）交易法。交易法是指"将欲取之,必先予之",也就是说想索要别人的名片时,最省事的办法就是把自己的名片先递给对方。所谓"来而不往非礼也",当你把名片递给对方时,对方不回赠名片是失礼的行为,所以对方一般会回赠名片给你。

（2）激将法。有的时候遇到的交往对象其地位、身份比我们高,或者身为异性,难免有提防之心。这种情况下把名片递给对方,对方很有可能不会回赠名片。遇到这一情况,不妨在把名片递给对方的时候,略加诠释,如:"王总,我非常高兴能认识您,不知道能不能有幸跟您交换一下名片。"在这种情况下,对方就不至于不回赠名片。即使他不想给,也会找到适当借口让你下台。

（3）谦恭法。索取对方名片之前,稍做铺垫,以便索取名片。比如见到一位电子计算机技术的专家可以说,认识您我非常高兴,虽然我玩电脑已经四五年了,但是与您这种专业人士相比就相形见绌,希望以后有机会能够继续向您请教,不知道以后如何向您请教比较方便。前面的一席话都是铺垫,只有最后一句话才是真正的目的:索取对方名片。

（4）联络法。谦恭法一般是对地位高的人,对平辈或者晚辈就不大合适,面对平辈和晚辈时,不妨采用联络法。联络法的标准说法是:认识您太高兴了,希望以后有机会能和您保持联络,不知道怎么跟您联络比较方便。

4. 接受名片

名片是一个人人格的象征,因此尊重一个人的名片就是尊重他的人格,这就要求我们在接受名片时注意礼貌。在接递名片的过程中,如果是单方接递,最好能用双手;如果是双方互送名片,应右手递,左手接;接递名片的过程中要求名片的正面朝向对方。在收下对方的名片之后,应马上致谢,并认真地看一遍名片,有不明白的地方应该认真请教。不应看都不看、随意装入衣袋。把对方的名片拿在手中搓玩或弯折,是十分不礼貌的行为。看完后应将名片慎重地放进皮夹或名片夹中,以示尊重。另外,收取对方名片后应迅速将自己的名片递上,如果手边没有,应该向对方解释,并在下一次碰面时补上。多人交换名片时,可按当时各人所坐位置,将名片一一列于桌上,防止混淆,预防称错对方这种不礼貌现象的出现。

（三）名片的存放

自己随身携带的名片,应放在专用的名片盒或名片夹中,在外出前再将它放在容易取出的地方,以便需要时迅速拿取。男士一般可以放在口袋或公文包里,女士可以放在手提袋里。在接过对方的名片后,应当面郑重地将其放在名片盒或名片夹中,不要弄脏或弄皱。回家应及时进行整理,分类存放,可以在名片上记下相关的情况,如认识的时间、场合、是否亲自交接、有否回赠名片等,千万不要弄丢,以免影响将来的联系。

第三节　电话礼节

电话在所有电子通信手段中,使用最为广泛。因此,电话礼节是商界人士所要掌握的重点。对于商界人士来讲,电话不仅是一种传递信息、获取信息、保持联络的寻常工具,而且是商务人员所在单位或个人形象的一个载体。在商务交往中,接打电话时通话人的语言、声调、内容、表情、态度、时间感等真实地体现出个人的素质、待人接物的态度以及其所在单位的整体水平。因此电话礼节就显得十分重要。

电话礼节是指不论是打电话还是接电话,都必须以礼待人,克己而敬人。假如不注意在使用电话的过程中讲究礼貌、以礼待人,无形之中将会使自己的人际关系受到损害。

一、打电话的礼节

(一)通话态度要友善

在通话时,唯一能够感觉到的就是电话中传来的声音。要想使对方感受到你的真诚、友好,就要讲话简洁明了、文明礼貌。在通话时,声音应当清晰而柔和,吐字应当准确,句子应当简短,语速应当适中。凡是谈到地名、人名、数字、日期、时间或关键话语,最好重复一遍,或询问对方是否听清,再往下讲。对方讲话时,要用心听,可用"嗯""行""好"等简单的回答对对方的讲话作出反应,不要随便打断其讲话。语气应当亲切、和谐、自然。不管与你对话的另一方是什么人,你一定要态度友善,语调温和,讲究礼貌。无论事情多么紧急,切忌表现出丝毫的粗鲁和急躁,也不可一接通就急着进行交谈,而应小心询问接电话的是否某先生或女士。虽然通电话时,对方不能看到你的姿势,但是也不能因为互不见面而对自己过于放松,应该照样姿态端正。通话过程不能吸烟、喝茶、吃零食,即使是懒散的姿势,对方也能够"听"出来。如果你打电话的时候,弯着腰躺在椅子上,对方听你的声音就是懒散的、无精打采的;若坐姿端正,所发出的声音也会亲切悦耳、充满活力。因此,打电话时要尽可能注意自己的姿势。另外讲话时,嘴部与话筒之间应保持3厘米左右的距离。这样,就不会使对方接听电话时,因话音过高或过低而感到"难过"了。

(二)打电话的时间

有关公务的电话,应当公事公办,最好是在上班时拨打。双方约定的通话时间,轻易不要更动;要想使通话效果好一些,不至于受到对方繁忙或疲劳的影响,则通话应选择在周一至周五,而不应是周末。也不要在对方刚上班、快下班、午休或快吃午饭时,不识时务地把电话打过去。因紧急事宜打电话到别人家里去,通话之初先要为此说声"对不起",而且尽量不要在对方用餐、睡觉、过节、度周末时这样做。与外商通电话时,须顾及对方在作息时间上的特点。打电话去海外,还应考虑到彼此间的时差。

(三)打电话的内容要规范

打电话的人务必有一个明确的指导思想,除非万不得已,每次打电话的时间不应超过3分钟。在国外,此种要求被称作"通话三分钟原则",已为商界广泛遵守。有鉴于此,商界人士在打电话前,为节省时间,一定要"去粗取精",条理清晰地预备好提纲。届时,应根据腹稿或文字稿来直截了当地通话。若拨通电话时对方正忙,则不应强人所难、非"一气呵成"不可。可以约一个时间,过一会儿再打。此外,与不熟悉的单位或个人联络,对对方的名字与电话号码应当弄得一清二楚,以便"胸有成竹",免得因为搞错而浪费时间。

打电话时,每个人开口所讲的第一句话,都事关自己给对方的第一印象,所以应当慎之又慎。如果电话接通后,自己所说的头一句话是"喂!喂!"或"西海公司吗?""小丁在不在?"则既不礼貌,也不规范。电话接通后应先自报家门,要报出自己的单位、职务、姓名。比如:"您好!我是×××公司营销部副经理×××,我要找×××公司经理×××先生,或者是副经理×××先生。"如果电话是由总机接转,或对方的秘书代接的,在双方礼节性问候之后,应当"礼尚往来",使用"您好""劳驾""请"之类的礼貌用语与对方应对,不要对对方粗声大气、出口无忌,或是随随便便将对方呼来唤去。得知自己所要找的人不在,可请代接电话者帮助叫一下,也可以过后再打。无论如何,都不要忘了说话要客客气气。在寒暄后要直奔主题,不要说废话、无话找话。要讲的话说完后,要马上中止通话,不要唠叨再三,让人觉得做事拖拉、没有效率。若非事关重大的时间、数据,一般没有必要再三去复述已经讲过的话。

（四）打电话时应注意的问题

通话时,不要随意同身旁的人讲话或同时干别的事情,若万不得已,应向对方说明,然后尽快把事情处理完毕。在恢复通话时,要向对方致歉后再谈下去。

在通话时,若电话中断,按礼节应由打电话者再拨一次。拨通以后,须稍做解释,以免对方生疑,以为是打电话者不高兴挂断的。

一旦自己拨错了电话,切记要对无端被打扰的对方道歉,老老实实地说声"对不起"。不要连个"回音"都不给,就把电话挂了。

当通话结束时,别忘了向对方道一声"再见"或是"早安""晚安"。按照惯例,电话应由拨电话者挂断。挂断电话时,应双手轻放,不要末了再给对方的听觉以"致命一击"。

二、接听电话的礼节

在接听电话时,亦有许多具体要求。能否照此办理,往往意味着接听电话者的个人修养与对待拨打电话者的态度如何。在通电话的过程中,接听电话的一方显然是被动者,尽管如此,商界人士在接听电话时,亦须专心致志、彬彬有礼。

（一）要及时接听,礼貌应答

在接电话时,首先需要注意自己的态度与表情。虽说通电话是一种"未曾谋面"的交谈,表面上看,商务人员接电话时的态度与表情对方是看不到的,但是在实际上对于这一切对方完全可以在通话过程中感受到。

电话铃声一响,就应立即跑过去接电话,并且越快越好。有人明明待在电话边上,却偏偏要"沉住气""摆摆谱",让电话铃声先响一通再说。这种态度,无疑是怠慢对方的。最好在铃响过两次后拿起话筒。如果电话铃响了很久才接电话的话,要在通话之初向对方表示歉意。

接电话时,态度应当殷勤、谦恭。在办公室里接电话,尤其有外来的客人在场时,最好是走近电话,双手捧起话筒,以站立的姿势,面含微笑地与对方友好通话。不要坐着不动,一把把电话拽过来,抱在怀里,夹在脖子上通话。不要拉着电话线,走来走去地通话;也不要坐在桌角、趴在沙发上或是把双腿高抬到桌面上,大模大样地与对方通话。

在接电话时还要注意自己的语言和语气。在这个方面,漫不经心、随随便便、过分放任自己,都是极其有害的。

在正式的商务交往中,接电话时拿起话筒所讲的第一句话,是问候语加上单位、部门的名称以及个人的姓名。例如:"您好! ××集团公司人事部田×。请讲。"

需要注意的是,在商务交往中,不允许接电话时以"喂,喂"或者"你找谁呀"作为"见面礼",特别是不允许一张嘴就毫不客气地查一查对方的"户口",一个劲儿地追问人家"你找谁""你是谁"或者"有什么事儿呀"。

在通话途中,不要对着话筒打哈欠,或是吃东西,也不要同时与其他人闲聊。不要让对方由此来感到在受话人的心中无足轻重。

结束通话时,应认真地道别,并且应恭候通话双方之中的地位较高者率先放下电话,地位较低的另一方不宜"越位"抢先。

在接电话时,还要注意给予对方以同等的待遇,坚持不分对象地一视同仁。

在通话时,接电话的一方不宜率先提出中止通话的要求。万一自己正在开会、会客,不宜长谈,或另有其他电话挂进来,需要中止通话,应说明原因,并告之对方:"一有空闲,我马上挂电话给您。"免得让对方觉得我方厚此薄彼。

遇上不识相的人打起电话没个完,非得让其"适可而止"不可的话,说得应当委婉、含蓄,不要让对方难堪。比如,不宜说:"你说完了没有?我还有别的事情呢。"而应当说:"好吧,我不再占用您的宝贵时间了。""真不希望就此道别,不过以后真的希望再有机会与您联络。"

（二）代接电话

商务往来比较多的人,可请秘书代为处理电话,也可在本人不在时使用录音电话。不过本人在场时,一般是不合适使用录音电话哄人的。

代接电话时,讲话要有板有眼。被找的人如果就在身旁,应告诉打电话者"请稍候",然后立即转交电话,不要抱着恶作剧或不信任的态度,先对对方"调查研究"一番,尤其是不允许将这类通话扩音出来。

被找的人如果尚在别处,应迅速过去寻找。不要懒于行动,连这点"举手之劳"都不愿意做,蒙骗对方说"人不在",或是大喊大叫"某人找某某人",闹得"世人皆知",让他人的隐私"公开化"。

倘若被找的人不在,应在接电话之初立即相告,并适当地表示自己可以"代为转告"的意思。不过应当首先说明"某人不在",然后再询问"您是谁"或"您有什么事情",切勿"本末倒置"过来,省得让打电话者疑心,他所要找的人正在旁边,可就是不想搭理他。

表示自己可以"代为转告"的意思时,应当含蓄一些,例如:"需要我为您效劳的话,请吩咐",听上去就"可进可退"。不要一开口就"不由分说",说什么"你有什么事情,都尽管可以告诉我,我一定不会'贪污'云云"。只有在比较熟的人之间,才可以直接询问:"您有留言吗?""要不要我告诉某某人,一回来就打电话给您。"

代接电话时,对方如有留言,应当当场笔录下来。之后,还应再次复述一次,以免有误。

三、移动电话礼仪

由于近年来移动通信业务的长足发展,移动电话日益普及,已成为广大商务人员随身必备、使用最为频繁的一种电子通信工具。

商界人士在日常交往中使用手机时,应注意如下五个方面的礼仪规范。

（一）置放到位

商务礼仪规定,手机的使用者应当将其放置在适当之处。大凡正式的场合,切不可有意识地将其展示于人。

道理其实很简单，手机就是手机，它终究不过是通信工具，而绝对不能视之为可以炫耀的装饰品。把它们握在手中，别在衣服外面，放在自己身边，或是有意当众对其进行摆弄，实在无聊之至，商界人士切不可这样做。

按照惯例，外出之际随身携带手机的最佳位置有二：一是公文包里，二是上衣口袋之内。穿套装、套裙之时，切勿将其挂在衣内的腰带上，否则撩衣取用或查看时，即使不使自己与身旁之人"赤诚相见"，也会因此惊吓对方。

（二）遵守公德

使用手机，自然是为了方便自己。不过，这种方便是不能建立在他人不便之上的。换而言之，商务人员在有必要使用手机时，一定要讲究社会公德，切勿使自己的行为骚扰到其他人士。

商务礼仪规定：在公共场所活动时，商务人员尽量不要使用手机。当其处于待机状态时，应使之静音或转为振动。需要与他人通话时，应寻找无人之处，而切勿当众自说自话。公共场所乃是公有共享之处，在那里最得体的做法是人人都要自觉地保持肃静。显而易见，在公共场所里手机鸣叫不止，或是与他人进行当众的通话，都是侵犯他人权利、不讲社会公德的表现。在参加宴会、舞会、音乐会，前往法院、图书馆，或是参观各类展览时，尤须切记此点。

在工作岗位之上，亦应注意不使自己手机的使用有碍于工作和他人。商界人士在写字间里办公时，尽量不要让手机大呼小叫，尤其是在开会、会客、上课、谈判、签约以及出席重要的仪式、活动时，必须自觉地提前采取措施，令自己的手机噤声。在必要时，可暂时将其关机，或者委托他人代为保管。这样做，表明自己一心不可二用，也是对有关交往对象的一种尊重和对有关活动的一种重视。

使用手机发送短信时，应以有用、有益为标准，切勿乱发无聊短信去骚扰他人，也不可四处乱拍摄他人。

（三）保证畅通

使用手机的主要目的是保证自己与外界的联络畅通无阻，商界人士对于此点不仅必须重视，而且需为此而采取一些行之有效的措施。

告诉交往对象自己的手机号码时，务必准确无误。如系口头相告，应重复一两次，以便对方进行验证。若自己的手机改动了号码，应及时通报给重要的交往对象，免得双方的联系一时中断。必要时，除手机号码外，不妨同时再告诉自己的交往对象其他几种联系方式，做到有备无患。

接到他人打到手机上的电话之后，一般应当及时与对方联络。没有极其特殊的原因，与对方进行联络的时间不应当在此后超过5分钟。拨打他人的手机之后，亦应保持耐心，一般应当等候对方10分钟左右。在此期间，不宜再同其他人进行联络，以防电话频频占线。不及时回复他人电话，拨打他人手机后迅速关机，或是转而接打他人的电话，都会被视为恶意的犯规。

万一因故暂时不方便使用手机，可以在语音信箱上留言，说明具体原因，告之来电话者自己方便的其他联系方式。有时，还可采用转移呼叫的方式与外界保持联系。

（四）重视私密

通信自由受到法律保护。在通信自由之中，私密性通信亦属于个人私事和个人秘密，是其重要内容之一。使用手机时，对此亦应予以重视。

一般而言，手机号码不宜随便告之于人。不应当随便打探他人的手机号码，更不应当不负责任地将别人的手机号码转告他人，或是对外界广而告之。

出于自我保护和防止他人盗机、盗码等多方面的考虑，通常不宜随意将本人的手机借给他人使用，或是前往不正规的维修点对其检修。考虑到相同的原因，随意借用别人的手机也是不适当的。

（五）注意安全

使用手机时，对于有关的安全事项绝对不可马虎大意。在任何地点使用手机，都要注意不能有碍自己或他人的安全。

按照常规，在驾驶车辆时，不宜忙里偷闲地使用手机通话，弄不好的话，就极有可能导致交通事故。

乘坐客机时，必须自觉地关闭本人随身携带的手机或将其切换到飞行模式，因为它所发出的电子信号，会干扰飞机的导航系统。

在加油站或是医院停留期间，也不准开启手机。否则，有可能酿成火灾，或影响医疗仪器设备的正常使用。此外，在一切标有禁用手机的文字或图示地方，均须遵守规定。

第四节　其他礼节

一、称谓礼节

在见面后打招呼或介绍后寒暄或问候时，恰当的称谓可以表现出对人的尊敬和热情。不称呼或者乱称呼对方，都会给对方带来不快，所以弄明白如何称呼对方非常重要。

（一）姓名的排列

不同的国家（地区），人们姓名的排列方式和称呼方式各不一样。比如中国、韩国、朝鲜、越南、匈牙利等少数几个国家的人，姓名的排列方式是姓氏居前，名字在后。在英美及其他欧洲国家、中东地区的阿拉伯国家以及受英美影响较大的印度、菲律宾、泰国等亚洲国家，姓名的排列顺序是先名后姓。其中在英美国家，姓一般只有一个，名字可以有一个、两个或者更多，妇女婚后一般是自己的名加上丈夫的姓。在俄罗斯，人们的姓名由三个部分组成，其顺序为：名字在前，父名居中，姓氏位于最后。在西班牙和拉丁美洲国家，人们的姓名也分为三个部分，名字在前，父姓居中，母姓在后。在阿拉伯国家，姓名一般由三四节组成，也有长达八九节的，其排列顺序是：本人名—父名—祖父名—姓。而在缅甸和印度尼西亚的爪哇岛则只有名没有姓，在称呼时应在名前冠以称呼，表示性别、长幼或社会地位。

（二）姓名的称呼

在国际交往活动中称呼别人时，必须区分清楚何时应当称其姓氏，何时应当称呼其名字，何时应当采用其全称。采用不同的称呼方式，不仅意味着双方具体关系有别，而且表现出对对方尊重程度有所不同。

在十分正式、隆重的场合称呼美、英、加、澳、新、法、德、意等国人士时，应称其全称；但在一般情况下，可以仅称其姓氏；只有在关系亲密的人士之间，才会直呼其名。

对于俄罗斯人，除了在正式场合适合称呼其全名外，在一般情况下可称其姓，也可以称呼其名，将其本名与父名连用时，表示比较客气，而在向长者表示尊敬时，则只称其父名。

称呼阿拉伯人士其全名，往往意味着郑重其事，但在一般情况下，可以省去其祖父名，或将其祖父名和父名一道省去，如果对方有一定社会地位，则简称其姓。

称呼日本人、朝鲜人、韩国人时，一般应当称呼其全名。一般情况下对日本人可以只称其姓氏；而在韩国和朝鲜，直呼一个人的名字是失礼的；在越南和泰国，在一般场合中称呼一个人时，通常只称其名；称呼越南人的名字时，一般情况下均只称其中最末的一个字。

（三）称谓的习惯与禁忌

1. 称谓的习惯

在商务会面中，最正式的称呼有四种，即行政职务、技术职务、行业称呼和泛尊称。

（1）行政职务。在正式场合，以交往对象的行政职务相称，这是国际交往中最常见、最正规的一种称呼方式。

（2）技术职务。在国际交往中，若对方人员具有专业技术职称，尤其是具有中高级专业技术职称者，不妨直接以其技术职称相称，如"贝尔教授""斯威夫特博士"可以称为"Prof Bell""Dr Swift"。

（3）行业称呼。在对外交往中，若仅仅了解交往对象所从事的具体行业，而不清楚对方的行政职务、技术职称，以其具体行业称呼相称，也是一种不失礼的方式。比如可以称教师为"老师"、称医生为"大夫"等。

（4）泛尊称。泛尊称，指的是先生、小姐、夫人一类可广泛使用的尊称。

在称呼时，对男性可以称为"先生"（Sir or Mr），对女性，结合其婚姻状况可以称为女士、小姐、夫人（Madam，Ms，Miss or Mrs）。小姐（Miss）用来称呼未婚女性，夫人（Madam or Mrs）用来称呼已婚女性，女士（Ms）用来称呼婚姻状况不明的女性。需要注意，Sir 和 Madam 通常用于不知对方姓名的场合，只能单独使用，后面不可以与姓名相连，如不可以说"Sir Smith"或"Madam Linda Bell"；Miss，Ms，Mrs，Mr 等后面只接姓氏，不跟全名；Miss 虽可单独使用，但通常只作为店员、仆人对年轻女顾客或年轻女顾客对女店员、女服务员的称呼。

2. 称谓的禁忌

在国际交往中，一定要注意避免因称呼而冒犯对方。一般来说，下列称呼都是不适当的：①错误称呼。在称呼对方时出现错误，显然是十分失礼的。②无称呼。需要称呼对方时，如果根本不用任何称呼，或者代之以"喂""嘿""那边的"等都是极不礼貌的。③绰号性称呼。在对外交往中，对关系一般者切勿擅自为对方起绰号，也不应以道听途说而来的绰号去称呼对方。④不适当的俗称。例如："兄弟""哥们儿"等。⑤不适当的简称。⑥地方性称呼。

二、舞会礼节

舞会是一种常见的社交方式,大体上可以分为两种:一种是正式舞会,一般由单位或社会团体在公共场所举办;一种是非正式舞会,通常是个人或家庭为了庆祝节日或者某件喜事(如毕业、周年纪念、生日聚会)而举办。正式舞会通常都是从晚上 10 点到翌日清晨 2 点,参加舞会需要携带请柬,男士的传统着装是白色领结和大燕尾服;女士的舞会装束应该是长款的晚礼服。

现在,商务人员应邀参加舞会的机会越来越多,了解舞会礼仪,对广交朋友大有裨益。下面就简单介绍一下正式舞会应遵循的礼节。

举办方要定好舞会的时间,并提前向客人发出邀请,说明起止时间,以方便客人安排何时进退场。邀请的男女客人的人数要大致相等。请柬通常以女主人的名义发出。独身男子也可以举办舞会发送请柬。

参加者在参加舞会前,应做一些准备工作。首先,要仪容整洁,穿戴得体大方。确切地知道今晚舞会的性质,再决定该穿的衣服与做适当的修饰,过与不及都要避免。不可浓妆艳抹地参加舞会,也不要穿牛仔裤挤在人群里。其次,舞会前应洗澡,换干净衣服。不要吃带有刺激气味的食物,如韭菜、大蒜、酒等,要注意清洁口腔,如漱口、嚼口香糖或茶叶。患有外伤、感冒及其他传染性疾病者,不宜出席舞会。跳舞时不宜戴口罩、墨镜,舞会禁止吸烟。

进入舞厅时应彬彬有礼,要与熟人打招呼,陌生人也应以礼相待。讲话声音不要太大,走路要轻。

交际舞的特点是男女共舞,邀舞通常是男士的义务。第一场舞,通常由主人夫妇、主宾夫妇共舞。第二场舞,男主人与男主宾夫人,女主人与男主宾共舞。舞会中,男主人应陪无舞伴的女宾跳舞,或为她们介绍舞伴,并要照顾其他客人。男主宾应轮流邀请其他女宾,而其他男宾则应争取先邀女主人共舞。男子避免全场只同一位女子共舞,切忌同性共舞。舞曲响起时,男士庄重从容、彬彬有礼地走到女士面前,面带微笑,微微鞠躬,伸出右手,手指向舞池并礼貌地说:"我可以请你跳支曲子吗?"或"请你跳支舞,可以吗?"如果女士的父母或丈夫在场,应先向他们致意问候,得到同意后再邀请女士跳舞。舞曲结束后,男士要向女士致谢,然后把女士送到座位旁并向其周围亲属点头致意后离去。

女士单身去赴一个舞会时,应听从舞会主人给你安排舞伴,同时,当别的男士到你面前彬彬有礼地邀请时,不答应是极不礼貌的,你应该微笑地站起来,接受他的邀请。对不熟的舞步,不要贸然地接受邀请,除非邀舞的人不在乎你踩他的脚,或你自己不怕出洋相。当你不想跳,而刚好有人向你邀舞,你可以拒绝他,但请注意拒绝的艺术,不要让他有"下不了台"的感觉。一般可以以"累了""身体不适"之类的托词加以婉拒,并致歉意。如果已经谢绝了别人的邀请,在一曲终了之前,女性则不应再同别的男子共舞,否则会被认为是对前一位邀请者的蔑视。如果女士已接受某位男士的邀请,对再来邀请者应表示歉意。如果自己愿意与他跳舞,可以告诉他下曲再与他跳。如果两位男士同时邀请一位女士跳舞,最礼貌的做法是同时礼貌地拒绝两位邀请者,也可以先同其中的一位跳,并礼貌地对另一位男士说:"对不起,下一曲与您跳好吗?"

在舞会上,应注意舞姿与坐姿。跳舞时,舞姿要端正、大方、活泼。跳舞时身体要始终保持平稳,不要摇摇晃晃,也不要晃动你的肩膀,否则会让人觉得轻佻、不庄重。跳舞时,男方应挺胸收腹,右手掌心向下、向外,将大拇指背面放在女方腰部正中。男方的左手应让左臂以弧形向上、与肩部呈水平线举起,将女伴的右掌轻轻托住,而不是随意地捏紧或握住。女方的左手则应轻轻搭放在男方的右肩上,而不应勾住男方的脖子。另外,女士要特别注意自己的坐姿,因为舞会中的灯光通常比较暗,而且朦胧,男士只能看见你的形态,所以,即使你坐在一个黑暗的角落,也要随时保持优美的仪态。不论参加何种性质的舞会,在服装和首饰上都不能喧宾夺主。请特别小心,不要把口红沾染在男伴的衣襟或领带上。

如果你想提早离开会场,应悄悄地向主人招呼一声,说明原因,千万不可在大众面前言明要早走之意,以免破坏其他人的玩兴,而使主人难以控制场中的气氛。

本章小结

国际商务谈判的礼节是谈判人员应该掌握的基本规范。日常交往、见面、电话联系等都有一定的规范,这些环节中的礼节都是谈判人员必备的素质之一。

重要概念

见面礼节　电话礼节　称谓礼节　舞会礼节

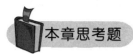

本章思考题

1. 国际商务谈判的日常交往礼节包括哪些内容?应注意的问题是什么?
2. 国际商务谈判的电话礼节包括哪些内容?应注意的问题是什么?
3. 国际商务谈判的称谓礼节包括哪些内容?应注意的问题是什么?
4. 国际商务谈判的舞会礼节包括哪些内容?应注意的问题是什么?
5. 日常礼节有哪些?
6. 利用教室或相应场地,分组进行正确的介绍、握手、递送名片等模拟训练。
7. 一天,方正物流公司负责前台接待的秘书小李,迎来了一位事先与人事部王经理约好的客人。客人提前几分钟就到达了。小李立刻通知了人事部经理,经理说正在接待一位很重要的客人,请对方稍等。小李就如实转告客人说:"经理正在接待一位重要客人,请您稍等。"正说着电话铃响了,小李只是对客人用手指了指一旁的沙发,没顾上说些什么,就赶快去接电话了。客人尴尬地坐下,小李接完电话后,似乎意识到什么,马上为客人安排了座位。针对此案例,分析小李在接待过程中有哪些不当之处,应怎样做才对。①

 案例分析

　　日本人 Masako Seto 与美国人 Bob Jones 从未见过面,对对方国家的文化背景了解甚少,这次两人都是第一次到新加坡参加商务会议。两人约好开会前在大厅会晤交谈。9 时,他们准时到达。Seto 很快注意到 Jones 比自己年长,而且身穿高质量的西装,他准备以日本最礼貌的方式问候 Jones,他在离 Jones 两步之遥时,突然停住,双手扶膝,在 Jones 的正前方鞠躬 90 度。与此同时,美国人伸出的表示问候的手却刺着了他的眼睛。对此,Jones 深感不安,不停地道歉,忙上前扶住了 Seto 的肩膀。这在日本是从未有过的。为了不丢面子,挽回第一次失误,Seto 摆脱了 Jones 的手,又一次站在 Jones 的正前方,再次深深鞠了一躬。见状 Jones 还以为 Seto 疼痛得要跌倒,这次急忙抓住了 Seto 的双肩,并扶他坐在临近的椅子上然后自己也坐下,并又一次伸出了手。这次 Seto 干脆拒绝与 Jones 握手。他感到自己在公众场合丢了脸,受到了侮辱,因为竟有人抓住他的双肩。Jones 也很沮丧,一是他的手碰到了 Seto 的眼睛,二是这位日本人不接受他表示友好的握手。

　　资料来源:韩玉珍.国际商务谈判实务[M].北京:北京大学出版社,2006.

问题:

1. 为什么 Seto 拒绝与 Jones 握手? 为什么 Jones 感到很沮丧?

2. Seto 和 Jones 的这次会晤对今后的业务开展会有什么影响?

3. 假如你是其中一方,应该做好哪些准备?

---

① 黄剑明.现代商务礼仪[M].北京:中国物资出版社,2006:202.

第十一章 国际商务谈判的风格与习俗

本章学习目标

国际商务谈判的特点之一是多国性、多民族性，来自不同国家、不同地区、不同民族的谈判人员不可能在谈判中具有完全一致的立场、观点、习惯和价值观念。因此，他们具有不同的谈判风格，而谈判风格的差异，必然影响谈判人员的行为方式，以致影响谈判的进行及最终结果。通过本章内容的学习，了解各国（地区）风俗习惯和民族特点，了解他们经商和谈判的特点，掌握谈判桌上、生意场下对待不同国家和地区商人所采取的有效对策和手段技巧，做到有的放矢。

第一节 文化习俗与谈判风格

俗话说，"百里不同风，十里不同俗"，谈判桌上谈判对手之间的交涉，往往受文化习俗的影响，而表现出不同的谈判风格特征。

一、文化习俗对谈判思维的影响

国际商务谈判双方均有各自的利益目标追求，即在现有利益的基础上，通过交流与合作，实现各自利益的新增长，同时双方都要避免交流中的利益损失或把利益损失降到最小，达到基本上平等互利。唯其如此，双方在利益目标的追求中方向才能趋同。但是，文化具有差异性，并且这种文化的差异性又会形成相互交流的障碍，影响到谈判的内容和表达方式，以致影响到能否实现交流双方的预期利益目标，影响到交流的实际效果。究其文化缘由，是各自传统文化价值观。

判断标准和方式由思维决定，文化习俗影响逻辑思维，如欧美被称为线性思维，日本为非线性思维。每一位谈判人员都有利益和优先事项，而且每一位谈判人员都有策略。利益是构成谈判人员立场基础的需要或原因。优先事项反映各种利益或立场的相对重要性。谈判策略是为达到谈判目标而选定的一组综合的行为手段。谈判人员的利益、优先事项以及策略的使用都受到文化的影响。

在谈判活动中，人的思维始终在发挥作用，可以说思维是谈判的原动力。但是，由于世界各国文化习俗的差异影响，各个国家（地区）谈判人员的思维方式是不同的。例如，日本人向人敞开的外部思维空间有限，更多的思想内涵藏在内部空间，人们常常只能看到日本人脸上和善的笑容，而无法了解其真实思想，所以和日本人谈判是很困难的。英语中的

negotiation 常与日语中的"谈判"翻译成同一意思。但是,日语的"谈判"蕴含着争论、对立、战略、口角等微妙词义,而英语的 negotiation 则没有这些含义,它意味着讨论、商量、让步等。这不是单纯语义方面的差异,语言是文化的一种形式,事实上它正反映了东西方谈判人员对"谈判"本身理解的不同,这种不同源于两者的文化差异。

1925 年,美国总统福特访问日本,CBS 受命向美国转播福特在日的一切活动。在福特访日前两周,CBS 的谈判人员飞抵东京商谈租用日本广播协会(NHK)的器材、工作人员、保密系统以及电传问题。美方代表是一位 20 岁左右的年轻人,雄心勃勃,争强好胜。在与 NHK 代表会谈时,他提出了许多过高的要求,并且直言不讳地表述了自己的意见。可是随着谈判的进展,NHK 方面的当事人逐渐变得沉默寡言。第一轮谈判结束时,双方未达成任何协议。两天以后,CBS 一位要员飞抵东京,他首先以个人名义就本公司年轻职员的冒犯行为向 NHK 方面表示道歉,接着就转播福特总统访日一事询问 NHK 能提供哪些帮助。NHK 方面转变了态度并表示支持,双方迅速达成了协议。当 CBS 的年轻谈判人员得知自己的行为方式几乎无助于解决问题时,他十分惊讶,并向日方赔礼道歉,同时嘀咕道:"我还以为在日本谈判跟在美国一样呢!"

上面例子中,CBS 的年轻谈判员在与 NHK 最初的接触中根本无法了解日本人在想些什么。但是,一旦熟悉,日本人的内部空间对你开放,就会坦诚相见、毫无保留。可见,日本人的谈判思维具有典型的东方特色,这与古老的儒家思想的影响不无关系。和日本人相反,美国人的思维,向人敞开的外部思维空间较大,因此和美国人很好打交道。那位年轻谈判员直言不讳地表述意见,并提出许多要求,正反映了美国人坦率外露的思维方式。虽然美国人好打交道,但他不会随便向你吐露内心秘密,即美国人的内部思维空间虽小但封闭强度高,这就是美国人所谓的"个性"。美利坚是个年轻的民族,它的文化极其混杂,因而形成了这种开放但又有"个性"的思维方式。

这两种思维对双方的谈判决策方式也有影响,如日本谈判小组,其决策人物往往不抛头露面,其谈判人员个个满面和善、彬彬有礼且话语不多,对方根本窥探不到他们的内部思想。在作出决策前有关谈判人员协商,形成整体性的内部思维空间,统一作出决策。而美国谈判小组,其决策人物常常亲自出马,其谈判人员个个竞相发言,美国人的思想基本上对外开放。美国人在谈判过程中可以迅速决策而无须回去商量,美国推销员们则经常代表自己的公司作出决定。文化差异影响下的两种思维方式在谈判决策上也充分表现出来。

日本人谈判和美国人谈判的风格确实不同,双方的谈判方式不同,谈判态度也不同。这正是受两种不同的民族文化影响所致,美国、日本谈判代表之间的冲突是一种文化冲突。因而谈判人员在涉外谈判中,不仅要精通外国(地区)语言和贸易实务,而且应该了解世界各主要贸易国家(地区)的国(地区)情、民情、风俗习惯、宗教信仰、谈判风格、洽谈技巧,因为这些常识在特定情况下可能成为影响谈判的重要因素。

美国学者曾在《心理学家谈管理》一书中,将影响谈判思维的重要文化特征加以归纳,具体如表 11-1 所示。

表 11-1　影响谈判的文化特征

社 会 系 统	价 值 系 统	政治经济系统	学 习 系 统
地位和作用	法律	政府的职能	教育
身份	宗教	政府的态度	语言
家庭	礼仪	政府的作用	思想
	伦理	经济形势	决策
	时间与空间		谈判

资料来源：潘肖珏，谢承志. 商务谈判与沟通技巧[M]. 上海：复旦大学出版社，2000：177.

由于中西方文化差异的影响，在谈判桌上各自的谈判作风表现出很大的不同。有的谈判桌上的困难甚至是谈判作风的不同所致，谈判各方虽然都抱有诚意，但最终还是不能取得任何积极的结果。因此，了解中西方谈判作风的差异，有助于我们找到建设性的沟通渠道，发现导致彼此误解或对立的真正原因。利用我们在谈判作风方面的某些优势，驾驭谈判过程，把握谈判的方向和进度，是中国的谈判人员应当重视的基本功。

二、文化习俗对谈判方式的影响

谈判有横向和纵向两种方式。横向谈判是采用横向铺开的方式，即首先列出要涉及的所有议题，然后对各项议题同时讨论，同时取得进展。纵向谈判则是确定所谈问题后，依次对各个议题进行讨论。在国际商务谈判中，美国人是纵向谈判的代表，这是其大国地位在谈判人员心理上的反映。美国谈判代表在谈判方式上总有一种"一揽子交易"的气概，使对手感到相形见绌。法国人则主要应用横向谈判，他们喜欢先为议题画一个轮廓，然后确定议题中的各个方面，再达成协议。这与美国人逐个议题商谈的方式正好相反，反映出其"边跑边想的人种"的性格特征。

例如，美国和日本比较，则明显体现出东西方两种文化的差异。美国人性格开朗，表达直率，富有攻击性，这是具有开拓性的欧洲移民后代的典型特征。而日本人则受东方古老文化的影响，中国的儒家思想是其精神支柱之一，因而常是笑脸相迎，礼貌在先，慢慢协商，不争眼前利益，在防守的基础上考虑长远交易。澳大利亚学者罗伯特·M.马奇先生曾在教授美国和日本的研究生国际事务谈判课程中进行过模拟谈判。在准备阶段，日本小组不考虑如何主动去说服对方，而集中讨论如何防守，谈判中日本人则默默无语，处于防守态势。美国人却赤裸裸地显示出强烈的求胜欲望，热切地主动交谈，这正是两种民族性格的鲜明对比。

在国际商务谈判中处理跨文化问题，需要在是否调整你的策略以利于对方或坚持己见中作出决定。有时候没有选择的机会，而有时维持你所偏好的策略会使你在谈判中处于不利的地位。例如，国际商务谈判中的"独断的个人主义者"的影响。"独断的个人主义者"往往树立高目标，他们乐意权衡利弊，不会为哪一方更具影响力而分心。

三、文化习俗对谈判群体的影响与中西方谈判文化冲突

"合作的实用主义者"关心他自己和对方的目标，通过提出问题和回答问题来建立相

互信任,并间接处理影响力问题。德国谈判人员是这个方法的忠实拥护者,他们运用这个策略去谈判整合性协议,实现分配性谈判结果。这个策略的潜在的缺点是一个合作的实用主义者也许会被"独断的个人主义者"所利用。然而,合作的实用主义策略的核心——信任,难以赢得却很容易失去。只要"合作的实用主义者"掌握得住双方关系中的信任度,没有得到对方回应的信息,他就不应该泄露自己的信息,他也不会被利用,但如果他不能使用感觉顺手的直接信息共享策略,他也许在谈判中不能达成整合性协议。

现代国际商务谈判大多是谈判小组的群体行动,这需要小组成员具有较强的群体观念,在谈判过程中互相配合。同样,文化习俗对谈判人员的群体观念也有不同程度的影响。群体观念最强的首推日本人。日本谈判小组常推选出一位首席谈判人,其余组员团结一致,全力配合首席代表,使小组保持良好的整体性。相反,德国人、法国人很看重个人的作用,而很少考虑集体的力量。美国人的群体观念也不强,他们的谈判小组是个松散的联合体。在谈判发生争论时,日方谈判小组成员全力支持首席代表一人发言,以小组的整体性与对方抗衡,表现出强烈的群体观念;而美方谈判小组每个成员则竞相发言,比较松散。可见,美国人和日本人分别代表了东西方文化两种不同的群体观念。当两个日本人在一起时,会倾向于形成一个整体,形成一体化的集体力量而一致对外;而两个美国人在一起时,他们会相互尊重对方的内部思维空间,他们绝不会合二为一,而是相互尊重、互不干涉,表现为彼此独立的个性。法国人非常喜爱举行沙龙,在沙龙中相聚交谈,他们把这种彼此间的交谈视为艺术,认为静静聆听别人优雅的谈吐、机智幽默的对话以及谈话中丰富的思想是一种高雅的享受,他们往往在这种享受中做成生意。法国商人谈生意不习惯开始就进入正题,他们往往先聊一些社会新闻或文化生活的话题(切忌涉及法商家庭私事和生意秘密),以此创造一种轻松友好的气氛,培养感情;在边聊边谈中慢慢转入正题,在最后做决定阶段,才一丝不苟地谈生意。法国商人大多十分健谈,话题广泛,而且口若悬河,出口成章。法国商人以尊重妇女而自豪,处处关照妇女、保护妇女。

尤其值得一提的是,在国际商务谈判中,由于参与谈判的双方通常至少有一方必须使用外语作为交流媒介,所以对于这一方的谈判人员来说,很可能面临双重的交流困难。他必须注意有关的专业行为规则和方法,同时又必须顾及相关文化制约的一般行为规范,而交流双方的一般性和专业性规约很少处于完全相同的水平上。因此,如果交流双方仅仅以本方文化的眼光看问题,很可能对相同的话题作出不同的解释和判断。这种文化差异导致的沟通问题常常被误以为仅仅是外语水平问题。事实上,在国际商务谈判实践中,交际一方的外语掌握得越好,另一方对他按相关文化的行为规范来调节和控制自己言行的期望也就越高。然而,事实上外语水平的高低并不一定能够同时说明交际者对相关文化交际知识的了解和掌握程度。在国际商务谈判中,交流双方的注意力往往主要集中在所使用的交际语言上。这是因为:一方面,目的语的使用者不得不领会对方言语的字面含义,还要努力揣测其隐含的语义,其中必然涉及目的语的特殊的文化。而当目的语使用者的语言能力欠缺时,单纯对语言的理解会变得非常困难。另一方面,母语的使用者也要仔细分辨对方可能不甚规范的言语表达,甚至可能要从对方支离破碎的言语中判断对方的真实意图。

第二节　不同国家和地区的谈判风格

文化背景对国际商务谈判人员的谈判风格具有重大的影响，国际商务谈判有时是不同文化的碰撞，也是一种国际文化交流方式。文化不仅决定着谈判人员的伦理道德规范，而且影响着谈判人员的思维方式和个性行为，从而使不同文化背景的谈判人员形成风格迥异的谈判作风。虽然具有相同文化背景的谈判人员，其谈判风格有着明显的趋同性，然而，由于受亚文化的影响，以及其他各种社会经济因素的影响，同一文化背景的个体谈判人员之间也会存在差异性的谈判风格，这种风格差异体现了矛盾的普遍性与特殊性之间的关系。

一、中国内地商人的谈判风格

在国际商务谈判领域中，各国谈判人员对中国内地商人的谈判风格的普遍看法是：在谈判中，人际的感情交流、联络受到重视，谈判人员的脸面或影响力也不容忽视，私下接触以及谈判桌以外的渠道通常有助于解决有关谈判难题。

中国内地商人谈判的队伍经常以谈判代表团的形式出现，参加者会包括商务、法律和技术等专家，注重集体内部的讨论协商，广泛听取权威人士及上级的意见，这对谈判的速度和效率有时会产生消极影响。

在具体的国际商务磋商中，中国内地商人通常是等待和要求对方先陈述看法或意见，对于本方的条件习惯用暗示的办法，含蓄地提出，或者利用迂回、曲折、兜圈子的方法使对方了解自己的意图，不愿仓促表态；而且，中国内地商人强调的是双方的基本出发点和合作意向，而不是协议具体条文的讨论，认为双方如果有足够的诚意，就可以求大同、存小异，从而取得谈判的成功。

此外，由于国家宏观政策的影响，中国内地商人在国际商务谈判中重视技术贸易，强调引进关键设备、技术，目的是实现本国产业结构的调整，在技术许可、技术咨询等项目上有足够的兴趣。中国内地商人对西方人将国际商贸往来与人权、意识形态等问题挂钩往往有反感情绪。

二、中国香港地区商人的谈判风格

我国香港作为自由港，是远东国际贸易、金融中心。我国香港自开埠以来，受到东西方各种文化的影响，香港人具有中国人勤奋、智慧的一面；另外，他们的开放意识、商业意识极强。市场经济的繁荣发达造就了香港人投资、投机意识，商务活动的频繁、普遍也培养了香港人的机敏、灵活，使他们精于讨价还价。改革开放以来，香港与内地之间的经贸活动发展迅猛，由于他们了解内地人的思考方式，擅长摆平各种复杂的人际关系，这其中融合了中国传统的儒家思想、日本人的进取精神、英国人的精明慎重和美国人讲究效率的办事意识。

谈判时，香港地区商人喜欢亲自登门造访，不习惯用电话洽谈。在谈判中，如果他们想成交,报价可能一低再低,造成对方的错觉,使对方感到他们已作出了最大让步。其实成交价却往往仍旧高于基本价。他们报价十分灵活,所含水分大。

在香港,通常是由代理人负责洽谈业务,然后向委托人(企业的老板)汇报,也就是决定权掌握在委托人手中,谈判达成的协议需要经老板拍板后才能成交。与香港地区商人打交道,人与人之间的关系重于公司与公司的关系。

在香港,设立公司采用注册制,而不是审批制,并且手续相对简单,因此公司的数量众多,但多数是中、小资本,皮包公司或空壳公司也混杂其中为数不少。而且,香港商人非常关注资本的周转、回收,短期利润与长期投资相比较,更着重前者,对市场比较敏感,行情的轻微变化都会导致已确定的业务计划不能执行,这些影响了香港人在国际市场上的资信。为确保国际商务谈判达成的合同切实地履行,与港商谈判时还需注意约束性契约条款,通过法律性条款来保障谈判成果。

三、美国商人的谈判风格

美国历史上是拓荒者的家园,来自欧洲以及世界其他地区的外来移民共同创造了美国的成就。经济上,美国是典型的开放型市场经济,人们的参与意识、自由竞争观念和创新开拓精神等诸多因素共同影响着美国的社会文化。美国人是闲不住的民族,无论干什么都急不可耐,他们的时钟像是在"奔跑",而其他国家的时钟只是在"走"。时间在其眼中是一种特别珍贵和有限的资源。因此,早一些总比晚一些好,第一比第二好,快一些比慢一些好。这种时间观影响着其商务行为。以商业拜会为例,拜访者总是十分守时。他们认为,过早到达可能给人以过于急切或过于空闲的印象;迟到让人等候则让人感觉你缺乏诚意、不尊重人。见面后,他们一般只简单寒暄几句,就进入主题。双方都期望在30分钟内解决问题。为此,他们习惯拟定一个时间表,设定一个最后期限,然后力争提前完成任务。他们认为,给工作任务设定最后期限,可以突出其重要性,给人以十万火急的感觉。美国商人很容易犯一种被称作"手表综合征"的毛病。为提醒对方抓紧时间,他们常常不时地看手表。在谈判桌上,如果沉默超过10秒钟,他们就会沉不住气。这时,他们可能作出两种反应:一是让步;二是据理力争以打破沉默。结果,可能绝大部分时间是美国人在那里发言。

美国人的性格外露,坦率、真挚、热情、自信,办起事来干净利索,注重实际。美国商人的整体风格显外向型,没有僵化的传统。美国人不是不讲究礼仪,而是反对过分拘泥于礼仪和过分的矫揉造作。美国商人喜欢在餐桌上洽谈生意,一般洽谈活动在吃早点时就开始。在谈判过程中,美国商人不太注重个人交往,比较随便,礼节也少,语言表达直率,爱开玩笑,甚至有时会出现不尊重对方的情况。与此相应,美国人在商务谈判中期望值很高,但耐心不足;为表达自己的"随和""幽默感",能随时随地说几句幽默话,并不表明他们谈判时的态度不认真。

在进行国际商务谈判时,美国商人总是充满信心,强势心理特征明显,善于言谈,喜欢很快进入谈判实质阶段,并且不断地发表自己的见解。美国商人对谈判中确定的开盘价一般不轻易变动,即使讨价还价,幅度也不会很大。尽管如此,他们总是热衷于讨价还价,习惯于根据利润最大化的原则指导自己的谈判,同时,他们会十分尊重那些谈判手段高明的对手,也乐于与之达成协议。在谈判中,对商品品质的评价,美商既关注内在质量,又重视新颖的外观设计、精美的包装、良好的售后服务。

商务谈判一般可分为四个阶段:第一,礼节与客套。其目的在于联络感情,建立良好的人际关系,为谈判创造好的气氛打下基础,一般不涉及商务事宜。第二,交流思想。各自向对方说明本方的任务、目的、愿望与初步意向等。第三,说理与争辩。双方通过各种手段进行说理与争辩,以便让本方站稳脚跟,动摇对方,争取尽可能多的利益。第四,妥协与协议。双方各自作出不同程度的让步,最终达成协议。美国商人认为第三阶段是最主要的,这时讨论的问题才是实质问题。因而,尽管他们也谈天气、高尔夫球、家庭生活等,但只花很少时间。他们更为感兴趣的是与谈判对手进行针锋相对的讨价还价。

美国商人的法制观念根深蒂固,谈判中,他们提出的合同条款大都由公司法律顾问草拟,由董事会研究决定。执行人一般对合同条款无修改权,而且对法律条款一般不轻易让步。美国商人起草的合同一般都很仔细,喜欢逐项讨论议题,最后完成合同谈判。这样易于使双方了解整个合同,以利于促进相互建立成交关系。美国商人的时间观念很强,他们的工作节奏快,不喜欢拖泥带水,在商务谈判过程中常常在短时间内做好一笔大生意,甚至从口袋中拿出一份早已拟好的合同让谈判对方签约成交。其在谈判中分工具体、职责明确,一旦条件符合,即能较快拍板,故决策速度快。

四、英国商人的谈判风格

英国虽然地处欧洲,却经常游离于欧洲大陆,历史上的"日不落帝国"给英国人遗留下一些潜在的大国国民意识,今天的英国人也给人以"高傲"或"难以接近"的印象。过去,许多国家曾是英国的殖民地,目前仍把英语作为官方语言或第二语言,而且世界上众多的国家把英语作为外语学习的首选,这使英语成为使用范围最广的一种语言,从而使得英国谈判人员有一个弱点:除了英语,一般不会讲其他语言。不同的文化习俗影响下的谈判人员,其谈判态度有明显区别,具有绅士风度的英国人曾一度称霸世界,由于这种大国国民意识,他们把谈判看得极其严肃。如果和英国商人一起进餐,在餐中提起生意,他们是不会理你的。

英国人对自己充满信心,常常有"要就要,不要就算了"的想法。虽然英国人高傲,但他们时刻不忘绅士风度,谈判时他们会给各种语句披上甜蜜的外衣,"谢谢""对不起"经常挂在嘴边;态度热诚,给人以热情的欢迎与尊重,注重礼仪、个人修养,崇尚绅士风度。谈判初期,英国商人给人的感觉总是高傲、保守,不易接近,建立友谊之后,他们会十分珍惜、信任你。谈判中,他们讲究程序性,注重逻辑。他们听取意见随和,采纳起意见却很慎重,处理问题冷静而掌握分寸,比较看重秩序、纪律、责任,组织中的权力自上而下,等级观念较强,但英国商人有不大关心交货日期的习惯。

英国人属于外圆内方型,英国商人在谈判之前准备不太充分,在谈判过程中往往拖拖拉拉。在国际商务领域,如果是初次交往,他们开始会保持一定距离,然后才慢慢接近,建立交情。在交易中即使形势对他们不利,仍保持高度诚实。他们在做生意时从不说"这种商品我们没有",而是说:"你需要的商品,我们尽力满足。"但是他们在谈判出现分歧时绝不愿让步,而是坚持自己的立场,采取一种非此即彼、不允许讨价还价的态度。

英国人的等级观念很强,至今存在着贵族阶层。因此,与英国商人进行商务谈判时,谈判人员在谈判风格、气度、专业技术知识方面要具备良好素质,在级别上也要求对等,以示平等尊重。英国商人一向注重传统,交往起来,凡事要求中规中矩。如果不按规矩办事,那谈判难保顺利。需要注意的是,英国商人的及时交货率很低,对于出口商品延迟交货是普遍存在的,因此,在与英商谈判时必须在合同中注明索赔、理赔条件。

五、德国商人的谈判风格

德国人思维缜密,考虑问题周到、有逻辑性,但性格倔强、自负,缺乏灵活性、妥协性,不太通融。德国人讲究实效、注重计划、追求质量,在世界上享有名副其实、讲效率的美誉。他们工作态度认真,谈判之前总是做周密的准备,因而一开局总能先占主动。谈判中,他们的思维较为系统化、语气严肃、果断而节奏紧凑,但由于注重计划,缺乏一定的灵活性和妥协,即在交易中很少让步,讨价还价的余地不大。德国商人追求产品质量,看重经济效益,注重合同,对合同条文研究仔细,对合同细微的解释和变更一般都是不理会的。

在进行谈判前,德国商人一定会做充分、周到、具体的专业准备,内容包括对方的产品、对方公司的资信等。由于德国企业融资多依靠银行的贷款,也就是债权融资的方式,而不像美国企业那样用在发达的股票市场上进行股权融资的方式,所以,德国商人在资金问题上尤其保守,不愿意冒风险。同时,德国商人希望谈判对手也能做充分准备,否则会招致反感和不满。在谈判中,德国商人的人际关系是正式、严肃的,同时,他们希望对方也如此。与德国人谈判时应避免用昵称、简称,而且穿戴要正规。在国际商界中,德国人讲求效率是有口皆碑的。德国人非常守时,厌恶且鄙视不准时的行为,谈判时对方若是迟到,就会受到冷遇。

在谈判过程中,德国商人喜欢明确地表示希望做成交易,准确地确定交易形式,详细规定谈判中的议题,然后会准备一份涉及所有议题的报价表。他们的陈述和报价会非常清楚、明确、坚定和果断,强调自己方案的可行性,不太愿意向对方做较大让步;一旦德国商人提出报价,讨价的余地会大大缩小,几乎没有还价的机会。而且,德国谈判人员常常在签合同之前的最后时刻还试图让对方降低价格。对于谈判的合约条款,他们都非常细心,经过仔细推敲所有细节之后,方同意签约。签约后,如果对方对于交货期、付款期等要求宽延、变更或解释,德国商人一概不予理会。德国商人的商誉极好,签约后往往会及时履约。同时,德国商人对于对方交货期限的要求也很严格,在合同中,一般附有违约时的惩罚条款。

宗教是文化的重要组成部分。宗教信仰对谈判人员具有重要影响。德国人尊重契约的态度就是受了基督教影响。当然,他们对他人的要求和对自己的要求同样的严格。

六、法国商人的谈判风格

法国在历史上也是欧洲列强之一,曾经在世界几大洲拥有殖民地,因此许多欧洲评论家认为法国人沿袭下来了某些历史传统:沙文主义、粗鲁,甚至贪婪。但现代的法国人也很友善,富有幽默感。法国人性格坚强,立场极为坚定,希望领导潮流、与众不同。巴黎被誉为"世界时装之都"，法国人引以为豪。法国商人对穿戴极讲究，而且希望谈判时，对方也能注意着装。

法国人还具有时间观念淡薄、讲究情趣、注重个人力量的特点。法国商人民族自豪感强，谈话讲究情趣，商务交往之前一般喜欢聊一些文化、艺术、新闻等方面的话题，重视发展个人力量。他们一般都受过职业培训，专业性强，熟悉产品，往往一人能独当几面，因而决策迅速。在谈判方式上，法国商人偏爱横向谈判。其谈判的重点在于整个交易的可行性，不太重视合同的细节部分，一般主要问题谈妥后，便急于签约，因而经常出现毁约的现象，法国商人时间观念淡薄，商业作风松松垮垮，但极富顽强精神。

世界上其他地区都把英语作为谈判通用语言，但法国人除外，他们坚持同对手用法语交谈。这是因为法兰西民族在近代史上有其社会科学、文学、科学技术的卓越成就，民族自豪感相当强烈。如果一位法国人用英文同对方交谈，那么可说明他已作出了最大的让步。法国人富于情感，性格浪漫。在与他们交谈时，假如只顾谈生意，会被他们讥笑为"多么枯燥无味的人啊！"因此和法国人谈判过程中，应多聊一些关于新闻和文化的话题。

法国人由于受民族英雄戴高乐的影响，都具有依靠坚定的"不"字来谋求利益的本领，很难让步，因而在其浪漫色彩的背后是坚定的态度和立场。

与法国人谈判，不要把时间定在 7 月的最后一天和 8 月。因为这段时间是法国人的休假期，法国人对休假十分重视，无论你用何种手段都不能使他们为谈判而错过或延误一次假期。这是法国人民朴素的特性的反映。

法国人在遵守时间这个问题上总是时好时坏，他们总是准备好一大堆冠冕堂皇的迟到理由，但是你自己最好不要迟到。在法国社会交往中，外国人并不重要，因此如果你迟到了是不会被原谅的，但如果别人迟到了，你不要发火，要学会容忍。

法国人性格开朗，很讲礼貌，也非常珍惜人际关系，善于建立相互间的交情与信赖，这也影响到商业上的交往。一般来说，在没有成为朋友之前，法国人是不会跟人做大宗生意的。他们在谈判中讲究保持和谐、幽默的气氛，但并不愿过多提及个人隐私及商业秘密。而在谈判过程中，约谈妥一半时，法国商人就会由于加入人情的考虑而在契约上签字。他们认为：反正要点已经谈妥，细节的事以后再谈无妨。但是，法国商人有一个通病：签约之后再提出修改要求。在谈判中，法国人一如其他大多数欧美国家的商人，个人的办事权限很大，往往是由一人决定一切，这与亚洲商人的团体决策大相径庭。

在国际商务谈判中，法国人明显偏向横向谈判，即先为协议勾画一个轮廓，再谈成原则协议，最后确定协议的各个方面。无论在谈判的何种阶段，法国商人总会制定一些"纪要""备忘录""协议书"之类的文件，以记载在谈判中已达成协议的部分内容，借以拉住对方。

在讨价还价阶段，法国商人对细节问题不是很重视，对价格要求严格，条件也比较苛刻；而且，急于取得成果。无论谈判处于何种阶段，他们总喜欢弄一些形式促成交易。在谈判中，如果协议有利于他们，他们会要求你严格遵守协议；如果协议对他们不利，他们就会一意孤行地撕毁协议。因此，你必须仔细检查合同。简单来说，就是在合同履行中如果对方错了，他们绝不原谅，极可能向对方提出起诉；而他自己错了，却会若无其事。

七、日本商人的谈判风格

日本是一个资源贫乏、人口密集、活动市场有限的岛国,外向型经济是日本的经济特点。日本人的文化受中国影响很深,儒家的思想文化、道德意识深深植根于日本人的内心深处,在其行为处事方式上随处可见一斑。但日本人在中国文化的基础上还创造了独有的特色。他们慎重、规矩、礼貌、耐心、自信、有事业心、进取精神很强、工作勤奋刻苦、态度认真、一丝不苟。日本人办事的计划性很强,谈判之前会任劳任怨地做细致的准备工作,对某次会谈的时间和内容往往会列出详尽的计划表。另外,日本人具有东方的人情味,注重交易谈判中建立和谐的人际关系。这样,在商务谈判中,他们往往有相当一部分精力和时间花在人际关系中。在谈判中,日商使用的语言往往圆滑、婉转、暧昧,甚至含混不清。即使同意对方的观点,他们也不会直截了当地说出来,常给人以模棱两可,甚至令人误会的回答。如果谈判时不善于观察、缺乏耐心,那么,与日本商人的谈判会进展得比较困难。

在日本,第一印象至关重要,初次相识时的言行举止,可能对谈判结果产生很大的影响。他们认为商务情况的介绍应该是简短而节制,因为日本人非常讨厌那种过分施加压力的销售战术。因此,在谈判前,谈判人员首先应对该公司的产品质量、年销售额、整体管理等方面彻底了解,全面准备,努力给对方留下知识丰富、明辨是非,注重以理服人而不是以势压人的印象。其次,衣着要朴素大方,不要大声说话,因为日本人把大声说话视为不礼貌,把任何敌意的表现视为粗鲁和软弱的象征。为给日本人留下满意的印象,在谈判中应尽量用日语交流,不能只要求翻译人员会说一口流利的日语,自己也要学会一些基本的打招呼和习惯用语。最后,名片已成为当今社会交往中人们相互结识的工具,出示和接受名片也是不可忽略的重要一环。名片的使用在日本相当广泛,特别是商人,初次见面时有互相交换名片的习惯。名片最好用两种语言打印,递交名片时,要将用日语打印的一面面向对方,同时要微微鞠躬。接名片时,应双手去接,然后认真地看一看,最好能记住对方的名字。折叠名片或在名片上写有不必要的记录,均被视为对对方的不礼貌。

日本商人比较注重资历、地位,不愿意跟年纪较轻、资历较浅的人进行谈判。同时,日本人的团队精神世人皆知。"团队就是力量"对日本人来说可不是泛泛而谈,而是他们实际工作中的处事准则。在谈判中,日本人实行共同负责制,凡是参加谈判的人都很重要,每人都有一定的决策权,以共同确保谈判的成功。谈判队伍中不乏各类专业人士,当遇到法律或商业问题时会针对问题进行深入、细致的研究。对于谈判对手,他们会穷追猛逐,打破砂锅问到底。但是,日本人在商谈时很少带律师,他们只是在公司聘请的法律助理(无律师资格)的协助下进行商谈。这点与欧美人相反。如果谈判对方在商谈中带来了律师,会被日方认为是一种不友好的行为,对商谈产生不良影响。

"打折扣吃小亏,抬高价占大便宜"是日本商人谈判的典型风格之一。日本商人的报价水平一般会在成交价基础上加入 20%甚至 50%的水分,称之为"戴帽子",以对付对方的讨价还价。如果他们估计对方是内行,则水分会少些。而且,如果与对方首次接触,为打进别国市场,会"放长线钓大鱼",不计较一次得失。这与日本企业在发展目标上不看重利润率的高低,而更看重企业的新产品开发和市场占有额的增加这一观念相一致。

谈判中,日本商人会不厌其烦地询问对方的技术细节,以确定产品技术的优良与否,确定对方是否一个值得将商业前途寄托的对象。在谈判风格中，日本人最显著的特点是价格磋商中的"笑脸讨价还价"，这反映了东方人"礼貌在先""慢慢磋商"的特点，以便在较好的气氛中交换看法。在日本，尤其是有地位的日本商人，十分注重以这种谈话方式来表现文化修养、个人内涵。

日本商人极重信誉，讲究"言必信，行必果"。他们的合同观念较强，履约率高，在讨论索赔条款时，可以填上较大的数额，甚至高到整笔生意的交易额，借以表明他们信守合同。日本人的时间观念强，生活节奏快，这是由日本人的生活充满竞争而造成的。但工作起来，他们又非常认真谨慎，实行自下而上的集体决策。这样使决策过程与决策时间较长。如此，常常会导致谈判过程中出现这类情况：一旦遇到某些情况、问题，除非日方事先已有准备或内部已经协商过，一般很少由某人当场明确表态、拍板定论。日本人在作出决定前非常谨慎，对自己的感情常常加以掩饰，不喜欢伤感的、对抗性的和针对性的言行、急躁的风格。比如在谈判过程中日本人经常会出现沉默不语和犹豫不决。所以在与日本人打交道的过程中，要有耐性，不能表现出烦躁不安，否则会闹得不欢而散。

日本人坚信"优胜劣汰"的道理，他们不同情弱者。如果你能够提出切实可行的办法，他们会给你提供帮助。所以同他们做生意，要花时间去了解他们的想法和理念，如果能够建立互信关系，就会有很好的发展前景。

一般来说，欧美人对契约态度较严肃，在契约发生纠纷时常诉诸法律。日本人也很重视契约的履行，履约率很高，但日本人与欧美人的履约态度相比，更富有感情色彩。他们受东方伦理观念影响，讨厌契约纠纷时起诉，他们倾向于协商解决。

1974 年，日本砂糖公司与澳大利亚砂糖交易所签订长期合同，由澳大利亚给日本提供砂糖，并定下砂糖固定价格和交易数量。后来，国际砂糖价格狂跌，日本砂糖公司出现赤字。从 1976 年 7 月至 1977 年 11 月，16 个月内，日本向澳大利亚多次提出降低砂糖价格的要求，同时日方又采取措施，码头连续 3 个月拒收澳大利亚砂糖。在砂糖纠纷中，日方以为自己是澳方老主顾了，在日方陷入危机时，澳方理应帮助；已订合同并不重要，主要是情谊，谋求人与人之间的通融性和相互尊重。而澳方则认为合同是神圣的东西，是合理合法的，法律是超越一切人情的固定原理。

八、俄罗斯商人的谈判风格

俄罗斯人善于与外国人做生意。俄罗斯商人非常善于寻找合作与竞争的伙伴，也非常善于讨价还价。假如俄罗斯商人想要引进某个项目，首先要对外招标，引来数家竞争者，从而不慌不忙地进行选择，并采取各种离间手段，让争取合同的对手之间竞相压价、相互残杀，最后从中渔利。

俄罗斯人的性格豪放，讲究礼貌，在谈话中注意听取对方观点，交谈中不愿涉及个人隐私。有些俄罗斯商人做事拖沓，效率低，有些大型谈判要拖数月、半年，甚至更长时间。在商务谈判前，俄罗斯商人会有充分的准备。他们十分热衷于向对方索取资料，而在介绍和提供自身情况时却很消极。

在谈判中，有些俄罗斯人往往在技术上纠缠不休，对产品的适用性、可靠性和质量方面认真审查，千方百计地想从对方索取各种技术资料、技术情况。俄罗斯人素来善于讨价还价,绝不会接受对方的第一次报价,而且善于用一些违反常规的策略迫使谈判对手就范。俄罗斯商人非常精通传统的以少换多的交易之道。在价格谈判阶段,不管外商的开盘报价多么低,俄罗斯商人也绝对不会相信,更不会接受外商第一次所报的价格。俄罗斯商人千方百计迫使外商降低价格。为了达到这一目的,俄罗斯商人会使劲玩弄"降价求名"的把戏。俄罗斯商人会告诉外商:"咱们第一次向你订货,你的开价低一些,以后你就会源源不断地接到订单。"而事实并非如此。

由于受过去做贸易习惯的影响,俄罗斯人现在仍对易货贸易很感兴趣,即使开始谈判时采取一般货币贸易,到最后,他们也往往提出拿一部分产品来顶替硬通货的想法。在订立合同时,他们会做到滴水不漏。他们善于在文字上做文章,钻合同的空子,对于对方的要求极其严格,而且,对合同中的索赔条款非常重视。但是,俄罗斯商人往往自己不能按约定的时间、质量和数量交货。

俄罗斯人在讨价还价上堪称行家里手。他们开低价常用的一个办法就是"咱们第一次向你订货,希望你给个最优惠价,以后咱们会长期向你订货""假如你们给咱们以最低价格,咱们会在其他方面予以补偿"以引诱对方降低价格。要避免这种价格陷阱,专家的忠告是:不要太实在,报个虚价,并咬牙坚持到底。一旦俄罗斯商人得到低的价格,他们就会盼望、要求价格永远保持在低水平上。有时,俄罗斯商人也会使用"欲擒故纵"等计谋:"咱们没有办法同你做生意,因为你的价格与你的竞争者们相比实在太高了。"还有其他惯用的招数,像大声喊叫、敲桌子、甚至拂袖而去等,对此,你最好的办法就是不为所动,牢牢把住自己的价格防线。

九、阿拉伯商人的谈判风格

阿拉伯人绝大多数信奉伊斯兰教。与阿拉伯商人打交道,必须对伊斯兰教有所了解。

由于受宗教、地理、民族等因素的影响,阿拉伯人具有沙漠人的特点,即以宗教划派,以部落为群,喜欢结成紧密、稳定的部落集团;他们比较保守,性格比较固执,脾气比较倔强,不轻易相信别人。阿拉伯商人追求团体利益和个人利益,在谈判过程中,有讨价还价的习惯,认为没有讨价还价就不是"严肃的谈判"。在他们看来,评价一场谈判不仅要看通过谈判争取到什么利益,同时,还要看是如何争取来的,只有经过艰苦努力争取到的利益才是最有意义、最有价值的。但中东商人十分好客,待人热情,喜欢闲聊。在商务谈判中也不会寒暄几句就立即进入正题。经过长时间友好的会谈,增进了彼此的敬意,也许会出现双方共同接受的成交可能性。所以在一般性的社交场合,没准还会做成一笔生意。

美国人称阿拉伯商人是"远离钟表的人们"。的确,他们的时间观念不强,做决策的速度也不快,而且,对于洽谈的有关决定不太遵守。几乎所有的阿拉伯国家都坚持,无论是私人企业还是政府有关部门对外谈判,都必须通过代理商。没有合适的阿拉伯中间商,谈判就不可能顺利进行。在涉及大笔生意时,代理商能帮助谈判人员在政府中找到合适的关系,使谈判项目获得政府批准。

在与阿拉伯商人谈判过程中,有种经常出现且令人头疼的语言,即"IBM"。这是 3 个阿拉伯词语的字头。其中,"I"是"因夏拉",指神的意志;"B"是"波库拉",代表明天再谈;"M"是"马列修",指不要介意。这是阿拉伯商人在商谈中保护自己、抵挡对方的一种有力武器。由于阿拉伯人有悠久的经商历史,精于商谈,故而会以神的旨意为借口来终止商谈或反悔已经作出的承诺。此时若能找到他们最信任的人或其长辈进上一言,或许可以改变"神的旨意"。

"IBM"的应用如此。比方说双方在商谈中已订好合同,后来情况有变,阿拉伯商人想取消合同,就可以名正言顺地说,这是"神的旨意",很方便地取消了合同。在商谈好不容易弄出点名堂,正想进一步促成交易时,他们却耸耸肩说:"明天再谈吧!"到了第二天,昨天的有利气氛和有利形势已不复存在,一切须从头再来。当谈判对方被上述行为或其他的不愉快的事弄得极其恼怒时,他们会轻松地拍拍对方的肩膀道:"不要介意。"

总体上看,与阿拉伯人谈生意首先要赢得其信任和好感。谈话的话题要注意回避中东政局、国际石油政策、宗教等问题。取得谈判的成功,寻找中间商是十分重要和必要的。

第三节 与不同谈判风格国家人谈判的应对技巧

盖文·肯尼迪说:"具有不同文化的人们有着不同的谈判风格。除了这个文化背景以外,一个社会还有其独一无二的经济和政治特征。在该社会的成员所参加的谈判中,你几乎被完全规定了谈判的内容和方法。"

国际商务谈判风格是谈判人员在国际商务谈判活动中所表现的形象、气度和工作作风等具有一定特质的谈判行为方式,国际商务谈判风格主要表现在谈判人员谈判过程中的行为、举止和控制谈判进程的方法、手段上。对于谈判过程中谈判双方的交往方式、合作关系,国际商务谈判风格都会产生直接或间接的影响,因此,为实现国际商务谈判的成功,掌握谈判对手的谈判风格,对症下药,以影响国际商务谈判的走向、进程和谈判结果,具有重要意义。

一、与美国人谈判的应对技巧

美国人热情奔放、真诚坦率、感情外露。和他们谈判时应当有热情,热情一点并不会使我们失去什么,相反,却能获得对方的好感,对谈判只会有利。同美国人谈判,也不需要装出一副高深莫测、含糊隐晦的样子,否则只会让性急的美国人感到纳闷。如果我们充分利用其坦率、真挚、热情的态度,那么将改善谈判的气氛,加速谈判的进程。但做到以快对快的前提是,必须熟悉法律,并有足够的依据和证明材料,否则就无法在谈判中取得主动和获得成功。

虽然美国人信心十足,但他们很容易接近,因此,过于低估自己的能力、缺乏自信是没有必要的,也会令对方瞧不起。美国人认为自己是谈判高手,并希望对方也是谈判高手。

例如,美国福特汽车公司和通用汽车公司最初来上海谈判合作生产小轿车,正值美国政府要以 301 条款和特别 301 条款对中国进行制裁,并提出美国在中国的合资公司不能提出国产化要求的时候。但福特汽车公司代表在谈判一开始时就提出合作期间可考虑50%的国产化要求,通用汽车公司接着在上海谈判时,又主动提出国产化率可从 60%开始。由于他们并未理会其政府的限制,而我方代表也充满信心地与其谈判,最终双方达成协议。如果我们充分利用其自信、滔滔不绝的特点，多诱导、鼓励其先发表意见，以从中及时捕捉对我方有价值的内容和信息，探明其虚实与策略，那么将使我们更加有的放矢地决定对策，有时甚至可以利用其自信的特点，运用"激将法"，促进其为了维护自尊而向我方靠拢。当然，这样做要注意适度，既要灭其锐气，又要避免其生气。

在与美国人谈判时，应当注意美国人富有讨价还价的能力和对"一揽子"交易感兴趣的特点。美国商人在谈判方案上喜欢搞全盘平衡的"一揽子"交易，从而降低价格，减小价格在谈判中的阻力，习惯的做法是先总后分，即先定总交易条件，再谈具体细分条件，我们相应的策略可先从具体的细分条件着手，逐一审核，差别对待。因为谈判的项目不同，最终决策权不同，有的地方权限就可解决，有的则须向中央报批，我们只有协调统一后方可进行一揽子交易。操作过程中，可以协调各种关系为借口推掉一些不合适的交易项目及我方不愿接受的一些条件。针对其喜欢"全盘平衡""一揽子"交易的特点，积极运用对方的力量去促成更大范围内的联合协作，全局平衡，一揽子成交。

比如美国某公司与河北省某市谈判黑白玻壳项目，由于竞争条件不如日商，谈判失败。后来中方积极调动美方力量，在不排斥别的厂家竞争的同时，促成美方的"一揽子"谈判，使其对陕西、河北、河南三省的几个玻壳项目一起承包，并向中方条件靠拢，最后达成交易。他们对于"一揽子"交易兴趣十足，作为卖方，希望买方谈判人员按照其要求作出"一揽子"说明；他们作为买方，则希望卖方谈判人员提出"一揽子"条件。这里所说的"一揽子"的含义是，它不仅包括产品本身，而且要介绍销售该产品的一系列办法，包括企业的形象信誉、素质实力和公共关系状况等。在这种情况下，没有充分的准备当然就不行了。

美国人的时间观念很强，遵守时间，珍惜时间，因而保证了谈判的高效率。美国人对时间非常吝啬，他们有句谚语："不可盗窃时间。"在他们的观念中，时间也是商品，时间就是金钱。他们常以"分"来计算时间，比如一个人月薪 10 万美元，他的每分钟就值 8 美元。他们在谈判过程中连一分钟也舍不得去做无聊的会客和毫无意义的谈话。假如你占用了他 10 分钟，在他看来，就认为你偷了他多少美元。如果我们能够利用其时间观念强、有时缺乏耐心的特点，那么对我方必要的贸易价格可持之以恒地讨价还价，当美国商人不耐烦时，往往可按我方的要求成交。同时与美国人谈判必须守时，办事必须高效。

美国人喜欢一切井然有序，不喜欢事先没有联系，以及与突然闯进来的"不速之客"去洽谈生意，美国商人或谈判代表总是注重预约晤谈。何时何地，谈多长时间，都是预先约定。双方见面之后，稍做寒暄，便开门见山，直接进入谈判正题，很少有不必要的废话。

美国人认为货好不降价，如果我的商品好、质量高，客户就是要出高价，但他们也不是等待顾客上门，而是积极地采用各种方式进行宣传，使客户和消费者知道他们的商品好在什么地方，而且心甘情愿地以高价买下来。此外，美国人也是讨价还价的高手。他们经常玩弄一些手法，让谈判对手也同他们一样注重利益，作出合理让步。他们十分赞赏那些精于讨价还价，去取得经济利益而施展手法的人，因为他们自己就很精于使用策略去谋得利益，同时希望别人也具有这样的才能。因此，谈判时，应利用其对物质利益的追求，放手而有策略地与之讨价还价。比如美国商人说："推迟三个月交货，应涨价，因为物价在变动。"中方则可回答说："物价提高可以涨，但物价变低则要降，以第三国权威报道为准。"这既针锋相对，又显得严谨公正；既可以使美国商人放弃涨价要求，同时也是"以美国人的逻辑驳斥了美国人"。

美国人非常重视律师和合同的作用。在谈判时,他们尽可能让称职的律师参加谈判。他们注重合同,严守合同信用,他们不相信人际关系,只承认白纸黑字、有法律保障的合同契约。因此,和美国人谈判时,也要带上自己的律师,而且是称职的律师。签订合同时也应当小心谨慎、考虑周全。美国的法律纷繁复杂,法律的执行也极为严格。因此,参加谈判的律师一定要熟悉美国法律。签订合同时,一定要对合同条款仔细推敲,使其既符合本国法律,又不与美国法律相抵触。重视律师的作用和小心签订合同是和美国人谈判的要诀,这既可以保障谈判的成功,又可以防止争议的发生。

与美国人做生意,"是"和"否"必须保持清楚,这是一条基本原则。当无法接受对方提出的条件时,要明确态度,不要含糊其词,使对方存有希望。当发生纠纷时,一定要注意谈判态度,必须诚恳、认真,绝对不要笑,因为美国人认为,如果发生纠纷,双方的心情一定很恶劣,笑容必定是装出来的,这会使对方更加生气,甚至认为你已经自认理亏了。在和美国人谈判时,一定要注意不要指名批评某人。指责客户公司中某人的缺点,或是把处于竞争关系的公司的缺点抖搂出来,都是不可以的,因为美国人谈到第三者时,都会顾及避免损伤对方的人格。

二、与英国人谈判的应对技巧

与英国商人洽谈,要注意不卑不亢,并且以礼相待、遵守礼节,注意言谈举止的风度,因情制宜,灵活反应,这样,就可以逐渐缩短双方的距离。在谈判桌上,英国人建立人际关系的方式比较独特,开始时往往保持一定距离,而后才慢慢接近融洽。因此,谈判时不能操之过急。

英国谈判人员往往除了说英语外,不会讲其他语言。因此,和英国人谈判时,最好是讲英语或带英语翻译。英国人很保守,沉默寡言,流行的谈话题目是天气。切忌将"女王"说成"英格兰女王",面对威尔士人和苏格兰人更不能这么讲,正规的说法应该是"大不列颠及北爱尔兰联合王国女王"。和英国人交谈时,忌讳涉及爱尔兰前途、共和制优于君主制的理由、欧盟和北大西洋公约组织中承担义务最多的国家以及大英帝国的崩溃原因等话题。

在与英国人谈判时,注意不要滔滔不绝地讲下去,因为按他们的文化习俗,打断别人的讲话是不礼貌的。但他们被迫听下去时,往往局促不安,眼睛发呆,失去光泽。此外,英国人在谈判中即使形势对他们不利,仍然彬彬有礼。因此不能只看其表面上的风度而作出错误的估计,他们完全有可能和其他国家的谈判人员一样工于心计。在英国谈生意时,不要拒绝和主人一起去打高尔夫球,因为很多合同往往是在打高尔夫球期间签订的。

英国人谈判比较灵活,喜欢别人提建设性意见。因此,应当利用其"修养与风度",耐心细致地启发诱导,并佐之以有说服力的证明材料,有理有据而平和婉转地点出其技术、价格上的问题,使其出于面子不得不放弃原有立场而向本方靠拢。另外,根据英国商人谈判技巧比较灵活的特点,还应多提积极性的意见或方案,使对方在方案的选择、斟酌中趋向统一。此外,与英国人做生意,凡事都有一定的程序,不能操之过急。

英国是个礼仪之邦,谈判时我们应注重礼仪相待,否则会被认为修养与风度不够,谈判起来就会出现差距。绅士风度显示了英国商人高傲的一面,但也使英国的谈判手受到一种形象的约束,甚至产生一定的心理压力。在必要的时候,利用英国人的修养与高傲,指出其技术、质量等方面的不足,使其受窘,而放弃原有的坚定立场,也不失为一良策。还应考虑到立据约束、后发制人。

英国人也有明显的弱点,众所周知,他们几乎对出口的所有产品经常延迟交货。英国人对此也有很多论述,并做了很大努力去改正,但收效不大。因此,在英国谈进口贸易时,一定要考虑这一点,在合同中加上延期交货的罚款条例,以免日后扯皮或蒙受损失。

英国人在进行谈判时,往往事先准备工作做得不够充分。在谈判的关键阶段又非常固执,坚持己见,也不愿花费很大力气。英国一些有成就、有能力的企业家往往并非在英国出生。第二次世界大战后不少外国人移居英国,许多人成了商店老板和小企业家,成绩显著,成功地取代了当地的企业家。这一现象也说明了英国人经营管理能力的不足。

从英国谈判人员的顽固态度中,可以看出他们缺少商业管理素质,他们往往采取一种非此即彼、不允许讨价还价的态度。因此,和英国人谈判时,一定要有耐心,急躁或指责对方是不可行的,也不要热衷于讨价还价。另外也要看到,英国的一些传统企业被新型企业家接管和重组,带来一些新的气象。他们了解市场的变化,尝试新的方法,认为投资不力、忽视质量、拖延交货和不守信誉不应该成为英国人骄傲的资本,和他们谈判时,情况就完全不同。

英国人做生意时,首先从建立信用着手,然后还考虑到不要"求助"于人,所以当谈判中某些事项未能遂意时,千万不要强人所难,这在英国商界是行不通的。遇到这种情况时,就得另想办法,或者等待下次机会,诉之于感情的做法是万万行不通的。

三、与德国人谈判的应对技巧

德国人以他们独特的方式代表了现代欧洲。他们纪律性强、谨慎、保守,注意细枝末节,说话简单明了。许多人都承认他们是欧洲最老练的商人。与德国人谈判时,应注意德国谈判人员对个人关系是很严肃的,因此不要和他们称兄道弟,最好称呼"先生""夫人"或"小姐"。穿戴也勿轻松随便,有可能的话,在所有场合都穿西装。德国人希望建立长期关系,而不希望做一锤子买卖,因此和他们交易,你要考虑到他们是否能提供一些当地没有的东西,而且不会使其经济力量受到损害。德国人只对有把握的项目投资,并采用妥善的融资手段,从而安全地获取收益。对于德国商人自信而固执、缺乏一定灵活性和妥协的谈判作风,我们应尽量避免采取针锋相对、以硬抗硬的谈判方法,本着合理、公正的原则,坚持以柔克刚、以理服人,就能最终软化其僵硬的立场,使其咄咄逼人的态势冷却下来。

德国人非常擅长商业谈判,他们一旦决定购买,就会想尽办法压你让步。在谈判之前一定要做好充分准备,切勿仓促上阵。准备的内容包括:本公司的资信情况,所提建议是否反映出这种资信,以及你所要购买或销售产品的有关专业资料等。我方谈判人员应当掌握产品和合同细节的全面知识,所提建议应当具体切实,给人以条理清晰、富有权威性的良好形象,以促成谈判的成功。由于德国的企业融资大都依赖银行,在资金问题上,他们特别小心,不愿冒风险。

德国谈判人员经常在签订合同之前的最后时刻让你降低价格。因此,你要有所提防,或者作出最后让步。德国人擅长讨价还价，并非因为他们具有争强好胜的个性，而是出于对工作的一丝不苟和严肃认真。因此在谈判时切忌迟到，如果你在商业谈判中迟到，那么德国人对你的不信任感就会溢于言表。德国商人不习惯于谈判中的讨价还价，喜欢强调自己原有的方案的可行性。一旦提出报价，这个报价就很难更改。所以与德国商人交涉，从程序上看，最好在他们报价之前就进行摸底、预测，并提前作出自己的开场陈述，表明态度，快速给出价格提示，以防德国商人造成的价格不可更改的局面的形成。

德国人常在讨论产品价格以前，向对方的技术人员和客户了解产品情况，如有可能还要让你对产品做实际演示。他们会经常提到潜在的竞争，如想打入德国市场，你一定要在各方面都干得十分出色。为了保住市场，你必须保持在技术上领先的高的质量标准，否则就会被德国竞争者予以仿造和改进。不要以为德国人会轻易地购买具有独特价值的产品，即使这种产品是他们亟须的，他们可能渴望购买，但绝不会表露心意，在他们采取的谈判方式上，你绝对看不出这一点。德国企业的技术标准严格，对于出售或购买的产品都要求最高的质量。与德国人打交道，一定要让他们相信你公司的产品可以满足他们的高标准要求。在某种程度上，谈判是否成功取决于你能否令人信服地说明你信守诺言。

德国人讲究合同条款，包括按交货日期准时交货、严格的索赔条款、担保产品使用期，还要求提供某种信贷，以便在对方违反担保时，他们可以得到补偿。但是只要你的产品符合合同上的条款，就不必担心付款问题，德国人对商业事务极其小心谨慎，井井有条，是可以信赖的合作者。

四、与法国人谈判的应对技巧

与法国商人谈判时，应当热情大方、以礼相待，注重感情的培养，形成良好的谈判气氛，获得对方的信任与好感，这样谈判会顺利得多。一旦成为朋友，甚至深交，大宗的贸易就会到来。法国商人的人情味较浓，往往贯穿于谈判过程的始终，在与其洽谈生意时，不能只顾及生意上的事务，否则被认为枯燥乏味、没有谈判气氛，有意地加一些文化、艺术、情趣等方面的话题，有助于谈判人员之间的交流与沟通，增强信赖与友谊。此外，还应认清实质、乘隙取利。关于法国商人对待协议朝令夕改的做法，我们应有充分的认识。这些变更有的是出于习惯，有的则是出于讨价还价，争取最后一点利益。对于前者，我们应有足够的耐心。对于后者必须态度坚决地给予对方一定的牵制。在此，在其被动的情况下，提出互惠条件，往往能给我方带来意想不到的收获。

对于法国商人在价格、质量问题上的严谨苛刻，只要我方商品在市场上有实力，也不要轻易被双方的严重分歧和对方立场的强硬所吓倒而过早放弃我方的要求，而应在介绍商品的特点、效能、质量上多摆事实、讲道理。事实上，法国商人一开始往往会提出"××指标应为多少""××价格在什么范围内"之类的备忘录，只是作为谈判要达到的成果，在谈判中间还是有其灵活的一面。

对于大多数法国人来讲，谈判是进行辩论和阐述哲理的机会，往往是为了争论而争论。虽然他们很快就会谈生意，但也可能没完没了地拖下去，陷入道义争论而不能自拔。因此一方面要尊重他们的这种癖好，但另一方面又要小心提醒其讨论正题。鉴于法国商人在主要问题上急于求成而细节问题又不轻易放过，所以与其谈判时对重要条款应详细讨论,逐一明确并体现于书面材料。重点问题在意见统一后也不要因其催促而急于签约,务求把大小问题乃至细节都确认后才签字。必须十分注意所订的合同,不要为了做成生意而接受法国人所要加进的一些索赔条款。一旦情况有变,需要履行索赔条款,法国人是不会手软的,因为只要对他们有利,他们就会要求严格遵守合同;相反,如果合同对其不利,他们就可能会一意孤行地撕毁合同。因此订立合同时,必须慎之又慎。

对于对方把贸易与外交相连的做法也要因势利导。例如,当双方的利害冲突使谈判陷入僵局时,法方外交官的介入会使法国商人有台阶可下,重新思考问题,给分歧的解决带来转机。当然,我方谈判人员应当显得格外礼貌友善、通情达理,使外交官们乐于干预。有时还可以请我方更高一级的领导出面与其外交官见面,显出我方的诚意与重视,从而使对方受到尊重而转变立场,体面地作出适当让步。

法国人对于谈判中坚持使用法文这一点很少让步。但是如果他们在国外,而且在经贸合作方面对你有所求,那么也会有所例外。因此,如果一个法国谈判人员对你说英语,那么,这可能表示你会得到对方更大的让步。

五、与日本人谈判的应对技巧

如果是初次与日本公司打交道,一定要通过熟人介绍或通过中间人去办,切勿自己直接去找该公司,日本人对直截了当、硬性推销的做法会感到不自在。因此,要想排除最初的障碍,找一位对你和日本公司均熟悉并尊重的第三者来引见更为有效。谈判前要充分做好准备工作,摸清情况,有备赴会。在日本,一个人只有为某个公司工作 15 年到 20 年以后,才会被授权代表其公司。因此,日本人不愿意和对方的年轻人会谈,日本人很难相信年轻的谈判人员会有决策大权。他们感到和"毛孩子"谈判是浪费时间和有失尊严的一种耻辱。另外,由于日本企业家所奉行的大男子主义,且日本公司是男性占统治地位的机构,因此代表团中最好不包括妇女。

根据日本商人的特点,与其谈判时应注意双方谈判人员在授权上平衡。如果一方的谈判人员的职务及其在本公司内的权力和影响超过另一方,那么这种不平等会对谈判产生不利影响。因此在与日方谈判时,必须搞清楚对手有多大权力、能作出什么决定,然后再来挑选本方的谈判人员。无休止地讨论,出于礼貌地保全面子,围绕问题谈来谈去,旁敲侧击等,都是日本人谈判行为准则的重要成分。与日本人谈判的过程中,如果保持集体和谐的条件被破坏,谈判就会遭到失败。与此同时,对日本人"以礼求让,以情求利"的习惯要胸有成竹,熟谙应付之法,既不能因为言行失礼而影响了谈判,也不可因注重"笑脸",放松戒备,而在"讨价还价"上丧失利益。与日方谈判时,我方人员的谈吐也应尽量婉转,要不动声色,表现出足够的耐心,举止又不失彬彬有礼。一旦发出邀请,你就要耐心等待。日本人会通过其信息网络来了解你的情况,他们要对你的介绍信和委托书进行核查,要了解你公司的情况、与哪些公司有贸易往来,直到满意为止。你最好的办法是让日方相信你的时间非常宽裕,因为急躁和没有耐心在日本人看来是软弱的表现。在等待时间里,你也可以自己搞些调查,从别处尽量地多了解对方的情况。

在谈判中对日方提出的新建议、方案和问题,如果有的情况还把握不准,切勿轻率表态,而要毫不懈怠、认真仔细地了解情况,研究对策。如果一时未能达成协议,宁可暂时休会或约定下次会谈日期。在与日方谈判时，一定要具备敏锐的判断力。我方人员在谈判中的讲话应当缓慢清楚，避免给对方以匆匆忙忙、急于求成的印象。

日方的谈判人数总要超过对方，对此要有所准备。日方愿意自己一方人多，原因是，日本人在作出决定时，需要各个部门、各个层次的雇员参加。参加谈判的人越多，那些以后作出决定的负责人也就越容易达成一致意见。与日方谈判不能只重视对方谈判班子中的某个人，而要争取说服每个人。如果暂时未能全面达成一致意见，也不应急于催促，否则只能适得其反。当谈判因故暂停后，再度恢复洽谈时，原则上最好不要变更原谈判人员，不然日本人又会借口需要重新熟悉对手、了解情况而延长谈判。日本人认为中途换人，意味着你软弱，缺乏一致性和诚意，按照日本人的脾气，他们觉得没有必要回到了解你的第一阶段。但是，也要防止日方出于策略而更换自己的谈判人员。一般而言，中间人应同中层管理人员接洽，而不是同上层人物接洽，因为在日本公司里，一个决定的形成是从中下层开始，并一级一级地向上传。因此，中间人应将本方的打算告知日方的某位中层管理人员，后者会与他的同事讨论并向上级汇报。从这一步开始，就慢慢向真正谈判的阶段迈进了。不要与日本人正面交锋或攻其不备，对于公开的挑战，日本人通常不会立即作出反应。他们对临时找借口感到不自在，还可能由于你的话以及他们无法回答而感到难堪。因此有什么问题使本方感到不安或需要澄清，最好在会谈之外正式提出来，如果属棘手问题，就让中间人来提，这样就会得到答复，而日本人也会欣赏你的敏感和机智。

在谈判的最初阶段，重要的是交换意见，讨论条件与要求，并随时准备作出让步。如果让公司的总裁或高级行政官员来做这些事，未免太大材小用了。只有在需要作出最后决定时，才让他们参加进来。所以与上层人物比较，那些没有权威的人反而能更加容易和令人心悦诚服地达成交易。

许多日本人对律师总是抱着怀疑的态度，他们觉得那些每走一步都要先和律师商量的人是不值得信赖的。因此，只要可以不用律师做主要谈判人员，就不要带律师，会计师和顾问也会妨碍与日方的谈判。

虽然日本人自己往往开价太高，但是他们不喜欢别人报价高。提高报价，日本人就会对你的诚意失去信心。对日本人来说，诚意和一致性比最低标准或最大利润更为重要。他们对对方及对方公司的信誉和信心是谈判能否成功的关键。他们希望你是个值得依赖的贸易伙伴，你在谈判桌上的言行以及你过去行为的历史要比你改变要求或者提出一个所谓的更好建议都重要得多。

如果你作出了某种让步，不要建议日本人也作出相应的让步。但是，日本人喜欢自己提出一项建议，至少谈判时如此。你可以通过某一个中间媒介或你的中间人私下向日方转达你的希望，但是当日本人在你面前提出某项建议时，即使那主意是你的，也要显得是他们自己想出来的。

日本消费者和生产者要求的售前、售时和售后服务，往往会超出其他国家销售产品所需的服务范围。在日本，定期检修通常是免费的。人们期望负责维修所销售的商品，而不附带任何条件。当商品出现毛病或故障时，必须给予修理，更换部件，有时甚至在最初购买时就提供备件，出问题时要更换整台机器，才能保持买卖双方的关系。至于是卖方还是顾客承担全部费用或部分费用，则根据不同的情况而定。无论如何，售后服务的范围要大得多。如果你是卖方,就要考虑日方会把这一问题作为谈判事项提出来。日本人认为,购买商品等于同制造商或供应商建立了关系。如果一件产品有毛病或者出现故障,等于失去了信誉,如不加以弥补,就是一个严重问题。

注意不要公开批评日本人,如果他们在同事和对方面前丢了脸,他们会感到羞辱和不安,谈判也会因此终结。在拖延好几周的谈判中,你可以写些表示理解的信,或者提醒对方哪些问题达成了协议或存在分歧,你很快就会得到答复。

不要直截了当地拒绝日本人,而说你还得进一步考虑。如果你不得不否定某个建议,也要以明确、委婉而非威胁的态度来陈述理由。日本人的语言中没有绝对拒绝或否定的用语。要想弄清日本人确实是在否定某种建议,就必须学会那些微妙的暗示,包括他们犹豫不决的态度。

与日本人谈判,交换名片是一项绝不可少的仪式。在谈判中,你要向对方的每一个人递送名片,绝不能遗漏任何人。

日本人在商务谈判中说话态度婉转、暧昧,从不直截了当地拒绝对方。日本人认为直接的表露是粗鲁的,断然拒绝会伤害对方的感情,或使他丢面子。因此,"哈依"便成为日本人的口头禅。尽管这个词在词典中的解释是"是",但实际上绝不是表示同意,它意味着"我在听着你说",但表面上却给人大有诚意之感,因而容易让人产生误会、错解其意。另外,当对方提出要求,日本人回答"我们将研究考虑时",它的真实含义是:他们知道了你的要求,但他们并不赞成或同意,他们之所以这样说,是为了避免使你陷入难堪尴尬的境地。同样,日本人提出建议时也不直截了当,他们更多的是把你往他们的方向引。

六、与俄罗斯人谈判的应对技巧

俄罗斯人提出的要求往往趋于极端,因此谈判时要给自己多留余地。如果是销售商品,应当判定对方是否真的有兴趣和有能力为本方的产品或劳务支付报酬。如果觉察俄方只是为了获得信息而不是做生意,就不要提供详细的资料。此外,谈判人员应做好准备,陈述应详尽与符合实际,并正确和出色地回答对方提出的特别是高新技术产品在技术和标准等方面的问题,谈判班子中需配备这方面的专业技术人员。谈判人员在同对方的主要决策者交往时,要注意充分利用给人印象深刻的头衔和职务,也要准备在与高层行政人员交往中投入大量的时间。同时,在达成最后协议以前,应当再三检查以确保所有条款都经过了再三考虑。在本方认为所有细节都已解决之后,对方在最后一分钟也可能会提出新的要求。

1. 注重称谓

俄罗斯商人在与你初次见面时将会称呼你的商务头衔,你也应该以同样的方式称呼俄罗斯人。如果你对商务名片的头衔怀疑,而直呼其名,这对俄罗斯人来说是一种侮辱。

对俄罗斯人勿称"同志"。在正式场合,俄罗斯人的习惯称谓是点名道姓外加父称,虽然俄罗斯人名字的三个部分加起来较长,念起来也就比较麻烦,但这种叫法却表示了郑重、尊敬。在官方场合,俄罗斯的称谓已经完全西方化。

2. 讲究交往技巧,建立良好关系

俄罗斯人主要通过参加各种社会活动来建立关系,增进彼此友谊。因此,要参加他们的这些活动包括拜访、生日晚会、参观、聊天等。在与俄罗斯人交往时，必须注重礼节，尊重民族习惯，对当地的风土民情表示出兴趣，多谈论他们自己津津乐道的他们国家的艺术、建筑、文学、戏剧、芭蕾等。只有这样，在谈判中才会赢得他们的好感、诚意与信任。在实际的交往中，你向俄罗斯商人表明你如何看重他们，如何期望与他们合作，那么，就容易使他们产生与你真诚合作的愿望。

要熟悉俄罗斯的国情和人文环境。和俄罗斯人做生意，一定要克制浮躁和急于求成的心态，保持耐心和恒心，充分展示自己的实力和诚意，才能赢得他们的信任，从而建立起长久合作关系，获得生意上的成功。要向俄罗斯商人表现自己的优势，优势可能是指产品质量优良、价格有竞争力，也可能是相关产品已在俄罗斯健康委员会（或其他类似的机构）注册过，这些可以形成卖点。如果你给他打折，那你就应该向他特别申明——这个折扣只是给你的，其他人不在此列，这样会使你的客户乐不可支。打折扣也有技巧，初期可以先给一点小折扣，合作久了，订货量大了，再给大一点的折扣。

3. 注重有关礼仪

每年4—6月是俄罗斯人的度假季节，不宜进行商务活动，同时商务活动还应当尽量避开节假日。会见客户时要清楚地介绍自己，并把同伴介绍给对方。但要注意，俄罗斯商人一般在初次见面时不轻易交换名片。进入客户会客室后，要等对方招呼才能入座。吸烟应看当时的环境并征得主人同意才行，若是主人主动敬烟则另当别论。

在社交场合，以握手礼最为普遍。握手时应脱掉手套，站直或上体微前倾，保持一步左右距离。若是许多人同时互相握手，切忌形成十字交叉。亲吻也是俄罗斯人常用的重要礼节。在比较隆重的场合，男人要弯腰亲吻女子的右手背。

俄罗斯人非常重视人的仪表，举止。在和俄罗斯人打交道时一定要注意自己的仪态。

俄罗斯人忌讳13、喜欢7。镜子在俄罗斯人看来是神圣的物品，打碎镜子就意味着灵魂的毁灭。

4. 注意报价和技术细节以及索赔条款等问题

另外，为了准确地阐述技术细节，在谈判中要配置技术方面的专家，同时要十分注意合同用语的精确性，对合同中的索赔条款也要十分慎重。

对于俄罗斯商人软磨硬泡的讨价还价，坚持自己原有的报价态度，我们的应对措施是：公开在我们考察的标准价格上加一定溢价（如15%），并向其郑重解释这样做的理由是同他们做生意要承担额外的费用与风险。要避免价格陷阱，不要太实在，报个虚价，并咬牙坚持到底。鉴于中俄贸易的互补性及俄罗斯外汇短缺的现象，开展易货贸易形式，有助于开展双边贸易、加强技术合作。

七、与阿拉伯人谈判的应对技巧

针对阿拉伯商人的谈判风格与特征，和他们谈判时要尊重对方的信仰与习俗，如果本方有懂得伊斯兰教教义甚至会说阿拉伯语的人参加谈判，更有利于创造和谐的谈判气氛和取得对方的好感。与信奉伊斯兰教的商人交谈时，要注意适当的称谓，切勿乱叫外号。对他们的教义教规，不应妄加评论。切忌用他们认为"不洁"的左手和他们握手，替他们拿食物。

充分利用对方喜欢交际和好客,不习惯谈判一开始就转入正题,认为这样有失身份的特点,因此在谈判前和谈判开始时,要主动、热情地进行广泛友好的交流,选择他们喜欢的话题,甚至先请他们喝上一杯咖啡,使他们高兴。这样既可密切与对方的关系,获得对方的信任与敬意,又可从中了解一些我方需要的信息,这其实也有助于缩短开局与磋商阶段的时间。

阿拉伯商人讨价还价时有两种不同类型,要区别对待。对漫天要价者,大刀阔斧,就地还价;而对追求利润者,则应当适度还价,并在还价的幅度和策略上做文章。对其松散的时间观念要予以理解,切忌急躁,在充分准备的前提下耐心地与之周旋,步步为营,捕捉一个又一个的机会,不断扩大战果。但是又不能操之过急,以防止对方突然中断谈判。否则,着急的心理一旦让对方抓住,反而会让对方采取反常措施、推翻承诺。

此外,谈判过程中,阿拉伯商人看重通过谈判所获得的经济利益,同时更看重艰辛努力而争取对方让步的过程,我方针对这一特点,应采取正确的让步模式,增加一定的让步难度,有利于满足对方心理需求,为长远的友好合作打下一定基础。

1. 谈判人员中应有懂伊斯兰教教义又会说阿拉伯语的人

针对阿拉伯商人重信誉、种族观念强等特点,在谈判人员中应该选派懂伊斯兰教教义又会说阿拉伯语的人。彼此同宗同族会增强信任感,也易于创造沟通气氛,了解对方意图,摸清对方底盘。与他们交往时要有针对性地采取各种沟通形式和他们做知心朋友,这样就能为谈判扫除障碍,因为他们非常珍惜友谊。

2. 让阿拉伯人决定开始谈判的时间

阿拉伯商人认为一见面就谈生意有失身份。利用这一特点,可让阿拉伯人自己决定何时开始谈正事;非但如此,会谈结束要对他们的慷慨好客表示热情的谢意,如果还准备进一步交往,可以礼貌地询问:"能否改天再来拜访?"对此,他们当然不会拒绝,这就可继续再做努力。交谈中如果对方问你为何远道而来,切莫说:"我来给您提供一个发财致富的绝妙机会,您愿意做我公司的代销商吗?"聪明的做法是,表明你需要他们的帮助以便做成生意,因为他们自认为阔绰有余、无须再富,并且讨厌你说他有意发财。

3. 要选择好约会的场所

如果约会的地点在对方国家,可主动要求到公共场所,以防亲朋好友的突然拜访而中断谈话;即便遇到中途有客人来访,也不要表示出急躁情绪,积极的办法是事前采取相应的对策,或善于在短期内恢复中断的会谈气氛,把握住会谈的主题,以弥补失去的时间。

4. 避免派女性谈判

由于阿拉伯社会宗教与封建意识的影响,妇女一般不在公共场合露面。因此,应当避免派女性去阿拉伯国家谈生意,而且男士到阿拉伯国家谈生意时也不要涉及妇女问题,不要问候对方的女眷。

5. 注意阿拉伯人的禁忌

阿拉伯人信奉伊斯兰教,酒是绝对不能饮的,所以,酒不能作为礼品馈赠。遇到斋月,阿拉伯人在太阳落山之前既不吃也不喝。你也要做到入乡随俗,尽量避免接触食物和菜,如果主人没把这些放在待客的房间,你也要表示理解并尊重他们的习俗。他们认为左手不洁,注意不要用左手接递东西、拿刀叉。不要用脚掌对着他们,他们认为这是一种侮辱人的动作。可给其孩子送礼物,但不要给其妻子送礼物。他们不喜欢印有动物图案的东西,不喜欢黄色和红色,喜欢绿色。中东是一个敏感的政治冲突地区,在谈生意时,要尽量避免涉及政治问题。

6. 找好阿拉伯代理商

阿拉伯各国政府都坚持要通过本地代理商做生意。外商无论是同阿拉伯国家的私营企业谈判,还是同政府部门谈判,都必须经过代理商。这些代理商要操着纯正的阿拉伯语,有着广泛的社会关系网,熟悉民风国情,特别是同你所要洽商的企业有着直接或间接的联系。阿拉伯人做生意特别重视朋友的关系,有中间商从中斡旋,可大大加快贸易进程。没有一个得力的阿拉伯代理商,你就做不成长久生意,尤其是大宗交易。代理商不但可以帮你从政府争来赚钱的项目,还可以为实施项目铺平道路;此外,还为你疏通关节,使你加速通过冗杂的文牍壁垒,解决劳工、材料、运输、仓储、膳宿以及贷款等一系列问题。

7. 尊重阿拉伯人的宗教信仰

在任何场合都要得体地表示你对当地人宗教的尊重与理解。阿拉伯人的生活深受伊斯兰教影响,他们希望与自己洽谈的外商对伊斯兰教及其历史有些了解,并对伊斯兰教在现代社会中的存在和表现表示出尊重。他们非常反感别人用贬损和开玩笑的口气谈论他们的信仰和习惯,嘲弄他们在生活中的不寻常的举动。

总之,国际商务谈判的谈判人员代表了不同国家或地区的利益,有着不同的社会文化和经济政治背景,人们的价值观、思维方式、行为方式、语言及风俗习惯各不相同,从而使影响谈判的因素更加复杂、谈判的难度更大。在实际谈判过程中,对手的情况千变万化、作风各异,有热情洋溢者,也有沉默寡言者;有果敢决断者,也有多疑多虑者;有善意合作者,也有故意寻衅者;有谦谦君子,也有傲慢自大、盛气凌人的自命不凡者。凡此种种表现,都与一定的社会文化、经济政治有关。不同表现反映了不同谈判人员有不同的价值观和不同的思维方式。因此,谈判人员必须有广博的知识和高超的谈判技巧,不仅能在谈判桌上因人而异、运用自如,而且要在谈判前注意资料的准备、信息的收集,使谈判按预定的方案顺利地进行。

第四节 各国的主要习俗与禁忌

一、美国的习俗与禁忌

在美国,握手礼是常用的礼节,只有很熟悉的朋友见面时才行亲吻礼。美国人很注重个人隐私,所以在美国询问他人收入、年龄、婚恋、健康、籍贯、种族等,都是不礼貌的。此外,美国人谈话时不喜欢双方距离太近,习惯于两人的身体保持一定的距离,一般在120~150厘米。男性之间,切忌互相攀肩搭臂,如此会有同性恋之嫌。

美国人喜欢用肢体语言来表达情感,但是下列几种姿势却为美国人所忌用:一是盯视他人;二是冲着别人伸舌头;三是用食指指点对方;四是用食指横在喉头之前。这些姿势都带有侮辱他人之意。美国人在公共场合或他人面前,绝不会蹲在地上,或者双脚叉开而坐。这均被看作失礼之举。美国人大都认为"瘦人富,胖人穷",所以不喜欢别人说自己是"大胖子"。与美国黑人交谈时,既要少提"黑"字,也不要打听对方的祖居之地。与美国人聊天时,不要涉及政党之争、投票意向。

美国人普遍爱狗,因为他们认为狗是人类最忠实的朋友,对于那些自称爱吃狗肉的人,美国人是非常厌恶的。在美国人眼里,驴代表坚强,象代表稳重,它们分别是民主党和共和党的标志。白头雕是美国人最珍爱的飞禽,它不但成为美国国徽上的主体图案,而且被选定为美国的国鸟。蝙蝠被视为吸血鬼与凶神,最令美国人反感。

美国人最爱白色。在他们看来,白色象征纯洁。所以白猫也成了美国人喜爱的宠物,被视为可以给人们带来好运。美国人还喜欢蓝色和黄色。黑色通常用于丧葬活动,因此美国人比较忌讳黑色。

美国人讨厌"13"和"3",忌讳"星期五"。

不宜送给美国人的礼品包括香烟、香水、内衣、药品以及广告用品。

二、英国的习俗与禁忌

英国人普遍的性格特征是正统、严肃。英国现在还存在世袭头衔,与英国人打招呼,挂上贵族头衔很能取悦对方。

与英国人打交道时还要注意以下五条习俗与禁忌:一是当众打喷嚏;二是用同一根火柴连续点燃三支香烟;三是把鞋子放在桌子上;四是在屋子里撑伞;五是从梯子下面走过。

英国人不欢迎贵重的礼物,而且涉及私生活的服饰、肥皂、香水,带有公司标志与广告的物品,也不适合送给英国人。鲜花、威士忌、巧克力、工艺品则是送给英国人的首选。在英国邀请对□吃午餐、晚餐,到酒吧喝酒或是观看喜剧、芭蕾舞等,会当作送礼的等价。

在与英□□□□□,注意不要涉及英王、王室、教会以及英国各地区之间的矛盾,特别是不要对北爱尔兰独立问题说三道四。

在英国,动手拍打别人、跷起"二郎腿"、右手拇指与食指构成"V"时手背向外,都是失礼的动作。英国人用食指将下眼皮往下微微一扒时,表示自己所做的事被人识破了;当他们用手敲鼻子时,表示的是秘密;而耸动肩部,则表示疑问或不感兴趣。

英国人对妇女十分尊重,在英国,"女士优先"的观念比任何国家都要强。英国人的时间观念很强,拜会或者洽谈生意,必须预先约好,准时很重要,最好提前几分钟到达。与英国人谈生意态度须保守、谨慎。初次见面或在特殊场合,或者是表示赞同与祝贺时,才互相握手。在英国,不流行邀请对方早餐谈生意。一般来说,他们的午餐比较简单,对晚餐比较重视,因此重大的宴请活动,大都放在晚餐时间进行。英国人的饮宴,是以俭朴为主,他们讨厌浪费的人。英国商人一般不喜欢在家中办宴会,聚会多在酒店、饭店进行。在正式的宴会上,一般不准吸烟。进餐时吸烟,被视为失礼。

英国的国花是玫瑰。对于被视为死亡象征的百合花和菊花,英国人十分忌讳。英国的国鸟是知更鸟。孔雀与猫头鹰,在英国则名声不佳。英国人平时十分宠爱动物,其中狗和猫都是深受英国人喜爱的,但是黑猫除外。另外,他们也不喜欢大象。

英国人喜爱的颜色有蓝色、红色和白色。英国人对墨绿色很反感。

英国人在图案方面的禁忌很多。人像以及大象、孔雀、猫头鹰等图案，都会令他们大为反感。在握手、干杯或者摆餐具时无意中出现了类似十字架的图案，他们也认为是十分晦气的。

英国人所忌讳的数字主要是"13"与"星期五"。

三、德国的习俗与禁忌

德国商人注重体面，讲求形式。对有头衔的商人，一定要称呼其头衔。见面和分别时都应该握手，不握手是极大的失礼。

向德国人赠送礼品时，不宜选择刀、剑、剪、餐刀和餐叉。送质量高的物品，即使礼物很小，对方也会喜欢。以褐色、白色、黑色的包装纸和彩带包装、捆扎礼品，是不合适的。此外，在德国送上一束包好的花，也是不礼貌的。在德国不宜随意以玫瑰或者蔷薇送人，前者表示求爱，后者则表示哀悼。喜欢郁金香的人在德国也极为少见。德国人喜欢矢车菊，并选定其为国花。此外送女士一枝花也是不合适的。

在与德国人交谈时，不宜涉及纳粹、宗教与党派之争。德国的原野风光、个人业余爱好以及足球之类的话题，会使他们更感兴趣。在公共场合窃窃私语也被认为是十分无礼的。

白鹳是德国的国鸟。白鹳在屋顶筑巢被德国人看成吉祥的预兆。

德国人对黑色、灰色比较喜欢。

对于"13"与"星期五"，德国人极度厌恶。他们对四个人交叉握手，或在交际场合进行交叉谈话，也比较反感。因为这两种做法，都被他们看作是不礼貌的。

德国人对纳粹党党徽的图案十分忌讳。它与中国民间表示吉祥的符号颇为相似，只不过前者开口呈顺时针方向，后者开口则为逆时针方向，切勿将两者混淆。

德国人认为，在路上碰到了烟囱清扫工，便预示这一天要交好运。

在德国，跟别人打招呼时，切勿身体立正，右手向上方伸直，掌心向外。因为这一姿势，是纳粹的行礼方式。

四、法国的习俗与禁忌

在人际交往中，法国人对礼物十分看重，但又有其特别的讲究。他们认为，初次见面就向别人送礼，往往会令对方产生疑虑，因此是不善交际的表现。在接受礼物时若不当面打开包装，则是一种无礼、粗鲁的行为。此外，他们不太重视"礼尚往来"。向法国人赠送礼品时，应选择具有艺术品位和纪念意义的物品。但是不要送刀、剑、剪、餐具，或是带有明显的广告标志的物品。男士向一般关系的女士赠送香水，也被法国人看作是不适合的。

与别人交谈时，法国人往往喜欢选择一些足以显示其身份、品位的话题，如历史、艺术。对于恭维美国、英国和德国，贬低法国的国际地位与历史贡献，议论其国内经济滑坡、种族纠纷以及科西嘉独立等问题，他们是不愿意予以回应的。

在交谈中，法国人的形体语言极为丰富。比如：拇指与食指分开表示"2"；用食指指自己的胸部表示"我"；拇指朝下指表示"差"或者"坏"；掌心向上表示诚恳；耸动肩膀则表示高兴或惊讶。

法国的国花是鸢尾花。菊花、牡丹、玫瑰、杜鹃、水仙、金盏花和纸花一般不宜随意送给法国人。

法国的国鸟是公鸡,法国人认为它是勇敢、顽强的化身。仙鹤被视为淫妇的化身,孔雀被看作祸鸟,大象象征着笨汉,它们都是法国人反感的动物。

法国人大都喜爱蓝色、白色、红色,对于粉色也比较喜欢。他们忌讳的颜色主要是黄色与墨绿色。

法国人所忌讳的数字是"13"和"星期五"。

五、日本的习俗与禁忌

日本人办事慢条斯理,不喜欢伤感的对抗性的言行、急躁的风格,所以在和日本人打交道的时候切忌没有耐性,不然就会不欢而散。除此之外还要注意日本人十分"爱面子"。因此和日本人相处,一定不要说有伤面子的言语,不要做出有碍荣誉的举动,否则将使事情陷入僵局。日本人讲道义、重恩情,这对于日本人来说是相当重要的事情。日本人彬彬有礼,初次见面时互相引荐,自我介绍、互换名片是一套礼仪,掌握了这套礼仪,在与日本人交往过程中就能事半功倍。

日本人爱送礼,在商务交往中送礼之习也同样盛行。送给日本人一件礼物,即使是小小的纪念品,他们也会铭记在心。但是,送礼时要注意不要送梳子、圆珠笔、T恤衫、火柴、广告帽以及有动物形象的礼品。在包装礼品时,不要扎蝴蝶结。日本人注重礼尚往来,如果只接受对方的赠礼而没有回报是很失礼的。

日本人对樱花无比厚爱,但是不喜欢荷花。樱花是日本的国花,而荷花多用于丧葬活动。菊花是日本皇室的标志,盆花和带有泥土的花,则被理解为有"扎根"之意,所以不要把前者送给日本人,不要把后者送给在医院的病人。在日本,探望病人是送山茶花、仙客来花。白色和淡黄色的花是不受欢迎的。日本人对猕猴和绿雉宠爱有加,同时也喜欢乌龟和鹤,认为这是长寿、吉祥的象征。日本人对金色的猫、狐狸和獾极为反感,认为它们是"晦气""贪婪"和"狡猾"的化身。日本人大都喜欢白色和黄色,不喜欢绿色和紫色。日本人喜欢"7",但对"4"和"9"却十分反感,因为"4"在日文发音中与"死"同音,"9"与"苦"同音。

日本人觉得注视对方的双眼是失礼的,所以他们一般只会看着对方的双肩或者脖子。

六、俄罗斯的习俗与禁忌

在俄罗斯,被视为"光明象征"的向日葵最受人们喜爱,它被称为"太阳花",并被定为国花。拜访俄罗斯人时,赠予鲜花最佳,但是送给女士的鲜花宜为单数。

俄罗斯人普遍喜爱红色,并视其为美丽化身。他们最讨厌黑色,因为它仅能用于丧葬活动。

在数字方面,俄罗斯人偏爱"7",认为它是成功、美满的预兆,对于"13"和"星期五"则十分忌讳。

俄罗斯人非常崇拜盐和马。他们认为盐具有祛邪避灾的力量，马则会给人们带来好运。他们对兔子的印象大都极坏，并且讨厌黑猫。在俄罗斯，打碎镜子和打翻盐罐，都被认为是极为不吉利的预兆。

俄罗斯人认为"左为凶，右为吉"，因此他们也不允许以左手接触别人，或以之递送礼物。

在俄罗斯，蹲在地上、卷起裤腿、撩起裙子都是严重的失礼行为。

俄罗斯人讲究"女士优先"，在公共场合，男士往往自觉地充当"护花使者"。不尊重女士，到处都会遭到白眼。

俄罗斯人忌谈的话题有政治矛盾、经济难题、宗教矛盾、民族纠纷、苏联解体以及大国地位等。

本章小结

不同国家和地区的商务谈判风格不同。本章阐述了文化习俗对谈判思维、谈判方式、谈判群体的影响，分析了不同谈判国家和地区的谈判风格及谈判人员的特点，并提出了应对技巧。

重要概念

文化习俗　谈判思维　谈判方式　谈判风格　一揽子交易

本章思考题

1. 文化习俗对谈判有什么影响？
2. 美国人的谈判风格及应对技巧是什么？
3. 英国人的谈判风格及应对技巧是什么？
4. 法国人的谈判风格及应对技巧是什么？
5. 各国主要习俗与禁忌是什么？

案例分析

我国的一家外贸公司与印度一家商贸公司新近做成一笔生意。为表示合作愉快，中方决定向印方赠送一批具有地方特色的工艺品——皮质相框。中方向当地的一家工艺品厂定制了这批货，这家工艺品厂也如期保质保量地完成了生产。当赠送的日子快要临近的时候，这家外贸公司一位曾经去过印度的职员突然发现这批皮质相框是用牛皮做的。这在奉牛为神明的印度是绝对不允许的，难以想象如果将这批礼品赠送给印方，会产生什么样的后果。幸好及时发现，才使我国的这家外贸公司没有犯下错误、造成损失。他们又让工艺品厂赶制了一批新的相框,这回在原材料的选择上特地考察了一番。最后将礼品送给对方时,对方相当满意。

资料来源:韩玉珍.国际商务谈判实务[M].北京:北京大学出版社,2006.

问题:

1. 为什么印度商人不愿意接受牛皮做的礼品?

2. 请你说说选择礼品有哪些注意事项。

参 考 文 献

[1]　尼尔伦伯格.谈判的艺术[M].曹景行,陆延,译.上海：上海翻译出版公司,1987.

[2]　温科勒.经济谈判的诀窍[M].李雄,等译.成都：四川人民出版社,1993.

[3]　徐春林.商务谈判[M].2版.重庆：重庆大学出版社,2007.

[4]　丁建忠.商务谈判[M].2版.北京：中国人民大学出版社,2006.

[5]　刘园.国际商务谈判——理论·实务·案例[M].2版.北京：中国商务出版社,2005.

[6]　樊建廷.商务谈判[M].2版.大连：东北财经大学出版社,2007.

[7]　丁建忠.商务谈判教学案例[M].2版.北京：中国人民大学出版社,2005.

[8]　潘肖珏,谢承志.商务谈判与沟通技巧[M].上海：复旦大学出版社,2000.

[9]　孙庆和,张福春.实用商务谈判大全[M].北京：企业管理出版社,2000.

[10]　任廉清.贸易谈判过程[M].大连：东北财经大学出版社,2000.

[11]　夏国政.经济贸易谈判指南[M].北京：世界知识出版社,1999.

[12]　王超.谈判分析学[M].北京：中国对外经济贸易出版社,1999.

[13]　王洪耘,宋刚.商务谈判——理论、实务、技巧[M].北京：首都经济贸易大学出版社,1998.

[14]　许小明.经济谈判[M].上海：复旦大学出版社,1998.

[15]　蒋春堂.谈判学[M].武汉：武汉测绘科技大学出版社,1997.

[16]　马志忠,等.经济贸易谈判策划[M].北京：中国经济出版社,1997.

[17]　王维忠.经济贸易谈判原理与谋略[M].北京：专利文献出版社,1995.

[18]　万成林,舒平.营销商务谈判技巧[M].天津：天津大学出版社,1995.

[19]　胡正明.经贸谈判学[M].济南：山东人民出版社,1995.

[20]　韩凤荣,刘克敬,陈宝启.对外经济贸易谈判[M].青岛：青岛海洋大学出版社,1993.

[21]　赵景华.国际工商谈判技巧[M].济南：山东人民出版社,1994.

教师服务

感谢您选用清华大学出版社的教材！为了更好地服务教学，我们为授课教师提供本书的教学辅助资源，以及本学科重点教材信息。请您扫码获取。

≫ 教辅获取

本书教辅资源，授课教师扫码获取

≫ 样书赠送

国际经济与贸易类重点教材，教师扫码获取样书

 清华大学出版社

E-mail: tupfuwu@163.com
电话：010-83470332 / 83470142
地址：北京市海淀区双清路学研大厦 B 座 509

网址：https://www.tup.com.cn/
传真：8610-83470107
邮编：100084